聂耳

第一卷

音乐剧文学剧本（少儿版+青春版）

刘大伟　刘岸　著

文化艺术出版社
Culture and Art Publishing House

中共玉溪市委宣传部
资助出版

序

国歌国魂　励志前进

中国文化艺术发展促进会会长 何秀范

在纪念伟大的人民音乐家聂耳诞辰一百周年之前夕，中国文化艺术发展促进会组织创作了音乐剧《聂耳》文学剧本，希望通过《聂耳》（少儿版＋青春版）舞台剧的出版与演出，在全国进一步推动爱国主义教育深入开展。

伟大的爱国主义者聂耳，是中华民族的优秀儿子，是中国文化艺术界的杰出代表和世界著名的音乐家。他对祖国、对人民充满了深厚的情感。聂耳的人生，被永恒定格在23岁。李大钊在《新青年》中说："为世界进文明，为人类谋幸福。以青春之我，创建青春之家庭，青春之国家，青春之民族，青春之地球，青春之宇宙。"聂耳正是以他的灿烂青春，为世界进文明，为人类谋幸福。

20世纪上叶，中国处于半殖民地半封建社会的国家，聂耳作曲的《义勇军进行曲》就是在这样的语境中产生的。这首歌曲在当时的政治意义是："团结人民，教育人民，打击敌人。"在黑暗如磐的旧中国，他创作的歌曲如黄钟大吕，唤起大众奋起抗敌，成为唤醒"东方睡狮"的号角，成为世界反法西斯的战鼓。

多少年以来，聂耳的歌曲鼓舞着中华儿女去推翻"三座大山"，建立新中国，去建设社会主义，去推进改革开放。伟大的事业铸就崇高的信仰，这就是聂耳给我们留下的最宝贵的人生咏叹。他让我们看到，中国共产党人在民族存亡的关键时刻，发出了最后的吼声。

20世纪30年代，是中国歌舞剧音乐剧发轫时期。聂耳是歌舞剧音乐剧的早期参与者。早在1931年，聂耳就参加了上海的明月歌舞剧社，拜师中国歌舞剧大王黎锦晖，在乐队里演奏小提琴，还经常参与演出黎锦晖创作的一些歌舞剧，投身歌舞剧实践达一年之久。1932年，在北平清华大学演奏《国际歌》，还在北平剧联的独幕剧《血衣》里扮演角色。1933年，他和任光发起组织了中国新兴音乐研究会，创作并导演了歌剧《扬子江暴风雨》。从某种意义上说，聂耳的故事是最适合用歌舞剧音乐剧的艺术形式来表现和演出的。

上个世纪30年代以来，国内外许多仁人志士多次提出创作歌舞剧音乐剧《聂耳》的设想，由于种种原因，这些设想都没有实现。在纪念聂耳诞辰一百周年前夕，我们发起创作了歌剧音乐剧《聂耳》，目的就是为了圆这个美好的梦；就是为了继承和弘扬聂耳的爱国主义精神和艺术创新精神，繁荣文化事业；就是为了高唱《义勇军进行曲》，从而唤起我们居安思危的忧患意识，进一步激发我们爱祖国、爱人民、勇往直前、自强不息的精神；就是为了拓宽音乐艺术交流渠道，增强中国人民的凝聚力和自豪感。

打造具有爱国主义教育意义和先进文化内涵的聂耳音乐品牌，以世界的眼光和战略思维，开发聂耳精品文化资源，实施聂耳文化品牌战略，弘扬聂耳先进文化内涵。通过宣传聂耳，使之逐步成为国际国内音乐艺术交流的窗口，不断扩大聂耳音乐在世界文化领域的知名度和影响力，弘扬和传承聂耳崇高的爱国主义精神和艺术创新精神。

聂耳的一生虽然短暂，却给我们留下了40多部音乐作品。这位来自云南玉溪的音乐天才，激扬着电闪雷鸣般的时代旋律。

国歌国魂，励志前进。今天，无论我们走到哪里，无论我们生活在世界什么地方，只要一听到这首前进的旋律，就像是祖国在召唤。

聂耳，一个伟大的时代歌者，以他短暂而光辉的生命，为中国的民族独立和解放做出了巨大贡献，他像一面不倒的旗帜，像一首永恒的歌，永远激励中国人民奋勇前进。我们学习他，记住他，纪念他，他不仅是中国青年的骄傲，更是中华民族和中国人民的骄傲。

壮哉聂耳，乘愿再来；日月昭昭，魂魄千古！

2011年5月4日

你要是有一个伟大的理想，
全世界都会跑来为你帮忙。
青春并非任人宰割的羔羊，
是让黑夜燃烧光明的太阳！

——作者题记

前言

百年聂耳火凤凰，乘愿再来问沧桑

编剧 刘大伟 刘岸

这是一部写给并演给大学生、中学生和小学生们的歌剧音乐剧。

这是一个人或一个国家的命运交响曲。

一个来自云南的少年立志成才，因何在北京和上海两次高考落榜？又缘何发奋自强，得到什么高人的培养？再如何拼命抢工作，谱写了《义勇军进行曲》等响彻世界的歌曲，成长为深受中国人民爱戴的人民音乐家？

自古雄才多磨难，从来纨绔少伟男。

大幕拉开，忆往昔，峥嵘岁月，

这是一个挨饿、挨打、挨骂的时代——

百姓挨饿——饥寒交迫；国家挨打——敌寇侵华；民族挨骂——东亚病夫。

你方唱罢我登台，谁领风骚一百年？

这又是一个立志、立业、立国的时代——

少年立志，历尽坎坷；青年立业，投身音乐；全民立国，唱响国歌。

聂耳，一个水瓶座男孩，诞生在2月14日情人节那天，属相是可爱的小猪猪。来自于滇——南方朱雀之神的福地，展翅于沪——东方青龙之神福地，历练于京——北方玄武之神福地，最终化为不死鸟——永恒的嘉祥的火凤凰。

少年心事当拿云，缘何性情转命运？本书运用现实主义和浪漫主义的艺术手法，描写《中华人民共和国国歌》作曲家聂耳从少年到青年的音乐爱好与追求，展示他淳朴善良、朝气蓬勃的成长过程，再现他的故乡情怀和初恋生活，凸显他风华正茂青春激扬的人格魅力，弘扬他身上那种浩然正气、自强不息、勇担大任、树立信仰、矢志不移、拯救危难、不辱使命的中华民族主流价值观，多侧面描绘了聂耳的中外老师和男女影星歌星朋友们独具个性的艺术风采，以及他们艺术创作与热爱祖国关爱黎民紧密相连的艰辛历程。是一部少儿版＋青春版的爱国主义歌剧音乐剧。

歌剧音乐剧《聂耳》文学剧本（少儿版＋青春版）极具“青春偶像、大任自强、引爆流行、中国原创”的艺术特色和国际元素。

同学们，大家起来，
担负起天下的兴亡！
………
我们今天是桃李芬芳，
明天是社会的栋梁。

抚今思昔，请大家记住聂耳百年（1912.2.14—2012.2.14）。

听我说，多看看《聂耳》吧——这可是一个人与一个国家的命运交响乐，一定会有幸运之神敲你的门。

怀旧时尚，只为信仰；
青春偶像，唯有理想。
上路吧，你若不去追寻信仰，
就应该在去实现理想的路上。

2011年4月6日于北京五勤斋

儿啊，请记住母亲的话：人落后了就挨打；人贫穷了就挨饿；人无大志就挨骂。

儿啊，请记住母亲的话：自强不息不挨打；勤学苦干不挨饿；自立达人不挨骂。

歌剧音乐剧《聂耳》（文学剧本）

时空人物

时间：20世纪20年代末—30年代初

地点：云南昆明、玉溪；上海；北平

人物：

聂　耳　乳名嘉祥，学名聂守信、聂紫艺、艺名聂耳、15—23岁，爱好音乐，自学笛子、二胡、三弦、月琴、小提琴、吉他、钢琴等乐器。个性：朝气蓬勃、淳朴善良、多才多艺、积极进取。特征：耳朵会跳舞，走到哪里就把欢乐带到哪里。成就：创作了42首音乐作品，其中《义勇军进行曲》、《卖报歌》等广为流传。名言：不同生活接触，就不能为生活创作。不锻炼自己的人格，无由产生伟大的作品。

彭寂宽　聂母，花腰傣妇女，玉溪峨山人

聂叙伦　聂耳之兄

柏西文（1864—1940）　法籍教师、学者，教聂耳学英语和音乐《马赛曲》、《国际歌》

袁春晖　东陆大学预科学生、聂耳初恋情人

另有人物：邱木匠、二胡老师、小商人、逃难爷、逃难娃、花腰傣女十几个、峨山女（彝族女歌手）、媒人、黑衣男（峨山女之父）等。

青　龙　东方之神

白　虎　西方之神

朱　雀　南方之神

玄　武　北方之神

袁嘉谷（1872—1937）　云南文化名人。从封建王朝的状元，做到大学的教授。古今唯一人，天下亦唯一人

米歇尔　法国东方汇理银行行长

盛延龄（1868—1934）　富滇银行行长，云南玉溪人

老花农　云南农民工，其儿子死于滇越铁路建设中

罗希德　德国西门子公司总部《西门子》杂志记者

利必西　德国西门子公司工程师

左经理　石龙坝水电站经理

黎锦晖　明月社老板，41岁

王人艺　明月社小提琴手

金　焰　明月社演员、影帝

白丽珠（白虹）　明月社女演员，13岁

王人美　明月社演员，20岁

张天虚　云南老乡、左翼作家

黎明晖　明月社女演员、黎锦晖之女，23岁

田　汉　著名左翼作家、聂耳入党介绍人

黎莉莉　明月社女演员、黎锦晖的干女儿，20岁

陈燕燕　明月社女演员

周　璇　明月社女演员

阮玲玉　上海女演员

袁美云　上海女演员

胡笳、于知乐、韩国美、黎明健、于斯咏、秀文　明月社女演员

赵丹、严励、严华、黑炭、张昕若、张少甫　上海男演员

蔡楚生、孙瑜、卜万苍、袁牧之、许幸之　电影导演

夏衍、阳翰笙、于伶　剧作家

任光、吕骥　作曲家

安娥（绰号“红色女郎”）、孙师毅　中共特科干部

周扬、赵铭彝　左联干部

小毛头　唱《卖报歌》的女报童

黎锦光　明月社黎锦晖之弟

曹先生　金焰之同学、客船旅友

陆万美、李纯一、陈钟沪、许强、郑易里　云南老乡、好友

唐　纳　上海文化人、蓝苹前夫

马匡国　特务，32岁

普度什卡、托诺夫　外籍音乐家

玛蕊娅　犹太人姐妹、青年音乐家

目录

第一幕

滇

序诗

小小少年不怕艰难，
走遍天下寻找挑战。
无论立志还是立业，
像小鹰展翅一飞冲天。

无论白塔还是红塔，
虽有山高人为峰巅。
无论功名还是利禄，
虽在云南过眼云烟。

姑娘虽美茶花虽艳，
少年走过可曾留恋？
抖擞精神擦掌摩拳，
勇敢向前勇敢冲向前。

| 1 |

[大幕拉开之前，吉祥娃娃四方神上，载歌载舞。

青　龙　前不见古人哟，

白　虎　后不见来者。

朱　雀　念天地之悠悠，

玄　武　独怆然而涕下。

四方神　我劝天公重抖擞，试看谁人济苍生……

玄　武　你一生下来就睁大双眼吗？少年时代能开天眼慧眼吗？

青　龙　你一生下来就张开双耳吗？青年时代能耳聪目明吗？

白　虎　你知道挨饿挨打挨骂的滋味吗？

朱　雀　你晓得自强不息和厚德载物吗？

四方神　聂耳行，聂耳能。聂耳能，聂耳行。

[四方神下。大幕拉开。

[时空背景：20世纪20年代末某年临近春节，老昆明城。其形状就像一个灵龟，三面环山，一面对水。金马碧鸡坊老街，热闹的街头广场。老街青石铺路，建筑木榫凿连。滇南风格的木雕，重檐雕镂的朱阁，把高原古城的厚重衬托了出来。

[每到夜幕降临，湮没在阡陌小巷里的民宅老舍，少数人家点上小油灯。盏盏油灯，灯光如豆。多数人家则拉灯照明。那时，滇池之水转为电灯之光，市民们告别千年油台。

[远处有一家亚细亚烟厂（昆明卷烟厂的前身），厂房上贴着“大重九”的广告。近处是士兵的岗哨。小贩们叫卖着，顽童们打闹着，行人悠闲走过。街边的成春堂中药铺。不远处是昆明基督教青年会，德高望重的柏西文先生（法籍教师，法中混血）正在聚精会神地教一班少年学英语，小聂守信（以下均称为聂耳）就在其中认真地跟着先生大声朗读英语。

[一个三十几岁的小商人东张西望地走来。他穿着朴素的长袍马褂，戴着又

1917年聂耳（左一）（5岁）与母亲、两个哥哥及二姐夫的合影

聂耳家旁边的亚细亚公司

聂耳8岁时开始接触乐器，这是他在吹小号

长又厚的围巾，一看就知道是个精明人。哨兵迎上去，问他有什么事。原来，这人是来找聂家的。哨兵告诉他说，再过一会儿聂家女主人就要回家了，不妨在此等候。可商人觉得跟士兵在一起不自在，就先告辞了。

[《童子军舞》。突然，顽童们喧闹起来——士兵要换岗了。在平淡的春城，每天这一刻让孩子们最高兴。小号和军鼓奏响了，一列士兵的队伍十分庄严地走上场来，有一队顽童跟在后面颇有几分认真地模仿着动作，跳着夸张的童子军舞。领头的小号手就是小聂耳。他手脚胖嘟嘟的，脸蛋儿红扑扑圆鼓鼓的，开口一笑俩酒窝。虽然家境贫寒无钱买制服而没有加入童子军，但他穿戴着妈妈给做的旧衣服旧虎头帽，依旧精神抖擞。他鼓着两腮，一只手拿着小号滴滴答答地在吹，另一只手掐着一支香烟，在学大人的样子。边走边舞边吹，那滑稽顽皮的样子，实在是让人忍俊不禁，使这庄严的气氛中透露着戏谑，呆板的换岗仪式尾随着游戏。

[年近花甲的柏西文先生则紧随其后，用慈祥的目光对小聂耳这帮孩子行注

目礼。

众顽童 （唱《疆场之歌》）

苏武牧羊去远方，／木兰从军上战场。／昭君和番嫁北疆，／如今兵士啥敢当?

[歌声未落，一个衣衫褴褛似在逃难的北方逃难者（约六十岁的老头）带着一个逃难娃，被士兵追得逃来逃去。干脆他不逃了，猛地反身冲到士兵面前，操着一口济南话大喊。

逃难者 日本兵制造“五三”济南惨案，你们当兵的为何不挺身而出？小日本想独占山东，实行残酷的殖民统治。军人当临危不惧，你们为什么退避三舍？

[这时几个当兵的上来，对他们一阵拳打脚踢，把这两人打得鼻青脸肿。刺刀划破了他们的棉裤，鲜血淋淋。士兵们扬长而去。

[小聂耳一见，赶紧跑过来救助。

聂　耳 大叔呀，兄弟呀，你别急，我有好药百宝丹。

[他从怀里掏出一种唤作“曲焕章百宝丹”的好药，一边给他们敷药，一边安慰。

逃难娃 哎哟哟，哎哟——疼死我了！他们好狠呀！

聂　耳 如今当兵的都没有血性啦！胆小怕事如老鼠！还不如古代花木兰、王昭君呢！瞧瞧人家一个女人，敌得过千军万马！等我长大了也要当兵抗敌！

[敷上“百宝丹”，血很快就止住了。父子俩真诚向聂耳道谢。

逃难者 你是小郎中？你这百宝丹还真灵呀！真是谢谢你了！孩子他爸妈都被日本鬼子杀害了呀。

聂　耳 不是啊，不谢啦！我家是开药铺的。喏——

[聂耳指着不远处的“成春堂药铺”。

[二人眼看着腿上的伤口处血止住了，伤痛减轻了许多。

逃难者 都、都、都说云南是国人的避难所，你瞧瞧，这是哪般哇?！这、这、这帮丘八真是内战内行，外战外行啊！

[“咚咚——咚咚——”亚细亚烟草公司工厂那边响起了午休的钟声。广场上也一下子热闹起来了，一群小伙子出现在这里，他们是专门等着来和送烟叶的花腰傣女工们调情的。

花腰傣少女

花腰傣女头戴鸡枞帽

[《花腰傣舞》。瞧，她们从亚细亚烟厂涌出来了，那真是一道迷人的风景：一队花腰傣女舞姿翩翩，似仙女下凡。“小卜哨”头顶“鸡枞帽”，腰缠五彩带，侧系花“央箩”上缀上簪缨花和串串银珠，拼成美丽的民族图案，拴上五彩带，系在左腰间。在从玉溪到昆明运送金色烟叶的路上，走起来流苏吐艳，银饰“叮叮”，赏心悦目。勤劳的脚步，劳累的眼神，都挡不住她们婀娜窈窕的舞姿，华美艳丽的服饰如阵阵熏风袭人心脾。你要知道，花腰傣之乡大多阳光灿烂，江河畅流，林木丰茂，稻谷飘香，加之民族性格柔情似水、热情、活泼、爽快，花腰傣的文化便呈现出柔美、热烈、艳丽、温馨的风格，浸透田园牧歌色彩。花腰傣女劳动的身影舞步有一种说不出道不明的魅力（其实花腰傣女是不可能在烟厂内外舞窈窕的，编剧分明是为了一个伟大的花腰傣母亲出场前，营造戏剧气氛才这么安排的）。编剧和作曲家怎么能不为花腰傣女写下一段动听的合唱？

众歌女 （《花腰傣歌》）

花腰傣，小卜哨，／美丽爱戴鸡枞帽。／想抢回家（被抢去）做新娘，／秧箩饭喂（我／你）小卜冒。

[在这热闹的春节前夕，纷纷扬扬的雪花飘落在春城昆明。邻居有钱人家的十

花腰傣女花街寻情

花腰傣女央箩情

几个男孩女孩都穿红戴绿一身新衣服，每人手里提着个“小烘笼”（一种四周有孔的铁皮小火炉）。

[众顽童跳起《小烘笼舞》。16个男孩女孩红绿相间，手持小烘笼。时而捧在手上取暖，时而让火花四溅耍着玩儿。舞台灯光渐暗。小烘笼舞上下翻飞，左右摇摆，似龙飞凤舞，耍得煞是好看。

[而小聂耳除了小号两手空空，依然是一身旧衣服，小手冻得通红，双手拢在嘴边哈气。

[小伙子们围上去和姑娘们搭讪。

[众歌女跳舞《小卜哨歌》。其中有个穿着阔气的阔少耍着小烘笼，轻佻浮躁地献媚——

小阔少　（《小卜哨歌》）小卜哨，小卜哨，／我要做你的小卜冒。／今晚跟我到花街，／送你翡翠和玛瑙。

[花腰傣姑娘们如女神般圣洁高贵，对这些调情的花言巧语丝毫不理。转而围着小守信，叽叽喳喳，评论小号手。

[醋意大发的阔少鄙夷地打骂小聂耳——

小阔少　叫花子！你这可恶的叫花子！给我滚开！

[挨打的小聂耳被这突如其来的侮辱气得半天说不出话来。（从此，他坚决不

和有钱人家的孩子接触。在以后他所创作的许多歌曲中，几乎处处都留下了这种爱憎分明的阶级感情的烙印）

[柏西文先生赶紧上来，大声劝阻骂人的小阔少。小阔少退。

柏西文　四海之内皆兄弟嘛，这样骂人舌头会烂掉！

聂　耳　柏先生，为什么他们这样对我？

柏西文　你记得我给你说过吗？马太福音24章12节说：只因不法的事增多，许多人的爱心才渐渐冷淡了。我的好孩子，将来你可不要冷淡了爱心哟！

聂　耳　先生，你的话我记住了。牢牢记住了。

[这群花腰傣女来到同是玉溪老乡彭寂宽家门——成春堂药铺。她们是春节前来向花腰傣母亲彭寂宽献花的——康乃馨：献给伟大、神圣、慈祥的母亲。大家唱起一首纯朴优美的合唱。

花腰傣　（唱起《康乃馨》）

康乃馨，献母亲，／慈祥伟大似女神。／哺育儿女最仁德，／三春普照寸草心。／

康乃馨，献妈妈，／忠孝两报国与家。／感恩戴德两眼泪，／深情厚爱一束花。

[不久，那个小商人上来。

小商人　喂，小号手，你阿密（傣语：母亲）怎么没来？

[小聂耳急着回家做作业，没有理睬。

[随着轻快的民族音乐，阿密彭寂宽登场了。你如果仔细的话，会发现这音乐就是“命运主题”，可此刻它苦难中透着坚毅，贫困中生长着欢愉。

[《葫芦笙舞》。聂母洗完儿女的衣服端盆回家来。这是一个勤劳善良的好妇人，从她的脸上就可以看出来。彭寂宽喜滋滋地放下衣盆，回屋内从床边摘下一支金黄色的葫芦笙，兴高采烈地举起来就开始吹起来。“呜呜——呜呜呜——”本应吹一曲欢快的小调，可是没有——母亲却吹了一曲《孟姜女哭长城》，还一边吹一边跳，声情并茂，吹得大伙儿跟着她的节奏跳。那曲调跟别人吹得不一样，虽悲伤却透着坚毅，虽苦难却透着希望，正是小聂耳一家人苦乐年华的音乐写照。

[你瞧这时刻彭寂宽什么样？她接过康乃馨花，微笑着感谢花腰傣女的心意。

1912年2月15日，聂耳出生于昆明市甬道街72号门牌的“成春堂”药铺，他的父亲是玉溪有名的中医，于光绪末年到昆明行医

20世纪20年代，在云南的法国传教士

作为花腰傣母亲的她真是与众不同。花腰傣衣裙虽然有点破旧，却极其合体，把她朴素的身姿衬托得淋漓尽致。她四十岁左右，头上插着一枝山茶花。而最明亮的，还是她的眼睛。慈眉善目，就像花腰傣的喃勐女神——喃勐生前是一个完美的人，是一个杰出的人物，是傣族的女王。不！女神是不会自己洗衣服的。彭寂宽喜欢唱书（唱一些民间故事）、花灯调、扬琴调、民间小曲、山歌，甚至滇戏腔调，喜欢吹葫芦笙，且边吹边舞。聂耳兄弟们就是听着母亲的歌长大的。

[当她听说有个商人来找她，感到很不高兴。这个可恨的商人，正是来买八音钟的。于是她放下葫芦笙，故意不理那小商人。走近药碾子，麻利地碾药，一边碾一边唱小调，声音很高，很好听。

[所有人物均下。幕毕。大幕前，四方神上。

四方神　不唱苍天唱大地，不为鬼神为母亲。

青　龙　为母亲唱，为母亲跳，

白　虎　为母亲祈，为母亲祷，

朱　雀　为母亲善，为母亲美，

玄　武　为母亲爱，为母亲好。

四方神　英雄气，儿女情，家国尊贵是母亲。

| 2 |

[换场。四方神上。

青　龙　四只耳朵八音钟，

白　虎　且让世界听奏鸣。

朱　雀　四狗三春八音钟，

玄　武　琴瑟和弦鸾凤鸣。

四方神　百川东到海，何时复西归。少壮不努力，老大徒伤悲。

[四方神下。大幕拉开。

[本场戏预示，这是一个悲喜交加的故事。已知聂耳这位音乐天才不仅是玉溪人，其血管里还涌动着花腰傣的血脉。彭寂宽曾无意中透露过自己是“摆夷”（花腰傣的旧称），这种忌讳观念影响到了聂耳。旧社会，花腰傣被称作“摆夷人”，常被人歧视，彭寂宽在昆明开药铺，隐藏自己的身份，可以避免一家被欺侮。彭寂宽信仰佛教，有一种悲天悯人的慈悲心肠。她非常同情与她一样贫苦的劳动人民，尽管家里并不宽裕，她还是经常救济穷苦人，免费为许多穷人看病，并免费配药。她还教育子女要尽力帮助那些有困难的人。彭寂宽天资聪颖，小的时候就通读过《百家姓》、《三字经》、《增广贤文》等启蒙读物。嫁到聂家后，努力学习汉族文化和医学知识，很快就成为丈夫聂鸿仪行医治病、开方配药的得力助手。据聂家后人回忆，彭寂宽晚年能读《本草纲目》，自学获得过政府颁发的行医资格证，这对一个少数民族妇女来说是非常不容易的。话题说远了。回到当下吧，眼前，这位花腰傣母亲并没有用她的勤劳换来幸福。等待她的将是什么呢?

[八音钟挂在聂家客厅墙上。小聂耳在做作业，轻轻哼唱。看着妈妈回家了，小聂耳赶紧接过洗衣盆，和两个哥哥一起把衣服晾到绳子上。妈妈只管用手直捶自己的腰。

聂　耳　妈妈，我来帮您家。[①]

① 您家，昆明话，对长辈的尊称。家的读音：jie。

1923年，聂耳（右一）与母亲及兄长们在昆明的合影

[他跑过来，用肉乎乎的小拳头帮妈妈捶腰。哎哟，胳膊疼得要命。妈妈把小聂耳搂在怀里，亲亲他的小脸，拿出药水来，帮他脱下衣服，医治创伤。滚烫的热泪滴落在小脸上。小守信搂着妈妈的脖子。

聂 耳 妈妈，我让耳朵给您家跳舞看。

[小聂耳屏住呼吸，发动意念，将两只耳朵舞动起来，一上一下，一左一右，很奇妙很好看。妈妈笑了。儿子围着彭寂宽，殷勤地唱道。

聂 耳 （唱《为什么》）

妈妈哟妈妈，亲爱的妈妈，／儿问你，人为什么要挨骂？／儿问你，人为什么要挨饿？／儿问你，人为什么要挨打？／等我长大，周游天下。／滇池西山，屋幽室雅。／研究学问，弄点音乐，／不被支配，不受管辖。／远离凡尘，终了生涯。／隐遁世界，自我升华。

[坐在椅子上的母亲心里一震，又一阵泪水滴落在儿子脸上。轻轻用手抚摸着小守信的头发和耳朵，面对着儿子的恳求，母亲唱出了一段令儿子终生受益

的歌——那是一段深沉而坚毅，如滴水穿石般的歌。

彭寂宽 （唱《母亲的话》）

儿啊，我的儿啊，请记住母亲的话：/人落后了就挨打，人贫穷了就挨饿，/人无大志就挨骂。请记住母亲的话。/儿啊，我的儿啊，请记住母亲的话：/自强不息不挨打，勤学苦干不挨饿，/自立达人不挨骂。请记住母亲的话。

[随后，家人的眼光落在了岗哨那边——正在聊天的小商人百无聊赖地向聂家走来。

这时，挂在聂家客厅墙上的八音钟响起来了。这是最昂贵的一种木壳西洋钟。桃花芯木壳，三套塔轮盘机芯（三芝麻链），八个铃，五个音簧，英国造。1885年左右制造。品相极好，老器如新。这钟非常精致，外观造型优美。悦耳的音乐让小聂耳乐得蹦高。

聂　耳 （唱云南花灯调风格的《八音钟》）

八音钟像一只鸟，唱出歌儿真美妙。/一年三百六十日，歌声伴我渐长高。/八音钟像一只鸟，歌声飞到九云霄。/少年心事当拿云，向上只觉天下小。/八音钟像一只鸟，翠湖洞经报春晓。/迷上悠扬花灯调，学会提琴才更好。

[可他看到母亲的眼睛死盯着那八音钟发呆，眼神流露出一丝不易察觉的难言之痛。小聂耳敏捷地察觉出来，顿觉不妙。

聂　耳 妈妈，妈妈，你可不要——

[听到儿子这话，母亲突然面容变成苦笑，站起来。看得出她举止十分高雅，并不亚于那些出身豪门的妇女。她身材适中，慈眉善目，性格开朗，聪颖风趣，还有一副婉转的歌喉，她家的欢乐常常是在她动人的歌声中达到的。您想听听她的歌声吗？且等，让我们先来听一听编剧和作曲家为她的故事所写的一首玉溪花灯调。彭寂宽心中满是辛酸，但脸上却露出一丝平淡的微笑，轻轻地抚摸着小聂耳，用玉溪“花灯”歌调来默诵《三字经》。

彭寂宽 （唱诵《三字经》）

人之初，性本善，性相近，习相远。　　匏（páo）土革，木石金。丝与竹，乃八音。

[聂母教育下一代的一个重要的方式就是说唱一些中华民族美德故事。她唱的大都是当时玉溪民间劝人为善的一种曲艺形式“唱书”（又名“善书”）的

1925年，聂耳（13岁）全家合影。（聂耳是家里最小的孩子，他有三个哥哥和两个姐姐）

曲目（俗称“木刻大字唱本”）。唱书的形式自由，有说有唱，唱词可以是“随口调”，也可以唱花灯调、扬琴调、民间小曲、山歌，甚至滇戏腔调。聂耳的母亲平日就喜欢哼这些曲调，往往一天辛勤劳作之后，晚上就将孩子们聚拢在一起，给他们讲“善书”中的故事，如《安安送米》、《孟姜女哭长城》、《柳荫记》……讲到动情处，母亲就会用玉溪花灯的《走板调》、《全十字》、《扬琴调》等娓娓动听地对照着唱本上的韵文吟唱起来。幼年的聂耳常常依偎在母亲怀里，聚精会神地听着。故事中感人的情节，配上母亲深情的声调，常常让聂耳感动得流下眼泪来。

[门口小商人的手故意在褡裢里晃动着，几块大洋碰撞发出清脆的声音。

[不知什么时候，聂耳的初恋情人袁春晖悄悄来到聂家门口。她生得娇小可爱，聪明美丽，性格开朗又温和，喜欢唱歌，是云南省里东陆大学预科生，是公认的校花。她向小聂耳招招小手，示意不打扰他。

聂　耳　妈妈，不要卖啊不要卖！我不要他买！

[小聂耳敏锐地发觉小商人来的意图。妈妈一阵心酸，眼含泪水。

彭寂宽在昆明时的留影

聂耳在昆明读书时的女友袁春晖（右）、陈钟沪（中）、李家珍

彭寂宽　儿子啊，这八音钟是你爸爸留下的遗物，你想妈妈会舍得卖掉它吗？可是不能让你退学呀！只能卖掉它，交学费啊！（此时妈妈泣不成声）妈妈对不起你们，更对不起爸爸。妈妈没把这个家管好，害得你们连学费都交不起。呜呜——妈妈实在没办法呀！

聂　耳　我明白了。妈妈，你是好妈妈呀。

［强忍着泪水点点头。袁春晖用眼神向他示意：坚强些，我支持你！

聂　耳　哈哈哈哈——来吧，你来买吧！

［小聂耳突然大笑起来，直面小商人。

小商人　（狡黠地）都说你很聪明。我说三个谜考考你，你猜出来就把八音钟留下，你要是猜不出来，我可要付十块大洋——赶快猜吧！

聂　耳　不行！咱们打赌！

小商人　打就打。打什么赌？你说。

聂　耳　我要猜出来，你付十块不行，要加一倍付钱。我要猜不出，你就白拿走。

小商人　一言为定！

［在一片寂静中，小商人开始了赌题。

小商人　（唱《哪样》）

哪样先涩后味甜？哪样皮软心内坚？／哪样分开“情”不断？哪样死了心不干？

［聂耳的眼神与袁春晖的眼神轻轻一对，灵感喷涌而来。

聂　耳　（唱《回音》）

橄榄先涩回味甜，枇杷皮软心内坚。／莲藕断了丝不断，芭蕉死了心不干。

［这么快就猜出来，小商人有些恼怒，走近小聂耳，逼视着他提出第二个问题。

小商人　（唱《峨山小调》）

远看峨山山不在，西江女子谁不爱，／大口包小口，有法水不在。

聂　耳　峨山？你说峨山？／——我要回去。／峨山是母亲的土地，／我要回去。谜底就是我要回去。

［小商人这下有点慌神了。

袁春晖　答对喽！答对喽！你输喽！

［门口的袁春晖和孩子们兴奋了。小商人气恼地喊叫，不许他们出声。然后，他狠狠地说出了第三组字谜。

小商人　云南大旱是什么？

聂　耳　是真！

小商人　龙凤呈祥是什么？

聂　耳　是好！

小商人　望文释义是什么？

聂　耳　是一！

小商人　取之有道是什么？

聂　耳　是首！

小商人　呵呵，呵呵，走调喽！走调喽！

聂　耳　走调就是进行曲嘛！

［编剧用此段谜语暗含“真好一首进行曲”之意，为后来聂耳创作《义勇军进行曲》作铺垫。

小商人　小家伙，聪明！厉害！

聂　耳　别考我了。还是让我来考考你吧？

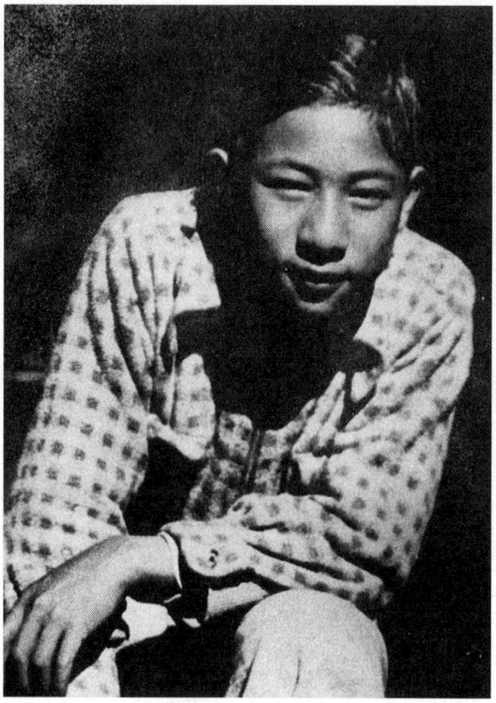

少年心事当拿云——聂耳（15岁）在昆明联合中学读书时的照片

刚学小提琴的聂耳与友人张庚侯

［小聂耳开心地笑了，随后又神秘兮兮地摇头晃脑。

聂　耳　慈禧得到八音钟。问你谜底是什么？

小商人　（眉头一皱，一片茫然）搞不懂啊。

［袁春晖便拿来妈妈的“央箩”。

袁春晖　快点吧！施洋吧！

聂叙伦　施洋！施洋！快施洋！

［小商人便付了十块大洋，余下的想耍赖。

袁春晖　（与其他孩子们起哄）不许耍赖！不许耍赖！

小商人　（无奈地）我只剩下五块大洋了

［小聂耳和妈妈、哥哥一商量，让他拿走八音钟。小聂耳喜滋滋地赶忙把这十五块大洋送给妈妈。

小商人　（一脸无奈，临走前问聂母）为什么前两次，你不舍得卖它？

彭寂宽　因为苦难中，八音钟它会对我们笑。

小商人　为什么今天，你又要卖它？

彭寂宽　因为苦难中，我还有儿子对我笑。

［夜幕降临。彭寂宽招呼袁春晖赶紧端上做好的饭，让孩子们与袁春晖坐在小桌边围着吃晚饭。袁春晖用筷子往妈妈碗里夹菜。然后含情脉脉地望着小聂耳发呆。聂耳不好意思地低下头。吃完饭，袁春晖去厨房洗碗。

彭寂宽　小三晖（袁春晖的乳名）是个好姑娘。妈妈好喜欢。

聂　耳　嗯。

［袁春晖躲在厨房门口偷听。

彭寂宽　妈妈托一个体面的亲友，到小三晖家去求婚，你看怎么样？

聂　耳　妈，我年纪还小啊，现在还不是谈结婚的时候。

彭寂宽　是小三晖不好吗？

聂　耳　她很好呀！

彭寂宽　是小三晖没文化吗？

聂　耳　妈，人家可是东陆大学的预科生哦！

彭寂宽　是小三晖不漂亮吗？

聂　耳　瞧您说的呀！人家是东陆大学的校花呢！

彭寂宽　你不谈结婚？妈可不这样认为。你是还年轻，但可以先订下婚约，等以后合适的时候再完婚。男大当婚女大当嫁。你要明白这个道理啊！

聂　耳　妈，你听我说，我的理想一件还没实现呢！眼下我要考虑未来要从事什么工作。等实现了目标，挣钱先孝敬你，然后时机成熟，再结婚也不迟呀！

彭寂宽　时机成熟？小三晖可不能等呀！你还记得以前那个郑若菊吧？她也是个好姑娘。你也是说时机成熟再说。人家就离开了昆明。嫁到外地了。真可惜！

聂　耳　妈，我还没毕业。一结婚，生小孩，那怎么办？真要被小家庭束缚住，我的远大理想怎么去实现呀？

彭寂宽　好好好，结婚是你自己的事，你自己决定吧！

袁春晖　（从厨房出来）阿姨，我洗完碗了。我告辞，该回去了。

聂　耳　妈，我去送送她。

彭寂宽　好。一定要送到她家呀。

［《初恋》之一《翠湖春晓》舞蹈。

[傍晚，小聂耳送袁春晖走在翠湖之滨的路上，袁春晖春情初发，释放激情，在二人的世界里，跳起了时而含羞脉脉，时而大胆示爱的云南民族舞。小聂耳亦燃情伴舞。

[彭寂宽让儿子们上床睡觉。

[片刻后，寝室内发出了一阵阵柔和的鼾声。家人们都进入了梦乡。

夜深人静。一个小偷轻手轻脚爬上房顶，揭开瓦片从屋顶下来。屋内半明半暗。

[《贼舞》小偷跳。

昏暗的月光下，隐约可见小偷东瞅瞅，西看看，掀掀帘子，拉拉药柜，专拣贵重的如曲焕章百宝丹、高丽参等往布袋里偷拿。

忽然，聂叙伦被惊醒，大声喊："有贼！有贼！抓小偷啊，抓小偷啊。"

全家人一下子都跳下床来。

[《躲猫猫舞》

[聂叙伦一下子追过去，小偷很快躲起来；追过去——躲起来——追过去——躲起来——循环往复，追躲交错，煞是出彩儿。几个回合下来，正赶上小聂耳回家，他猛地抱住了小偷，把小偷按在地上。但小偷竭力挣扎，逃到门口。聂氏兄弟们又把他逮住，不让他动弹。大声责问。

聂　耳　你是谁？敢偷我们家！你大胆！你缺德！

彭寂宽　（仔细询问）你老实说，为什么来偷我们药铺？为什么不找个体面的工作挣钱养家糊口？

小　偷　（躺着求饶）我家老婆上山砍柴跌落山谷，摔得浑身是伤，子女挨饿，才来偷东西的。实在是没办法呀。

[《百宝丹舞》

[女舞者作攀山砍柴跌落状，手抚创伤，疼痛难忍状。

[《百宝丹歌》

百宝丹，百宝丹，灵丹妙药藏深山。/跌打损伤红肿疮，止血愈伤又消炎。/——白药赛神仙。

[聂母和儿子们交换了看法，觉得他说的是真话。

彭寂宽　（跳《百宝丹舞》）

[聂母上前夸张地展开百宝丹老式包装，手舞足蹈，为其疗伤治疗。

彭寂宽 看你为生活所迫，今晚饶了你。给你拿上百宝丹良药，给你老婆施用吧。

聂 耳 百宝丹可是好药，你会用吗？

小 偷 会！会用，咱云南人谁不会呀？！

[彭寂宽使了个眼色，小聂耳马上明白，从箱子底下翻腾出一块大洋，用小大人教训的口气说话。

聂 耳 给！给你孩子买些吃的吧！以后别再干这种偷盗的事啦！

小 偷 谢啦！谢谢你们全家啦！感谢你们的大恩大德！以后可不敢了。

[说完溜下。

[幕毕。众人下。大幕前，四方神上。

四方神 人之初，性本善，性相近，习相远。/……匏土革，木石金。丝与竹，乃八音。

四方神 盛年不重来，一日难再晨。及时当勉励，岁月不待人。

| 3 |

[换场。四方神上，载歌载舞,咏唱“滇池大观楼天下第一长联”。

四方神　五百里滇池，奔来眼底。披襟岸帻，喜茫茫空阔无边。

青　龙　看东骧神骏，西翥灵仪，北走蜿蜒，南翔缟素。

白　虎　高人韵士，何妨选胜登临。

朱　雀　趁蟹屿螺洲，梳裹就风鬟雾鬓；更蘋天苇地，点缀些翠羽丹霞。

玄　武　莫孤负：四围香稻，万顷晴沙，九夏芙蓉，三春杨柳。

四方神　数千年往事，注到心头。把酒凌虚，叹滚滚英雄谁在?

青　龙　想汉习楼船，唐标铁柱，宋挥玉斧，元跨革囊。

白　虎　伟烈丰功，费尽移山心力。

朱　雀　尽珠帘画栋，卷不及暮雨朝云；便断碣残碑，都付与苍烟落照。

玄　武　只赢得：几杵疏钟，半江渔火，两行秋雁，一枕清霜。

[四方神下。大幕拉开时，曙光只照着旧城堡。

[右边是滇池畔大观楼旁边的旧城堡，左边是色彩艳丽的玫瑰花田野。中间是五百里浩瀚滇池。远处是蜿蜒的滇越铁路。

[清晨曙光，法籍教师柏西文在滇池法式城堡里，与应邀来访的袁嘉谷寒暄，自由自在地弹着钢琴。这是昆明唯一的一架钢琴，琴声缥缈，在广袤的滇池上空回荡。

袁嘉谷　山不在高，有仙则名；水不在深，有龙则灵；斯是陋室，唯吾　　不不不，唯汝德馨。柏兄哇，兄弟来拜访。呵呵，呵呵。

柏西文　欢迎、欢迎啊，我的缪斯。你们先哲孔夫子曰：有朋自远方来，不亦乐乎。何况来的是云南状元呢!

袁嘉谷　阁下听到刚才四方神的歌咏天下第一长联了吗?

柏西文　（在钢琴前站起，走到窗前）呵呵，西方有天、地、神、人“四重整体”，表达了哲学家对“人之栖居的诗意”吁求。东方有四神咏唱滇池大观楼天下第一长联。袁老弟呀，你说说，这第一长联有何用意呢?

袁嘉谷

袁嘉谷　柏兄，写这长联的孙髯翁当时是眼看官场腐败，民不聊生，海天寥廓，悲大悯人呀，一片无穷的天空，一种穿越时空的神籁。几许思古之幽情，无尽灵光一直洞穿至今。一介寒士，竟把帝王们的“伟烈丰功”看做是“苍烟落照”里的“断碣残碑”。这是一种明显的叛逆，具有“犯上”的嫌疑，灯火阑珊处却展现了他有容乃大、无欲则刚的胸中大宇宙，这是涵容万千气象、气吞万里的大宇宙呀。

柏西文　大宇宙？他会来吗？上帝呀！主的灵运行在水面上。哈哈，是运行在滇池水面上吗？是，或者不是？这是个问题！可是，主啊，你那严厉的拇指却把我折磨得面容憔悴。滇越铁路为什么引起云南人的反对？为什么孩子们唱这样反法的儿歌？

袁嘉谷　哎呀呀！君不见，在华450公里的铁路线上，竟然死了9万民工。君不见，云南反法浪潮一浪高过一浪？

［窗外十五六个儿童在滇越铁路边上边舞边唱童谣。

众儿童　火车火车翻山岭，滇越铁路向南行。／一颗道钉一滴血，一根枕木一条命。／哎呀呀，哎呀呀。／一颗道钉一滴血，一根枕木一条命。

柏西文　我这个法国人，不！我这个法中混血人，还是躲到滇池边上的好。母亲，中国人；父亲，法国人。我是一种精神上“无故乡的人”，没有精神故乡。不！我爱自己的母亲，显然胜过爱自己的父亲，我鄙视帝国主义的法国，而热爱母亲的故土——中国。上帝哟，你打算如何处置我这个叛逆者？永别了，阿瑞斯（Ares）战神！来吧，缪斯女神！我要和你共舞，我要和你结婚！

袁嘉谷　你先别说结婚。这回来我可是为民请命的。

柏西文　对我来说，缪斯就是朋友，朋友就是缪斯。功效一致，二者都为我打开了一个秘密的世界，让我对这个世界重新燃起兴趣和爱火！还有一件事，最近我收了一个音乐小天才，名叫聂守信。真是一棵好苗子呀。我心中对他的爱油然而生。这种荡漾的爱就像五百里滇池，灌溉心田，继而蔓延四肢，让我有话想说，有表达的欲望和演奏的冲动。

袁嘉谷　好呀，哪天也让我见见他。你为云南培养人才，你以为云南百姓会感激你

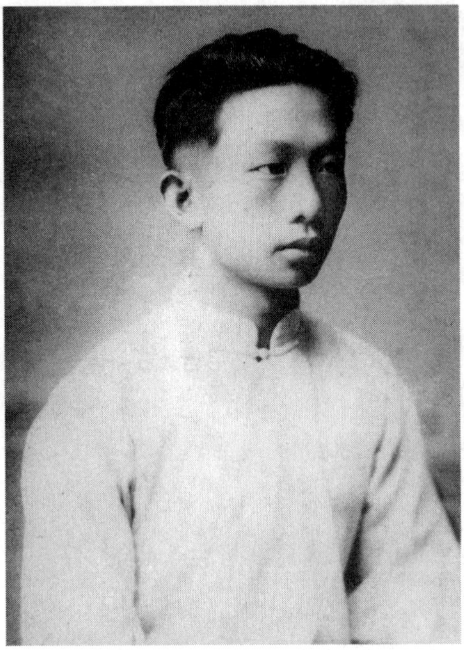

聂耳（17岁）在省立师范学校读书时的照片

聂耳与三哥聂叙伦在昆明大观楼的桥上拉小提琴

吗？好好培养他吧。

[窗外人声嘈杂。仆人上。

柏西文　外边的人在喊什么？

仆　人　一群孩子在瞎喊。大人不怕！不用怕！

袁嘉谷　西门子的工程师来了吗？

仆　人　不，来的是银行家让·米歇尔先生和盛延龄先生。

袁嘉谷　童谣喊出百姓之声，冤鬼也许转世重生。今天是鬼节，这些孩子的喊叫声，表示仪式刚刚开始。

[柏西文打开老式留声机，放音乐，那是新近流行的格什温的音诗《一个美国人在巴黎》。

柏西文　等等再说。（随着节奏，在房间里踱来踱去）西门子工程师他们在干什么？也该到了！该给我带来最新消息了。

仆　人　他们说要看看你的迷宫，你那曲径分岔的花园。

袁嘉谷　也许，应该为你作一曲《一个法国人在昆明》。

柏西文　好主意呀！曲径分岔？迷宫花园？我不是彭冣，我又不是云南总督？！（突

玉溪聂耳故居外景

然留声机停掉了）嗨呀！又断电了！这个石龙坝电站怎么搞的？德国人干吗老是断电？生怕别人忽视了他们的存在不成？！主说，要有光，就有了光。主看光是好的，就把光暗分开了。主称光为昼，称暗为夜。有晚上，有早晨，这是头一日。感谢上帝，赐予我们光明！喂，近来外边的人们都在谈论什么？

仆　人　鬼节啊，满大街是死尸，满天空是苍蝇，大家整天谈论死人啊，大人。

柏西文　他们都在说些什么？

仆　人　都在说、说……那些绿头蝇都吃死尸吃得肥头肥臀，个儿都变得像小青蛙那么大！

柏西文　还说什么呀！说呀！

仆　人　还说　　大人，我不敢说。

袁嘉谷　我来说吧，那些童谣这样说——

火车火车放臭屁，盘剥商民喘粗气。／火车火车向南去，法国佬儿滚回去！／哎呀呀，哎呀呀。／火车火车向南去，法国佬儿滚回去！

柏西文　哎呀呀，太可怕了，这些苍蝇真是一种凶兆！我知道，我知道。要是中法真

1928年11月底，作为中共地下党外围成员的聂耳，响应地下党组织“开展兵运工作”的口号，离校到范石生任军长的十六军当兵。半年后聂耳借部队遣散之机，到广州投考戏剧研究所。这是聂耳（右）在广州与友人的合影

的打起来，法国也可能失败。

仆　人　大人……银行家在花园等您哪。

袁嘉谷　我去跟他们见面谈谈。

柏西文　银行家？银行家万岁！(放声大笑）哈哈哈哈！永别了！红土地！永别了！滇越铁路与石龙坝电站！永别了！滇池城堡！我要弹奏我的钢琴曲了。袁先生，让他带你去吧，去我的花园。

袁嘉谷　也许，我该先行一步。

［袁嘉谷与仆人下。灯光渐暗。柏西文轻捷地弹奏起一首春天的曲子。

［舞台另一隅。三月，半山新绿，二十个采茶姑娘载歌载舞。

采茶女　三月里来春雨浇，茶尖抽芽嫩夭夭。/采茶姑娘上山来，身上系着花围腰。

［另一面，玫瑰花田野。大片大片的玫瑰花如火焰般热烈，风吹花摇，田野里飘来阵阵馨香，直沁人心脾。

［聂耳与袁春晖手拉手，裹挟着花香，从左侧上。

民国八年（1919），老富滇银行发行的硬币

[在采茶女群舞之中，袁春晖边上边领唱：

三月里来春雨淋，原野玫瑰香喷喷。/怀春姑娘不采茶，一心惦记心上人。

聂　耳　还真有味儿。吹吹灰（袁春晖的诨名）你唱得质朴纯真，毫不造作啊！

袁春晖　那得感谢四狗（聂耳的诨名）哥哥的夸奖也！可是、可是不能光嘴上说说呀！

聂　耳　那该怎么样？

袁春晖　人家都回味想你了，你怎么像个木头呢？

聂　耳　谁像木头咪？你看前面滇池边那些放牛娃娃在干啥呢？

袁春晖　（拨开柳枝远望）

聂　耳　（轻轻凑上前）啪！（给袁春晖一个飞吻）

袁春晖　四狗你坏！你好坏呀！

聂　耳　我好？我坏？到底是好还是坏？

袁春晖　你欺负我。你坏！你坏！（追着打着，嬉闹着）四狗，四狗，打四狗！（挥舞拳头，雨点般地打在聂耳背上）

聂　耳　小三晖，吹吹灰。我求饶，我求饶啦！

[话音未落，冷不丁地把她抱住，又高高地举起，然后又让她骑在肩上，穿梭

在小径分岔的花园里。

[二人跳起芦笙舞。

[娇小玲珑的春晖，沐浴在明媚的阳光下，骑跨在激情如火的聂耳肩上，双臂舒展开，黑头发飘起来，飞呀转呀，转呀飞呀，发出女神般纯美的光彩。

[突然定格，这是一个优美无比的造型。

[继而芦笙悠扬。聂耳拿出高难度动作来，用双臂压住袁春晖的双腿，双手架笛而吹。作为曾在玉溪学习苗族芦笙舞的芦笙手，他抓住施展个人技艺的机会。其芦笙舞的动作以矮步、蹲踢、旋转、腾跃等为多。时而以动作的节奏多变、迅疾激烈见长；时而以能完成较多的高难度动作取胜。表演的芦笙舞内容十分丰富，有“巧喝酒”、“蚯蚓滚沙”、“滚山珠”和“芦笙拳”。

[袁春晖开心死啦！情不自禁金口一开——这是一曲如小鸟般婉转的花灯调歌，乘着歌声的翅膀，裹着玫瑰的花香——

袁春晖　哥送妹到橄榄坡，摘对橄榄妹揣着。/先吃橄榄后回味，橄榄回味妹想哥。

聂　耳　看！看！你看你看，天天天、空空空。天空天空天天天，空天空天空空空。天空有一只鹰。一只年轻的鹰。天空是自由的世界。我可是一只天空的鹰。渴望自由！渴望无拘无束，渴望自由天空！天空！空！释放自在！释放蓬勃青春！释放自在激情！激情！情！

袁春晖　哈哈，呵呵，哥哥少年壮志！哥哥的确不是等闲之辈呀！抱紧我呀！四狗！我可要飞翔啦！飞翔！飞翔！飞——

聂　耳　（小步紧跑）不行啦！快抓紧我！小三晖！不然要摔倒啦！

[花田半坡，聂耳忽然被一根草藤绊了一下，袁春晖眼看就要摔倒在地。聂耳说时迟那时快，就势一垫，与袁春晖连滚带抱地落在花丛里。幸好聂耳救助起来。袁春晖紧紧抱住聂耳不放手。

袁春晖　疼！好疼啊！（用手按摩脚脖子）不要走！我不要你走！

聂　耳　我不走。不走！（大声喊）来人哪，帮帮我！

老花农　（急上）哎哟哟，我的孩子哟，怎么摔成这样了？快！快来我的小窝棚里，给你治治吧！

袁春晖　哎哟！疼得很。

聂　耳　老伯伯，你那里有云南白药吗？

聂耳的第一个外籍教师柏西文之墓掩映在昆明西山密林里（刘大伟摄）

滇越铁路老照片：人字桥

民国元年（1912）2月9日富滇银行成立了

老花农　有！有！在那窝棚里放着呢。来，咱俩架着这小妹妹去那里。

［三人下。

［柏西文公寓。他陪东方汇理银行行长让·米歇尔和富滇银行行长盛延龄上。

柏西文　呵呵，从我的曲径分岔的花园归来，诸位有何感触啊？

米歇尔　现实是一片混乱。我们所生活的世界是一个谬误，一个拙劣的模仿品。唯独你的花园是个例外。20世纪20年代，在那个处于黄金时代的大都会纽约，人们可以一夜暴富：华尔街的股票以令人眩晕的速度不断攀升，而金钱的巨大诱惑力几乎把所有阶层的民众都吸引到了股票交易所。直到1929年10月28日，那个黑色星期一，华尔街的神话破灭，整个世界经济都被卷入一场史无前例的大萧条之中。

柏西文　你可晓得有先知说：／宇宙景象仅是一种幻觉，／更确切地说是一种诡辩。／世界一切事物都是镜花水月。

盛延龄　不不不！与华尔街大不同，／我的故乡没有与你同感。／云南的哲学是诗意的栖居，或者说栖居的诗意在云南。／先生，你这座城堡就像是迷宫，／迷宫四周便是曲径分岔的花园。

[聂耳扶着袁春晖上。柏西文示意让二人坐下。

米歇尔　不不不！请听我有预言：/ 1929年华尔街金融危机 / 和以后世界萧条都有相似点，/ 它们都具有全球性，/ 绝不会在某个地域，/ 或某个领域局限。无论法兰西还是美利坚，/ 无论是中国还是在越南，/ 都是逃不掉，谁也脱不干。

盛延龄　除了全球性，还有贪婪性。/ 西方逻辑忒贪婪，盛行社会达尔文。

聂　耳　妈妈给我讲，戒贪不能忘。/ 佛教不要贪嗔痴，贪心不足蛇吞象！

柏西文　不，整个昆明就像是一座迷宫，/ 周围就是云南花园和分岔曲径。/ 一个巴黎女子从此到拉萨历险，/ 为什么能穿越大雪山神秘仙境？/ 国家地理杂志刊登纳西古王国，/ 洛克博士在泸沽湖会不会走婚？/ 消失的地平线也许再现好莱坞，/ 香格里拉转世能否成为流行病？/ 湄公河的忘情水来自哪座冰峰？/ 印度支那后来可有杜拉斯情人？

[柏西文示意袁春晖跳舞。

柏西文　你听，刚才那些姑娘（边说边走到钢琴前，边弹边唱）、那些姑娘唱的歌。

袁春晖　[指指自己的瘸腿，不跳偏唱：

三月里来春雨浇，茶尖抽芽嫩夭夭。

[琴声戛然而止。

米歇尔　这难道不是诗意的劳动、诗意的栖居吗？

盛延龄　你们法国殖民者的滇越铁路，/ 却是一个毫无诗意的栖居！/ 这本是我们富饶的滇南山区，/ 它却有另一个名字，叫做地狱。

米歇尔　请阁下注意用词！我们法国人给你们东亚病夫带来了文明。

盛延龄　住嘴！也请阁下注意用词！什么东亚病夫？什么狗屁文明？

你听到刚才那些儿歌了吗？/ 那是对法国殖民者的血泪控诉。

你瞧，（拉着老花农过来）这个花农，他18岁的儿子死于修建滇越铁路之中。

米歇尔　那与我这个银行家有何相干？

盛延龄　你可是主角啊！你们东方汇理银行在滇越铁路公司扮演着主要的角色。尊贵的行长，你听听这位花农的倾诉。

花　农　我曾有一个美满的家居，花田十亩，房屋一处。一儿两女，自给自足。18岁的小儿子被你们招募，听信花言巧语来修滇越铁路。太阳永远亮着，米轨不断延伸，红土地无睡床，筑路人无夜幕。晴天里一声霹雳响，工地上大塌方大混乱大事故。无法躲藏，死无葬身之地。恶臭熏天，生不如死入坟墓。血流成河尸骨成山，死人无数伤者无数。死去的灵魂，颤抖的灵魂，烈焰在灼烧，骷髅在悲舞。眸光冷冷，只有尖桩刑具。没有睡眠，永远睁着双目。你看那枕木和死尸并列，你看那道钉和鲜血下注。红土地，为什么只会染得更红，睁大眼，总是一种绝望的瞩目。我儿啊，你为什么死不瞑目？我问天我问地我向谁倾诉？

盛延龄　谁是滇越铁路公司的大股东，／借修建铁路之机进入云南省？／谁在利用铁路垄断进出口，／扶持法国资本来操控金融？／一手操纵着云南金融及外贸，／一手控制着云南的对外交通，／太贪婪要把我经济命脉来掌控。／这就是你带来的所谓西方文明？

聂　耳　[走到盛延龄跟前，双手握住他的手：

仿佛胜读十年书，只因听你一席话。／东亚病夫背恶名，挨饿挨打又挨骂。

从今立下凌云志，东方醒狮吼天下。／少年心事当拿云，敢叫日月耀中华。

盛延龄　好！有志气！咱玉溪人个个都是好样的！真不愧是我的好老乡呀！

聂　耳　（用玉溪话调皮地）哇家玉溪，有座高古楼。三尺插在天里头，抬起头来望一望，帽子掉在沟沟头。

盛延龄　哈哈哈——地道，地道的玉溪话呀。

仆　人　（上）大人，西门子的工程师利比西、罗西德先生还有半小时就要到了。

盛延龄　柏西文先生，我把聂守信交给你好好培养，这可是棵好苗子！

柏西文　我的银行家呀，你就放心吧！我和你这个小老乡可是忘年交呀！

盛延龄　你有客人。那我就告辞了。

米歇尔　等等，盛先生——

资本没有旗帜，资本没有旗帜！金融岂问政治？金融岂问政治？如果你不反对，我想到贵行拜访，或请阁下来广聚街我东方汇理银行，商量大宗交易的外汇牌价问题。

盛延龄　呵呵，天上的乌云已笼罩阳光，贵行已操控了云南外汇市场。你可以翻手为云覆手为雨，垄断云南金融，任意规定汇率，怪怪怪，有什么商量不商量？！

[米歇尔与盛延龄下。

袁春晖　都说云南十八怪，我看今又添一怪。

风华正茂的聂耳

米歇尔　（又折回）什么怪？小姑娘你说什么怪？

袁春晖　前六怪——鸡蛋用草串着卖，摘下斗笠当锅盖，／三只蚊子一盘菜，火车没有汽车快，／大理粑粑叫饵块，山洞能与仙境赛。

中六怪——四季服装同穿戴，蚂蚱能做下酒菜，／姑娘被叫做老太，和尚可以谈恋爱，／老太爬山比猴快，新鞋后面补一块。

后六怪——火筒能当水烟袋，脚趾常年都在外，／娃娃全由男人带，花生蚕豆数堆卖，／东边下雨西边晒，四个竹鼠一麻袋。

米歇尔　新鲜新鲜真新鲜。我想听听那一怪。

袁春晖　那一怪，太奇怪，东方汇理西风灾，／印度支那西贡纸，滇越铁路运进来。／高卢雄鸡好挑衅，恃强凌弱是天才。／你喧宾夺主殖民掠夺云南就有了第十九怪！

米歇尔　小丫头，你真厉害，法兰西的心思你能猜。／法国公鸡很勇敢，为生存顽强好斗也应该。

［米歇尔尴尬下。

柏西文　小姑娘，你唱得好！就该骂骂这些贪婪者。来，小守信，我来教你练琴吧！

聂　耳　太好啦！

柏西文　（打开小提琴盒，取出）咱们先来一首什么曲子呢？

聂　耳　不！请先生先教我钢琴吧？

柏西文　好！来，坐到我身旁，小春晖也过来。（他十指轻轻地在琴键上一拂，一串美妙的响声就从琴箱里跳出来）来一首《命运交响曲》吧？

聂　耳　太好啦！

［柏西文充满激情地弹奏着贝多芬《命运交响曲》。

柏西文　这可是贝多芬的经典曲子。你听他说："我要卡住命运的咽喉，它决不能把我完全压倒！"

聂　耳　这好像是"命运敲门的声音"。

柏西文　呵呵，上帝给你一双捕捉音乐的耳朵，给你一双灵敏的好手。

聂　耳　先生，请教教我吧。

柏西文　好，跟我学。

［聂耳聚精会神地跟柏西文学习弹钢琴。袁春晖在旁边观看。

柏西文　（一曲终了）瞧！我身边正在冉冉升起一颗音乐明星。我的孩子呀，我希望，你将来要做一个影响世界的大音乐家。

聂　耳　是的，我会按你的要求做！我要成为一个大音乐家！

柏西文　来，我的孩子呀，我来弹琴，你唱唱吧，大胆唱出你的心声吧？

聂　耳　好呀，我把去年在湖南当兵时，我写的一首诗唱给你们听吧——

一个卑湿污浊的荒岛上，／站立着一个初离母巢的孤雁！／他那细长的头颈，不住地转向后看，／看不见他可爱的故乡；／他那细长的头颈，又不住地伸向前望，／只望见他的前途茫茫，／渐放光明的东方，／突然一轮通红的太阳；／残暴怒吼的洪涛巨浪，／一阵阵地涌上他的身旁。／他知道这是他的穷途末路，／只好挣开他那柔弱的翅膀，／预备着奔向他的自由之乡，／啊！自由之乡。

［幕毕。大幕前，四方神上。

四方神　渐放光明的东方，／升起通红的太阳，／张开那柔弱的翅膀，／飞向那自由之乡。

| 4 |

[换场。四方神上，跳云南花灯，载歌载舞。

青 龙　你见过滇池上的月亮吗？

白 虎　你晓得螳螂川石龙坝吗？

朱 雀　1912年，1912年，中国诞生了第一座水电站。

玄 武　机本天然生运动；石龙地，彩云天。

青 龙　1912年，1912年，中国诞生了一个音乐天才。

白 虎　器凭木以见精奇；灿霓电，亿万年。

朱 雀　机器，机器，西门子机器运转发电发出皓月之光。

玄 武　少年，少年，东方小少年参观耀龙耀祖生命之焰。

[浩瀚五百里滇池之畔，石龙坝水电站，简陋的接待大厅。云南省第一联合中学9班男女学生在老师的带领下参观。聂耳在其中。

罗希德　我的上帝呀！东方文化真是神秘，四方神居然会唱花灯戏？

利必西　据说是上帝　　不！是玉皇大帝派来的使者，却被定格在瓦当或者照壁。

罗希德　他们和我们的石龙坝水电站有何相干？

利必西　守卫四方的神灵，就是四种祥瑞神兽。

罗希德　你还记得建电站时那个风水先生说的话吗？

利必西　呵呵，当然记得。他说，“左青龙，右白虎，前朱雀，后玄武”。

罗希德　滇池那可是昆明人的福气。在中国，再也找不到第二座能紧傍云影天光、一碧万顷水域的省会了。可不知昆明人会不会保护它？！

利必西　螳螂川是滇池的下游河道。这螳螂川风水好，放上四方神，那风水先生拍胸脯说，建水电站保证你们西门子机器运转百年。

罗希德　总部派我来调研，为西门子杂志写篇报道。我看，来到昆明不虚此行呀！

利必西　上帝保佑！保佑西门子！我带你出去看看。

[二洋人下。

[聂耳等云南省第一联合中学9班十几名男女学生上，在老师的带领下参观。

民国后的碧鸡坊，引人注目的是街道两旁的电杆，中国第一座水电站建成为昆明古城引进了现代文明

现在的云南石龙坝发电厂

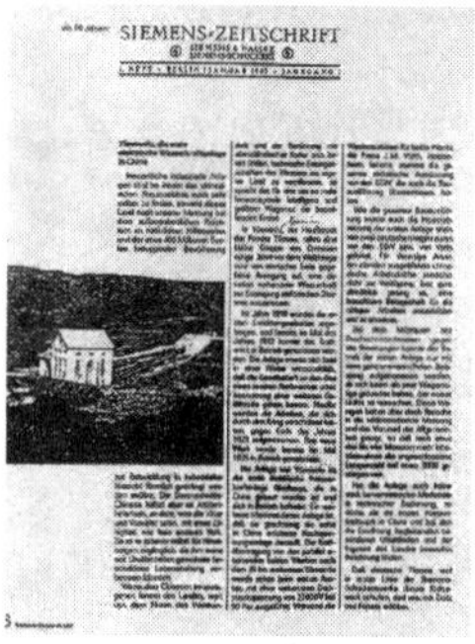
SIEMENS-ZEITSCHRIFT

《西门子》杂志1927年发表石龙坝文章

中国第一座水电站

袁嘉谷　（正在案头写书法）石龙地，彩云天；灿霓电，亿万年。

聂　耳　啊呀，老先生，您写得真好呀！这是给谁的呀？

左经理　哎呀，小同学，你还不晓得？这是咱中国独一无二的经济状元、云南唯一状元、大名鼎鼎的袁嘉谷老先生呀。

聂　耳　肃然起敬！肃然起敬！在这里认识您，真是我等同学的福气呀！

袁嘉谷　同学们，你们知道石龙坝水电站的来历吗？

众同学　不知道。

聂　耳　打断一下，对不起，袁伯伯，经济状元是怎么回事呀？

袁嘉谷　哦，是这么回事。1903年，清政府进行了历史上唯一一次废除科举后的经济特科考试。经济特科的考试与一般科举考试不同，而它是以经世济民、治理国家的方策为主，更注重学以致用。

老　师　所以，同学们，特科考试，整个清朝只有过三次，另两次为博学鸿词科。此次应考的还有已经获得状元身份的人，所以“经济状元”的地位，应高于普通

石龙坝水电站1912年办公室原貌

聂耳参观的投产于1912年第一车间水轮发电机组至今还在运行

的状元。

左经理　下面请袁老先生给同学们介绍吧！你们云南省第一联合中学9班男女学生真是幸运！

袁嘉谷　同学们知道，晚清是一个虾荒蟹乱的政局，法国殖民者觊觎云南久矣，他们的滇越铁路在1903年10月开始兴建了。就在滇越铁路还没完工的1908年，欲壑难填的法国人又以滇越铁路急需电灯为由，要清政府准其利用滇池出口螳螂川的流水，在石龙坝建个水力发电站。刘岑舫时任统揽全省经济事务的云南劝业道道台。他虽为福建人，但对云南充满乡恋之情。眼看法国人假修建滇越铁路之名行垄断云南电业之实，刘岑舫直言不讳上书说：法国人借铁路用灯在云南修电站，恐怕是个名，日后大刮我省之财富，此才是实。云南乃中华之边地，历载军事要冲，虽军政开支颇重，财力入不敷出，但国人应有民族之志。可否招商纳股，筹资自办，以壮我云南之实业。

聂　耳　（喃喃地）国人应有民族志！国人应有民族志！

袁嘉谷　1910年2月13日，云南耀龙电灯股份有限公司成立了。7月17日，螳螂川畔聚集了来自全国各地成百上千的能工巧匠。他们面对浩渺滇池席地而坐。时至正午，耀龙公司总经理左益轩当众脱去长衫，端起一碗清酒，对天而祭，然后酹酒于湖。他对众工友大声说道："于滇办电，历经磨难，今日幸得兴工，望父老兄弟尽力尽智，力达成功之日。"众人异口同声："保我权利，光宗耀祖。"此时，鞭炮齐鸣，众人欢呼。石龙坝水电站在这一天开建了。建电站就要买设备。为购买哪国设备，耀龙电灯公司的董事们着实费了一番脑筋。当时，能生产水利发电设备的有美、英、法、德、奥地利等国。

聂耳

1928年，聂耳（右）秘密加入共青团后与团小组长邓像琏合影

左经理　我记得，在董事会上，大家众口一词，坚决不买法国和英国的设备。就因为这两个西方强盗的经济掠夺让云南百姓吃尽了苦头。最终耀龙电灯公司与德国西门子签订了合同。西门子的设备发电机、水轮机，都是陆续用轮船运抵越南海防，再经滇越铁路运至昆明。德国工程师利比西和罗希德具体负责土木建筑和机器安装。工程耗资五十余万银元，资金不足部分均由富滇银行贷款。历时21个月，于1912年4月12日完工。瞧，这就是西门子发电机。（众人仔细看西门子发电机）

左经理　我来给大家讲讲发电的原理：摩擦可以生电。比方说，只要逆着抚摸猫的皮毛，就可以看到电火花。

小女生　天哪，那发电站得养多少猫啊！

［众大笑。

聂　耳　哇噻！石龙坝发电站与我同岁，那一年我刚刚出生。

左经理　同学们，大家跟我出来看看水轮机吧？

聂耳回故乡曾在简易师范学校礼堂演出

同学们　好。

［众人下。

［两个德国人上。

罗希德　不得了啊，不得了！从石龙坝电站的建设，共道未来，我可以预言，再过一百年，中国将是水电大国！

利必西　嗨！什么不得了？那叫了不得！哎？为什么？你这个预言会不会放空炮？

罗希德　依据我的了解，一般的中国人比其他任何人民都守旧，墨守于祖辈的东西。因此对于那些可以改善他们从祖辈以来就习惯了的俭朴生活的革新，他们自己是很难接受的。但是，在这个国家偏僻的内地，在那远离世界贸易潮流和西方文化隔绝的地方，也已有人准备将西方技术成就移植到自己的土地上。一些卓越的知识分子和有关方面敢于开拓的人士就是这么做的。

利必西　所以你就这样预言？

罗希德　风水先生能预言，为什么我不能预言呢？

利必西　那你敢把它写进你的文章里吗？

罗希德　不敢写进文章，那叫预言吗？

［两位德国人下。

1929年，“九九音乐社”成员合影

左经理　中国的第一个水电站建设经历了21个月的凄风苦雨。在这600多天中，中华大地再遇历史颠簸。

袁嘉谷　同学们应该知道，1911年是天干地支的辛亥年。这一年，历史夜幕留下了一道耀眼的弧线。就在那首《巩金瓯》刚被清王朝定为“国歌”的第六天，它的词作者严复没想到，大清王朝变生肘腋。10月10日，随着武昌城头的一声枪响，近三百年的大清帝国飘扬的龙旗黯然落地，“帝国苍穹保”，那句有如祈祷式的歌词变成了一代王朝永远的梦呓。

聂　耳　袁嘉谷伯伯，我是1912年才出生的。

袁嘉谷　哈哈，小老弟，清朝灭亡，民国肇基。石龙坝水电站见证了辛亥革命。末代皇帝退位，窃国大盗登基，军阀袍泽你方唱罢我登场。

聂　耳　袁伯伯，我吹一曲《命运交响曲》给您听吧？（随即演奏）

袁嘉谷　这不会是柏西文先生教你的吧？

聂　耳　就是他刚教我的。你怎么知道的？

袁嘉谷　哎呀，我记起来了，小老弟，柏西文先生是我老兄，他总是提起你，好一个天才的音乐少年。

聂　耳　嘿嘿，大老兄，我也听柏西文老师老夸你学识渊博人品好！

袁嘉谷　我记得他还说你是什么星座来着？是、是水瓶座的吧？

聂　耳　啊？你老记性真好！

袁嘉谷　好孩子，你吹吧，吹吧。命运在敲门，敲吧敲吧，石龙坝敲开了中国技术工业的大门，技术？工业？能拯救中国吗？

聂　耳　（不解其意地）袁老伯，告诉你个秘密，（悄悄地耳语）我不仅喜爱音乐，也很喜爱工科。我立志，长大了要当工程师。

[说着便开始吹奏《命运交响曲》。

袁嘉谷　小老弟哟，面对暮霭沉沉的天际，石龙坝即使有再大的功率也照不亮中国的黑暗，滇池水即使有再大的流量也冲不走人民心中的苦难。

[傍晚来临，华灯初上。数千盏路边和窗口的灯泡同时亮了，市民们引颈而望。

聂　耳　大老兄，昨夜我做梦啦，我梦到九十九个月亮照在滇池上，整个昆明夜间都变得雪白雪白的，可亮堂了！（不留神踩空石阶，跌倒，划破膝盖）哎哟，摔着了我啦！

袁嘉谷　嗨呀，你没事吧？

聂　耳　没事，只是摔破了，出血了。

袁嘉谷　赶快叫左经理给你拿云南白药来。

左经理　来，我拿来了白药。

袁嘉谷　孩子，我来给你涂上白药。

聂　耳　我家就有云南白药啊！

袁嘉谷　先涂上点儿。回家让你妈妈再涂药。

男女生　（载歌载舞）

石上看，九十九个月亮挂在天，啊呀咿，
龙正潜，九十九桩心事照无眠。啊呀咿。
坝已拦，苟日新，日日新，又日新，
水上善，明明德，在新民止于至善。
电昆明，大功率为什么照不亮天下黑暗？
（四神叹何大力量在民间。）
站滇池，大流量为什么冲不走人民苦难？

（三春融我求卓越敢为先。）

袁嘉谷　是公鸡就要打鸣，是母鸡就要下蛋。

是水能就要发电，是人才就要磨难。

同学们　是公鸡就要打鸣，是母鸡就要下蛋。

是水能就要发电，是人才就要磨难。

[幕毕。大幕前，四方神上。

四方神　山不厌高，海不厌深。周公吐哺，天下归心。

日月之行，若出其中。星汉灿烂，若出百里。

| 5 |

[换场。四方神上。

四方神　床前明月光，疑是地上霜。举头望明月，低头思故乡。

[四方神下，大幕开。

[场景是玉溪或峨山，老街老房子，午后。远景是红塔山（云南玉溪红塔山因山体顶部耸立有元代所建白塔而得名，始建于元代，该塔清道光十九年（1839）重建。“白塔夕照”成为新兴一景。1958年将白塔涂为红色，更名为“红塔山”，其景亦由“红塔朝晖”所取代）脚下，红白颜色交互变换。

[右边有一座面临老街的精巧可爱的花腰傣房屋。房前还有个不大的花园。左边，对面是挂着“玉溪乡村师范学校”牌匾的操场。在聂耳大姐家里，复习完功课的聂耳正帮妈妈淘米。他头戴一顶鸭舌帽，身着蓝布长衫，穿一条中山装长裤。彭寂宽显出玉溪母亲的贤良、聪慧。

彭寂宽　儿子呀，昨天你们去螳螂川干啥来着？

聂　耳　告诉你妈妈，我们参观石龙坝水电站来，这不，我正写日记呢。听那位袁嘉谷老伯说，那些发电的工程师太了不起了！给人带来了电灯和光明。长大了，我也要当工程师！

聂叙伦　好哇！弟弟，我可记着你的志向哟！我的弟弟要当工程师！

彭寂宽　我再给你涂上云南白药吧！（帮小聂耳涂药）我记得石龙坝水电站发电那天，全昆明人山人海，都出了门。我牵着你哥哥，还抱着你出来到碧鸡坊看灯呢！

聂　耳　妈妈，我怎么不记得呢？

彭寂宽　嗨！傻孩子！那时你才两个月大呢！

聂　耳　妈妈，你说说那时候的故事吧？

聂叙伦　我来说吧。卖电初期，耀龙公司为几户市民免费安装电灯，那些用上电的市民只需轻轻一拉开关，黑夜瞬时变成白昼，奇妙得不可思议。于是，前来买电的市民络绎不绝。古老的昆明城破天荒出现了明亮的电灯。

“玉溪青年学术研究会”会员与玉溪县县长合影（第二排左二为聂耳）

聂　耳　我还听说，昆明先于全国建成水电站，可百姓不懂电为何物，闹出过就着电灯点烟卷的笑话，是这样吗？

聂叙伦　是啊，那时的笑话多着呢！水电站这么个稀罕物，一不建在北平城，二不建在上海滩，偏偏建在远离西方文明的螳螂川，你说说，这是为什么？

彭寂宽　儿子，你的功课做完了吗？

聂　耳　妈妈，高老师给出了史地测验题，一个是，试述西力东侵之原因；另一个是，何为民族精神？今天上午我都答出来啦！

聂叙伦　呵呵，十五六岁的小孩子都回答这么深刻的问题？好兄弟呀！哥哥问你怎么回答的？

聂　耳　我不告诉你！

聂叙伦　告诉我，奖励你！

聂　耳　就不！就不！偏不告诉你。你看弟弟的行动吧！

聂叙伦　看啥看？不用看。知弟者，莫若兄也。

彭寂宽　你兄弟俩说啥来？

1929年，聂耳在省立师范戏剧研究会演出歌德的话剧《克拉维哥》中饰“玛利亚”

聂耳

聂叙伦　这就是咱云南人的民族精神呀！妈妈，你还记得“五卅惨案”在昆明吗？

[灯光渐暗，幕布上播出黑白老电影纪录片五卅惨案镜头：1925年5月15日，上海日本资本家借口存纱不够，故意关闭第七纱厂，停发工人工资。工厂工人在共产党员顾正红领导下与厂方进行说理斗争，日本人向顾正红连开4枪，顾正红当场身死，激起群愤。5月30日，上海学生两千余人在租界内散发传单，集会讲演，英国巡捕进行镇压，逮捕学生，激起市民更大义愤，1万余群众集中在公共租界南京路老闸巡捕房门前要求释放被捕学生，高呼“打倒帝国主义”等口号。英巡捕开枪射击，群众死10余人，伤无数，造成震惊中外的“五卅惨案”。

[反帝烽火蔓延到昆明，工人与学生成立了“五卅惨案”后援会。聂耳所在的中学开始了支援上海工人学生、抵制日货的运动。他们在华丰茶楼义演。聂耳是主角。他和同学孙书明一组。为了吸引行人，他们把锅底黑灰涂在脸和手脚上，腰上系着自制的树条腰带，把自己打扮成跳踢踏舞的黑人。面对逐渐围拢而来的行人，聂耳痛声讲述“五卅惨案”经过，大声动员民众：“现在这时候，中国到了生死存亡的关头，我们中国人，每个中国人难道还不应该站出来，使尽责任、承担使命吗？”群众报以热烈的掌声，纷纷慷慨解囊。聂耳他们募得了很大的捐款。汇集起来，再汇往上海。

聂耳前后三次回玉溪的住所（玉溪市北门街3号）

彭寂宽　（对聂叙伦）你弟弟可是个好男儿！（转而对聂耳）只是你可要千万保护好自己呀！

聂　耳　妈妈，你放心吧！我有你和哥哥呢。你可是保佑我的活菩萨呀！

［玉溪花灯音乐渐起。聂耳练习小提琴，用半生不熟的指法，一边拉一边送母亲出门去走访亲友。

彭寂宽　妈妈要到几个亲戚家串门，孩子啊，你兄弟们出门去看戏玩玩吧。

兄弟们　好咪！妈妈你可要早点回来哟！

［说完走了，聂耳和聂叙伦兄弟仨欢快地跳跃着，到隔壁不远处的茶馆去听民间艺人唱花灯。

［夜幕降临时，远远地从山坡那边一些人向这儿走来，茶馆主人一一向来人介绍说：

茶馆主　这位是来抚仙湖水下探险的潜水家，那几位是来峨山搞田野调查的民族学家，最后那位是来帽天山搞生物地质调查的古生物学家和他的助手……

［众人的到来使这里变得热闹起来。忽然，听到了小提琴的试琴声，满心喜悦的聂耳走向摆弄小提琴的老艺人，嘘长问短。老艺人指点着小聂耳指法。

［花灯曲调音乐渐强，在旁侧的老艺人手拉小提琴，邱木匠吹笛子伴奏，一个身穿鲜艳细褶长裙、头插大红花的玉溪峨山彝族女孩子缓缓登台，她面容黑里透红，头帕上镶嵌着九颗珍珠，胸前佩戴着银质的首饰，深情唱起。

聂耳随母亲到峨山看望外公时就住在这所房里

李国柱烈士：聂耳的老师

峨山女　（《美在玉溪》）

一条玉带连天地，一曲花灯唱东西。

天地造化出人杰，古今神通有灵息。

聂　耳　可爱的玉溪故乡，神秘的故乡玉溪。

生物学家　东方的奥秘寻觅，灿烂的新迷探奇。

民族学家　不为逃避灾难而来，只为追寻远祖的踪迹。

众　人　人人爱玉溪故乡，处处美故乡玉溪。

[剧作家和作曲家为聂耳故乡精心设计了这首极富玉溪花灯曲调旋律，又有流行音乐特色的经典对唱《美在玉溪》，足以显示聂耳和玉溪人以及外来人对玉溪发自内心的热爱——歌如玉带河泉水淙淙流淌，舞似玉带河浪花叮咚作响。

[歌毕，众人随着几个彝族男女的舞步，走出茶馆，在操场上点起篝火，跃跃欲试。

[“跳月”为彝族主要歌舞活动。男女青年喜欢在夜间生起篝火，小伙子弹起四弦，姑娘们拍打巴掌，围着火堆，和着调子的旋律翩翩起舞，象征着团结友爱，舞步豪迈粗犷，表现了剽悍强壮的民族性格。小伙子们打着哟嗬，姑娘们边跳边唱，跳月的功夫主要在脚上，舞步变化由悠闲的步子开始，一调转一调，随着调子节奏由慢逐渐加快。跳舞的人群有时穿梭往来，有时旋转

下蹲，巴掌越拍越响，弦声伴随着有节奏悠扬的山歌，篝火燃烧的噼啪声及姑娘们身上的银饰碰撞声，在夜空中回旋，充满了欢快热烈的气氛，人们不知疲倦，舞会常常通宵达旦。有个彝族小伙子手弹四弦，这是彝放人民最喜爱的乐器，跳月伴奏必不可少。形状以圆形的最多，像十五的月亮，故又称“月琴”。聂耳兴奋地跟着他学弹月琴。但见弦头雕着栩栩如生的龙头，正面精心雕刻出多种花卉、飞禽走兽等图案，弦中置一面大圆镜，周围置许多小圆镜围着，像群星拱月，弹奏时用弹片拨弦，手指击打琴身，声音清脆，节奏明快，十分悦耳动听。

[可以想见，后来的整个假期，聂耳除了做作业，就是拜师跟着老艺人继续学拉小提琴、跟着邱木匠学吹笛子、跟彝族小伙学弹月琴。聂耳回家，大致有这样几种目的：探访亲朋好友；向民间艺人学艺；找一份适合的工作；搞进步的宣传演出。无论出自何种目的，聂耳都深深地热爱着玉溪这块亲情和音乐的沃土，这也是他的音乐里常常流露玉溪“乡音”的主要原因。

[八月的玉溪乡村师范学校的操场上，熙熙攘攘挤满了本校师生和城乡百姓。暑假期间，玉溪旅省学会的进步青年，为了反对反动当局的黑暗统治，组织旅省学生，利用假期回家乡开展宣传工作，以便唤起广大民众的觉悟。聂耳同谢弼晋、马天柱等人，到玉溪后，有的办民众夜校，有的举办游艺晚会，用群众喜闻乐见的形式，向民众进行宣传。

报幕员　（甜美的声音）最后一个节目，《卖花姑娘》，演出者：聂守信、杨迎春等。

[聂耳化装成一个昆明郊区农村姑娘，上身穿大红姊妹装，下身穿一条黑裤，头上插一朵鲜花，手提花篮，口唱卖花调，连声音都是尖尖的女声。姑娘挎着装满鲜花的花篮。

聂　耳　（嗲声嗲气地喊着）卖花哟，卖花喽！谁要买花？

[《卖花姑娘舞》。

[聂耳和杨迎春手持一枝枝蝴蝶兰，双双跳起婀娜多姿的《卖花姑娘舞》。

[台下的观众有调皮者瞎起哄：“我要买！我买花！”只因为聂耳把昆明姑娘卖花的苦乐年华生活演得活灵活现。

[观众群里，有一个带着女儿、年近四十岁的黑衣男子盯住聂耳。他对身旁的媒人嘀咕了几句。

玉溪聂耳故居展厅内景

由于叛徒告密，聂耳告别亲人，远走他乡。1930年，聂耳离开昆明去往上海前与三哥及外甥合影

黑衣男　这孩子聪颖机灵，一身正气，是个好男儿

[散场后，老街上。路灯昏暗，人影稀疏。

一个媒人满脸堆笑地领着一身黑色衣服的聂耳和妈妈走上场来。媒人得意洋洋地向聂耳和妈妈介绍住的这所房子，不时地拉开一扇木门，讲解每一间屋子的用途。看得出来，他因为介绍一桩婚事高兴而来。

[媒人拍了三下巴掌，立刻，一个16岁的小女孩身穿彝族美丽衣裙和父亲（那个黑衣男子）出现在聂耳和妈妈面前。正是刚才唱《美在玉溪》的峨山女孩。不知情由的媒人依旧一一介绍双方。

[聂耳和峨山女不约而同都捂着嘴偷笑。

媒　人　孩子长大成人了，男大当婚，女大当嫁。我介绍你们两家，既是乡亲，又是书香门第之家。让孩子早早成亲，也了了一桩心事，让守信他爸爸在天之灵早得安息呀！

黑衣男　（对彭寂宽）大嫂子，我见你儿子聪明可爱、知书识理，而我没有儿子，只有一个中学毕业的女儿，就请媒人游说，想把你儿子招为姑爷。好吃好穿不要他受罪。

[说着，便让女儿给聂母行礼。

［小女生恭恭敬敬地跪下行礼。然后她稍稍抬起头来，按照当地习俗，开始恭维起与她同龄的聂耳来。

峨山女　啊，哥哥，你演戏的微笑像鲜花一样美丽。菩萨说过，微笑可以征服一切困难。……

［聂耳“刷”地一下，有些红脸。

聂　耳　谢谢！不敢当。

［看到聂耳对这一套很不好意思，媒人立刻击掌三下，小女孩便一下子消失得无影无踪了。

［寒暄之后，媒人炫耀起这套新房子来：

媒　人　在这所美丽的房子里，我打算请你儿子住它个九十九年！让他享尽荣华富贵。不过，在这样一个多灾多难又多变的时代，你随时可以改变主意。

彭寂宽　我们有个家，有个窝，虽然说没有金子、银子，但是儿女有骨气、志气。

［这显然是她平时言传身教，教子女许多为人处世的道理。彭寂宽勤劳、豁达——这一点与玉溪的花腰傣妇女，乃至许多少数民族的妇女非常相像。彭寂宽有很多优点：第一是节俭；第二是善良；第三是从来不在别人面前悲伤，无论做哪种事情，都很乐观。紧接着，母亲再次唱出了一段令儿子终生受益的歌。

彭寂宽　（唱《母亲的话》）

儿啊，我的儿啊，请记住母亲的话：/ 人落后了就挨打，人贫穷了就挨饿，/ 人无大志就挨骂。请记住母亲的话。

儿啊，我的儿啊，请记住母亲的话：/ 自强不息不挨打，勤学苦干不挨饿，/ 自立达人不挨骂。请记住母亲的话。

［聂耳频频点头。听了母亲的歌，对比初恋情人袁春晖，面对第一次被外人说媒，少年聂耳忽然觉得自己长成男子汉了，被赋予一种责任，一种使命，内心被激发的雄性荷尔蒙激情四溢，显得很威风很雄壮，但表现得很轻松很快活。他手拉小提琴，对着众人唱起了下面这首歌。要求作曲家为他写出旋律极其舒展、宽广，显示了他内心作为男性的骄傲，其中还夹进了玉溪花灯曲调和进行曲的旋律。他一边拉琴一边歌唱——难道这不是个极好的预言吗？

聂　耳　（唱《小鹰展翅》）

1930年，聂耳去往上海前在省师与好友邓像琏合影

小小少年不怕艰难，走遍天下寻找挑战。

无论立志还是立业，像小鹰展翅一飞冲天。

无论白塔还是红塔，虽有山高人为峰巅。

无论功名还是利禄，虽在云南过眼云烟。

姑娘虽美茶花虽艳，少年走过可曾留恋？

抖擞精神擦掌摩拳，勇敢向前勇敢冲向前。

彭寂宽 （考虑到儿子的前途）孩子还小……等他长成男子汉……

[聂母婉言谢绝了求婚者。

峨山女 哥哥，你再给我拉一次小提琴吧？你飞走以后，我不知道何时才能听到你那美妙的琴声。

聂 耳 我为你拉一首舒曼的《童年情景》之《梦幻曲》吧？

峨山女 好呀！我为你跳个舞吧？

[这是聂耳每次必拉的曲子。他手拉琴弓，随着曲调的变化，他用脚打着拍子。此刻他的情感完全沉浸在优美的旋律中。《童年情景》之《梦幻曲》，

完成于1838年，是舒曼所作13首《童年情景》中的第七首。虽是描写儿童生活的，但也是为成人所作，表现成年人对童年时光的回忆。聂耳对此曲的理解透彻，手法洗练，形象刻画生动准确，心理描写逼真，欢快动人，饶有情趣，但也流露出一种因为童年逝去而产生的惆怅感。

[《花鼓舞》。

[峨山女跳的是典型的峨山彝族花鼓舞。她边鼓边舞。

[曲舞交替，聂耳和峨山女交相竞技献艺，你来我往，好不热闹。

[峨山女跳花鼓时，以“龙头”持箐鸡尾和绸布、雕有龙头的木棒扎成的短杖领舞，其他8个女舞伴闻鼓而上，人人斜挎一鼓在左腰间，右手击鼓，脚下动作和队形变化多端，左手甩一毛巾和身体配合。花鼓舞跳起来腾挪跌宕，节奏有疾有缓，身体有翻有跃，整体的风格激昂铿锵、热烈奔放。

[聂耳继续拉琴。这首《梦幻曲》是全世界妇孺皆知的名曲，主题简洁，聂耳把它演奏得具有动人的抒情风格和芬芳的幻想色彩，旋律线几经跌宕起伏，婉转流连，使人不觉中被引入轻盈缥缈的梦幻世界。

聂　耳　小小少年不怕艰难，走遍天下寻找挑战。

[歌声余音缭绕……

[灯暗，幕毕。四方神上。

四方神　古人学问无遗力，少壮功夫老始成。

纸上得来终觉浅，绝知此事要躬行。

第二幕

沪 I

序诗

一

自古雄才多磨难，从来纨绔少伟男。
设计小我为大我，大我祖国是少年。

二

午夜教堂敲响过钟声，大上海陷入一片寂静。
抬头望着可爱的明月，低头想起阿妹在昆明。

记得你是一朵白兰，馨香阵阵醉我心灵；
纯洁掠过滇沪清风，人间愿长留你的芳容。

记得你是一只鹂莺，百转千回娇娆娉婷，
声声迎来春阳似锦，天地请容我和你共鸣。

曙光抹红故土的爱情，春晖染绿他乡的人生。
回忆翠湖春晓的夜景，迎接金蛇狂舞的黎明。

| 1 |

[四方神上，唱《迷宫》。爵士风格载歌载舞。

青　龙　东方的上海是一个迷宫，

白　虎　西方的音乐是一个迷宫。

朱　雀　南方的人生是一个迷宫，

玄　武　北方的未来是一个迷宫。

青　龙　谁渴望自由，谁渴望反叛？

白　虎　现实太黑暗，生活太艰难；

朱　雀　我渴望自由，渴望非主流，

玄　武　我渴望在自由土地上昂起头。

[四方神退，大幕开。

[时空背景：幕布电影蒙太奇：1930年7月，上海码头。一声声汽笛鸣响。一艘客船到岸。一身土布衣衫的聂耳身背行李，举步上岸。聂耳在云南省立第一师范读书时，由于积极参加学生进步活动和文艺演出，被叛徒告密，被当局追捕。三哥聂叙伦让聂耳赴上海。

[十里洋场让他有些晕头转向，整日为生计奔走，在云丰申庄当了一名小伙计。食宿很差，每天劳动长达十小时以上。在码头上拉板车，装货卸货。累得腰酸腿疼。

[石库门。白天到处飞舞着密密麻麻的苍蝇，夜晚成群结队的蚊子像轰炸机群。典型的贫民窟。一个小瘪三就地坐在舞台深处。聂耳上场。

[老上海租界区。远处是邮局，近景是明月歌剧社阁楼。

聂　耳　真是意外！收到昆明逸乐电影院汇来一百元，说是对我帮助联系影片发行租借的报酬。呵呵，取来以后分配非常简单，汇一半给我慈爱的妈妈，一半是买一把小提琴和大衣。

聂　耳　小提琴自然是能使人心境舒畅，当我奏起那舒曼的《梦幻曲》时，虽然指头会痛，无弓法，无指法，也是够快活的了。若没有旁的事来烦扰，我是会不吃饭，不睡觉，不分早晚地练习下去的。

聂　耳　上海下雪，二月十四日，是我的生日。我收到了袁春晖寄来的情书和生日礼物，我记得心爱的人再次叮嘱：希望你不会成为一个平凡的人。莫大的鼓励激励着我选择高远！

［聂耳拉着沉重的货回到云丰申庄。

聂　耳　老板，我回来了。

薛老板　聂守信，近来经营不好，要倒闭了。给你发几个工钱，你自谋生路吧！

1931年3月12日，聂耳到上海第一次打工，同云丰申庄老板与工友合影

聂　耳　公司倒闭算什么？后天我去南京路吧？久违了的南京路。工部局的警察凶得很。去南京路买《日文典纲要》还遭白眼。三哥曾到日本留学，袁春晖也在学日语。有利于学习新知识。练琴，小提琴。取回袁春晖寄来的包裹好高兴！

聂　耳　（自拉自唱《情人礼》）睁开眼睛看窗外，雪花片片飘落地。／天寒地冻体温降，双脚微冷梦故里。／二月十四落大雪，生日开心春有意。／一封情书连滇沪，温暖最爱情人礼。

聂　耳　把丰子恺的《音乐入门》买来重读过，才知道小提琴学习的困难和基本练习的重要。那时我的心情仿佛沉到懊恼和失望的深渊里，再不能将它振作起来。如此，那洋盒子安静地放在我的枕旁多个礼拜，因为我是在那样不安地彷徨着。不断地练习着，旧的指头硬结退去，加上了新的痛。手指分家地持弓，现在才把它合作起来。不曾用惯的小指，现在才学习运动。可怜！这些简单的方法，素称与小提琴为三年之友的我，现在才算真实地知道一点，忍不住又要叫我说一声“可惜”！

聂　耳　一个人的被你帮助，他是会把你遗忘掉的，终有一天。这不是所谓“有恩必报”，“不报则不为德”，不过，总不要太给人感到难堪。固然，一个人帮助了人并不希望什么报答的，然而“病好打太医”是切切使不得的。

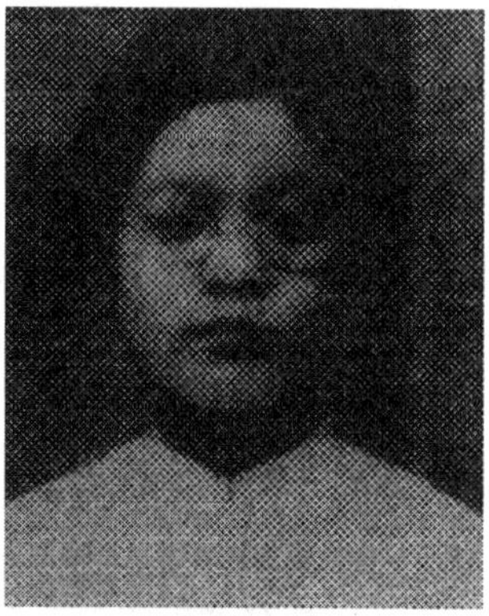

赵琴仙烈士：聂耳的老师

聂　耳　本来一个人的涵养就应该从这些地方着手，这是我常常都觉到的，而且我可以断然地说我是没有涵养，然而有什么办法呢？从来都没有做过不欢笑的强笑和一些虚伪的假道德。咦！这社会，随处不是蒙蔽着一层虚伪哩！

聂　耳　（一阵寒风过来，咳嗽不停）我常担心会是肺病的起源。管他妈的，有什么可担心的呢？活得一天算一天。我只不住地进行每日的课程表。

聂　耳　虽然有病，人家托做的事不能不尽力。再说他们要准备打麻将，我留在家里更是加倍的无聊。天气是如此冷，只有加衣服是唯一的办法。没脱去里面的线衣便穿上西装、大衣，行动起来真有些不方便。

［路边来人。

相面人　（匆匆上）天灵灵，地灵灵，邪正看眼鼻，真假看嘴唇，功名看气概，富贵看精神，主意看指爪，风度看脚筋，条理看语音。

聂　耳　嘿嘿，真新鲜。你是——

相面人　我来给你看看相吧。你25岁上大运，在这五年内须努力读书。你恐要生一次病，须特别保重。再看你面相，你将来不做省主席，便是中将、上将，若是从事军政界的话。

聂　耳　可我一不从军，二不从政。只是加入反帝大同盟。我走啦走啦！（心里嘀咕）他想敲我的竹杠，嘿嘿，却被我敲了。

［聂耳闲逛，路过福州路恒源祥店。

聂　耳　天寒地冷，嗨呀，要是有一件羊毛衫该多好呀！

［几个衣衫褴褛的小瘪三在路边叽叽喳喳，时唱时跳——

羊羊羊，谁的恒源祥？衫衫衫，穿上暖洋洋。

饥饥饥，天下寒士谁吉祥。盼盼盼，温暖大众乐嘉祥。

大瘪三　（上海话）恒源祥？嗨！那是纯羊毛制的衣服，用热水一洗就缩小变形，不能穿。

小瘪三　那还不容易，只要和身体一起洗，一起晒，就不怕它缩水变形了。

聂耳的老师黎锦晖在北平

联华影业公司音乐歌舞学校爱文义路旧址
（后为北京西路1298 号）

[哈哈哈哈——众人乐。

小报童　卖报啦，卖报啦！

聂　耳　来！买一份报！

[1931年3月，聂耳看到《申报》大幅广告：明月歌剧社招生……

[聂耳来到常德路恒德里，临街的一座三层阁楼——明月歌剧社。

[行道树新绿初上。

[明月歌剧社的大厅内，招聘工作正在进行。都是些15至18岁的男女学生。

[王人路、王人艺、王人美三兄妹，黎莉莉、薛玲仙、严华、严励、胡笳等这些日后成为中国电影界、音乐界名人的人，此刻都已是歌剧社崭露头角的老团员了。他们进进出出，偷偷地指点着什么。

[聂耳背着一把小提琴上。从外表看上去他朴实无华，穿着很土气，而且有些局促紧张，唯有眼睛炯炯有神，闪闪发亮。

[招聘考试在一楼进行，由身穿灰西服、头发光亮的黎锦晖亲自主持，两边坐着几个男女老师。考场上黑压压的一片考生。

聂　耳　老师，我来报名。

黎锦晖　这位同学，你是来考试的吧？

聂耳来到上海，被录取成为明月歌舞剧社的小提琴练习生

1930 年，聂耳（前）与三哥聂叙伦、外甥严新

聂　耳　是。

黎锦晖　你叫什么名字？哪个学校毕业？

聂　耳　（操着昆明口音，怯生生地）我、我叫聂紫艺，云南师范学校毕业。

黎锦晖　（和蔼地）别紧张，坐下吧。你到上海好久了？

聂　耳　去年7月就从昆明来了。

黎锦晖　云南人？我问你，你以前都做过什么工作？

聂　耳　我当过兵、演过戏、做过商号的小伙计，现在失业了。

黎锦晖　你家住在哪儿？

聂　耳　无家可归。

黎锦晖　你有收入来源吗？

聂　耳　一无所有。

黎锦晖　这孩子太苦了。你云南人，我湖南人，你我都是来自有山有水的地方。古人云：仁者乐山，智者乐水。高山流水，几何知音？放松点，别紧张，我黎某见了云南人就亲三分。

聂　耳　谢谢老师。不瞒您说，我是无产者。唯有志气，唯有那点手艺。

黎锦晖　志气？你有什么志气？说来我们听听。

《三蝴蝶》：黎锦晖编导、王人美等表演

聂　耳　今天不说了。改天给您说。

黎锦晖　那好吧。（从桌上拿了一份练习曲给他）你用小提琴演奏一下这曲谱里 C 调十六分音符的极高音部分。

聂　耳　嗯。

［本来这支曲子并不难，但是当他把曲谱放在谱架上时，因为太慌，聂耳脑袋"嗡"的一下一片空白，紧张得手脚都不听使唤。结果拉错了许多，又漏掉了许多。最终没把曲子拉完。

老师甲　这个云南人功底太差，没什么基本功嘛！

老师乙　要是换别人，早就淘汰了。

黎锦晖　喂，诸位，这孩子年轻，太紧张。多多包涵。还是听他继续演奏吧。来，聂紫艺，你再来一遍。

聂　耳　（自言自语）命运之神啊，我在叩你的门，你不要抛弃我。

黎锦晖　小同学，你别紧张。再拉一段降 B 调的四分音符曲子。

［这次聂耳镇定了一下情绪，从头到尾完整地拉完了一支曲子。

黎锦晖　好。放松之后就不错嘛！你会拉胡琴吗？拉一曲。

聂　耳　会。

[他拉了一曲黎锦晖作曲的《三蝴蝶》。

黎锦晖　人家听，很好嘛。拉的我的曲子蛮不错嘛。放松就好。再弹一首钢琴曲吧！

[聂耳更加放松，弹了一首《命运交响曲》。

黎锦晖　（与左右两边的老师耳语）这位年轻人懂得一些音乐，又很有志气，长得也算帅气，咱们录取了他吧？请他当一个提琴手。

[刚受到重大挫折正不知何处落脚的聂耳就这样喜出望外地在明月社留了下来。

黎锦晖　好！你被录取了。祝贺你哟！

聂　耳　（向黎锦晖和在场的所有老师鞠躬。纯朴地）太好了。我、我真不知该怎么感谢你！这、这可是我梦寐以求的理想啊！

黎锦晖　以后好好学习吧！我们会把你培养成国家栋梁的。努力吧，努力朝前走，你要什么，前面都有。小伙子，你可以搬到二楼男生宿舍来住了。以后就让王人艺当你的小老师，教你小提琴。

聂　耳　谢谢嘎。先拜您为师啦，谢谢嘎。（嘎：昆明方言）

黎锦晖　以后要改掉你的昆明话，我先教你学习国语白话。

聂　耳　好嘞！

[聂耳把行李搬到楼上。下。

王人艺　来呀，聂紫艺，我来教你小提琴。

聂　耳　太好了！太感谢你啦，小王老师。

[傍晚，夜幕降临，在欢快的舞曲中，在明月歌剧社楼前那个还算空旷的操场上，好生了得！一帮将在未来震撼中国的新老学员们群英荟萃，粉墨登场了。黎锦晖决定为新来的学员召开一场迎新舞会。

黎锦晖　今晚，是大上海最难忘的夜晚！请记住1931年4月的这个日子，这注定是要载入史册的日子。欢迎聂紫艺等新学员加盟明月歌剧社！

[众人掌声！

黎锦晖　你们初来乍到，我把咱明月社的荣耀给新学员介绍一下。别看咱明月社规模不大，可在南洋一带是闯出大名声来的。在国内，从北平到上海，从南京到武汉，提起明月社，无人不知无人不晓。你听听，多么响亮的名字！王

聂耳与金焰

1931年5月，聂耳（右）与严励摄于南京

人美！黎莉莉！张锦文！还有，大名鼎鼎的白虹！周璇！徐来！胡笳！薛玲仙！于立群！韩国美！更有影帝之称的金焰！黎明！王人艺！严励！严华！严折西！宋廷章！江涛，他的外号叫黑炭！

金　焰　我也刚到上海。给大家讲个笑话吧。一次老师在课堂上讲人的耳鼻眼功能，发现下面学生无精打采，就提问阿大：我刚才听到一阵脚步声这是什么觉？阿大摇头。老师又问：接着一阵香气扑鼻，这是什么觉？阿大还是摇头。老师忍住怒火继续说：我抬头一看原来是你们班新来了一个漂亮的女同学，这是什么觉？阿大看看老师点点头说：错觉。

[众人哈哈大笑。

黎锦晖　所以，大家不要有错觉。我希望你们新学员进了明月社，有这么好的环境，就应该努力学习，立志成才，也早日成为一颗颗光耀世界的大明星。

聂　耳　黎先生，你的话我记住了。我自知音乐功底太浅，我想拜您为师。

黎锦晖　好呀，我就收你这个徒弟。我还要找你单独谈谈。你可是能成大器的人啊。

聂　耳　是吗？我太高兴了！（自言自语地低吟）

命运之神啊在叩门，少年心事啊当拿云。/明月银河啊亮几许，明日三春啊报师恩。

黎锦晖　下面请乐队演奏我为各位小朋友们写的《好朋友来了》。

1931年，聂耳与上海联华影业公司歌舞班学员在住所弄堂合影（左起为黎莉莉、黎景光、聂耳、王人美、黎明健、于知乐、白虹）

[音乐声起，一首健康向上的儿童歌曲便在大上海的小里弄的操场上四散而去。众男生女生随着音乐翩翩起舞。

众男女　（歌舞）乒乒乓乓，乒乒乓乓。/谁呀？我呀。你是谁？

我姓梅。/啊，梅大哥。门儿开开，请你进来。

你好啊？你好啊？好！/大家都好啊，大家都快乐。

哈哈哈哈，哈哈哈哈，/大家都好啊，大家都快乐。

[接下来是第二首《努力》。

众男女　（歌舞）走！走！走！努力向前走！/你要什么，前面都有

[这首加油鼓劲的歌曲唱得大家浑身是劲。

众男女　（跳《爵士舞》）兴奋至极的黎锦晖带头跳起了爵士舞。众人追随其后，会跳的跳，不会跳的模仿着跳。他将西方爵士乐与中国本土民族音乐结合作曲的《毛毛雨》是第三首舞曲。这是中国第一首真正意义上的流行歌曲，当时称之为"摩登歌曲"（Modern music），歌曲的名字叫做《毛毛雨》，由白话运动的先驱黎锦晖先生创作，他的女儿黎明晖演唱。小小黎明晖是真正的大家闺秀，唱这首歌纯粹是为了支持父亲——白话运动的先驱黎锦晖的"用歌声推广白话文"的事业。她梳着齐耳短发，形象清新可人，童口一开，金声即来。

黎明晖　（歌唱）毛毛雨下个不停，微微风吹个不停，／微风细雨柳青青，哎哟哟，柳青青。／小亲亲不要你的金，小亲亲不要你的银，／奴奴奴只要你的心，哎哟哟，你的心。／毛毛雨不要尽为我狂，微微风不要尽麻烦，／雨打风吹行路难，哎哟哟……

［黎锦晖与徐来舞姿翩翩，阳刚正大，颇有翩翩君子之风，毫无黄色之意。接下来声音转换成男声——陶行知用此曲为抗日募捐而改的歌词（足见此歌影响，这是后话）。

金　焰　（歌唱）小亲亲，他要你的金，小亲亲，他要你的银，／小亲亲，还要你的心，啊呀呀，你的心！

［聂耳整个晚上都兴奋不已。大声唱呀，大步跳。白虹作为他的舞伴，一直用含情脉脉的眼神给他注入某种激情。聂耳和她、和所有人整个青春和激情一股脑儿地喷泄到群英荟萃的明月歌剧社的欢歌笑舞里面了。

［夜深人静，大家都入睡了。皓月当空，微风吹拂，洋租界的教堂响起一阵阵钟声，兴奋不已的聂耳独自一人，在昏黄的街灯照耀下，踏着轻捷的步子，一边走路一边弹吉他，突然，他停下，从怀里掏出一张照片——

［聂耳在看袁春晖送给他的照片：短头发，白上衣，黑裙子，一副朴实淡雅的女学生打扮。轻轻吻着照片上的袁春晖。

［聂耳潇洒自如地一边弹吉他，一边歌唱《回忆初恋》——

众男女　（歌唱）午夜教堂敲响过钟声，大上海陷入一片寂静。／抬头望着可爱的明月，低头想起阿妹在昆明。

［在照片背面，聂耳用工整的小楷，写诗吐露心声：

聂　耳　（歌唱）记得你是一朵白兰，馨香阵阵醉我心灵；／纯洁掠过滇沪清风，人间愿长留你的芳容。／记得你是一只鹂莺，百转千回娇娆娉婷，／声声迎来春阳似锦，天地请容我和你共鸣。

众男女　（歌唱）曙光抹红故土的爱情，春晖染绿他乡的人生。／回忆翠湖春晓的夜景，迎接金蛇狂舞的黎明。

众男女　（跳《初恋》之《金蛇狂舞》）

［幕布放映，幻景中，在昆明西山坡上，金色的黎明，光焰四射，聂耳与袁春晖跳起了《初恋》之二《金蛇狂舞》。手舞足蹈中，不再有羞涩，更多的是

长相依的温存，依依惜别的深情。（其中歌词中间两行根据聂耳写给袁春晖的诗改写，请作曲家用《金蛇狂舞》主旋律或类似莎拉布莱曼唱的《斯卡罗布集市》风格作曲）

[银幕背景：聂耳兴高采烈地收到了女友袁春晖寄来的照片，照片上春晖穿的皮鞋就是聂耳在橱窗前看得发呆的那一双，那是聂耳用攒了许久的钱买给春晖的。聂耳看着照片想起与春晖相识相知的日子，聂耳叫春晖“吹吹灰”，春晖叫他“四狗”。他们是当时鲜见的自由恋爱，两人都是学校的文艺骨干，喜爱音乐。他们约会的内容也常是聂耳伴奏，春晖唱歌，身在上海的聂耳拉起小提琴抒发对春晖的思念。

聂　耳　山山山，海海海，我渴望壮怀激烈，我渴望汹涌大海！我是大山的孩子，如今来到大海的怀抱。为什么不能成为海之子？我掌握山的童趣山的秘密，我渴望海的拥抱海的皈依。一入“明月”，以前种种比如昨日死，以后种种比如今日生。从此刻起，努力创造新生吧！

[欢快地跳下。幕毕。四方神上，唱。

四方神　小荷才露尖尖角，新松恨不高千尺。

青　龙　哪个艺术家不对本地色彩厌倦？

白　虎　不需要异地他乡风情的刺激？

朱　雀　黑暗中黑头发的孩子告诉我，

玄　武　既然黑夜给了你黑色的眼睛，

四方神　不就是让你来寻找光明寻找光明？

| 2 |

[换场。四方神上，歌唱《一个人》。

青　龙　望星空，一个人陷入孤独中，

白　虎　唯有离群索居才反省自我的真。

朱　雀　现代个体人，人人都是一个神，

玄　武　一个神——英雄般的寂寞的神。

青　龙　踏大地，一个神孤独冷得很，

白　虎　唯有和朋友拥抱志趣同频共振，

朱　雀　携手来构建，一个快乐新世界，

玄　武　冬天里——嗅到花开触到了春。

[四方神下，大幕开。

[数周后，闻鸡起舞。舞台右侧明亮，明月社排练厅，黎明晖正在组织8个英姿飒爽的女生排练舞蹈——摩托舞，伴奏音乐是《三蝴蝶》。一辆当时最时髦的摩托车摆在众女生面前。这是中国第一个剪短发的女明星黎明晖的座驾。在黎明晖的带领下，女孩子们随着节奏，不断地向上跳跃，时而做出驾车的舞姿，时而展开双臂。

[阁楼不远处的公园里，先飘来了一阵咿咿咿、呀呀呀的女孩子吊嗓子声，继而又飘来了小提琴的琴声。聂耳早上5点起床后，穿一身白色长衫，头戴白色礼帽，与王人艺来到公园，在听他讲述练琴的要领。

[聂耳和王人艺向那个女孩子点头致意。

王人艺　呀，莫道君行早，更有早行人。原来是白丽珠这小丫头呀！14岁的小毛孩怎么起得这么早呀？

白丽珠　耳朵哥哥对我说过啦，笨鸟要先飞嘛！再说啦，早起的鸟儿捉虫多。

王人艺　咦？你们俩啥时候说起悄悄话啦？紫艺，你怎么也不给你小老师汇报一声啦？

聂　耳　（红着脸）报告小老师，我看她人小志大，就激励她勤学上进。小老师，有错吗？

聂耳与他的提琴“小老师”王人艺（右）合影

王人艺 （调侃道）当然有错啦。我是你老师，你是她老师。不汇报，打屁股！（说着象征性地打了聂耳一下）

聂　耳 哎哟。我改了。

白丽珠 嘿嘿，瞧你说的多新鲜啊，你又不是我的老师。我就看聂大哥顺眼，我就喜欢聂大哥，就喜欢听他讲做人的道理，就喜欢听他讲云南故事，怎么啦？

王人艺 你瞧瞧，小屁孩儿，北京小妞就是嘴硬。（做吓唬状）赶明儿我到北京给你妈告状。

白丽珠 告告告，我才不怕呢。嘿嘿，嘿嘿。

［随后各练各的，人声、琴声，由强到弱，由大到小。

［公园里竹林婆娑，假山嶙峋，黎锦晖在边散步边思忖。

黎锦晖 （唱《明月千里》）

困境曾使人忧伤，顺境可叫人向往。／逢凶化吉走南洋，遇难呈祥到沪上。／车辚辚，马萧萧，明月千里路迢迢。／道可道，非常道，一阴一阳之谓道。／谁走谁的阳关道？道有阴霾来笼罩。／谁走谁的独木桥？桥有丽日晴空照。

黎锦晖 （忽闻小提琴琴声悠扬，侧耳聆听）是谁如此温柔的琴声在司晨？我倒要前往……

聂　耳 早安，社长！（向黎锦晖鞠躬）

王人艺 社长，您好！

黎锦晖 呵呵，是人艺和紫艺呀。祝福你们两艺兄弟！紫艺这孩子，你这么大早起身，

聂耳（中）与他的小提琴老师明月歌剧社首席小提琴王人艺（右）、友人张少甫合影

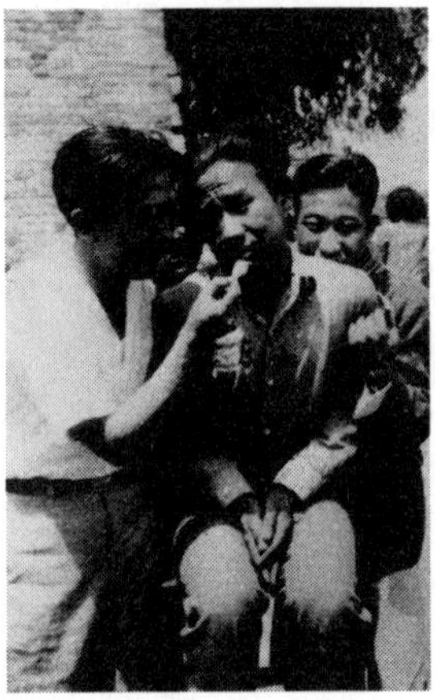

和朋友开玩笑的聂耳

一定有什么心事？这些天排练到很晚，一上床就应该酣然入睡。我猜你黎明即起，不是有什么心事，就是昨夜没睡觉？

聂　耳　先生真是能掐会算，第二种猜测是对的。可我昨夜享受到比睡眠更甜蜜更有价值的梦境。

黎锦晖　更有价值的梦境？哈哈，此言差矣。人只能通过自我选择来确立自己的本质，创造自己的价值。不可能靠做梦来实现价值。因此我要对你说：人生不是梦境，也不是别的，乃是自我设计和自我实现的过程。

王人艺　先生所言极是。也许，我能有一点点小作用，帮紫艺设计和实现他的理想。

黎锦晖　中国有句老话说：师高弟子强。我特地安排人艺当你的老师，一来是你别看他人小，可是艺高；二来是我特别喜欢你，就让他教你练出一手好提琴吧！

聂　耳　多谢先生教诲，我当铭记在心。

王人艺　我打算给紫艺制订一个严格的学习计划，每天练琴六小时，练完之后再教他学习乐理。

聂　耳　我喜欢。小老师和我很投脾气，还教我纠正不良的练琴方法，教我如何正确地练习小提琴。我会积极设计自我实现自我的。除了自我设计自我实现，他人对自我也很重要呀，譬如您，先生，再譬如小老师王人艺。

黎锦晖　他人？他人就是地狱。

聂　耳　什么？搞不懂？我妈妈常说，在家靠父母，出门靠朋友。

黎锦晖 呵呵，不说这些哲学了，太深奥了。我问你们，知道中国的这句话吗？我为人人，人人为我。

聂 耳 学生知道。

王人艺 学生晓得。

聂 耳 我为人人就是艺术为普罗[1] ……

王人艺 人人为我就是功有应得。

黎锦晖 （唱《因果》）我为人人，人人为我，／人道主义精神多深刻。／要为平民，不光为普罗，／艺术女神才会有声有色。／老庄无为无不为，孔孟无可无不可。／美德误用会成罪，罪恶反会造善果。

聂 耳 先生放心，我风华正茂，我少年壮志。作为您的学生，有什么事情尽管吩咐，我是苦出身，啥事都能干。

黎锦晖 有道是：自古雄才多磨难，从来纨绔少伟男。设计小我为大我，大我祖国是少年。

聂 耳 感谢你的知遇之恩。我请求跟黎先生学作曲。

黎锦晖 你是云南人，国语说不标准，我对你有个要求：要学作曲，先正音律。建议你先学注音字母。

聂 耳 是！我一定刻苦学习，我准备做很多注音字母的卡片放口袋里，每天都背，直到背熟为止。我决心义无反顾！我一定会投身明月社和音乐事业。

黎锦晖 好孩子，我会教你的。我看你的眼睛会说话，相信你将来一定非同凡响。

聂 耳 谢先生鼓励。

黎锦晖 （转向王人艺）你跟我来办公室一趟……

［黎锦晖与王人艺下。王人美上。

聂 耳 （为王人美演奏小提琴）我拉得怎么样？

王人美 你应该上收音机里演奏。

聂 耳 你是说我拉得有那么好吗？

王人美 不是，我的意思是，如果你在收音机里，我就可以把它关掉。

聂 耳 晕！气死我啦！

［王人美咯咯笑着跑下。聂耳追下。

---

① “普罗”是法语普罗列塔利亚的简称，意思为无产阶级的。在中国现代的文学作品中经常使用该词。常见的如“普罗文学”、“普罗大众”等。此词源自法国，却是在苏联繁荣起来的，并增添丰富了“大众”的含义。

聂耳与好友云南同乡张天虚在上海兆丰公园

[张天虚上。他身穿一身浅灰色的西服，头戴乳白色的礼帽，哼着小曲从公园里的交叉小径上走来。

张天虚　小小荷包双丝双带飘，妹绣荷包嘛挂在郎腰。

[聂耳躲到公园的假山后，扮一个鬼脸，一吐舌头，欲笑无声，偷听。

张天虚　妹绣荷包嘛挂在郎腰，小是小情哥等是等等着……

聂　耳　（突然跳出）吓！不许动！举起手来！

张天虚　哎呀，谁这么坏？吓我一跳！

聂　耳　我呀！守信呀！

张天虚　守信呀，哎呀你这四狗跑到哪里躲猫猫去了？害得我满上海到处找你。

聂　耳　躲猫猫呀躲猫猫。哈哈！哈哈！

张天虚　守信，都说你耳朵特别灵，可这次我来上海好久了，怎么你耳朵听不到我呼唤你的消息呀？

聂　耳　嗨呀，别说了，前些日子失业了，到处找工作。苦恼不知从何而来，苦恼从何而来？近来决心抱乐观的我，今天会沉沦在烦恼的海底。

张天虚　你瞧，面向大海，春暖花开，你究竟为何苦恼？

聂　耳　推究所以苦恼的原因，不外是春天到来了，花开蝶舞，一切都呈着微笑的娇颜向人们谄媚，向人们讨一个“明媚的春光”的夸耀。由此，他们自骄地鼓舞了，欢笑了。尤其是对着一些感到性的饥渴、性的孤寂的人们。[1]

张天虚　哈！这季节，连猫都还叫春呢，何况人呢？

聂　耳　好不容易在前天才有着落。

张天虚　我的耳朵没你灵，可是我却听到你的消息啦。你还真有本事，考进大名鼎鼎的明月社，好好干吧老弟，云南人敢闯大上海可不是草包啊！

聂　耳　天虚老兄，我本立志当一条龙，离开昆明时，却狼狈得像条虫，一片忙乱，来不及告别就上路了。

张天虚　哈哈，重色轻友！你的行踪我知道，老弟把大哥忘在脑后，却和小春晖到玫瑰田里谈情说爱了吧？

聂　耳　（刷地红脸了）你怎么知道我和春晖去玫瑰田了？

张天虚　秀才不出门全知天下事。我是谁？春晖是谁？东陆大学的校友嘛！瞒张三瞒李四，她怎会瞒我兄长张天虚？

聂　耳　如此说来，离开昆明时你见过春晖？

张天虚　还用说吗？还有礼物呢！猜一猜，啥礼物？猜中了就给你。猜不中就退给她。

聂　耳　（挠挠脑袋）可前几天春晖来信没说呀？我不能不说她算是真的彻底地了解我了。她要我做一个“不平凡”的人，我会牢记着的，而且也在准备这样的胆量。

张天虚　这就是“吹吹灰”的聪明之处啦。你知道什么叫意外惊喜吗？

聂　耳　嘿嘿，这还用猜吗？

张天虚　说呀说呀！

聂　耳　说的不如唱的好。

张天虚　那就唱。

聂　耳　（学女声腔，边弹月琴边哼唱）小小荷包双丝双带飘，妹绣荷包嘛挂在郎腰 。这个礼物对不对？

[背景幕布出现少年恋人袁春晖在玫瑰田边绣荷包的情景。一群少女边跳边唱——

妹绣荷包嘛挂在郎腰，小是小情哥等是等等着。不等情妹嘛要等哪一个，不等情妹嘛要等哪一个。荷包绣给小哥戴，妹绣荷包嘛有来由。妹绣荷包嘛有

---

① 《聂耳日记》，大象出版社2004年版，第132页。

“四只耳朵”——聂耳在飞机上

1932年1月28日上海事变

1932年1月28日上海事变

来由，哥戴荷包街前走。妹有心来嘛要哥求，妹有心来嘛要哥求。

张天虚　小小香包两头尖，包内装着一颗心，两颗心儿贴得紧，可惜人儿两离分。真是心有灵犀一点通啊！（给聂耳带来袁春晖绣的一只心形荷包）

聂　耳　（手捧荷包）吹吹灰，吹吹灰呀，你的四狗好想你！

［幕布上又出现少年聂耳与袁春晖在滇池之畔玫瑰花田，追逐打闹的情景。

聂　耳　我准备请你捎封信给袁春晖。最近上海的邮费不断上涨，报载小品文《情书》一则：

最亲爱的春晖：如你所知，我爱你，而且狂热地、永远地、诚心诚意地爱着你，这一保证从1931年4月到1932年4月期间内均有效，并可以随情况变化而延长，为了节省开支，我不再给你写信，吻你365次。你的四狗。

张天虚　好了好了，别开玩笑啦，还是回到现实里来吧。

聂　耳　想到将来生活的窘迫和回云南的无意思，使我不知不觉地逛了多少马路。在黄浦滩徘徊着的时候，显然是在广州时一样的情境又摆在心头。左思右想：为思想，为理智，为感情，为饭碗，为拉 violin，为身体……着实想不出一条头头顾及的路来。[①]

张天虚 小弟，我来找你还有一些大事要商量。大上海水深浪高，咱云南人来这里人地两生。只有加入一个进步团体，才能携手共进，实现咱们的理想。

聂 耳 你说得对！不瞒你说，前几天钟沪来看我，她一句话把我刺得好痛！

张天虚 钟沪这丫头说了一句什么话？

聂 耳 她说："聂四哥，你就是这样终了一生吗？以后想怎样？"这问题使我不能即刻回答，连我也同样起了怀疑，的确，我应该自己尽快找出答复来！我感觉到我最近在读书方面着实太退步了。是不是一天这样疏懒下去便可了事吗？咦！快找答案吧！[②]

张天虚 好兄弟，看得出你在认真思考问题了。

聂 耳 昨天郑易里来找我，要我加入反帝大同盟。我同意了，要和普罗大众一道，把帝国主义赶出中国去。这样才能不当奴隶，才有好日子过。

张天虚 好啊，咱们一道奋斗吧。要学高尔基，当一个普罗大众的艺术家。

聂 耳 要学海燕，让暴风雨来得更猛烈些吧！

张天虚 小老乡，要知道，这荒诞的世界充满危险，但也充满了成功的机遇。你得去面对它，拥抱它——你的自由即在于此处。受无法控制的力量左右，你只有相对自由。但在限定范围内明智地进行选择，你仍能把握机会，有所作为；在荒诞的世界上，在面具的掩盖下，人对自由的渴望与追求真实存在着。

聂 耳 但一想到这半年来的鬼混，潮涌奔放的心灵又沉浮不定起来，"我将如何地上进？"浓眉艳装的少女们伴着她们的英俊的青年姘头，歪歪倒倒地坐上汽车，好像是刚刚离了肴馨酒洌的喜筵，准备再往跳舞场去的样子。上海的夜生活，不是他们在演主角吗？[③]我渴望自由，渴望上进，我的命运取决于我自己的选择。

张天虚 我还记得我小时候到你家去玩，看到你家养着一棵观音莲。你妈妈对我说：做人就应该像观音莲，出污泥而不染。

---

① 《聂耳日记》，大象出版社2004年版，第142页。
② 《聂耳日记》，大象出版社2004年版，第137页。
③ 《聂耳日记》，大象出版社2004年版，第128页。

聂　耳　是啊，想起我慈爱的妈妈，我就心酸。记得前些日子我给春晖写过这么一段话："在现社会，我又看到了一层空虚，这空虚不是厌世的、消极的，而是向上的、自我的。所谓向上、自我的意思，并非发大财和个人主义的观念，是根据我们自己的纯洁的中心思想进行的。没有偶像的崇拜，更不做一切人和物的工具，我想怎样就怎样，随着自己的个性去跑，这跑就是向上，等到跑到一个顶点便是成功——自我的成功。"①

上海1932年"一·二八"事变时，战火硝烟中的聂耳

张天虚　人生活在世间，会遭遇各种困境。有时会失去人身的自由，但心灵的自由是靠自己放飞的。

聂　耳　冷的是世界，热的是人心。世界是禁锢，心灵是自由。

［聂耳弹起吉他，与张天虚同唱《男子汉大丈夫》。

张天虚　男子汉当为事业向前冲，大丈夫不要天天谈恋情。
可不要油头粉面洒香水，可不要风流泡妞艳事浓。

聂　耳　我羡慕勇士我当过兵，理想之火烧得热血在沸腾。
看我身体强壮满脸胡须，摩拳擦掌抬起头挺起胸。

张天虚　你的脚不能去跳爵士舞，但要万里征程去行军。
你的喉不能去唱靡靡音，但要唱出普罗之心声。

聂　耳　虽然肩不扛步枪，一把提琴琴声抵十万枪炮鸣。
虽然手不举军刀，双臂指挥挥舞得十万战旗红。
虽然头不戴军帽，头顶青天顶起民族的希望五角星。
虽然脚不穿军靴，脚踏大地踏响战斗的鼓点如雷鸣。
怕只怕，我志大才疏人小学浅势单力薄不中用……

① 《聂耳日记》，大象出版社2004年版，第121页。

张天虚　你虽遭受过挫折和磨难，但不必悲伤叹息和遗憾。

小老弟，你很勇敢，你鹏程远大展翅就飞九重天！

风，给你一阵风——不是风花雪月而是风刀霜剑，

雨，给你一阵雨——不是雨后彩虹而是雨雪雷电。

聂　耳　我不怕扬子江的暴风雨，我要学上海滩的开路先锋。

张大哥，你放心，我要飞飞飞，我要冲冲冲！我把你的嘱托牢记在脑海里，融化在血液中。

［二人下。幕毕。四方神上，唱《诗与歌》，载歌载舞。

青　龙　古人说，游吟诗人命最苦，参天吁地知寒暑。

白　虎　阅尽天下不平事，只为百姓鼓与呼。

朱　雀　朱门酒肉臭，路有冻死骨。古与今，谁在哭？

玄　武　珠玉买歌笑，糟糠养贤才。今与古，谁在怒？

四方神　诗词哟，为何被喻为“音符炼丹术”？

青　龙　洋人说，一旦你选择歌乐，你就有无数音符。

白　虎　既是最清白无瑕，又是最危险的财富。

朱　雀　心怨高庙堂，身处远江湖。忧与乐，谁最苦？

玄　武　呐喊冲命运，旋律开大路。乐与忧，谁救赎？

四方神　歌乐哟，为何被喻为“音符炼丹术”？

| 3 |

[换场。四方神上，唱《聂耳国》。

青　龙　你可晓得《山海经》，你可晓得《镜花缘》？

白　虎　你可听过聂耳国，你可知神话寓言？

朱　雀　中华书局出这两书藏玄机。

玄　武　猜一猜，看完本场找答案。

四方神　猜一猜，看完本场找答案。

[四方神下。大幕开。

[右侧的灯光渐暗。灯光照耀着舞台左角。老上海某里弄，长沙客栈。

聂　耳　今天是8月27日，我的小老师突然要上北平去。这消息本来在前两天就传出来，但我一点也不留意，总以为是空气，说说罢了；今天他向余师傅催洗的衣服，买东西，处处给我觉得他真是要离开此地了。唉！我的小老师，我真有些难过。

这不，小老师来啦。

王人艺　紫艺啊，不，忘了联华影业罗老板生日那天，你改名聂耳啦。我来给你告辞。明天要到北平去了。

聂　耳　为什么呀？小老师。

王人艺　订合同以后危险太大，待遇又不好，我的能力被看低，我的工资被定低，想想把这些有用的光阴消耗于无益，还不如到北平学琴和养病呢。

聂　耳　想想4月份刚刚录取我的时候，黎先生安排你教我，说老生带新生。

王人艺　当你小老师，要知道我比你还小7个月呀。

聂　耳　我记得那时我说，小老师呀，我还不认识五线谱，过去的自学，也只是对着简谱自己在提琴上找到个调子而已，对于指法、弓法更是所知了了。而现在有了小老师4个月的指导，我对于练琴几乎到了痴迷的地步。

王人艺　我看到你拉琴的劲头，比我刚开始的时候还要足。你说你学我，给自己限定每天要练足8小时，从不间断。明月社大家都在一起，人多，没有地方练

黎明晖弹钢琴

黎明晖打保龄球

琴啊。

聂　耳　啊，那我就找一个门边三四尺宽的地方练琴吧，嘿嘿，这是我的门角落学校。

王人艺　有一次我发现你有病，热度很高，硬拉你去看医生。回来又劝你休息，可你还是把闹钟校准，到时候就爬起来上课去了。

聂　耳　我们到锦晖先生处辞行吧？我帮你收拾好行装，明天送你到火车站。我真有些舍不得你，在我的学习上，就是在感情上说，虽然没有很深的历史，但我们俩算是一对同年龄、同道路、同是拉 Violin 的良友，自从我加入这里以后。

王人艺　说实话，我最舍不得的，不是我妹妹，而是你。好好干吧，我对你前程看好。

聂　耳　黎明晖刚学会开车，我让她明天开车送你到火车站吧。

王人艺　别麻烦人家了。谁不知她活泼伶俐，天赋禀厚，自小喜欢着男装，剪短发，黎家人称她为“少爷”。谱大着呢！

聂　耳　我去给她说送你。她听我的。

[黎明晖、王人美、胡笳等人上，悄悄来送别。

黎明晖　喂喂喂，耳朵先生，说谁哪？

聂　耳　瞧，说曹操，曹操就到。欢迎黎“少爷”来啦。不不不，欢迎黎“少爷”驾到！

黎明晖　你们又说我坏话，是不是？

聂　耳　是！我们正在说你的故事。以前黎少爷外出，总要她父亲驾车送她，父亲教训女儿说：少爷呀，你说咱们的两条腿是用来干什么的？

黎明晖　我回答说：哎呀，这还不晓得嘛！一条用来刹车，另一条用来踩油门。

王人艺　晕！真的晕！你爸让你走路，而你却撒娇，要坐车要学驾车。又是学游泳，又是开摩托，又是全中国唱第一首流行歌《毛毛雨》的第一个歌星。你们瞧，黎明晖这公主，不！这少爷真的很时髦。

黎明晖　以后，我要演一出《时髦女郎》电影，就要你们俩给我伴奏！愿不愿意吗？

聂耳与明月歌剧社演员黎明健、白虹（中）合影

王人艺　当然愿意，谁让咱是湖南老乡咪！

聂　耳　我也愿意，云南人也算一个。不过，不过请你开车送人艺上火车站吧？

黎明晖　（一拍胸脯）这还叫问题吗？！

王人艺　临走前我给你们拉一段 Souvenir 吧，回忆咱们的友谊。

［王人艺用小提琴拉起这首曲子。旋律单纯而奇特，就像有人轻轻地把一扇记忆的小窗打开，思念中的友人悄悄地走近，深情地叙说着优美伤感的往事，使你心颤，使你神思飞扬，那些难以忘怀的往日场景，一幕一幕展现在眼前。乐曲开始的主题饱含深情，略带忧伤情绪；乐曲主题旋律饱含深情，略带忧伤情绪，是平静的快板。每一句开始都采用主和弦三连音的分解和弦轻巧地向上一挑，引出美丽迷人的旋律，它像是对美好往事的回忆。柔美浪漫的音乐旋律，思绪绵长，丝丝入扣，令人陶然欲醉。

胡　笳　（听着忍不住流泪）太感人了。紫艺听着要哭了。

聂　耳　小老师，我舍不得你走。真的，我实在是不敢哭。这给我留下一个很深的印象。哎呀！还有你在昨晚从外面回来的时候，你自己把乐谱拿来给我画了捷克作曲家德沃夏克的《幽默曲》和匈牙利作曲家德尔拉的《纪念曲》的指法。我记着你的名言：把曲子像情人一样拉。我谢你，直到你离开我，我现在才知道谢你。

1935 年夏天，聂耳与王人美、金焰夫妇在一起

聂耳与女演员（左起）王人美、于知乐、胡笳在一起

[王人艺在熨衣服，王人美马上接过来替哥哥熨衣服。

聂　耳　我为你弹一曲《送别》吧。（他几乎流着泪演奏完）小老师，以后，没有人指导拉琴，终于是要渐渐走入错误之途的，等合同订后，一定要去找教师学习。管它，没有零用也不管，只要能履行我的计划，向着坚定的目标加紧地努力走去。

王人艺　在离开上海前，我会写信，让人美带你去见我的外籍教师普度什卡。我走后，你可要好好照顾好人美呀。你过来，（把聂耳拉到门外，悄悄地耳语）你真的和王人美有了超乎友谊的好感吗？你可以秘密地告诉我一点吗？

聂　耳　（悄悄地）人美健康活泼，开朗单纯，人见人爱。奇怪奇怪真奇怪，明明我比她大两岁，她却叫我干弟弟，让我叫她干姐姐。我俩像姐弟。

王人艺　哈哈，那是你是实习生，她是老团员。还有啊，你也天真纯朴，平常又很孩子气吧？

聂　耳　我觉得她像一只小野猫，她像一朵野玫瑰。我和她毫无拘束地谈、笑、打架、吵嘴、翻脸、讲和，一块儿看电影，一块儿吃饭，这便是我们的最高友谊。

王人美　你们俩在嘀咕什么呢？放心吧，哥哥交给我任务，我会带你去见普度什卡的。

聂　耳　送走小老师，明天就去拜师普度什卡好吗？

1931年5月，聂耳与王人美在南京鼓楼旅馆门口

王人艺　好了，这下我放心了。有我妹答应，你就可上门求学拜师啦。

聂　耳　小野猫，来给我和你哥哥照张相吧？

［原本就喜欢照相的聂耳拿出自己的旧相机。王人艺和聂耳并肩，摆了个姿势。

王人美　1、2、3，茄子——（来给他俩“咔嚓”一声，照了一张）

王人艺　你这小鬼怎么啦？平时不是很爱开玩笑的吗？

聂　耳　和你依依不舍，你要走了，我很难过。

王人美　你记得联华影业罗明佑老板给你的批评是什么？

聂　耳　当然是很高的批评啦。所谓的“时髦的滑稽”嘛，那次他生日晚宴上表演之后，七爷黎锦光告诉我，他们很喜欢我去拍滑稽剧。

王人美　我提议，我哥哥要走啦，分别前每人讲一个滑稽段子。作为最后的幽默留在记忆中好吗？

王人艺　好！紫艺你滑稽，我也滑稽一把。临走前，我来给你讲个故事：有一个农夫觉得自己家的公鸡太老了，决定买一只年轻的公鸡来，这样可以让母鸡们都满意。小公鸡买来后，老公鸡认为小公鸡会取代自己的地位，就对小公鸡说：“这样吧，咱们围着院子跑十圈，谁跑赢了，就证明谁身强力壮，母鸡们就归谁。”小公鸡同意了。一开始，老公鸡一马当先冲了出去，小公鸡在后面紧紧追赶。母鸡们都在喊加油。三四圈一过，老公鸡力气不支，小公鸡逐渐赶上。眼看就要超过老公鸡了，忽听砰一声枪响，小公鸡一头栽倒在地。农夫手里拿着一杆枪，气愤地说："他们又卖给我一只同性恋的鸡！"

20世纪20年代，上海橱窗里的西方文明（奥地利画家希夫作）

聂　耳　哈哈，真有趣！你啥意思吗？

王人艺　你都这样大了，该找一个老婆了。

聂　耳　是呀，但茫茫人海，我找谁做老婆呢？

王人艺　（狠狠打了聂耳一拳）谁叫你再调皮！

聂　耳　哎哟——（惨叫）

王人美　别瞎闹了。该去火车站了吧？不要耽误了时间。

聂　耳　走。走吧。

王人美　边走边说。我也给你们讲个故事——上帝这样说：女人是最好的宝物。男人信以为真，纷纷坠入爱河中。

聂　耳　可结了婚的男人才发现原来宝物也有好坏之分。

王人美　（诡异地）上帝一笑说：我是女人呀！晕！众男人皆纷纷晕倒在婚姻里！

聂　耳　不是晕！是昏！结婚就是结女子昏嘛！仓颉造字就这么造的。哈哈，哈哈。

王人美　晕？昏？那是又晕又昏嘛！

聂　耳　我也讲一个段子。因为我在湖南当过几个月的军人，黎社长让我搞军训，真是好戏连台呀。你兄妹可滑稽啦，笑死人了。第一次在树下军训。我这个小教官对新老学员们说："稍息！立正！向前看——齐！第一排报数！"第一排的第一人是小老师，惊讶地看着我。我又大声说了一遍："报数！"于是，小老师极不情愿地转过身去抱住了一棵树！

王人艺　哎呀！你再整蛊！看我再给你一拳！

聂　耳　没有没有呀！别闹！我再说说另一位公主。只因为第一天我强制剪去几个男生有个性的长发，就激起了学员的愤慨。在公园站军姿时，只见各出奇招，纷纷晕倒。学表演的晕倒靠的是演技，事先串通好，闭上眼，猛地向后栽倒，后面的一扶，就好了。当然冷汗直冒，脸色苍白，扶的人一脸关怀和由衷的焦急。千万不能笑场，因为没有 NG 的机会。学舞蹈的晕倒靠实力，舞蹈基本功好的用的是软趴，过硬的功夫，往地上倒根本不疼。一个学舞蹈的女孩就这么试了一回，软软晕倒。把教官吓坏了，我猛掐她人中，她悠悠醒来。我问：你怎么还醒啊？你猜，王人美她怎么说：没办法！掐得我疼死了！

王人美　啥是NG呀？（双手捶聂耳的肩部）你坏！你这坏蛋！

王人艺　NG就是no good。是演员在拍摄过程中出现失误或笑场或不能达到最佳效果的镜头。

聂　耳　快走吧！时间不早了！

［三人笑得前俯后仰，下。

［灯光照亮舞台右角。背景横幅魏碑体大红字：九一二中华书局二十周年纪念会。傍晚，皓月当空，明星荟萃。上海中华书局露天小舞台上，书局的总经理、总编辑身穿长袍马褂，与黎锦晖、田汉站在大门口，黎明晖在其身后。舞台下坐着来观看演出的中华书局的工作人员和家属。

田　汉　应老乡老朋友黎锦晖的邀请，到他主持的明月歌剧社观看节目。说实话，我对黎先生排演的这些轻歌曼舞，兴趣不大，要不是看在我回国供职的中华书局的份上，嘿嘿，我才不……嗨，漫不经心地看呗。

［仰望夜空，月明星稀。忽一阵强光从夜空掠过……

黎明晖　（指着夜空）彗星！彗星！好怕呀，爸爸，我好怕。

黎锦晖　不要怕。呵呵，一定有什么事情要发生吧？

田　汉　流星，流星，肉眼看匆匆，慧眼看永恒。

黎明晖　爸爸，演出快要开始了。

黎锦晖　来，寿昌兄，到座位上坐好吧。

［台上。王人美、黎莉莉上台主持。

王人美　明月几时有，把酒问青天。

黎莉莉　甘露施众生，千里共婵娟。

王人美　明月之夜歌舞晚会现在开始。今天是中华书局二十周年纪念会，邀请我们明月歌舞剧社表演歌舞……

王人美　第一个节目，我和黎莉莉来为大家演唱一首《桃花江是美人窝》。

黎莉莉　这首歌是我干爹黎锦晖先生在1928年写的。他正和中华明月歌舞团赴马来西

明月社歌舞排练，领舞者王人美

亚演出，与夫人徐来在傍晚时分的海边，在那椰林里，看见青年男女弹着吉他，又唱又跳。他就回想起桃花江，并根据家乡的曲调和美丽的印象，创作了这曲《桃花江是美人窝》的歌，演出时赢得了侨胞的满堂喝彩。

［音乐起。前排是王人美和黎莉莉演唱……

［后排是明月社八个美女身着白上衣黑短裙，肩并肩地踢腿伴舞，形成一道亮丽的风景线……

王人美　我听得人家说，

黎莉莉　（白）说什么？

王人美　桃花江是美人窝。桃花千万朵呀，比不上美人多。

黎莉莉　（白）不错呀！

王人美　果然不错，我每天都到那桃花林里头坐，来来往往我都看见过。

黎莉莉　（白）全都好看吗？

王人美　好。那身材瘦一点儿的，偏偏瘦得那么好。

黎莉莉　（白）怎么样好哇？

王人美　全是伶伶俐俐小小巧巧，娉娉袅袅多媚多娇。

黎莉莉　（白）那些肥点儿的呢？

王人美　那个肥点儿的，肥得多么称多么匀，多么俊俏多么润。

黎莉莉　啊哈，你爱了瘦的娇，你丢了肥的俏。

你爱了肥的俏，你丢了瘦的娇。

你到底怎么样地选，你怎么样地挑。

王人美　我也不爱瘦，我也不爱肥。

我要爱一位，就像你这样美，哎哟！

不瘦也不肥，百年成匹配。

王人美　桃啊，桃花江是美人窝。你也不爱旁人，就只爱我了。

黎莉莉　好啊，桃花江是美人窝。因为你比旁人美得多。

好啊，桃花江是美人窝。桃花千万朵，比不上美人多。

（噔的了啷噔噔噔）

聂　耳　看姊妹歌舞，心里很难过。

众编辑　好！好呀！精彩！！

黎锦晖　（登上舞台）尊敬的陆费逵先生，诸位中华书局同仁们，很高兴今晚来这里庆祝中华书局成立二十周年。这二十年，是中国民族出版业黑马中华书局崛起的二十年。中华书局陆续出版了小学各个年级各门课本44种称为《中华教科书》一套，中学和师范课本27种次年出齐，几乎独占了新式教科书市场。为广大平民百姓送上了精神食粮。而我黎某的明月社高举平民音乐的旗帜，犹如今晚这皓月当空，千里共婵娟，人人能欣赏。今晚这场，就叫“中华书局明月音乐会”吧。

黎锦晖　白虹，你来。这位小朋友，今年虚岁才13岁，是我们明月社最小年龄的小朋友。她来自北平。我来问她个问题，你认为太阳和月亮哪个更重要？

白　虹　月亮更重要。

黎锦晖　为什么呢？

白　虹　月亮能给黑夜带来光明，而太阳好像没什么用，总是在大白天出来。

众　人　哈哈，哈哈。

黎锦晖　在当今国语不甚普及的时候，由于白虹的发音准确，每每能将感情与词意融会贯通，令聆听者更易领会歌词的含义，因此她的演唱感染力很强。

白　虹　我是白虹，又叫白丽珠，现在给尊敬的国语推广功勋中华书局的先生们唱一首《卖汤丸》。（歌唱）

卖汤丸卖汤丸，玄哥的汤丸是圆又圆／一碗汤丸满又满，三毛钱呀买一碗／汤丸汤丸卖汤丸，汤丸一样可以当茶饭／哎哎哎唷，汤丸汤丸卖汤丸／汤丸一样可以当茶饭。／ 卖汤丸卖汤丸，玄哥的汤丸是圆又圆／要吃汤丸快来买，吃了汤丸好团圆／汤丸汤丸卖汤丸，吃了汤丸来看明月圆／哎哎哎唷，汤丸汤丸卖汤丸／吃了汤丸来看明月圆。

［众人掌声。

黎锦晖　这小丫头蛮伶俐的，你瞧，她把最后一句“慢了一步只怕要卖完”改成“吃了汤丸来看明月圆”。（众人乐）说来话长，1921年，我黎某曾供职于中华书局，创办了《小朋友》杂志。1922年秋，田汉先生从日本回到上海，也在中华书局当编辑。同时，我黎某主持的国语专修学校每年都要举办暑期“国语讲习会”，学员多为来自各地的校长或国文教员。借此机会，我黎某把自己创编的歌舞音乐作品传授给他们，同时收集大量的民歌民谣。来自民间，又传播到民间，我相信这样的创作有强大的生命力，就像草木萌发的春日来临。且听我们卓越的小提琴手演奏的德国作曲家亨德米特的《春日》。

［掌声。一位年轻小伙子，拿着把旧的小提琴走上台来，

聂　耳　感谢中华书局为中国老百姓出了这么多好书。

［向观众致意，随后演奏。众人静听。

王人美　这位帅哥演奏的《Spring Time》这首曲子，就在昨天还得到了国立音专萧友梅校长的表扬。

田　汉　看到这个年轻人，我不禁精神为之一振。（侧身当即问黎先生）这位年轻人很不错呀！叫什么名字？

黎锦晖　聂紫艺，刚招进来不到半年的新学员。

王人美　接下来，聂紫艺先生再为大家演奏法国的《莱茵军进行曲》即《马赛曲》。

［聂耳继续用小提琴演奏。

田　汉　年轻的激情，昂扬的旋律……

［聂耳演奏完毕，走下来。

聂耳与在昆明省立第一师范读书时的音乐好友
张庚侯相遇在上海

田 汉 （迫不及待走近刚演奏完的聂耳，一改刚来时漫不经心的样子，高唱）前进，祖国的儿女，快奋起，光荣的一天等着你！……武装起来，同胞，把队伍组织好！前进！前进！用敌人肮脏的血，灌溉我们的土地！

聂 耳 （意外地带着些不安的神情，两人握手）

［众人散场陆续退席。

黎锦晖 紫艺啊，这就是我给你常说的大名鼎鼎的田汉先生，我的湖南老乡，大作家、大诗人。

聂 耳 哎呀，久闻大名，如雷贯聂耳。

田 汉 哎，为什么是如雷贯聂耳？

聂 耳 我改名叫聂耳啦。

田 汉 聂耳可是《山海经》、《镜花缘》里的国名呀？谁给你改的？

聂 耳 聂耳这个名字难道很有来历？

田 汉 可不是吗！他是海神之子，一贯三生，主前生、今生、来生……

[他仰望夜空，略微思忖，眼里闪过一丝忧虑，一丝惊悚。随即镇定。

田　汉　聂耳是东海之神；聂耳国人是海神之子，所以居住在孤悬于海中的小岛上，这里的人都长着一对长长的耳朵。最后、最后嘛，达成永生。

聂　耳　（不知其然地）那就好。

田　汉　我晓得锦晖兄好给年轻人起艺名。我数数，王人蒸你替他改名为王人艺，王庶熙你给人家改名王人美，白丽珠你给人家改为白虹，钱蓁蓁你给改为黎莉莉。我想，聂耳这个名字准是锦晖兄给起的吧？

黎锦晖　哎，田老弟，这可就是你猜错了。告诉你吧，8月24日在罗明佑生日那天晚会上，紫艺因为表演耳朵之舞，被罗先生改名为“聂耳博士”啦！

田　汉　原来如此。聂耳，你的家世如何呀？

聂　耳　我4岁丧父，全靠贤惠、坚韧的母亲，才把我拉扯大。

田　汉　哎呀，我们俩命运相同啊！我们的父亲都死得早，又都有一位贤惠、坚韧的母亲，把我们拉扯大，可算是难兄难弟呀！

聂　耳　（惶恐地站起来）不，先生是艺术前辈。

田　汉　你今年多大？

聂　耳　19岁。

田　汉　我33岁。（扳了一下指头）我比你大14岁，结个忘年交吧！

聂　耳　那就好。你可是大名鼎鼎的大作家。

田　汉　这里怎么样？

聂　耳　（不假思索地）团里的青年演员富有生气，追求进步，可排演的歌舞节目，有不少是不健康的，我感到与今天的时代很不相称。

田　汉　（赞赏聂耳有见解）别着急，往后我推荐你去参加“左联”领导的音乐小组，多参加进步音乐活动。我写的一些歌词，你也可以谱曲。

聂　耳　那真是太好了！

田　汉　走，到咖啡馆我请你喝一杯。

[大幕毕。四方神上，唱《聂耳国》。

青　龙　相书言：两耳垂肩，必主大寿。

白　虎　聂耳国人人两耳垂至腰。

朱　雀　聂耳国人可是海神之子哟，

玄　武　聂耳国人可注定长生不老。

四方神　聂耳国种下愿望树，愿望树上结善果。

| 4 |

[换场。四方神上，唱《诗篇集句》。

四方神 啊精灵，你从远古飞翔到当今，你吟诵着什么诗篇？

青 龙 明月几时把酒问，千里秋水隔婵娟。

白 虎 车辚辚，马萧萧，行人弓箭各在腰。

朱 雀 商女不知亡国恨，隔江犹唱后庭花。

玄 武 醉里挑灯谁看剑，梦回吹角何连营？

四方神 啊精灵，你的诗篇集句阴阳交错，究竟是何居心？

[大幕开，四方神下。

聂 耳 （手持家书，转而换成怀抱吉他，边谈边思忖状，上，边弹边唱《不同凡响》）

收到昆明母亲的来信，要我早回与春晖完婚。

母亲说结婚事不能拖，否则对女孩不负责任。

母亲说歌舞班非正业，要我早日收回游子心。

可我刚得到演出机会，未来是一个变数难寻。

怎可以未立业就成家？绞尽脑汁想说服母亲。

（撕碎信纸，再写，又撕，再写……）

这些天夜夜都辗转难眠，蚊子成群结队惊梦乡。

嗡嗡乱飞乱叫咬红包，不得已当掉外套买蚊帐。

且喜今夜不再受骚扰，好梦一回娶春晖进洞房？

过去的聂守信不是现在的聂耳，音乐是我的不同凡响。

过去的聂守信不是现在的聂耳，音乐是我的不同凡响。

[数日后的某一下午，聂耳患上了疟疾(打摆子)，晚上盖了四床被子还冷得瑟瑟直发抖。黎锦晖听说了立即赶来，连夜送聂耳去医院又打针又吃药。回来后，聂耳躺在床上，好好休息。干妈张振华和干姐姐黎莉莉也来呵护聂耳。

[台右，一层是练功房和黎锦晖的办公室，二层是明月剧社男生的宿舍，三层

是女生宿舍。

[大幕拉开时，灯光只照着台右，男生宿舍。

[舞台其余部分均在暗中。灯光照着聂耳坐在床上，腿上盖着被子，浑身发抖。聂耳又支撑着起来开始了练琴，因为身体虚弱，聂耳的手抖得很厉害,但他还是坚持着练琴。片刻后，琴放下。

聂　耳　（独白）早上拼命吃七碗饭，晚上只吃一碗。别人都看我奇怪。我瘦了些！这是最近用功所致，然而这功又不能不用。①老演员新学员，都是我的朋友耶。他们和我亲如兄弟姐妹，会来看我吗？阿弥陀佛！苦难的日子已经把我折磨得不成样子，凶恶的病魔又折磨得我瑟瑟发抖。我如今成了一个影子。要是昨天带给我失败的消息，大家就会看得到我已被折磨到走投无路的地步。我的上帝呀，你打算如何处置我这个生在佛教信徒人家，又有基督教徒老师教育我的学生呢？

[上床躺下。盖被子。

聂　耳　在明月歌剧社的这段时光是快乐的，但似乎也有小小的烦恼。我欢喜和小孩子在一块玩，这是我的特性。我爱小孩子胜过爱我的爱人，因为他们是纯洁而天真，随事没有虚伪地说和做。他们是世界上最值得爱的人们！……我真爱每一个小孩（有个范围：大概是在13岁以下……）我未尝不是一个小孩？如果我会怀疑我不是小孩的话，那我仅可以自省我自己的行动，没有一桩不是有孩子气。谁敢说我不是小孩？！至少也有孩子气。今天小白见我就跑，好像不理我、恨我，我又生了气！到下午又说了话，心里又绝无事，自己想着会好笑！王人艺说他从前本想玩弄玩弄女性，到现在却被女性玩弄了。他为他的干妹妹不顾一切地跑到北平去，原是一场空！弄得他说不出的苦！这也是一桩趣事！那女子的心！②

[13岁的白虹穿一身白色的老上海摩登裙装上。

白　虹　好朋友我来看望你。衷心祝你早日康复！

聂　耳　一见到你来看我，病情就好了一半。

白　虹　送一只花瓶，插一枝玫瑰。赶走那病魔，春光才明媚。

（白）耳朵哥哥，你看我穿这件衣服漂亮吗？

---

①《聂耳日记》（1931年12月3日），大象出版社2004年版。

②《聂耳日记》（1931年12月6日），大象出版社2004年版。

聂　耳　这好像是最美的霓裳，就像天使下凡一样。

［白虹替聂耳盖上被子。

聂　耳　小白，你们女孩子，真使我感到不开心，我每天总听到你们谈论衣服。你们谈点高的不行吗？

白　虹　好的，耳朵先生，我这就改，现在我们就谈帽子……

聂　耳　晕！

白　虹　（大笑）咯咯。

聂　耳　再问你，小白虹，你知道达尔文吗？

白　虹　（语调十分自信）当然知道。我学过两年，比英文、日文难学多啦！

聂　耳　我晕！

聂　耳　（拿过花瓶来端详）好漂亮的花儿！为什么天下最丑的花瓶，却插上最美的花？

白　虹　（哭笑不得——）呜呜呜。这花瓶不难看，这话太难听了！

聂　耳　呵呵，呵呵。

［白虹下。明月社男男女女一对对地来聂耳的房间看望他。陆续上，陆续下。唱着同样的《慰问歌》。

于知乐　耳朵先生，好朋友，我来看望你啦。

胡　笳　耳朵先生，衷心祝你早日康复！

聂　耳　（点头致谢）我的耳朵会舞动，一表演总要舞动耳朵。这个绰号也可接受。哎，吾日三省吾身。整整地离别一年了，和我爱的家、爱的人、爱的云南特有的风景。在这一年当中，我的生活虽小有变迁，但仍不如我计划中一年应有的进步。这计划，是我在去年的那几天心里终日充塞的有系统的思想。我如今，尤其在此刻会牢牢地记忆起来。

严　励　好朋友我来看望你啦。

严　华　衷心祝你早日康复。

聂　耳　（点头致谢）反省自己。我背离了原定的路线，我放松了某一中心思想的发展，这种病态地、畸形地在这样一个社会讨生活，毋宁说是一种盲目的蠢动，有什么计划可言？这一年，便是这样糊里糊涂地鬼混过去。[①]

---

① 《聂耳日记》（1931年7月10日），大象出版社2004年版。

LESTER CHINESE HOSPITAL
HISTORY AND SUMMARY

1933年8月30日—9月6日，聂耳在上海仁济医院住院时的病历

1933年冬，聂耳养病期间在上海郊外散步

金　焰　好朋友我来看望你啦。

黑　炭　衷心祝你早日康复。

聂　耳　（点头致谢）不论你从哪条路上跑，你对于哲学的基础不稳定，终是难得走通的。假使你要是无目的地去混混，那当然不在此例。

聂　耳　新的脑子的培养，不是用一个模型一套便一次铸成，永不会腐败的。它正如一棵嫩小的植物，随时需要合理浇灌，你若是天天不给它应得的养料，或不平均地给它，忽饥忽饱，它的一生总是枯萎不振的，虽然它能结出没有血色的果。

黎莉莉　好朋友，我来看望你啦。

张昕若　衷心祝你早日康复。

聂　耳　（点头致谢）所以新的脑子要随时装入新的养料，才能向着新的轨上发达。换句话说，脑筋若无正确的思想培养，任它怎样发达，这发达总是畸形的发达。那么一切的行为都没有稳定的正确的立足点。

韩国美　好朋友，我来看望你啦。

张少甫 衷心祝你早日康复。

聂 耳 （点头致谢）聂守信呀，我警告你！你已经是一度地受过充分的培养而现在遭饥荒了。由于这种饥荒的结果，影响到生活没有中心思想，常常被感情支配着一些应以理智判断的事，这是一个极大的危险。

"The passed Nie Shou–Sin was not the Niel of this time. "①

王人艺 好朋友，我来看望你啦。

王人美 衷心祝你早日康复。

聂 耳 （点头致谢）

[二王兄妹下。

聂 耳 过来时，发了大热，头疼得异常厉害。病，是如此使人伤心的事啊！别人是再也不会关心的，我看世间的母亲对于子女的爱，算是无微不至了。最使我难堪的要算是说到吃药，他们一个当头棒便是"铜钿"与"云南钱"之比较。至于说到求诊，那更是想都不敢想了，他们所要给你的回答是很可以料想的。

黎明健 好朋友，我来看望你啦。

陈燕燕 衷心祝你早日康复。

聂 耳 （点头致谢）沉寂的夜里，枕旁的表走声听得格外响亮。翻来覆去，一夜不能入眠，加上一些杂乱的思想，更是叫你眼睛都不能合一下。想到母亲的慈爱，几乎流下泪来。

黎锦光 我来看望你啦。祝你早日康复。

黎锦晖 我非常心疼你，要求你多休息。

聂 耳 （点头致谢）感谢黎先生来看望我，感谢您送我去医院又打针又吃药。嗨，您看，盖了四床被子还冷得瑟瑟直发抖。不过我会很快病好的。我对黎先生非常尊重。有一个请求我要给您说。

黎锦晖 大胆说吧，孩子。

聂 耳 我正式地提出申请，要求向先生您本人学习作曲。

黎锦晖 嗨呀，很高兴听到紫艺你有志于作曲，我肯定对你大加鼓励，还会大加培养。不要着急，等你病好了，我黎某就教紫艺学习和声学，亲自带你在钢琴上学大小调音阶，学和声，学和弦。这样你满意吗？

---

①《聂耳日记》（1931年8月16日），大象出版社2004年版。英文意为"过去的聂守信，不是现在的聂耳"。

聂　耳　满意！太满意啦！我的国语进步这么快，还不是先生教育得好嘛！

黎锦晖　说起国语，我记得你们这些孩子笑话可多呢！

聂　耳　说给我听听吧？

黎锦晖　好！有一次明月社上国文课，我要大家作文。13岁的白虹在作文中要描写一个人（黎锦晖）的外貌，遇一字不会，遂悄声问同桌聂耳："耳朵先生，一副眼镜的'副'字怎么写？"聂耳告诉她："就是一副跳棋的'副'嘛。"后来我批阅白虹的作文，见上面写道：他高高的鼻梁上架着一副跳棋。我黎锦晖晕！

聂　耳　我知道，白虹的笑话可多啦！

黎锦晖　你的小老师也不少呀！

聂　耳　没听说过。

黎锦晖　那我来给你讲一个。你可知道胡适先生的名言吧："少谈点主义，多研究些问题。"那天上文艺理论课后不久，有好事者你的小老师活学活用，竟将其与女生形象挂钩，称肥胖者为超现实主义，称丰满者为自然主义，称浮胖松弛者为浪漫主义，称干瘦者为虚无主义。班上仅有的几位女生，尽皆成为主义的术语，进而流行为称呼。后来被女生得知，愤愤然告到我黎某处。我呢，当然为平红颜之怒，就把他叫来谆谆告诫：你嘛，小小的年纪，少谈些主义，多研究些问题。

聂　耳　（捧腹大笑）哈哈哈哈！先生你真幽默！没想到小老师还有这样的故事！哈哈——

黎锦晖　你休息，我们告辞。（二人下）

聂　耳　这几天来都不知道做了些什么事，书是没有读了多少，而一天的时间总是不够，随时都忙忙碌碌的。从明天起，一定要整理功课了，不然，日子总是如此快，学问是有退无进。①

［声音渐小，疲意渐长，聂耳入睡。

［灯光渐暗。

［另一束光照亮舞台另一隅。白丽珠在聂耳寝室外走廊里踱来踱去，等待别人离去。她手里拿着一只微笑可爱的小猪猪瓷器，可平时满脸喜庆的她今儿却高兴不起来，因为她刚才又去找可爱的聂耳大哥了，却不料他病了。等待

---

①《聂耳日记》，大象出版社2004年版，第120页。

中，一看黎锦晖社长他们离开了，她马上蹑手蹑脚地进来。

白丽珠　我来看望聂大哥，看见他昏沉沉地睡着了。我情不自禁，霎时冲动，真想亲吻他啊！

［多情的白虹感伤而舞，深情地唱出《少女之吻》：

你的心哪里去了，我亲爱的哥哥 / 你的爱哪里去了，我亲爱的哥哥。

看你这一个人，多么孤独寂寞。/ 瞧我这一双眼，多么焦虑失落。

你总呵护我，在那危难的时刻。/ 你总鼓励我，在那两人的世界。

相信你看见我的眼泪流成河，/ 祈祷你早日康复和我共欢乐。

［环顾四下无人，不顾少女羞涩，白丽珠俯身深情亲吻聂耳。

让我亲吻你的脸，就让太阳暖明月。/ 让我亲吻你的额，就让天庭润秀色。

让我亲吻你的眼，就让甘泉涌秋波。/ 让我亲吻你的唇，就让杯酒醉心窝。

少女之心，少女之心多么纯洁，/ 少女之吻，少女之吻多么真切。

此时这小屋比天堂还要温馨，/ 此刻阿拉要让天使来嫉妒我。

［聂耳醒来，不禁一愣，随后二人紧紧拥抱。

［老上海一座二层小楼。病愈后的聂耳持王人艺的信来找奥地利籍音乐家普度什卡。普度什卡太太（四十多岁）彬彬有礼地请聂耳上二楼。二楼飘来了琴声。普度什卡正在为两个白人学生上课。普度什卡五十出头，戴一副无框架的眼镜，蓄两撇向上翘的胡子，一副十足的音乐家风度。

聂　耳　这音乐家好严肃，颇具人格魅力，奥地利籍服饰整洁，彬彬有礼，脸上八字美髭修剪得整整齐齐，人称他为“白发盈然的日耳曼绅士”。

［聂耳递过信函，普度什卡阅，示意坐等。接着继续教那两个学生，拉琴示范。

聂　耳　音乐家的风度翩翩很潇洒，拉琴派头是优美的姿势和指法。反思自己竟走了弯路，浑身冒鸡皮疙瘩，居然像一只井底之蛙。

普度什卡　送走这两个欧裔学生，我迎来一双黑色的眼睛。但见他放射着智慧的光芒，许多年绝少见这样与众不同。

聂　耳　我接过他递给的一把弓，用它拉起我自己的琴，激动的手颤动的心，刚演奏一把被他叫停！

聂耳摄于上海

聂耳的小提琴教师意大利人普度什卡（Podushka）

普度什卡　我发现他的姿势指法不正规，我要悉心给聂耳指导，他的技艺尚有一定基础。汉学里有名言：孺子可教。

聂　耳　很紧张被他练得满头大汗，基本功忒糟糕真让我汗颜。

普度什卡　从今后我教你小提琴，每周六两小时，学费三元。

聂　耳　学拿弓，按手指，学拉琴，终于找到好教员。虽然这学费是个很大的负担，可基础差实在需要名师指点。

普度什卡　这聂耳真的天资很聪颖，我手上一个音乐天才要诞生。Very good!

聂　耳　有一场音乐会在下周，美国小提琴家来演奏。这是小提琴的最高水准啊，我要去开眼界为音乐而谋。Very good!

［聂耳走出阁楼，一路快走，一身轻松。一身春装西服革履——变换成一身夏装短裤T恤——又变化成一身秋装长袍马褂。显示着半年的时光如白驹过隙。

聂　耳　Very good! Very good! 因为从前拉琴错误太多，从今后要特别用功上课。刚才有个老头来称赞我，Very good! Very good! 半年光景超过了三四年，我真是自豪勤奋出成果。试问入团前怎懂五线谱？不过是1 2 3 4 5 6 7 i。好笑曾和别人无理辩论，我固执着自己的执著。算了吧！收着些！就是五年十年又算什么？不要回想，不要空望！切勿疏忽分秒的努力，加油啊！没有不会成功，只有丰硕收获。

1932 年，“一·二八”战事后，聂耳偷拍的日本军舰

[前路拐弯处，忽见大街上人群成行结队，人声鼎沸。

报　童　号外！号外！日军侵占了沈阳城！

[众人抢购报纸。

报　童　日军欲抢占东北。东北军王以哲旅长殉难！

[聂耳走出人群，从裤兜里搜出几个铜板，从报童手里抢到一份报纸，打开一看：1931年“九一八”事变。

背景屏幕电影画面：日本关东军炸毁南满铁路路轨，挑起事端。波及全国。上海市抗日游行，成立了有八十万工人和学生参加的“上海抗日救国联合会”。联华影业公司成立了“联华同仁抗日救国团”，聂耳和歌舞班团员都参加了成立大会。众人集会。

聂　耳　“九一八”山雨欲来风满楼，全上海全中国将有暴风雨。日本竟敢大肆侵占中国东北，帝国主义暴行恨得咬牙切齿，什么飞机场、兵工厂都占了，大家都在谈论国事：二战即将开始？！这事太严重，愤怒在心里，上海笼罩着紧张空气，日本商店贴着庆祝标语，驱逐舰来沪借口保护侨民，虹口一带日警密布洋洋得意，马路上日本车示威插着标语旗。妈的，侵略者对中国充满敌意。①

[聂耳手拿照相机，孤身一人，到外滩，“咔嚓、咔嚓”，照下日本炮舰的镜

① 此段根据《聂耳日记》（大象出版社2004年版）1931年9月20、21、22日内容改写。

“百代”出版的唱片

头，下。

［大幕毕，四方神上，唱《自嘲》（鲁迅）。

青　龙　运交华盖欲何求，未敢翻身已碰头。

白　虎　破帽遮颜过闹市，漏船载酒泛中流。

朱　雀　横眉冷对千夫指，俯首甘为孺子牛。

玄　武　躲进小楼成一统，管他冬夏与春秋

| 5 |

[换场。四方神上，唱《吾爱吾师更爱真理》。

四方神　前人作古，后人谁继？

青　龙　谁爱谁师，

白　虎　谁更爱真理？

朱　雀　谁爱谁师，

玄　武　谁更爱真理？

四方神　大梦先觉，千古问题。

[四方神下，大幕开。

[中秋之夜，月上中天。

[聂耳身背吉他上。黎莉莉带着月饼上，送给聂耳。拉着聂耳去月台赏月。

黎莉莉　耳朵先生，干爹让我来送月饼给你吃。

聂　耳　谢谢了。可怜我们这些无家可归的人，如此凄凉地去度中秋。只有我老守在家里看《作曲法》。

黎莉莉　我说耳朵先生，今儿个是中秋节。人家都出去了。看的看电影，游的游公园。你可不要再玩深沉了。走，陪我赏月去。

[一轮皓月当空。月台上，聂耳与黎莉莉仰望圆月，感慨万千。聂耳情不自禁怀抱吉他，与黎莉莉深情弹唱《月圆梦难圆》——

聂　耳　东坡明月几时有，紫艺把酒问青天。

黎莉莉　曾经是盲流青年，生存奔波好艰难。

聂　耳　谁立志当提琴手，感谢恩师教法严。

黎莉莉　谁日练琴八小时，废寝忘食意志坚。

聂　耳　用功一点算一点，人生可贵属青年。

黎莉莉　没钱日子过得惯，不怕窘迫很平淡。

聂　耳　自从祖国遭侵略，结识左翼入左联，

黎莉莉　国破家破心亦破，月圆饼圆梦难圆。

聂　耳　改学作曲向革命，人生改变艺术观。

合　唱　忆当年，千岁梅花千尺潭，春风先到彩云南。

却如今，千年皓月千里思，秋风萧瑟上海滩。

[舞台一侧。明月歌剧社小楼排练厅，灯火通明。一群女演员正在连夜排练《芭蕉叶上的诗》。但见她们身穿内衣短裤，一个个在整齐一律地踢腿训练，露出充满青春活力的胴体，展示着歌舞女性的青春魅力。黎锦晖和黎锦光在指导她们排练。

[田汉上。黎锦晖示意黎锦光继续指导。遂与田汉到办公室交谈。

黎锦晖　呵呵，夜上海今晚星光璀璨，明月社惊现红色汉仙①。寿昌贤弟来啦！红色风暴来啦！

田　汉　啊，锦晖兄，你总是善于给人起名字，起绰号。

黎锦晖　难道不对吗？田汉这个响当当的名字在当下上海滩文艺界，不就等于"共产党"、等于"风暴"的意思吗？

田　汉　这自然使我成为当局追捕缉拿的对象。

黎锦晖　来，坐，请坐，请上坐。

田　汉　哈，茶，喝茶，喝好茶。

黎锦晖　寿昌贤弟总是豪情万丈。

田　汉　快点给我沏茶呀。渴死我了。

黎锦晖　马上，听说最近左联有五位作家被当局秘密逮捕处死，到处是白色恐怖，你可要小心哪！

田　汉　多谢老兄关心。不瞒你说，我是刚刚"被飞行集会"结束出来。尽管我不喜欢"被集会"，但我还是激流勇进，刚刚提出申请，要求加入中共。

黎锦晖　什么？你疯了？是谁把你拉进去的？

田　汉　安娥。

黎锦晖　（惊叫）红色女郎！（唱《红色女郎》）红色女郎！好一个红色女郎，/一个布尔什维克的红色女郎！/久闻大名出身书香，如雷贯耳时局动荡，/时而布衣蓝褂很朴素，时而衣着华贵很漂亮。/歌报童，唱渔光，很特科，②很神秘，

---

① 田汉的笔名为汉仙。

② 特科，全称为中共中央特别行动科，是中国共产党在20世纪二三十年代所建立的一个情报和政治保卫机关，主要活动地域在当时中共中央所在地上海。

久仰久仰。

田　汉　哎，锦晖兄，锦晖老乡，我来给你谈一件重要的事儿。

黎锦晖　什么事儿？

田　汉　作为知交，我想请你加入左翼。

黎锦晖　什么？你在说什么？谁让真善美之花，开放在悬崖？谁知秋风秋雨后，冰雪能容她？“左路”是被政治的艺术家，拳拳爱国之心，红色风暴升华。

田　汉　你看天下大势滚滚洪流，革命浪潮荡涤苏联东欧。红色风暴横扫亚洲……

黎锦晖　“右路”是“被政治犯”的恐吓，篇篇革命檄文，白色恐怖讹诈。一棵危险的生命之树，开出戏剧奇葩。一层崭新的政治色彩，被追捕被缉拿。

［田汉与黎锦晖热烈交谈，时而争论。

田　汉　我劝锦晖兄加入左翼，转向无产阶级队伍。

黎锦晖　东上海太平洋波峰浪谷，大东海只是太平洋一部。无产阶级只是大众的一部，我的大众观为广义大众服务。普罗大众还包括小资和中产，让大众都欣赏我的歌舞。歌歌歌！！！舞舞舞！！！

田　汉　锦晖老兄，你听我说——艺术同政治，有时是朋友，有时是敌人。

黎锦晖　不，艺术的奇花向来是野生的，它是属于民众、为民众、由民众的。这难道不是你说的吗？

田　汉　可大敌当前我颇有正义感，现在国人任务是反帝反封建。抗日救国就是最大的政治，过去现在我都做过一些贡献。戏剧事业和抗日救国联系，我坚信你我能做好就在当前。

黎锦晖　刘雪庵的分析批评也很有见地：中国目前，正是外侮频凌，内忧未已，国家民族生死存亡的时候——然而我们就音乐方面一看，只有令人不寒而栗，因为上自大的都市，下至小的乡村，无论在学骄子或处世青年，要是他或她能够哼两句的话，十分之九开口出来一定脱不了我黎某作的《毛毛雨》、《桃花江》之类的乐曲。

田　汉　革命的政治是艺术的朋友，反动的政治是艺术的敌人。前者革命打破旧制度，解放被压迫者。后者保守维持坏秩序，压迫人民大众。“剿匪”的人，无心抵抗任敌寇入侵，“被剿”的却高举抗日大旗唤醒人民。放眼全球啥主义闹危机啥主义在高涨？怎不促成中国人对反动统治的反抗心。法西斯独裁本身制造了更多的反对派，客观上有助于壮大左翼势力的阵营。我抛弃我的“宣言不与政治发生关系”，我投笔加入反压迫反侵略的火热斗争。你看热血青年和爱国的文化人大都“左”倾。

［黎莉莉上，欲言又止，静静听。

黎锦晖　任凭你千言万语千方百计千辛万苦，我自有千山万水千人万众千歌万曲。

田　汉　为什么你如此坚持汝心之固？“九一八”敌寇入侵火烧屁股！明月社唱靡靡之音，跳曼曼之舞，长此下去人们会成为亡国奴！

黎锦晖　你！寿昌老弟，你怎么能这样说？偏见比无知离真理更远。

黎莉莉　干爹，你让我说。叔叔，不要这样说，不要这样说。这是为平民为大众的明月社，干爹用自己的方式来爱国。《最后的胜利》演儿童剧，《同志革命》唱《热血歌》，他赞扬北伐战争救民族，为孙中山写《总理纪念歌》。他撰檄文砭时弊批旧俗，被百姓传阅，遭军阀折磨。明月社巡演去广州走出国，南洋处处有我们流行音乐。那血气方刚进步进取的人，就是你的老兄我的干爹。

田　汉　我老兄？你干爹？（故意逗她）好一个伶牙俐齿的小丫头！

黎莉莉　爹爹呀，有伟大的亲爹，/了不起的干爹。/庆幸我没虚度年华，/光耀青春绽放花朵，/亲爹给我确定目标，/干爹帮我收获硕果。/善用艺术足以救国，/误用艺术诱人堕落。/亲爹和干爹都这样，/谆谆教导我们大伙。/

田　汉　酒逢知己千杯少，话不投机半句多。

黎莉莉　全民抗战已吹响了号角，你可知黎锦晖在做什么？日本国邀请他赴日演出，他放弃出国交流坚守明月社。若无民族自尊和爱国心，怎有这国家利益的抉择？九一八事变后仅三周，黎锦晖在《申报》发表抗战歌——名叫《义勇军进行曲》，后又写救亡歌曲数10首之多。

田　汉　《义勇军进行曲》？这个名字真不错。小丫头伶牙俐齿有巧舌，且看我明日再激将老哥。

［田汉火山似的感情，一时找不到喷发的口子。面对湖南兄长黎锦晖的固执，他只好先言告退。

黎莉莉　呀，忘记给你说啦！干爹，排演出问题啦！他们吵起来啦！七叔让你快去看看吧！

黎锦晖　出什么事了？好吧。我去。哎，忘了介绍了，这是你田汉叔叔，大名鼎鼎的剧作家。这丫头让我给宠坏了。

黎莉莉　呀，真不好意思。田叔叔好！我是黎莉莉。

田　汉　黎莉莉？

黎锦晖　哦，她是我干女儿。

田　汉　你老兄福分不浅哟。什么时候又冒出个这么漂亮的干女儿？

黎锦晖　不好意思！（对田汉耳语）她本名是钱壮飞的女儿钱蓁蓁呀！还是你把她送给我的呢！你忘啦？

田　汉　她是钱蓁蓁？1927年我把她送给你那时候才12岁，她可是一只丑小鸭呀！不像？真不像？！真是女大十八变，越变越好看呀！不可思议，不可思议呀！

黎锦晖　我培养她走上演艺之路了。她可是棵好苗子呀！来呀，莉莉，这可是5年前把你送给我的田汉叔叔呀！快来问候。

黎莉莉　问候田叔叔，这5年你可把我忘了吧？哼！也不来看我？听说你要讨四房太太……

田　汉　瞧你这丫头，又在瞎说。5年没见她了，照顾不周，还请黎兄和蓁蓁海涵呀。

黎莉莉　莉莉跟您开玩笑。我知道那其中有两个都是过去啦。哈哈，哈哈——

田　汉　哈哈哈哈。（思忖地自言自语）黎锦晖有黎莉莉来抵挡我，我自有……（转向黎锦晖）哈哈，哈哈，哦，是我不好意思。你忙，我先告辞了。

[田汉下。

黎锦晖　哈哈哈哈。真没想到我女儿嘴巴如此厉害，把大文豪都给说哑了。哈哈——

黎莉莉　干爹，还不都是您教的吗？！

[黎莉莉依拥着黎锦晖随后下。

[深夜，聂耳身穿蓝色长袍，坐在钢琴前，自弹自唱《过去的就让它成为过去》。

聂　耳　圣诞节孤梦醒梦见小白，竟是个纯洁奶气的小屁孩。
她使我快乐懊恼又疯狂，一瞬间的表情却百思不解。
过去她曾热烈地爱过我，我那时全无感觉情窦未开。
如今她天真地爱上别人，使我又悔恨又讨厌又可爱。

1932年7月31日，聂耳与电影界音乐界友人在上海高桥海滨浴场游泳后合影（前排左起：黎锦光、周克、聂耳、黎莉莉、陈燕燕、史文华、华旦妮、殷明珠，后排左起：蔡楚生、史东山、王人美、孙瑜、黄绍芬）

夜未央男生们赏月未归，只剩我火炉旁日记抒情怀。
国家多事之秋秋冻梦寒，少管闲事静心练琴莫懈怠。
故乡清心之春春晖信远，野草闲花不烦恼稀奇古怪。

毛毛雨中穿长袍去上课，音乐会爱《罗密欧与朱丽叶》。
有的人满口女人爱吃醋，瞧不起这些傻瓜没气节。
有的人追名逐利为权贵，真庆幸内心充实自高洁。
写情书给女友相互激励，多读书多创作时不待我。
过去的就让它成为过去，以前的一切就在此终结。
勤加缘才给力创我未来，老朋友又给力与我创业。
明天是新年开始新生活，努力向前跑预备做人杰。①

[淞沪抗战。背景银幕：1932年1月28日23时30分，日军海军陆战队2300人在坦克掩护下，沿北四川路（公共租界北区的越界筑路，已多次划为日军防

①此段根据《聂耳日记》（大象出版社2004年版）1931年12月14日—12月31日中心思想和语句改写。

区）西侧的每一条支路：靶子路、虬江路、横浜路等等，向西占领淞沪铁路防线，在天通庵车站遇到中国驻军十九路军的坚决抵抗。“一·二八”事变爆发。上海军民义愤填膺，担负沪宁地区卫戍任务的第19路军3个师共3万余人，打退由横浜路、虬江路、宝山路进攻的日军，29日夺回天通庵车站和上海北站。日军败退租界，通过英、美等国领事出面“调停”，达成停火协议，缓兵待援。上海民众在中国共产党的领导和推动下，纷纷组织救护队和义勇军，积极支援第19路军抗战。

[明月社开到前线，为十九路军战地演出。在战壕前临时搭起台子，演出明月社经典保留节目《毛毛雨》、《桃花江》、《妹妹我爱你》。

王人美　耳朵，一会演出完了，你给我讲讲你怎么闯入日占区去冒险摄影的事吧？

白丽珠　是啊，我真羡慕你，你那天肯定有种种险情吧？你不害怕吗？你吃了豹子胆了吧？

聂　耳　是的，云南人开门见山，山上有金钱豹。我就咔嚓咔嚓吃了一只豹子胆。

王人美　真的吗？你又在逗丽珠玩吧？哎，别扯了，开演了，快上。

黎明晖　（报幕）十九路军将士们，你们是抗日英雄。慰问演出开始，第一个节目《桃花江》。

[明月社青春靓丽的美女十几个，一起登上舞台。聂耳与严折西等合奏的音乐起。

黎莉莉　我听得人家道，

王人美　（白）道什么？

白丽珠　桃花江是美人巢。

黎莉莉　桃花颜色好呀比不上美人娇

王人美　（白）真好呀！

白丽珠　果然美妙。

黎莉莉　我每天躲在那桃花林里头瞧，来来往往可不知有多少

王人美　（白）有人介绍吗？

白丽珠　有。今天认识了一队，明天认识了一班。

王人美　（白）怎么办呢？

白丽珠　每天成群结队笑笑谈谈，游游玩玩，无牵无绊。

聂耳与明月歌剧社的乐师们
1931年5月在南京鼓楼旅馆

夜上海弥漫着香艳肉感让聂耳反感

王人美　（白）谁最中意呢？

黎莉莉　自从认识了你，立刻中了意。我称了心，我生了怜爱动了情。啊哈

白丽珠　我在那右边走，你在那左边行。

王人美　我在那前面行，你在那后面跟 。

黎莉莉　我看你准是爱了我，你准是动了情。

白丽珠　我也不知道，我也不明了。

王人美　我一看见你，我灵魂天上飘。哎哟！

黎莉莉　爱情火样烧，全身融化了。

白丽珠　好，桃花江是美人巢。我不是美人，你也爱上了。

王人美　桃哇桃花江是美人巢。因为你是美人，我才爱上了。

众合唱　桃哇桃花江是美人巢。桃花颜色好呀，比不上美人娇。

（噔的了啷噔噔噔）

[台下一片口哨声。秩序一片大乱。演员们不知所措。

一军官　啊哦，小姐先生们，还是回去吧！你们这些歌舞只会叫俺抬不起步枪来。

一战士　还桃花江美人窝？炮弹飞，子弹飞，也会让美人的大腿一起飞！

一军官　（拿出一包大白兔奶糖来，手抓一把，向舞台扔去）谢谢你们的演出。给你们这些还没长大的娃娃回家吃奶糖吧！

[聂耳上台维持秩序，一块糖打到他脑门上落下，他伸手接住。

聂　耳　大家不要乱，有话好好说！

[台下一片唏嘘声。秩序继续大乱。

[演出结束，在后台聂耳找到黎锦晖。黎明晖、白丽珠亦在其旁。

聂　耳　前方将士真刀真枪把敌杀，后方歌舞软筋软骨后庭花。反思艺术究竟是为何而作？当让音乐投入战斗为国家。

黎锦晖　这是官兵们连日作战劳累，无心欣赏音乐艺术之美。

聂　耳　现在全国一片抗日怒吼声，软绵绵的歌舞肯定不受欢迎！

黎明晖　聂子，你休要乱讲乱吵，爸爸不是庸碌之辈艺术无聊，努力兴奋观众的心神，为中国歌舞与电影定纯正目标。音乐以雄壮为主，歌唱以热烈为先，舞蹈以开展为要，材料以自卫卫国为枢纽，任凭穿插恋爱的三角四五角。民众的疾苦，国难临头的暗示，总须显到。你不要胡说八道！

黎锦晖　战火前沿演出本身是失误，两军对垒虎视眈眈谁有心思观看。

你这毛孩有多少演出经验？将士不喜欢，我们到南京武汉演。

白丽珠　哎呀呀，你们不要吵，有话好好说嘛！

聂　耳　小白兔，我知道你还没吃着糖，所以给你留一个大白兔。（从衣兜里掏出一块奶糖）

白丽珠　你真好！（接过大白兔奶糖，剥开吃）吐！吐！吐！呀，全是杨梅核儿。

聂　耳　呀，上他们的当了。真对不起。

白丽珠　哼！你坏！你坏！

[小嘴撅得老高的白丽珠下。

聂　耳　（走来走去，自言自语）聂耳呀聂耳，你已经是20岁的聂耳！你不是回答母亲向你提出的婚姻问题时，很明确地说过嘛——“我是为社会而生的，我不愿有任何的障碍物阻止或妨害我对社会的改造，我要在这人类的社会里做出伟大的事实。”

聂　耳　（手握拳头）“为改造社会而生”，这就是我聂耳的革命精神。在国民党和帝国主义“租界”统治下，为了与上海泛滥成灾的靡靡之音作斗争，我明知要丢饭碗也在所不惜。

[大屏幕上放映黑白影片：明月社慰问十九路军演出，遭冷遇。

［大幕毕。四方神上，唱《秦时明月汉时关》。

四方神　却如今，忆当年……

青　龙　千岁梅花千尺潭，春风先到彩云南。

白　虎　千年皓月千里思，秋风萧瑟上海滩。

朱　雀　秦时明月汉时关，万里长征人未还。

玄　武　但使龙城飞将在，不教胡马度阴山。

四方神　却如今，忆当年……

| 6 |

[换场。四方神上，唱《国破山河在》。

青　龙　国破山河在，

白　虎　城春草木深。

朱　雀　烽火连三月，

玄　武　家书抵万金。

[四方神下，大幕开。

[舞台一半，1932年4月22日上午，上海市南京路日升楼路边，车水马龙，熙熙攘攘，突然“啪啪——”双响鞭炮震天连响，人群一阵骚乱。明眼人便知，飞行集会开始了。紧接着出现一个人打着红旗在招展，另一个穿长袍马褂、戴眼镜的人站在高台阶上，在宣讲着什么……聂耳赶紧冲出去。

[示威的中心地点，飞行集会，游行队伍，喊口号。在南京路示威，田汉从队伍里跑出来，在外滩雇了一辆黄包车从东向西，发现了聂耳，拉他上车，左转右拐，来到一家僻静的咖啡馆。刚进门，未落座……

田　汉　“左”倾！“左”倾！真是太“左”倾！到处组织飞行集会示威、游行，白白把党团员送进敌人监狱。我来找你，是聊聊人生与作曲。

聂　耳　不胜荣幸。想听听前辈教诲。

田　汉　（大声喊）来呀，来两瓶青岛啤酒！

服务生　来喽——

[服务生拿来两瓶青岛啤酒。咖啡馆一隅，田汉与聂耳面对面长谈。田汉是个直性子人，情胜于理、口没遮拦，一杯青岛啤酒下肚，就高谈阔论起来。

田　汉　你以前是叫聂守信，为什么不用这个名？

聂　耳　改叫“聂耳”的原因，是我的耳朵特别灵。

田　汉　黎锦晖的明月歌剧社，你在其中有怎样感觉？

聂　耳　我喜欢这个明月歌剧社，艺术青年们生机勃勃。

田　汉　我也喜欢唱唱歌演演戏，可惜我年龄已超期太过气……嗨！别人老说我不严谨，浪漫多情狂放粗疏才子气。深沉冷静的鲁迅常批评我："又要唱戏了！"

20年代的田汉

聂　耳　他批评您不要紧。我倒是蛮喜欢您。我拜您为忘年交，老师您属于我们青年人。

田　汉　我早就听说你，真诚正直，心地善良，凡事认真实行，内心刚毅，慷慨大方。

聂　耳　我年轻无知，请你做人生导师指引方向。我奋斗迷惘，请你给指点迷津尽快成长。

田　汉　还听说你和我一样，也是自幼丧父只有娘。哈哈，我属狗你属猪。易卦曾有"猪为材"。以后会有猪坚强。

聂　耳　来！田汉老师，这杯青岛啤酒，我来敬您！（一饮而尽，然后自言自语）这位艺术家不拘小节，看上去直率而浪漫。他竟说他属狗讲义气，看为人很有正义感。见义勇为做事全力以赴，忠实可靠豪爽勇敢，个性坦白无心机。宁可自己吃亏也不愿给人添麻烦。

田　汉　我喜欢主持公道，性勤勉敬业，事物是正确的话会极端固执，毫不忍让，一生忠诚尽责。风趣诙谐，好打抱不平。哎，聂子，说说你母亲吧？

聂　耳　我有一位勤劳贤惠的母亲，生活道路很坎坷很艰辛，培养我十分坚强历练人生，千磨万难不失追求艺术心。

田　汉　我再问问你有什么追求？

聂　耳　像许多贫苦学生一样追求革命，我参加了上海反帝大同盟。还想拜你为师找到共产党，就想学习更多的革命理论。更想掌握许多乐器和作曲，让音乐武器作革命号角声。我觉得你身有磁场眼有神，与我同频共振，恳请你做我的革命引路人。

田　汉　喜欢你生机勃勃有精气神，我一定为你营造革命音乐的好环境。

聂　耳　就是呀。我对您一见如故，相见恨晚。

田　汉　黎锦晖是我的湖南老乡朋友，他在初期的歌剧史上是有贡献的，他获得过广大的观众，特别是儿童观众。

聂　耳　不过，田先生，我对黎先生某些不健康、不严肃的倾向是不满意的。（很坦诚地）他那种歌舞，我怕会影响了我们团里这些生机勃勃的青年，使他们失去了对封建事物的冲击力。

田 汉 是的，黎先生的倾向在目前是有些落伍了。（他为聂耳精辟尖锐的见解而惊喜，大声）现在是暴风雨的时代，已经不是明月清风的时代。民众需要更雄壮有力的曲调！让暴风雨来得更猛烈些吧！

聂 耳 太好啦！我认为，黎先生的《毛毛雨》、《桃花江》以前需要，将来也需要。但现在不需要！（热血沸腾）你看，日寇侵华！政府腐败！民众需要救亡，需要觉醒！唱靡靡之音，长此下去，人们会成为亡国奴！

田 汉 说得对！不过，黎锦晖是我的老乡老朋友，他很有自尊心的。对他不能乱来。

聂 耳 那怎么办呢？

田 汉 我知道黎锦晖所写的情爱歌曲，多为情非所愿，他自己就有“十不写”的准则，如妓女唱的不写，猥亵的不写，“三妻四妾十美图”不写等等。但为了事业，他又不得不生产一些“卖身”之作。比如明月歌剧社曾因经费紧张而一度向米店赊账，险些被米店老板告到警方。为了筹钱，黎锦晖只得到英商百代唱片公司，按老板要求违心写歌，以“风花雪月”为演员换米换肉。又如赴南洋演出，因经营不善，歌剧社竟无回程路费，他只好向国内“卖歌求款”，在半年内写出百余首恋爱歌曲，以稿费把演员带回祖国。

聂 耳 我觉得这简直是决定我一生的一个紧要关键，一点不要放松地艰苦地做去。[①]

[两人一边耳语一边走下。

[5月1日，八点半开船，经吴淞口，到处只见日本旗。明月社乘船在长江上行驶，拟到南京、武汉巡演。

[团员们聚集在甲板上，兴奋地跳来跳去，观望两岸景色。

[甲板上风很大，有一轮大太阳。黎明晖唱《爸爸最棒》。

黎明晖 爸爸最棒，自有成功的希望，希望寄托在这次演出上。
爸爸最棒，润色好保留节目，譬如《毛毛雨》譬如《桃花江》。
又添《芭蕉叶上的诗》，是他得意之作艺术新主张。
这歌舞剧有激烈的战争，有伟大的恋爱儿女情长，
有紧凑的穿插，有美艳的歌舞，有催人的泪光，

---

①《聂耳日记》（1932年4月20日），大象出版社2004年版。

有滑稽，更有爱国精神。定能来一场轰动一炮打响。

爸爸最棒，爸爸最棒，带我们演一场轰动一炮打响。

［明月社团员王人美、黎莉莉、白丽珠、胡笳等跳甲板舞。欢快地、憧憬地。

［烟囱浓烟滚滚，遮住太阳，仿佛一个金黄色的大饼。

众美女　（唱《美在江苏》）

好一朵美丽茉莉花，优美的歌声传天下。／人杰地灵鱼米乡，吴韵汉风育精华。／雪白芳馨数茉莉花，满园花草比不过它。／若你有心采一朵戴，美在江苏哟香漫天涯。

［黎锦晖上甲板。

黎锦晖　敌寇入侵联华公司倒闭，辞退歌舞班局势越来越乱，乱乱乱。孩子们停发薪水已半年，不当家不知柴米内忧外患，烦烦烦。明月社如汪洋中一条船，风雨飘摇沉没危险寻路，何其难难难！！！

［父女双人舞。飘忽不定地、一悲一欢地。

［太阳渐渐落下，风起云涌。

［大船突然遭遇巨浪，剧烈摇晃。众人皆倒。

［聂耳在摇晃中站起。上岸。众人随。

聂　耳　几次与黎先生交谈，可他表现如“湖南大佬”。大家气派不可冒犯，听不进学生辈修改意见。中国古人言，滴水之恩，当涌泉相报。我内心矛盾，说也不好，不说也不好。

黎锦晖　几次来我给大家讲剧本，这聂耳为何听了睡得直昏昏。

聂　耳　把剧本看了两遍很自信，我会表演出色也适合我个性。

黎明晖　他认为剧本虽改变华美，可主题与内容不适合在当今。

黎锦晖　看聂耳心不在焉很恼火，我且把让他演的角色给别人。

［黎锦晖、黎明晖下。

聂　耳　不让演就拉倒，正中下怀，正好我要向老师他发起批评。左思右想师生情有顾虑，怕误会过河拆桥被说成小人。周围朋友如何看我为人？若只想我自己便会动摇决心。

白日里焦虑夜梦里思忖，到底该怎样表述我的言论？

［金焰、蔡楚生上。

1933年初秋，蔡楚生与聂耳（左）在影片《渔光曲》的外景地浙江石浦

金 焰　我这电影戏子要尽责任，要打倒帝国主义唤起民众心。

蔡楚生　我准备拍一部《都会早晨》，反映下层的主角是劳动人民。

金 焰　暴露黑暗描写大众受欢迎，却被人污蔑为“下流”电影。

蔡楚生　我正想搞一部“下流”电影。

聂 耳　我听了很吃惊批评他莫下流，没想到是误会黑天使用炮轰。

蔡楚生　这一炮把我轰得晕头转向，不打不相识我俩成“畏友挚朋”。

聂 耳　古人说：良药苦口利于病，忠言逆耳利于行。黎先生当听我一劝，明月社该演抗战演劳苦大众。

［蔡楚生与聂耳，相互拍手，热情拥抱。

蔡楚生　黎锦晖可是一种符号，一个艺术大家的代表。

聂 耳　（怀抱吉他自弹自唱，快速说唱风格）9岁唱《可怜的秋香》、10岁会《好朋友来了》。“乒乒嘭嘭嘿”，外边有人“乒乒嘭嘭”把门敲。“哈哈呵呵笑”，娃娃式的哈哈呵呵好曲调。白虹唱秋香，描写牧羊女一生孤苦伶仃悲情笼罩，词曲双佳声情并茂，同情孤女叭嗒叭嗒催泪掉。老师呀十年后，为何劳苦大众苦难呼声听不到？为何只有《桃花江》、《芭蕉叶上的诗》在飘呀飘？

我是初生牛犊初出茅庐，一枝小荷才露尖尖角，无私无畏吾爱吾师更爱真理，莫管他声望有多高！

［聂耳与蔡楚生下。

［船到南京，众人下船。

青 龙　1930年，一个云南小伙子，自带小提琴来上海学艺，他拜明月社班主为师傅，刻苦励志好幸运学习作曲。5年后谱写《义勇军进行曲》，从此聂耳之名

王人美

黎莉莉

无人不知。

白　虎　1927年，一个12岁小姑娘，从北平来到上海滩。其父钱壮飞是地下党员，把她送进明月歌舞团。

黎莉莉　从小当丫头、做养女，学过京戏、进过孤儿院，谁晓得我的生活不幸，有一个动荡糟糕的童年。多亏他认我做干女儿，幸运我喜欢他教学表演。曾与王人美胡蝶去南洋，练就歌舞三杰星光灿烂。

朱　雀　1927年，王庶熙12岁，来到上海是个湖南“细妹”。

王人美　我跟老师学歌舞上戏台，又送我上银幕闪耀星辉。

《渔光曲》带我走向世界，他给我起漂亮艺名：王人美。

玄　武　常州姑娘周小红在1931，又来投师叩门拜师求给力。

周　璇　老师开发我的歌唱天赋，歌星大赛中被誉为“金嗓子”。燕语莺声他给改名叫周璇，这是一个多有诗意的名字。

青　龙　白丽珠是个北京女孩儿，13岁被这老师招募成小团员儿。大赛中领先二百票夺冠，第二名是后来大名鼎鼎的周璇儿。

白丽珠 他说我发音准音域阔，声与词融，情与曲通，听者更易被感染，他说我歌喉嘹亮就像阳光普照，能激发人们高远的情怀。流传至今琅琅上口的是那首《卖汤丸儿》、《卖汤丸儿》。

众 人 他是谁？他是谁？他是谁？

他是我们的恩师黎锦晖。

四方神 他是谁？他是谁？他是谁？

他是平民大众的黎锦晖。

众 人 他是谁？他是谁？他是谁？

他是俺们很给力的黎锦晖。

四方神 他是谁？他是谁？他是谁？

他是俺们很给力的黎锦晖。

［南京玄武湖之畔，某剧场内。

四方神 南京很火炉，演出很不顺，《芭蕉叶上的诗》排练很差劲。

青 龙 尽管彩排到第二天凌晨，对大家表演黎锦晖不肯给好分。

白 虎 下午的首演观众少，座无虚席夜场总算好。

朱 雀 有一场表演正高潮，王人美一不小心绊了一跤。

玄 武 狼狈不堪很囧很雷人，观众席传来喝倒彩的唏嘘声。

青 龙 当夜演出秩序混乱无比，有观众向台上投掷纸飞机。

白 虎 女演员表演《小小画眉鸟》，有观众喊停喊停地呼乱叫。

朱 雀 第二天演出秩序又混乱，观众为争抢座位打成一片。

玄 武 聂耳赶紧收拾起小提琴，忽见一把椅子朝这边扔。

［场内大乱。椅子飞，女孩惊声叫。男人打拳加踢脚。

黎锦晖 我赶快安排人报警，一队警察赶到剧场。

［众警察上。

青 龙 情况急警察顾不得多想，拔出武器就朝天花板开枪！

［“砰砰砰——”

［台下有人吓得躲到椅子后。台上女演员们被骚乱吓得惊恐万状。聂耳、金焰他们去安慰她们。

白 虎 乱哄哄——南京公演终于完，明月社收入两千五百元。

朱　雀　喜滋滋——每个团员领奖金，聂耳拿到不多不少十元钱。

玄　武　告别玄武湖，前往黄鹤楼。两天三夜漂泊到汉口。

［聂耳与王人艺，一个背吉他，一个挎小提琴，走在武汉的马路上。

聂　耳　身未动，心已远，像游吟诗人上路欢。

王人艺　第一次，到武汉，把长江两岸都转遍。

聂　耳　（自弹吉他，说唱风格）大江东去浪淘尽，千古风流人物。礁石矗立浪花开，万朵美丽歌舞。千回百转不思改，浪漫主宰先祖，哪怕命运不给力，理想逢遭遇，激情被痛苦。上路吧上路！上路！上征途！

［聂耳弹吉他，二人唱《美在湖北》——

聂　耳　哎，极目楚天舒，天上非凡九头鸟。

王人艺　哎，浪漫楚地游，地上聪明湖北佬。

出了个美男叫屈原，自有那理想归大道。

聂　耳　路漫漫其修远兮，吾将上下而求索哟。

鸿儒总向天问、离骚，草根更识美人香草。

［黄鹤楼不远处的小酒馆，二人扎进去。点了玫瑰酒与煎饺，饺子就酒，越喝越有。自得其乐。

王人艺　（酒后壮胆，一激动，跳上凳子上桌子，说唱）天给力，自降大任于斯人，神马且不是浮云。地给力，茫茫九派千驹骋，神马并非能雷人。神给力，天下谁人不识君，万众一心向前进。

［二人出酒馆，甩开大步去闲逛。四方神尾随。

青　龙　谁也没想到，谁也没想到，这里的演出，竟比那里还糟糕。

白　虎　演员劳累过度屡屡失误，观众席上稀稀拉拉很冷场。

朱　雀　长江戏院老板趁机要挟，坏记者写文造谣恶毒诽谤。

王人艺　今天的演出我不干了！不管你聂耳说我牛脾气。

玄　武　演出中观众席里乱哄哄，吵吵闹闹为何噪音不断？

团员们被这乱象精力分散，歌舞与演奏出错连连。

聂　耳　我竟在《双鹤舞》中奏跑调，小提琴竟会断了几根弦。

青　龙　《蝴蝶姑娘》有热烈拍手场面，无精打采有气无力女演员。

白　虎　一连几天，一连几天，人在倒霉时，麻烦事不断。

朱　雀　潮湿多雨连日劳累忙，生病的生病受伤的受伤。

玄　武　一演员生病上不了台，聂耳去顶替却不慎遭挨摔。

青　龙　胡笳因劳累过度昏沉沉，去医院身体虚弱打药针。

白　虎　王人美演《剑锋之下》，被飞剑击中受了伤。

无法演《芭蕉叶上的诗》，女主角大明星上不了场。

朱　雀　台下有些观众乱起哄：王人美为什么不出场？

玄　武　明星不出场，我们要退票。台上忙解释，台下乱吵闹。

青　龙　偏偏在幕间休息时，忽然闯进几个流氓。

白　虎　抓住男演员衣服不放，他拼命挣脱逃回剧场。

[第二天清晨，聂耳和朋友起来跑步。

张昕若　我们和聂子谈人生，难道我们就该这样下去吗？

严　华　我说自己太傻，痛苦着人生。

聂　耳　（自我反省）我不也是傻瓜一个吗？何必要自讨苦吃，醒醒吧！算是在这里面鬼混了一年多。音乐算是学得一点，但对音乐外的学科是大退特退步了。最使我伤心的是白白用了不少脑筋，去瞎想一些无聊的事，有时竟受了无限的打击，弄得不能做一点正事。所谓革命新青年的我，是不是应该有这样的行动？一天还沉醉在爱不爱的迷惘里！时代的巨轮不住地向前飞转，现在的我，现环境的我，应该负起怎样一个使命，艰苦地干去。①

严　华　那你觉得明月社前途如何呢？

聂　耳　天一的事，多半无望。别的进行，似乎渺茫。回到上海，如何下场？！外力诱惑，防不胜防！办事人员，荒里荒唐。“明月”前途，着实悲观。

[背景换为上海。明月社全体回到上海。团员们在一起议论纷纷。

秀　文　每天我抱着那小洋娃娃，来看聂子。近来我对他好。常常要他讲故事。

干　妈　早晨我把聂子叫醒，出去买东西。

聂　耳　她待我真像我的母亲一样，还给我洗衣服。

胡　笳　16天的牛马生活终于耐过去，要是再演下去，恐怕会死人。昨天我曾昏倒在台上。医生要我不要再上台，我的角色都找别人代。

---

①《聂耳日记》（1932年5月15—16日日记），大象出版社2004年版。

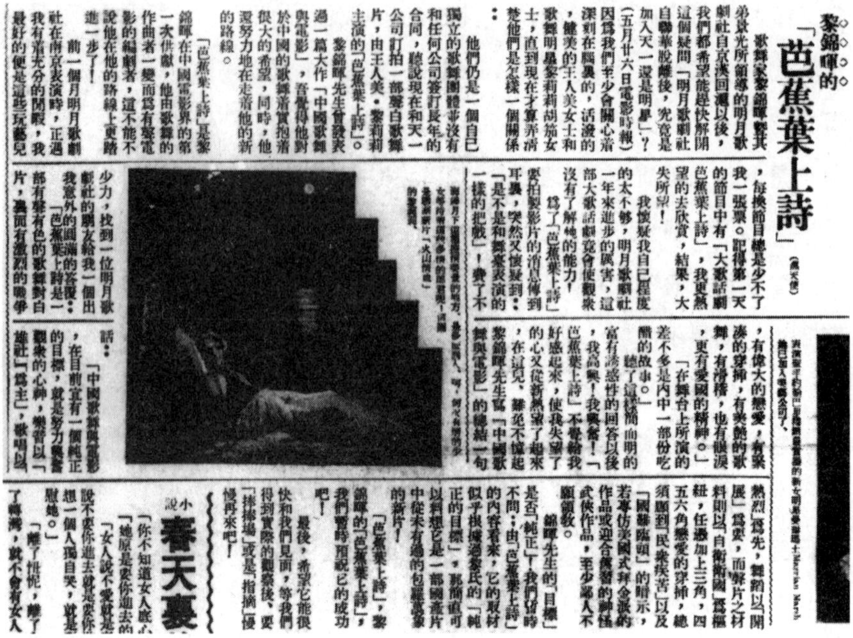

黎錦暉的「芭蕉葉上詩」 (黑天使)

歌舞家黎錦暉暨其弟景光所領導的明月歌劇社自京滬回滬以後，我們都希望能趕快解開這個疑問「明月歌劇社自聯華脫離後，究竟是加入天一還是明星」？（五月廿六日電影時報）因爲我們至少會關心着深刻在腦裏的，活潑的，健美的王人美女士和歌舞明星黎莉莉胡笳女士，直到現在才算弄淸楚他們是怎樣一個關係：

他們仍是一個自己獨立的歌舞團體並沒有和任何公司簽訂長年的合同，總說現在和天一公司訂拍一部聲自歌舞片，由王人美·黎莉莉主演的「芭蕉葉上詩」。

黎錦暉先生曾發表過一篇大作「中國歌舞與電影」，吾覺得他對於中國的歌舞着實抱着很大的希望，同時，他還努力地在走着他的新的路線。

「芭蕉葉上詩」是黎錦暉在中國電影界的第一大供獻，他由歌舞的作曲者一變而爲有聲電影的編劇者，這不能不說他在他的路線上更踏進一步了！

前一個月明月歌劇社在南京表演時，正遇我有充分的閒暇，我最好的便是這些玩藝兒，每換節目總是少不了我一張票。記得第一天的節目中有「大歌話劇芭蕉葉上詩」，我更熱望的去欣賞，結果，大失所望！

我懷疑我自己程度的太不够，明月歌劇社一年來進步的厲害，這部大歌話劇竟會使觀衆沒有了解牠的能力！

爲了「芭蕉葉上詩」要拍製影片的消息傳到耳裏，突然又懷疑到：「是不是和舞臺表演的一樣的把戲」！費了不少力，找到一位明月歌劇社的朋友給我一個出我意外的圓滿的答覆：「「芭蕉葉上詩是一部有聲有色的歌舞對白片，裏面有激烈的戰爭，有偉大的戀愛，有緊湊的穿插，有美艷的歌舞，有滑稽，也有眼淚，更有愛國的精神。」「在舞台上所演的差不多是內中一部份吃醋的故事。」

聽了這樣簡而明的富有誘惑性的回答以後，我高興！我興奮！「芭蕉葉上詩」不曾給我好感起來，使我失望了的心又從新熱烈了起來，在這兒，驟然不忘起黎錦暉先生寫「中國歌舞與電影」的總結一句話：

「中國歌舞與電影，在目前宜有一個純正的目標，就是努力喚醒觀衆的心神，樂音以「熱烈」爲先，舞蹈以「開展」爲要，而影片之材料則以「自衛衛國」爲樞紐，任憑加上三角，四五六角戀愛的穿插，總須顧到「民衆疾苦」以及「國難臨頭」的暗示，若專仿美國式拜金派的作品或迎合低級的神怪武俠作品，至少爲人不願領教。」

錦暉先生的「目標」是否「純正」？我們暫時不問；由「芭蕉葉上詩」的內容看來，它的取材似乎根據過黎氏的「純正的目標」，那簡直可以料想它是一部國產片中從未有過的包羅萬象的新片！

「芭蕉葉上詩」，黎錦暉的「芭蕉葉上詩」，我們暫時預祝它的成功吧！

最後，希望它能很快和我們見面，等我們得到實際的觀察後，要「捧場」或是「指摘」慢慢再來吧！

小說 春天裏

1932年7月13日，聂耳以笔名“黑天使”在上海《时报》发表的评论《芭蕉叶上诗》

聂　耳　女孩子都爱听故事，只要和她们坐在一起，总要被抓住讲故事。我从来肚子里不装故事，谁知道那些所谓妖魔鬼怪的故事，当时是怎样瞎编出来？昨晚在女宿舍编故事，女孩们时而高兴时而恐惧，一会儿吓得莉莉号啕大哭。她说有男人在屋不方便睡觉，于是我们不能不撤出。

黎莉莉　聂子是个鬼神故事大王，总讲女鬼附男鬼身上。

于斯咏　最好的便是最后一个，不知道他怎会编得如此巧妙。

聂　耳　上帝已经看见了真理，但是还要等待。我想采用这个鬼故事来编一幕电影，用极简单的对白，再配音乐歌唱，相信没有不对的。我赶快来开始这工作吧。

白　虹　聂子讲得把我吓得快哭出来。

聂　耳　这次到武汉的表演，算是绝大的失败。对于几个无意义瞎凑的所谓伟大歌舞剧，他们已看穿东拉西扯的黑幕。节目不良，嗓子坏，布景褴褛。新闻界的纠纷，内部几率放肆、意见分歧，常阻碍事务进行，执行不力。

[田汉上。拉聂耳去餐馆。

聂　耳　呵呵，你可来了。自从回到上海，总想向外面跑。什么希望都成为泡影了。在电影《芭蕉叶上诗》里乌正阳角色还是无望。我知道一切作用，也只有自己

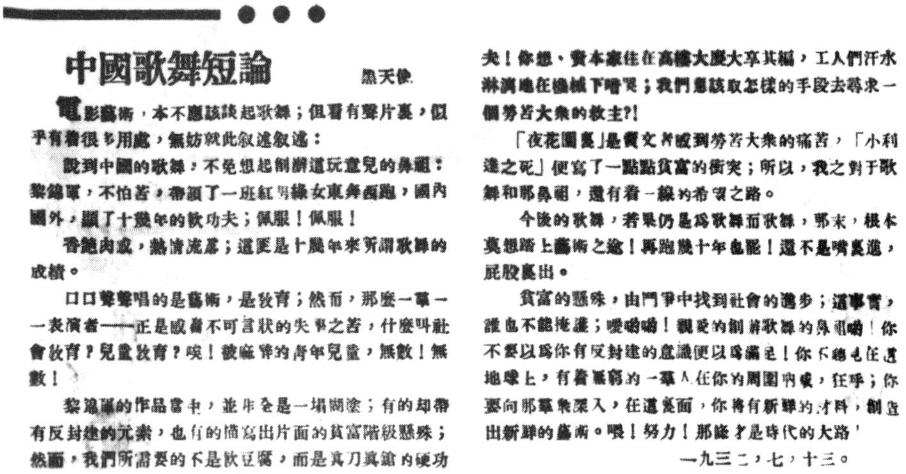

中國歌舞短論

黑天使

電影藝術，本不應該談起歌舞；但看有聲片裏，似乎有着很多用處，無妨就此敘述敘述：

說到中國的歌舞，不免想起創辦這玩意兒的鼻祖：黎錦暉，不怕苦，帶領了一班紅男綠女東奔西跑，國內國外，顯了十幾年的軟功夫；佩服！佩服！

香艷肉感，熱情流露；這便是十幾年來所謂歌舞的成績。

口口聲聲唱的是藝術，是教育；然而，那麼一羣一一表演者——正是感着不可言狀的失業之苦，什麼叫社會教育？兒童教育？唉！被麻醉的青年兒童，無數！無數！

黎錦暉的作品當中，並非全是一塌糊塗；有的却帶有反封建的元素，也有的描寫出片面的貧富階級懸殊；然而，我們所需要的不是軟豆腐，而是真刀真鎗的硬功夫！你想，資本家住在高樓大廈大享其福，工人們汗水淋漓地在機械下喘哭；我們應該取怎樣的手段去尋求一個勞苦大衆的救主?!

「夜花園裏」是賓文者感到勞苦大衆的痛苦，「小利達之死」便寫了一點點貧富的衝突；所以，我之對于歌舞和那鼻祖，還有着一線的希望之路。

今後的歌舞，若果仍是爲歌舞而歌舞，那末，根本莫想踏上藝術之途！再跑幾十年也罷！還不是嘴裏進，屁股裏出。

貧富的懸殊，由鬥爭中找到社會的進步；這事實，誰也不能掩蓋；喂喲喲！親愛的創辦歌舞的鼻祖喲！你不要以爲你有反封建的意識便以爲滿足！你不總也在這地球上，有着無窮的一羣人在你的周圍呻吟，狂呼；你要向那羣衆深入，在這裏面，你將有新鮮的材料，創造出新鮮的藝術。喂！努力！那條才是時代的大路'

一九三二，七，十三。

聂耳用“黑天使”笔名发表的《中国歌舞短论》

告退，免得讨人厌。他妈的，任你多大天才，想在“明月”发展总是靠不住的。“明月”的无望，情人的麻烦，各自想开些吧！何必！接到袁春晖的信，她想出来。要我去考中央大学音乐系，我何曾不想，经济便成了大问题。现在若再从头考起，到底有些不妥。我的革命的艺术的出路已渐渐入门了，你可要带领我，努力去啊！

田　汉　聂子，今晚咱俩到那老地方小餐馆，我请你再喝青岛啤酒。有一件事要和你商量。

聂　耳　好呀，青岛啤酒我喜欢。（自言自语）今晚要和田老大聚餐，很好很好。黎锦晖来讲剧本，听了只想睡觉。

田　汉　时光飞逝，抗敌斗争越来越紧张了，不能再看着明月社再不行动了。

聂　耳　哦，是啊，需要尽快动员更多的人。我也知道，黎锦晖先生是我的恩师，可是——

田　汉　不能看着他这样走下去。应该让他幡然梦醒了。哎，有了。咱们来个“激将法”。

聂　耳　什么“激将法”？

田　汉　就像你对蔡楚生那样。你来。

［田汉对着聂耳悄悄耳语一番。

田　汉　大敌已当前，怎样去作革命的音乐？为什么中国没有《马赛曲》？怎样才杜绝艳曲淫歌？

聂　耳　反思，反思流行歌舞和歌舞剧卿卿我我，面对，面对敌寇侵占东北，国破山河……／首先要投入真正的战斗，然后再见分晓。时代需要我，祖国需要我，喷发战斗怒火！／既然他不让我英雄无用武之地，何不共商谈艺术抗敌文化救国？

四方神　聂耳！聂耳！聂耳！
聂耳！聂耳！聂耳！

聂　耳　出于对恩师的期盼，更因为世界观的更新，激将法想联合恩师，用艺术抗击凶恶的敌人。激将法想挽救国难，来拯救水深火热的人民。

四方神　聂耳！聂耳！聂耳！
聂耳！聂耳！聂耳！

聂　耳　《电影时报》发表批评文章，针对黎锦晖《芭蕉叶上诗》。
《电影艺术》发表批评短文，批判明月社演出的淫歌艳舞。

四方神　聂耳！聂耳！聂耳！
聂耳！聂耳！聂耳！

聂　耳　红男绿女奔东奔西跑，国内国外显了十几年的功夫，佩服！佩服！香艳肉感，热情流露，哎哟哟！亲爱的创办歌舞的鼻祖哟！你不要以为你有反封建的意识便以为满足！你不听见这地球上，有着无穷的一群人在你的周围呐喊，狂呼！你要向那群众深入，在这里面，你将有新鲜的材料，创造出新鲜艺术。喂！努力！那条才是时代的大路！

四方神　聂耳！聂耳！聂耳！
聂耳！聂耳！聂耳！

青　龙　黑天使引爆了“原子弹”，黑天使轰动了上海滩。大上海争说黑天使，黑天使长矛刺塌了天。

黎莉莉　明月社里掀起轩然大波，都要和黑天使较量一番。谁这么荒唐把众怒触犯，揪出那小子把他打翻。

青　龙　偏偏在这时收到春晖的函，

白　虎　信中为什么语气这样冷淡？

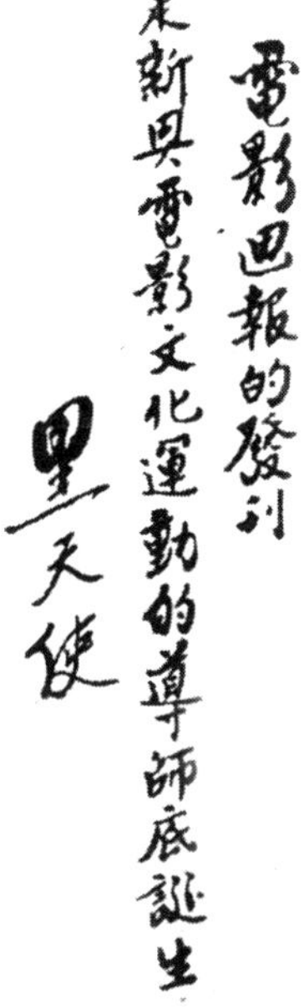

聂耳以“黑天使”为笔名

VOL. I No. 3

公開的鬥爭，理論的研究，客觀的批判，學術的介紹，國內電影刊物界唯一的理論雜誌！

本期要目

異郎　怎樣突破危機？
金饒　自己底批判
小洛　蘇聯有聲電影的技術
西苓　導演論
黑天使
湯小丹

美資本進攻中國電影界後怎樣突破目前的危機　巽郎

二十一年七月廿二日出版

1932年出版的左翼刊物《电影艺术》第3期的封面，该期发表了聂耳（笔名“黑天使”）著名的文章《中国歌舞短论》

朱　雀　难道她变了心移情别恋？

玄　武　内心很矛盾，令他很不安。

聂　耳　我皮包被人偷去，真是个倒霉蛋。

近来的生活浮荡，为何如此忧患？

黎莉莉　家丑怎可外扬，胳膊肘怎能朝外拐？老板怎可背叛，哪个东西吃里扒外？平日里你好我好大家好，谁晓得你背后藏什么刀？保不准冷不防捅上一下——

四方神　什么？

黎莉莉　刀刀刀！

聂　耳　君子坦荡荡坦然一笑，真金不怕火炼上一遭。

黎莉莉　（拿一篇文章在聂耳面前晃动）

我写了一篇反驳黑天使，你说这文章会不会刊登见报？

聂　耳　我想人家肯定会让见报，有批驳有辩论文坛才热闹。一家之言太平淡，拨开迷雾见分晓。

黎莉莉　听口气你就像报社编辑，那文章还真像你的腔调。可我想你不会这么下流，竟躲在黑暗角落朝先生放炮？

青　龙　没想到平日里温柔的姑娘，现在如此尖刻泼皮胡乱叫！

白　虎　聂耳他克制自己不生气，男不跟女斗避免冲突乱阵脚。

［金焰、孙瑜、卜万苍上。

黎莉莉　我定要维护干爹声誉好，他养着四十个团员把心操。

纵然有错也不该被攻击，他奏响全民抗战动员主调。

金　焰　抗战到来同仇敌忾冲击波，是全民族全社会的需要。

黎莉莉　干爹最早写出《义勇军进行曲》，“九一八”后3周在《申报》就发表。

孙　瑜　文艺界当发出时代最强音，这翘楚这大腕很遗憾没达到。

黎莉莉　他写出爱国救亡歌曲数十首，我反对你嬉笑怒骂发牢骚。

卜万苍　有识之士发出警示很重要，警醒社会大敌当前莫逍遥。

黎莉莉　你压根儿没把干爹放在眼里，哎哟哟！

聂　耳　对对对！说得好！我没把黎恩师放在眼……

黎莉莉　看看看！暴露了！你的良心让狗吃了？

聂　耳　愤怒出诗人，反抗用文刀。恩师放在我心窝，滴水之恩涌泉报。翘楚当给力，掀起抗敌救国的怒涛。大腕非浮云，吹响高昂奋进的号角。你不用哭，你不要闹……

黎莉莉　（哭诉地说唱）你这个坏男孩，真坏真坏真真坏！／个子不高也不矮，叛逆偏执很奇怪。／大事聪明小事蠢，叫人恨很无奈。／总把家丑向外扬，亲者痛仇者快。／存心捣乱恶作剧，不欺朋友不出卖。／性情冲动好批人，不给面子不疑猜。／哎呀呀，坏男孩叫人恨很无奈。／天上下雨地下流，别让姐记你仇把你怪！

你这个帅男孩，真帅真帅真真帅！／不胖不瘦也不乖，冷漠倔强惹人爱。／大事小事牛脾气，太认真太直率。／心地阳光好人缘，乐助人太慷慨。／真诚正直常上当，单纯善良能忍耐。／不拘小节不谨慎，天真烂漫乐天派。／哎呀呀，帅男孩太认真太直率。／东边日出西边雨，别让姐记你坏把你爱。

［聂耳安抚黎莉莉。

聂　耳　男子汉当光明当磊落，大丈夫不怕事不胆小。

[聂耳主动到黎锦晖处，叩门。

[黎锦晖开门。

聂　耳　恩师哟请别为我生气，黑天使的文章是我写的。稿子里有些讽刺的口气，这对老师是不应该的。

黎锦晖　黑天使？你写这稿我可没想到。我管你吃管你住，还发给你报酬，教你艺术技巧，你为什么要骂我？

聂　耳　我并不是在骂老师，而是指出歌舞团的出路，指出长此以往明月社没有出路，是为明月社着想。我保证，以后再没有更多对恩师大不敬之词。

黎锦晖　敌强我弱，我主张“与敌人周旋于沙场”。

聂　耳　敌进我退，我主张“拼死拼活在沙场”。

黎锦光　明明是猪肝猪心街前卖，眼下却人肝人心世上无。

黎锦晖　不要这样说聂耳。

黎锦光　小人难防人心难测海水难量，你泄私愤竟然泄到我哥头上。我否认明月社香艳肉感有毒！我坚持明月社平民艺术之路。

聂　耳　人们啊我是爱你们的，但是要警惕啊！吾爱吾师但更爱真理。敌寇入侵别再麻木，你们何时才能觉悟？现代艺术要完成反帝反封建的大任务。明月歌舞应唤起平民救国抗敌的愤怒。

黎锦光　人的灵魂中自由是很规矩的，一旦自由冲破规矩爆发出来，神灵对他也毫无办法了。因为这是人间的事情，应该由其他的人——也只能由大家来决定，是让他到处走呢，还是将他扼杀！嗨！干脆！让大家说吧！

黎莉莉　恩将仇报！离开！离开！离开！

众团员　落井下石！离开！离开！离开！

黎锦光　瞧，你可不是明月社的救世主！大家要求你离开会场离开——

聂　耳　看来我下决心离开明月社，到哪里到北平开辟新路。想到离开恩师和那众多朋友，仍感到一阵阵失落酸酸楚楚……哎，谁说过，生于忧患时，死于安乐处？

哎，谁说过，此处不留爷，自有留爷处？

黎锦晖　舍不得你是个难得的人才，明月社绝不赶你让你离开。我不是小肚鸡肠容不得人，你去北平去寻找人生舞台。北平街宽啊上海路窄。如果不好，欢迎你再回来。这里的大门永远为你敞开。

聂　耳　我着实不该和这般没有希望的人再去混，我要做的事多着呢！我是一个革命者，在这样的生活中，已经足该打屁股。聂子，你忘记在20岁时，回答母亲提出的婚姻问题时说的话吗？“我是为社会而生的，我不愿有任何的障碍物阻止或妨害我对社会的改造，我要在这人类的社会里做出伟大的事实。”

［大幕毕。幕前跳出四方神——

四方神　爱情已没有，职业刚没有。

青　龙　没有了，苍茫大地何处游？

白　虎　没有了，非此即彼欲何求？

朱　雀　自古华山一条路，神马神马神神马，

玄　武　硬着头皮向前走，谁能给力走走走？

青　龙　屈原真给力，明月真给力，

白　虎　使他不得不上路，前进前进前进进。

朱　雀　路漫漫其修远兮，吾将上下而求索。

玄　武　莫愁前路无知己，天下谁人不识君。

四方神　除了爱国者，什么都是浮云。

除了爱国者，什么都是浮云。

明月歌劇社啓事

前本社社員聶紫藝君・茲因故退出本社・以後所有聶紫藝君對外一切言語行動・與本社無關・特此聲明

1932年，原载上海某报的明月社辞退聂耳的声明

第三幕

京

序诗

漂泊时光，人生旅途，坎坷动荡。
被排挤、被磨难、被打击、被落榜。
漂泊时光，扼我咽喉，毁我希望，
主励志、主自由、主责任、主天降。

上路吧，你若不去实现理想，
就应该在去追寻信仰的路上。
上路吧，你若不去追寻信仰，
就应该在去实现理想的路上。

你要是有一个伟大的理想（虚无的空想），
全世界都会跑来为你帮忙（为你帮倒忙）。
青春并非任人宰割的羔羊，
是让黑夜燃烧光明的太阳！

| 1 |

[四方神上，唱《道歌》。

青　龙　道生一，一生二，二生三，三生万物。

四方神　你可知云中生青龙，风里生白虎？
你可知火里生朱雀，水中生玄武？

朱　雀　聂耳不知道，聂耳很知道。

白　虎　天下谁人不识君？只缘知己在前路。

玄　武　玄武在召唤，玄武在召唤。

青　龙　聂耳不知道，聂耳很知道。

朱　雀　南方之神我知道，北方之神很玄妙。
龟蛇同体黑天使，象征重生永不老？

玄　武　一切和合事物都无常。唯有水深火热风起云涌造榜样。

[四方神下，大幕开。

[水天一色，沧海茫茫,天上风起云涌，海上波涛汹涌。一只只海燕像闪电一般，在低空飞翔。

[孤独的聂耳胸中同样波涛汹涌，心情半是解脱半是忧郁。他外罩一件黑色的风衣，身穿灰衬衣灰裤，手持小提琴，站在甲板上，远望天尽头。心潮澎湃，激情逐浪。大船乘风破浪，激起一簇簇雪白浪花。

[忽然，他转身看看甲板上的男女旅客，一时兴起，甩一甩黑色的长发，操起琴弦，熟练潇洒地拉起了一支根据肖邦钢琴曲改编的壮怀激烈的曲子：第四十四号玛祖卡舞曲C小调练习曲《革命》。

[顿时琴声悠扬，向着甲板上和海空飞去。

[音乐中，四方神跳上甲板，用奇怪的声音唱诵高尔基的《海燕》。

四方神　苍茫大海上，狂风卷集着乌云，阴霾压抑海浪。
乌云大海间，海燕像黑色闪电，在高傲地飞翔。

青　龙　一会儿翅膀碰着波浪，一会儿箭一般地直冲向乌云，

白　虎　它叫喊着，勇敢地叫喊，充满着对暴风雨的渴望！

朱　雀　乌云听出了热情的火焰，胜利的信心和愤怒的力量。

玄　武　海鸥在呻吟着在飞窜，想把恐惧掩藏到大海深处。

［以下四方神交替吟诵。

海鸭享受不了战斗的欢乐：轰隆隆的雷声把它们吓坏了。

蠢笨的企鹅很胆怯，把肥胖的身体躲藏在悬崖底下……

只有那高傲的海燕，勇敢自由地在大海上飞翔！

乌云越来越暗，越来越低，向海面直压下来，

波浪一边唱歌，一边冲向高空，去迎接那雷声。

看吧，海燕飞舞着，像个精灵，高傲的、黑色的暴风雨的精灵，

它在大笑，它又在号叫……它笑那些乌云，它因为欢乐而号叫！

这个敏感的精灵从雷声的震怒里听出了困乏，

它深信乌云遮不住太阳，是的，乌云遮不住太阳！

狂风吼叫……雷声轰响……

一堆堆乌云，像青色的火焰，在无底的大海上燃烧。

大海抓住闪电的箭光，把它们熄灭在自己的深渊里。

这些闪电的影子，活像一条条火蛇，在大海里蜿蜒游动，一晃就消失了。

——暴风雨！暴风雨就要来啦！

这是勇敢的海燕，在怒吼的大海上，在闪电中间，高傲地飞翔；

四方神　这是胜利的预言家在叫喊：——让暴风雨来得更猛烈些吧！

［船头上，聂耳潇洒拉琴的剪影突然停住。这一瞬间定格，便凝成了永恒。

［甲板上的乘客和水手仿佛形成一座众志成城的人山。

［突然，人群中走出一对神秘的金发红衣裙的姐妹，其中一个夺过聂耳手中的小提琴，往左肩上一架，操起琴弓，开始激情演奏。另一个则甩开架势，摆起舞姿，随着音乐的节拍，大幅度地跳起了犹太之舞。确切说，是边奏边舞，边舞边奏。那潇洒的琴姿，激情的乐声，飘逸的金发，婀娜的舞步，不断激起乘客们的叫好声。

［聂耳好久没听这曲《漂泊的荷兰人》，眼前似乎浮现一幅波澜壮阔的画面——一位荷兰航行者，冒着狂暴的风浪想要绕过好望角，并发誓说即使作

一世的航行也必须完成这个壮举。魔鬼听了他的誓言，就罚他终身在海上漂流直至世界末日；并将永远不得解脱，除非他能找到一个女子衷心爱他，直至其死日。魔鬼每七年许他登陆一次，让他去寻觅那愿以忠贞的爱为他赎身的女子。

[《漂泊的荷兰人》序曲虽然只用小提琴演奏，但仍让人感觉充满排山倒海般的力量。其中含蕴着阴郁迷幻的色彩，只偶尔夹杂着一些轻松悠闲的情调。让人感到卓尔不群，真爱的情趣始终不懈。“在黑暗贫困之中，通过荆棘的道路，走向光明的世界。神啊！请您保佑吧！”

[玛蕊娅姐妹是犹太人，很喜欢跳舞。《圣经》记载，当犹太人从埃及渡过红海，女先知米利暗“手里拿着鼓，众妇女也跟她出去拿鼓跳舞”。

[甲板上，玛蕊娅姐妹从原来定居的华沙带来了自己的文化传统：波兰的波尔卡舞。她们进行着简单的，但有活力的舞蹈动作：跺脚、跳跃和踢腿等；舞跳得如何并不重要，关键的是不停地跳啊，跳啊……人们仿佛围成一个紧凑的魔圈。表演者则“昂首挺胸，骄傲地平视前方”。

[大船由上海到达烟台，客船的人们上上下下。汽笛长鸣，大船驶向大海，继续向天津方向驶去。

[有一位新上船的年轻人曹先生走到船头看风景，他大约二十四岁，身穿白布制服，布鞋，光头。

[聂耳换成了短袖白衬衫、黄短裤、短袜、带孔皮鞋，留着不长的背头。继续不停地拉琴，拉琴。一曲《翠湖春晓》完毕，又是一曲《金蛇狂舞》。

水手甲　（天津口音）太美啦！你拉的曲子太好听了。

水手乙　（天津口音）就是不知道什么曲名。

曹先生　我知道啊。这第一首嘛，是肖邦的，第二、三首，是《翠湖春晓》、《金蛇狂舞》。

聂　耳　（吃惊地）哇，你太有才啦。

水手丙　什么肖邦萧何？！不过瘾，你要有本事，拉一段京戏吧？

水手甲　对对对！拉不了就算你没本事！

聂　耳　你们说，拉一曲什么京戏呢？

水手乙　那就拉一曲西皮二黄吧？

聂　耳　好呀！

［紧接着，他拉了一曲京戏中的西皮二黄。

［有几个水手跟着唱起来。

［甲板上掌声骤起。

曹先生　你有才，太有才啦。这位先生你贵姓大名？

聂　耳　聂耳。

曹先生　啊？你就是明月社的耳朵先生？不会吧？

聂　耳　哇噻，你怎么知道我是明月社的？

曹先生　（故作神秘地）我会看相呗！

聂　耳　真的吗？

曹先生　如假包换。

聂　耳　你测测，这次我到北平，去找专家学琴，还有别的事要办。会不会成功啊？

曹先生　我想想啊，一半波折，一半成功。

聂　耳　借你吉言啊。我原来还一直忐忑不安呢。

曹先生　说实话，我和金焰是同学，你的事都是他写信告诉我的。哎，你认识田汉吗？

聂　耳　原来如此呀。当然认识田汉啦。他和我是忘年交了。

曹先生　金焰很有表演才能，会有大出息的。我喜欢读田汉的剧本，比如四幕话剧《梵峨磷与蔷薇》和《咖啡店之一夜》。

［二人路逢知己，边走边谈，径直向船舱走去。然后坐在船舱床位上，面对面交谈。

聂　耳　（突然小声问）听说北平各大学的共产党闹得很厉害？

曹先生　（不置可否）我只是在天津秘密加入"左联"，在"左联"领导下的公开文艺团体"文艺社"搞搞活动而已。

［曹先生对聂耳耳语。他比聂耳大四岁，也老成。他把"九一八"以后这一年多来北平各大学的情况，包括他问得"很厉害"的程度，有些泛泛，另一些有所保留地作了介绍。

聂　耳　这次我之所以去北平，是通过王人艺的关系想拜俄罗斯小提琴家托诺夫为师。

［客船上汽笛鸣响，喇叭里传来：各位旅客，大沽口码头就要到了。请各位准

备下船。

[海轮停靠在大沽口，聂耳和曹先生一起下船乘车到了天津。

聂　耳　到天津啦！呵呵，今晚住一宿，明天就能到北平了。人在旅途，新生活就要开始了！今晚我要写上28封信，把我的心境告诉朋友们。

[幕毕。四方神上，唱《柳暗花明》。

四方神　山重水复疑无路，柳暗花明又一村。

青　龙　法不孤生自古同，痴人乃欲镂虚空。

白　虎　君诗妙处吾能识，尽在山程水驿中。

朱　雀　暮鼓晨钟惊醒世间名利客，名利客，

玄　武　经声佛号唤回苦海梦迷人，梦迷人。

| 2 |

[换场。四方神上，唱京韵《老会馆》。

青　龙　树上的花喜鹊呀，天上的小扎燕（风筝），

白　虎　你可知北京还存有多少老会馆?

朱　雀　老会馆是什么？什么是老会馆?

玄　武　老会馆就是全国各地的驻京办。

四方神　城南有什么会馆？云南会馆四川会馆，

朱　雀　广东会馆福建会馆陕西会馆山西会馆，

玄　武　山东会馆湖广会馆徽州会馆梨园会馆……

四方神　吉祥喜鹊年年说哟，风筝扎燕代代传，

朱　雀　有多少名人故事世世代代讲不完，

玄　武　老会馆都是几百年前的“北漂据点”。

[四方神下。大幕开。

[1932年8月11日中午十二时半，聂耳着深色西服，戴领带，走出老北平的正阳门火车站，正阳门广场上人来人往。

[一群身穿黑衣的老妇女正怀抱着景泰蓝瓶子，在散乱地走过。一大群苍蝇在她们头顶聚集，飞来飞去。

[一个白痴就坐在广场上。

聂　耳　喂！好心的大姑大妈们！

[她们闻声转身，尖声惊叫。

聂　耳　你们可否告诉我……

[妇女们一边倒退，一边往地上大声吐唾沫。

聂　耳　你们听着，我只是刚下车的旅客。向你们打听……

[老妇女们惊慌地扔掉景泰蓝瓶子，踉跄着逃跑。

[随后来了一个青年——那是天津来的。

玄　武　你瞧这些臭老婆子！总不见得说你见了美色而打她们的主意吧？啊，亲爱的

北平正阳门火车站

朋友，这是一次多么了不起的旅游啊。尽管昆明和上海都是都市，尽管这些都市里有的是美酒、美食、美女、美景，但你却异想天开大逃亡，偏偏要上北平来不可。北平有啥好？别说北平欢迎你，你问路不下一百次了。为什么到处都是这尖声惊叫？为什么这些黑衣人愚笨地四处乱跑？还有这些，呸！空无人迹的胡同，令人胆寒的气氛，还有这太阳……还有什么比这火辣的太阳更不吉祥的呢？

聂　耳　我是来此求学的。

玄　武　你指望什么呢？

聂　耳　看看这些老房子吧？这些所谓的四合院。它们的窗户在哪儿？午后的阳光为什么驱散不了阴霾？这些房子的窗户是朝那些与外面隔绝、阴森森的庭院开的。而房屋的背面，却朝向胡同。

玄　武　（做一个命令式的手势）

聂　耳　好吧，敲门。我来敲门。看看我的运气。

［笃、笃、笃……静场。再敲，门微开。

老　者　您找谁？

聂　耳　打听一下，您晓得校场……

［门突然“砰”的一声关上。

玄　武　该死的北平。这下您满意了吧？闭门羹好吃吧？假如您需要，我可以挨家挨户地为你敲门。

聂　耳　哦，算了吧。就这样走吧。

玄　武　您瞧呀，这里有一个人哪。（走近白痴）阁下！

残缺的宣武门（图）

聂耳在北京南横街附近的住处

聂耳在北平的住处“云南会馆”（北京宣武门外校场头条3号）

白　痴　哦。

聂　耳　（在打招呼）阁下您好。

白　痴　哦。

聂　耳　请问校场胡同在哪儿？

白　痴　哦。

聂　耳　校场胡同的云南会馆在哪儿？

白　痴　哦，哦。

［一个身穿黑色长袍马褂的人，在舞台深处走过。

聂　耳　真不走运。好不容易碰到一个不躲避我的人，谁知他竟是个白痴。

［“长袍马褂”又走过隐蔽起来。

玄　武　注意哟，这家伙一直在跟踪我们到这儿。

聂　耳　谁？

玄　武　那个戴鸭舌帽的家伙。

［胡同里传出了可怕的吼叫声。

聂　耳　（回头看，心头掠过一丝阴影）谁在吓唬我吧？

玄　武　鬼节快要到了，这是那些黑衣臭老婆子在彩排预演吧。刚看见他悄悄走过。

聂　耳　见鬼！你恐怕看错人了吧？

玄　武　我是四方神之一，不可能看错人。你说见鬼？倒是有可能。你看，那鬼他又走过去了。他干吗老跟踪你呀？

聂　耳　他和我一样在旅行吧？！

玄　武　哎哟！瞧你说的。你莫大意呀。

聂　耳　且让我到云南会馆住下再和他较量。

玄　武　提防着点啊！这个人知道你的身份。

［拿着地图，边走边看，天已大亮，终于走到云南会馆。云南会馆一片肃穆。进门，登记，住下。

［玄武退。静场。“长袍马褂”依然跟踪而来。

聂　耳　（变被动为主动走向“长袍马褂”）喂！你是鬼吗？

马匡国　鬼？去你的！

聂　耳　不是鬼干吗老……哎哟，是你呀！马三哥，怎么在北平碰到云南老乡啦？

马匡国　是聂子呀！哈哈，山不转水转。两座山碰不到一起，两个人却邂逅相遇呀。

聂　耳　哎哟，马三哥，你不是在昆明混得好好的吗？怎么……

马匡国　哈哈，两年不见了。你从昆明到上海，跑得像兔子一样快，我逮都逮不着你呀！

聂　耳　马三哥，你放着昆明好端端的工作不干，跑到北平来干什么？

马匡国　嗨！什么都是浮云。在昆明还不是听听差、跑跑腿而已。干起来很逼仄！很没劲！来北平多轻松呀。我准备复习一下，考一所好大学，弄个文凭，将来混个好差事。

［他满脸堆笑，自以为聂耳不晓得他在昆明的特务身份，装出一副他乡遇知己的样子。

聂　耳　好一个马三哥，你这吃皇粮的也为衣食发愁？（自言自语：宁愿相信世上有鬼，也不能相信他那张嘴）不过北平这地方，皇城根儿脚下，几朝古都，人文积淀深厚，能多见识、多学习也好。

马匡国　哎，老弟，上海不是冒险家的乐园吗？我听说你在上海好风光呀。又是拉琴，又是演戏，身边美女如云，风流倜傥，干吗到北平这鬼地方来？

聂　耳　（内心一惊）嗨呀，上海是不错。只是老在一个地方待久了没劲儿。换换地方。你不知道北平这地方云南人很多嘛！我也没来过，所以就来见识见识啊！

马匡国　上海是什么？上海整个城市就像一个色令智昏的发情女人，眯着纵欲的双眼颠倒自我与他人的神魂。北平这地方虽然四处灰蒙蒙的，倒是男人该来闯天下的舞台。好吃好玩的地方真不少，过几天我带你四处转转。哎，我记得你是水瓶座的吧？

聂　耳　马三哥好记性呀。我的星座你还记得？佩服佩服呀！

马匡国　干我们这行，记人记得特准。我还真对星座呀、属相呀有所研究呢。你知道吗？水瓶座是十二星座中最理性、最有独创思想、最客观、最难以预测的男人。一句话，非主流！

聂　耳　是呀，我非主流！你主流！我北漂！你吃皇粮！你毕业于南京中央政治学校一期，这么年轻就当上侦缉队长，为党国效劳。你是饱汉子不知饿汉子饥呀！

马匡国　别嫉妒我。你这水瓶座看起来超然，聪明绝顶，有独特的思维，大脑里充满了稀奇古怪、让人震惊的思想和主意，无论什么问题，你都能够发表让人刮目相看的独到见解，好像你已经站在这个领域的高端。

聂　耳　（故意吹捧）是呀，马三哥，咱俩有缘。在这里碰上你，以后的日子就好啦。跟着三哥走，吃喝不用愁。

马匡国　别吹捧我。不是我教训你！你是一个萤火虫，理想主义的萤火虫，很自不量力呀，你的光芒还没有米粒大，竟然想照亮我们这个时代。告诉你，我过的桥比你走的路多，我吃的盐比你吃的米多。你知道吧？

聂　耳　星星之火可以燎原嘛！请多指教。

马匡国　当水瓶座男孩走上顽固的道路，人就会发现自己在同一个宇宙的星外来客打交道，他能够是世界上最古怪、最难以理解的人物。他的功利思想淡泊，追求独立自由，他带着严重的反叛当局、反叛传统权威的思想。不但难以被束缚，还常常过于忽视上司，以至于他出众的才华不能够被利用。他特立独行，但是他过于脱俗，让人为他的才华惋惜。你的智商超常，可惜不跟我们合作。总而言之，真不知道你为什么总是对于那些不占世俗主流的人和事那么热衷？

聂　耳　换个话题吧？你测测我的桃花运吧？

马匡国　你这水瓶座男人对婚姻实在没什么兴趣，柴米油盐的世界对你来说似乎太小了，你情愿把时间花在一些你认为更有意义的事情上，水瓶座男人内心总渴望能做一些对社会人类有贡献的事。可惜呀，你不跟我走正道呀！

聂　耳　（再次吹捧）刚才不是说了吗？跟着三哥走，吃喝不用愁。

马匡国　这就对了。你三哥虽不是腰缠万贯，可管你饭是没问题的。

聂　耳　这就好了。就算我聂某有福呀。

马匡国　你收拾房间吧，先歇着。我去去厕所。（下）

聂　耳　（四下张望，进房间，自言自语）呵呵，这间房门后还贴着非主流的经典语录呀？！（一字一句地念道）学会比以前快乐，即使难过，也要微笑着面对。学会冷血，只对对我好的人好。学会孤独，没有谁会把你当宝护着。学会残忍，该杀的就杀，该放手就放手。学会绝情，该滚的就滚，该留的就留。学会视而不见，恶心的东西选择忽视。学会长大，不能再那么任性。学会忍耐，该闭嘴就闭嘴 。

［二女一男上。

李纯一　聂子！聂子！

陈钟沪　聂紫艺呀！

聂　耳　我在！谁喊我呀！嗨呀，是你们呀！天下真小！

陈钟沪　在北平这里遇到昆明好友真是高兴。

许　强　喂！你还记得“少年心事当拿云”吗？

聂　耳　当然记得哟。

陈钟沪　走啊聂子。我请你去吃晚饭。还给你准备了宣威火腿呢。

聂　耳　太好了，我已经两年没吃到你们家的好东西了！哎，你们来北平干吗呢？

陈钟沪　还能干什么？报考中国大学呀。目前在会馆复习哪。

聂　耳　好啊，我也想上大学。我记得哪所大学有条校训，叫做：气有浩然，学无止境！

陈钟沪　哎，聂子，听说你在上海成了大明星了！

聂　耳　哪里哪里！和老板意见不同嘛，我自己最终被迫选择离开。我什么都没有，

聂耳与好友李纯一、陈钟沪在北平天桥贫民区观察体验生活后合影

聂耳在演唱玉溪花灯

只有自由。自由属于我一个人，孤独的一个人。

陈钟沪　自由是个好东西！我们这些年轻人，不就是要自由吗！

许　强　喂，老婆，你打算请聂子吃什么呢？

聂　耳　随便一点吧。

陈钟沪　吃炒饭吧。走吧。

［众人下。马匡国上。

马匡国　哈哈，今天是个好日子。我马某真是大喜过望。想当初，这聂子吃饱了撑的过问政治，在昆明与政府对抗，刚要抓他却走漏风声。这小子逃到上海，摆脱了我。我晓得，他绝不会洗手不干。可我鞭长莫及。没想到在北平，这小子撞到我枪口上。嘿嘿，待我好好侦查一番，把他的同伙搞清楚，来个一网打尽。到时候，我就挺起腰杆儿，将来弄个师长旅长当当！让那些瞧不起我的人刮目相看。呵呵呵呵——

［悄悄偷窥1号房。

马匡国　嘿嘿，有行李，没人。大概去吃饭了。我可要把自己伪装起来。尽量贴近他，让他毫无防备。万万不可打草惊蛇。可不是吗？一来时机未到；二来会馆里还有值得注意的危险人物。我出门瞧瞧。看看这个穷困潦倒的卖艺人。

[马匡国下。

[云南会馆2号房间内，张天虚、陆万美正在密谈。

陆万美　听说1号房间来了一个人。上海方面给我介绍了，说他叫聂耳。是个进步青年。

张天虚　嗨呀，就是聂紫艺嘛！在昆明你也认识的。相当好的一个小伙子。

陆万美　我知道了。可交往不深。只晓得他要求进步，还有很高的音乐天赋。

张天虚　这回我们可要好好培养他。上海“左联”已经专门叮嘱过此事。

陆万美　上海方面一个劲地夸他，说他小提琴呀、吉他呀等多种乐器演奏得好，多才多艺，会演戏，还写得一手好文章，性格活泼幽默，很讨人喜欢。

张天虚　我太了解他了。他年轻、善良，对一切抱有希望；同时他没有任何牵挂；他四处游走，可以自由采取一切介入行动。但是他尽管可以像空气一样自由自在不受羁绊，可他却时时因为没有归属感而烦恼、失落并怀疑整个世界。于是他辗转他乡，希望在那里得到一种归属，可以像正常人一样过着平凡的生活。

陆万美　这正是我们需要的人。

张天虚　我们应该尽早吸收他进来。

[傍晚，聂耳上，在会馆院内，大槐树下，支起乐谱架子，拿出小提琴，开始练习。

聂　耳　（自言自语）马匡国，1930年7月，在昆明曾参加制定了逮捕我的“黑名单”。因此，我不得不警惕地应付他的交游。难道我自己会想到吗？我拉出的音符对我的肩膀来说还不算太大，宁愿把我的肩膀都压破。我肩负的命运对于青少年的我过于轻松，宁愿命运重些、再重些！把我的青春都压毁了也在所不辞。

[陆万美搬出一条凳子，手摇蒲扇，装出一边纳凉，一边欣赏的样子。

[聂耳很快拉完了一首外国曲子，就朝陆万美把琴递来。

聂　耳　你好呀，老朋友！来，请万美兄也拉一首吧？

陆万美　（摆摆手）不会不会，班门弄斧，岂敢岂敢。

聂　耳　谦虚了？我还记得在昆明你拉二胡、弹三弦呢！还有你弹的滇戏花灯调！

陆万美　琴不离手，曲不离口。几年不练，生疏已久。

聂　耳　我记得你这位作家诗人还喜欢西洋音乐，我给你拉几首听听。

陆万美　（自言自语）这小子还蛮聪明，要考考我？

[聂耳进入角色，十分投入地拉出一首舒伯特的《河流》。

[耳边飞过宛如波涛翻卷的乐曲，从聂耳的面部表情上，陆万美仿佛看到了如下画面——（画外音）我的生命在痛苦中向前滚动，随着翻卷的波涛起伏跌宕。在这里登上高峰，在那里陷入低谷，粗犷地迸发着，形成飞驰的弧线。现在它经过了寂静的山谷和绿地，温柔地战栗着，荡起涟漪，渴望安详宁静的世界，在平和的生命中欢愉。总是找不到要寻求的东西，永远向往着，它奔腾向前，不满足就要不停息地奋斗，没有快乐，也从不安定。

聂　耳　（一曲完毕，拿毛巾擦了一把汗水，平静了一会儿）你能听出这是谁的作品吗？

陆万美　我哪晓得是谁的？可我知道，这是冷漠的 d 小调的地狱之旅，只是生命之河比厚重的冥河更加喧嚣。表现出奔腾、飞旋跳跃的水的力量。奔腾的波浪无情地冲击着跌宕起伏的声乐旋律。你拉得太好了！你再拉一曲吧？

聂　耳　好！再拉一曲。（他轻轻一甩黑头发，架起小提琴，一个潇洒帅气的镜头便定格在观众和陆万美的视界里）

[第二支曲子《极乐世界》奏响的时候，陆万美眼前似乎出现了一片大海——（画外音）我在生活的海洋中漂荡，我惬意地坐在小船中，没有船桨和目标，只是漂浮着，随风而动，随波逐流。愚笨地寻找一个幸福的小岛，但那个岛屿根本找不到。我坚信它一定存在，就在远海拍打着的岸边。

陆万美　呵呵，我觉得这首曲令人想起《冬之旅》中的“勇气”，这个精力旺盛的形象似乎就是被视为英雄的音乐肖像。小提琴的旋律表现出上下求索的坚定信念。不知道是不是这个主题呀？

聂　耳　高山流水，你是知音哪！你等等，我回房搬个凳子来。（说着，进屋搬一个小凳）我最欣赏舒伯特说的：我的音乐是我的才能和悲惨境地的产物，世人最喜爱的，正是我以最大的痛苦写成的音乐。我一个人离开上海明月社，是因为我渴望自由，渴望承担责任。

陆万美　你可不是一个人。在昆明时，我看过你演出的爱尔兰女戏剧家格雷戈垒的

聂耳（最前排右二）与云南同乡在会馆内合影

《女店主》，你男扮女装把女店主给演活了。随后我在《民众日报》副刊还撰写了一篇评论呢。

聂　耳　哦，记起来了。谢谢你的好评呀！离开上海时，生萱老兄还对我说起此事呢。

陆万美　耶？你和李生萱，哦，就是艾思奇也熟悉？

聂　耳　岂止是熟悉，还是老朋友呢！其实，他的艺术天分是很高的。可惜热衷于哲学。

陆万美　什么叫可惜？人往高处走嘛！他写的《哲学讲话》就充满了马克思主义哲学味道。

聂　耳　我也读过不少马克思的书。有好多都是艾思奇给我的呢！

陆万美　怎么？你也读了马克思？真是个进步青年，好样的！

聂　耳　我只是朦胧中觉得这个社会太不公平了！需要一种革命理论来鼓舞青年拿起武器，联合普罗大众，跟反动政府斗争！赶走日寇！

陆万美　你说得对！综观马克思一生的思想，无不贯穿这样一个主题：造反有理！要实现每个人的解放和自由而全面地发展。

聂　耳　太好了！首先要动员大家起来，投入真正的战斗，然后再见分晓。

陆万美　人在自由中承担自己，同时也承担着整个世界，这便是人的责任，因为你的选择也是为别人树立了榜样。人的自由与责任是不可分的，自由无限，责任也就无比沉重；自由绝对，责任就不可推卸。自由是人类生存的本质。自由决不是随心所欲。自由选择的同时，必须负有责任，这种责任内涵是一种善良行为的动态意向或道德向度。

聂　耳　你说得对呀。夜深了，你早点歇着吧。改天再向你讨教吧！

陆万美　就是。你初来乍到，有什么需要帮助的，告诉我！

［二人分别进1号房、2号房。

［忽闻几声鬼叫。又一群身穿黑衣的老妇女正怀抱着景泰蓝瓶子，在散乱地走过。

［四方神上。

玄　武　北平是俺玄武的地盘。俺的地盘俺做主。人生而自由，生存即自由。还是自由人生好呀！5天之后中元节，是灵魂出窍后的鬼节。人，是自由的；鬼，也是自由的呀！这些叫喊声表示迎接鬼的到来。

［幕毕。四方神上，唱《老会馆Ⅱ》，载歌载舞。

四方神　日听西河大鼓哟，夜看昆曲京戏，
你可知会馆有省级郡级和县级？

玄　武　扎堆在宣南城，分布在胡同里。
老会馆藏着风云人物的多少故事？

青　龙　会馆的作用是什么？科举备考学优则仕，
近悦远来帮困救急，宴请做寿团拜乡礼。

白　虎　婚丧嫁娶，节省食宿费，读书交流通信息。
大栅栏商铺林立哟，琉璃厂文人雅士，

朱　雀　各地学子官商把不同的文化带进来，
又将京师文化带出去，传播到各地。

玄　武　老会馆看似破旧不堪看似毫无意义，
外表的破落难道就等于它没有价值？

四方神　老会馆，一本记载外地助京发展的历史教科书，
只可惜，却成了无人喝彩无人抢救的破旧民居……

| 3 |

[换场。四方神上，唱《中元节》，载歌载舞。

四方神　今天是百姓的中元节，今天是俺们的中元节，

祈祷先天下之忧而忧，祝福后天下之乐而乐。

玄　武　俺的地盘俺做主，托生中元节普度。

青龙白虎朱雀一起来，陪聂耳游公园中南海。

水神瑞兽被道士升级，俺做了北方真武大帝。

青龙白虎做山庙门神，朱雀就成了九天玄女。

[北平的中南海公园，下午至傍晚。碧波荡漾，轻舟欸乃，柳丝袅袅，绿树红墙。聂耳与张天虚上。

[1932年8月16日，农历七月十五日中元节。在20世纪20—40年代，神州大地中元节远比“七夕”、“清明”热闹。人们传承着以家为单位的祭祖习俗，祭祖先、荐时食的古老习俗直至民国时期仍然是乡村中元节俗的首要内容。（抗战胜利后，各寺庙还增加祈请佛力普度“抗战阵亡将士”英灵。20世纪50年代，中元节依然热闹。但后被认为是宣扬封建迷信，逐渐边缘化。传统中元节都是商办官助，可到20世纪50年代末，大部分的商家已被改造，无力承办，又无官助，自然销声匿迹。60年代中期，北海公园还办了最后一次中元节，琼海中到处都是用京郊产的大紫皮茄子做成的河灯，非常壮观）

[华灯初上，月到中天。聂耳与张天虚随四方神边走边看，好是新鲜。

四方神　（唱《中元节》）

七月十五放河灯，一家一户祭亡灵。

人间放忧且放乐，彼岸托盏亦托生。

[放河灯，尤数北海公园里最为壮观。湖面开阔，水流平缓。每到七月十五夜晚，北平城许多男女老少一家一户齐集北海岸边的戏台前广场，竞观河灯。各色彩

北海公园中元节荷叶灯

灯顺水漂移，小孩子紧盯着自家的灯能漂多远。老太婆嘴里念念叨叨，不断为先人祈祷。北海放河灯，已成为当年的欢乐活动项目。不知不觉，身后一个身穿洋素装的犹太小姐玛蕊娅和她的姐妹也加入游玩的队伍。

[聂耳与张天虚跪拜，随着几个道士在做法事。他们不但超度亡魂，更为那些为国捐躯，战死沙场的死难者施予祈祷。

聂　耳　（默默念诵）父亲悬壶济世灵，将士抗战秋点兵。中元普度忧后乐，天上人间托盏生。

玛蕊娅　（姐妹俩悄悄加入做法事的人群，双双跪拜）回忆为什么是残酷的？因为它会重新唤醒被遗忘的记忆。祈祷耶和华，创天造地唯一的真神，愿在天的父母双亲得到安息。愿活着的犹太人不再遭受法西斯的蹂躏，愿伟大的中国人民保护拯救落难的犹太人。期待一个身兼先知、祭司、君王角色的弥赛亚降临，以解放来救赎我们。

聂　耳　（法事似乎触动了自己最隐秘的心弦，突然悲观地）天虚兄呀，以后要是我死了，能有人在中元节为我做法事，我就满足了。

张天虚　（拉聂耳站起身）聂子，别胡说！你是南方的朱雀，是不死鸟凤凰！你不会死的！你瞧，人家这位洋妞，都那么乐观。

玛蕊娅　（姐妹俩起身，对聂耳张天虚嫣然一笑）呵呵，你就是那个在海轮上拉琴的帅哥吧？

聂　耳　哦！认出来了，你还夺过我的琴，和你妹妹边奏边舞呢！

玛蕊娅　呵呵，你瞧我，作为苦难的犹太人，简直不能没有音乐！请原谅啊！听妈妈说，苦难从我们还未出生就伴随着我们。你们有一个很大、很可靠的国家，不像我们犹太人。

聂　耳　It's good to have a country to die for.（有一个为之而死的国家是美好的）

玛蕊娅　Yes. It's good to die for your country.（是啊，对于你们，为国而死是美好的）

张天虚　It's good to die for our country.（对于我们，为国而死是美好的）

聂　耳　好了，到此为止。大好青春不要再说什么 die、die、die。

张天虚　（伸腕看看手表）不早了，过了子时就算过了中元节，换一个新话题吧！

玛蕊娅　尊敬的先生们，三天后我们俩要随北平的协和国乐研究社，举办一场演奏会，请你们捧场哟！请赏光来吧！

张天虚　好啊。

聂　耳　太好了！正想一饱眼福耳福呢！（说着双手抱拳）先谢谢啦！

[背景换为——第二天下午，聂耳和几个朋友被洋车夫拉车颠簸了一个多小时，来到清华大学校园内。欧式洋派教学楼、灰墙红瓦，图书馆、大礼堂。悬挂着横幅“欢迎新同学”。 聂耳与朋友们去参观清华大学。遭遇清华游戏——凡新生入学后，老生们都要公开戏弄新生一番。

[聂耳好奇，就与张福华凑过去看。新生们先到医院查体，再进入体育馆人人过关。

[只见体育馆内满是一片像是看马戏的老生，有些胸前戴有写着指导员、招待员的红布条，一个个板着脸，像刽子手。而聂耳被当做新生，不由分说被老生拖进新生群中。聂耳的西装被更换了，和新生他们一样每人只穿内衣背心和短裤，也板着脸任凭那刽子手支配。新生们和老生们不时发出阵阵哄笑。

[聂耳和三个新生趴在地上用鼻子推皮球，推到一个相距七八尺的小圈内，看似狗演戏，又似猪觅食。

[聂耳又和四个新生分别在四个水桶里用嘴去咬水果，等新生刚把头低下，一群老生就拥上去把新生们的头往水里猛按。呛得新生们大吐大咳嗽。老生们则大慈大悲似的递上毛巾。

[接着又有老生在地上写好东西南北，要聂耳和新生站立中间，看清后便被蒙上眼睛，四五个老生围着他像推磨一般旋转。突然停下让他说出方向。有新生还未回答就“扑通”一声昏倒在地。引来一片大笑。

[聂耳出局看人家。还有的让新生蹲在一根荡木上甩来甩去，令他去拿立在远处的一根木棒，可它的位置离新生的手相差五分，荡来荡去够不着。那模样像耍猴儿。

聂　耳　哎——看了半天，被折磨了半天，当新生们真可怜呀！

新生们　可怜啥呀？真好玩儿！等明年，我们会像婆婆待媳妇那样折腾新生呀！

聂　耳　清华的环境着实太好了。我玄想着要是我是清华学生，就自由地跑到大礼堂去练习音乐，到图书馆去读书，到运动场去打球……（一时思潮起伏，追忆起学校生活的乐趣）

朋友甲　喂，聂子，我给你找了一本《音乐常识》，非常有趣。你不是要考艺术学院吗？

聂　耳　是啊！太谢谢你了！我不能不做相当的准备。我想若是考进了北平大学艺术学院，重新再度学生生活，更想到以后来参加清华乐队演奏。这会让我感到何等悠闲。

聂　耳　在昏暗的夜幕里，徘徊在清华园中，我听到啾啾的金蝉在为我唱出离别之歌。回家的路上，我发现了我的思潮又潜伏在考学校的玄想中。

聂　耳　北平住定了，心事又重重。昨天我去北平大学艺术学院报了名。我头脑里有两个聂耳在打架——一个说，我渴望上大学，要成就大事业，必须深造打基础。另一个说，可是学费生活费从哪里来？从哪里去淘换这些钱？妈妈白天开药店，晚上守更熬夜纺线线。哥哥姐姐都成家，顾及自己都很难，哪有资金支持我？

[次日傍晚，协和国乐研究社演奏会上，八个身穿灰色长袍马褂的中国人组成的民乐队用笛子、三弦、笙、月琴、二胡等演奏，与其形成鲜明对照的是，一对金发碧眼的犹太小姐身穿袒胸露臂的红色衣裙，快节奏颇潇洒地拉起小提琴——首演《行街四合》快板舞曲——洋小姐换了一身显露“S”形曼妙身材的中式旗袍，坐在钢琴前与八人再演奏《渔樵耕读》柔板，则是一种旋律很美的乡村风味；接下来是第三曲《五月落梅花》；第四曲《商妇泪》；第五曲居然是舒曼的《梦幻曲》……（注：限于时间，以上分别只演奏其中一段主旋律）坐在观众席上的聂耳大吃一惊。

聂　耳　（自言自语）不错！中国音乐与西洋音乐竟如此协调共存，这中西结合模式还蛮好耶！

[说着拿出小本子，记下刚才的乐谱。紧接着，更为惊叹的是——在悠扬的民乐演奏烘托中，一首唐诗意境悠然而起。

秋汉飞玉霜，北风扫荷香。
含情纺织孤灯尽，拭泪相思寒漏长。
檐前碧云静如水，月吊栖乌啼鸟起。
谁家少妇事鸳机，锦幕云屏深掩扉。

白玉窗中闻落叶，应怜寒女独无衣。

主持人　刚才，最后演奏演唱的是马勒的《大地之歌》。一向是由一位男高音和一位女中音唱的，两人轮流各唱三首，男人高歌饮酒欢乐，女人却娓娓道出人生之哀愁。作品中有对生活热情的高歌，也有对死亡恐惧的感怀，揭示了尽情享乐与预感死亡的矛盾和困惑。歌词采用中国唐朝诗人的诗，究竟哪几个诗人的哪几首？这对于中国人来说，还是个“马勒难题”，谁来破解？

[台下观众一阵叽叽喳喳的骚动。

[随后一片热烈掌声。谢幕。

[聂耳与张天虚献花。玛蕊娅接受，卸妆后走来。

聂　耳　嘿！国乐和西乐共存、协调的积极尝试，虽有演奏不足，可这种结合模式很受启发。

[观众皆已散去，唯余聂耳、玛蕊娅。

玛蕊娅　（舞台上，那台钢琴边）我想，你不会不这么认为吧？音乐可以是生命中最好的学校，但同时，它也可以是一种最有效的逃避方式。

聂　耳　音乐对于我，就是我的中国梦！是那么的重要，那么的趣味盎然。因为音乐是如此的博大深邃，却又是如此的单纯朴实（music is at the same time everything and nothing）。你的犹太梦是什么呀？

玛蕊娅　（边弹钢琴边唱《犹太梦》，流淌着犹太音乐忧郁、伤感、浪漫、美妙的旋律）“狼将与羊羔居住在一起，／狮子将躺在孩子身旁，／小牛和小狮子一起嬉戏玩耍……／它们既不相互伤害，也不互相毁灭。／在我们所有的圣山上，／大地将充满上帝的知识，／如同水没过了大海洋。”／犹太先知弥赛亚的来世之梦：／也是我俩的世界和平的梦想。

聂　耳　（自言自语）好久没练琴了。这样下去怎么行呢？这场音乐会给我很大的激励，我要好好反省自己。为补偿最近几天的“偷懒”，明早可要早起多练一段时间！！记住吹吹灰的话！四狗加油！

[众人下。

[舞台另一隅，云南会馆内，2号房间。张天虚与陆万美在交谈。

陆万美　我看见，聂耳刚到北平的第三天，就用破木板制作了乐谱架，计划着每天拉小提琴的基本练习，但最初这些天实际根本不可能。他每天都被约出去活动，即使回到会馆里，也照样被拉着去瞎唱，开“草包”大会，尽要他一个接一个地表演各种逗人笑破肚皮的节目。你应该了解他，他哪来的这么多艺术细胞呢？

张天虚　可以说，聂耳的童年是浸泡在花灯和云南民歌中长大的。从小聂耳就爱听玉溪花灯和洞经音乐。这样的生活，我觉得聂耳，一方面自然是被迫的，为了要和大家搞好关系，还要为了对付特务马匡国，制造假象，让他产生错觉，只把聂耳当做一个“照样喜欢吃喝玩乐，吊儿郎当的艺术家”。而另一方面他的内心深处真是很不满意这种“安闲、软化”的鬼混生活的，他多次提到“有许多紧要的工作要做”，能有点空隙就去读报，了解政治形势的发展，就抓紧时间坚持小提琴的基本练习。

陆万美　听说他有很强的进步倾向，可为什么上海“左联”没有介绍他的情报？

张天虚　别急，看来还要等几天。我记得当年，在昆明和玉溪的街头小巷、茶馆公园，常有三五个老人聚在一起拉胡琴，自娱自乐地唱着，每天放了学一有机会聂耳就会跑到茶馆去，找一个地方坐下来静静地听，有时就掏出个小本子把它的谱给记下来。

陆万美　通过这几天观察，我发现聂耳还是一个时髦新潮的人。他还给我看过他的影集，在照片上他好时髦好摩登哟！

张天虚　这下你可说对了！聂耳是我们这个时代最时尚的青年！比起你我，新潮多了！不论是在昆明，还是在上海，不论是南京武汉，还是在北平，聂耳的穿着打扮都是这个年代最时尚的。

陆万美　因为时尚新潮，我感觉到这个音乐青年，从咱们云南大山走出来，非常热爱生活。

张天虚　聂子天生有悲悯之心，对母亲很体贴。外表是个阳光青年，但是内心细腻、敏感。

陆万美　一个二十多岁的青年，从西南偏远的昆明跑到了上海，最后闯进一个前卫的时尚圈子，一心向往革命。他在上海经历了怎样的心路历程？

张天虚　聂耳身上最大的特质就是激情燃烧、热血沸腾。不管哪个时代的青年人，都有一些共同点，比如敏感、真诚。问题是，我们怎样帮助他。

陆万美　怎样把一个“愤青”经过一步步的磨炼，让其转变为一个成熟的革命音乐家？

张天虚　我相信，聂耳是一个青春的存在，将来会发展成伟大的存在！将来会成为大音乐家！

陆万美　我想起一句古诗：弄潮儿向潮头立，手把红旗旗不湿！这应该是我们左联培养他的目标。他有激情有热情的因子，这才好办。你觉得呢？

张天虚　我觉得，时代的铁轮是急遽地向前滚，若不做推轮者，就担心被轧死。谁若迟了一步，也会被掷在后头。……我歌颂热情，我认为人间一切伟大的创造，全由热情作燃料！……执着热情的火把，燃烧着我们的灵魂。

陆万美　听说他要高考。让他复习功课吧！考完再说。

［背景换为考场上。铃声响，考生们都集合在礼堂门口，聂耳被点名，是一百零四号。在第一考场教室里，一人一桌。黑板上用粉笔写着醒目的大字："严禁考试作弊，严禁互借文具"。

［聂耳在四个考场上穿梭。第一个教室黑板上：国民党党义试题：1.略述三民主义之内容。2.根据民生主义，拟你的家乡的农村经济的办法。

聂　耳　（坐在课桌旁思忖）我选的题目，就是3.国难期中研究艺术的学生之责任。

［聂耳匆匆做题。

［中午在操场上又匆匆买了一份煎饼果子吃了。到下一个教室。

聂　耳　（默念）国文试题：1.何谓艺术？ 2.吾人对于艺术之使命如何？ 3.各自写理想的精神寄托。我还是选择3。

［聂耳又做完题。

［又到第三个教室。

聂　耳　（默念）数学试题：1.a.试解下列之算式 ×。

［聂耳作完数学试题。

［聂耳又到第四教室。

聂　耳　英文试题：作篇短文描写北平，再加英译汉两小段。

［从考场上出来，已是日落西山。

［聂耳回到云南会馆，只见陈钟沪穿了洋服，新的秋大衣。两团毛皮竖在脸旁，烫着鬈发，一袭长裙，黝黑铿亮的高跟鞋，左胸上还插了一朵大红花。在许强等人的陪伴下正待出门。

聂　耳　阿门！陈老弟（陈钟沪），你今天看上去简直像一个大明星，大少奶奶！

陈钟沪　怎么？你忘了？明天是八月十五，今天是我十八岁生日呀！晚上请聂子你们大伙吃烤鸭——老北平的便宜坊烤鸭。这可是美滋滋、香喷喷的老字号耶！

［几十个云南老乡被陈钟沪许强约到便宜坊烤鸭店。

店小二　（高声喊）来啦您哪——

［领位小二带众吃客入座。

陈钟沪　（豪爽地）我订了四桌，每桌十二个人。来来来，小二，点菜。

店小二　（高喊）好嘞，我叫经理来。经理——客人点菜喽——

店经理　来啦——小姐，先生，您点什么？

陈钟沪　聂子，你来点！

聂　耳　鸭，上烤鸭，便宜坊烤鸭。酒，喝白酒，二锅头白酒。

陈钟沪　好的。我点——焖炉烤鸭一只、盐水鸭肝一盘，牛栏山二锅头两瓶，鲁菜嘛，就点水井鸭舌、芥末鸭掌、葱烧海参、酒香鸭心、干烧四宝、肉丝拉皮、酥香鲫鱼、醋熘鱼片、浓汁鱼肚、乌鱼蛋汤，就是这些你们的招牌菜吧！

店经理　（边记边答）好嘞！您真会点，把我们家的十二道招牌菜一网打尽。

陈钟沪　喂！四桌酒菜要同样的呀！来，你给我们云南来的大音乐家介绍一下，你们便宜坊的特色。他初次来。

店经理　焖炉烤鸭的制作方法最早是从南方传入北京的，其特点是“鸭子不见明火”。所谓“焖炉”，其实是一种地炉，炉身用砖砌成，大小约一米见方左右。焖烤鸭子之前，需用秫秸等燃料放炉内，点燃后将炉膛烧至适当的温度，将其灭掉，然后将鸭坯放在炉中铁罩上，关上炉门，故“焖炉烤鸭”即是由炉内炭火和烧热的炉壁焖烤而成。

陈钟沪　别说得太啰唆，你给介绍这鸭子有什么特色！

店经理　对不起。便宜坊经营的“焖炉烤鸭”是北京烤鸭两大流派之一。特点是皮酥肉嫩，口味鲜美，又因其烤制过程鸭子不见明火，保证烤鸭表面无杂质，而被誉为“绿色烤鸭”。

陈钟沪　绿色？你可别忽悠！别侃大山！你北平再绿色也比不上俺们云南的绿色！

［上酒，上菜，上饭，众人先喝后吃，狼吞虎咽。

聂　耳　呵呵，好吃呀。我又在他们面前显示了吃的本领，除了吃烤鸭和他们相等外，

经上海左翼戏剧家联盟介绍，聂耳（右）参加北平左翼音乐家联盟组织的评论和演出活动后，非常开心地和好友许强合影

民国三十二年《电影名歌集》收聂耳、田汉、贺绿汀等众多名家作品

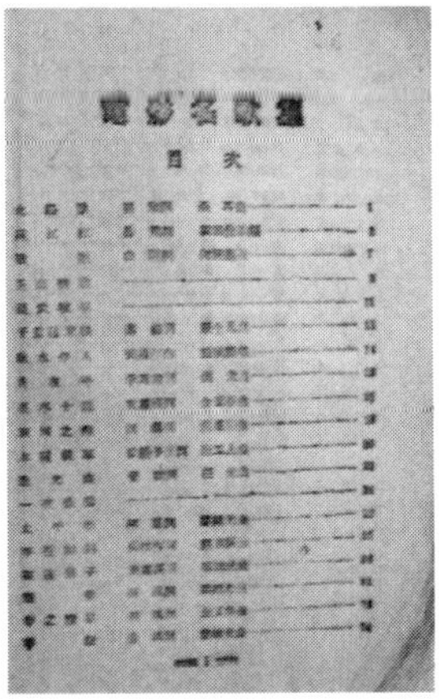

民国三十二年《电影名歌集》收聂耳、田汉、贺绿汀等众多名家作品

我又吃了三碗饭。

陈钟沪　哈哈哈，人家武松当年是喝了三碗不过冈酒，去打老虎。聂子，您这是何方英雄哪？二锅头不喝，却吃了三碗饭？不行！你得喝酒！喝喝喝！

［众人劝酒。

许　强　（看酒的说明书）依据现保存在顺义档案馆的《顺义县志》，从有详细酿酒历史记载的康熙五十八年（1719）算起，酿酒古镇牛栏山的“酒龄”已超200年。200年岁月陈酿，200载京华风韵。愈陈愈香，越喝越爽。

聂　耳　牛栏山二锅头，好酒！还有烤鸭没吃完呢！上酒！（举起酒杯）喝喝喝！我也喝三碗！不就是酒嘛！

［聂耳高兴，连喝三碗。

许　强　喂！聂子，你今天考试考得怎样啊？

陈钟沪　哈哈，没考煳吧？可别像这烤鸭一样！太给力啦！给烤煳啦！

聂　耳　复习不好，可自我感觉良好！

许　强　聂子，我建议你还是沿着这条道走下去！希望你别去那些什么艺术学院去鬼混。

聂　耳　是呀！到底你们比较内行！

陈钟沪　好呀！我有个提议，欢迎“小四狗”给咱们拉一首曲子好吗？

众　人　好！好！上蛋糕呀！

［微醺中的聂耳操琴，轻轻拉响了《生日歌》。

［一个漂亮的大蛋糕被送上来。许强插蜡烛，点燃，熄灯。“祝你生日快乐”歌声起。

［陈钟沪满脸兴奋，运足力气，“扑哧”一声。

［陈钟沪切蛋糕，给聂耳一块大的。聂耳吃得满脸是金黄色的奶油。

聂耳抄写的《梦幻曲》钢琴谱

聂　耳　今晚非常高兴，不是我吹，走着站着醒着醉着我都能拉琴！当、当然，你们更高兴地饱耳福，尤其是让陈老弟高兴，今儿个是她的生日！这个生辰过得如此充实，着实难得呀！

陈钟沪　（有醉意）我还没乐够呢！小四狗，人家能醉拳，你也能醉琴！你再给我拉、拉一首！

聂　耳　（幽默地）公主，遵命！我拉一支舒曼的《梦幻曲》献给你！

［聂耳熟练地拉起这首轻古典音乐。

陈钟沪　啊，又一次听到这首美妙的曲子了。在昆明时，当我在收音机里第一次听到它的旋律，我迷上甚至不知道它的标题。也可能是我梦想中的那一刻童话故事里的公主。看来，我的美丽幻想太幼稚了。

众　人　好呀！太好听啦！再来一支！

聂　耳　我再来一支《纪念曲》。

［聂耳一边拉琴，一边走出饭店。走在洒满月光的胡同里，聂耳微醺拉琴的英姿变成了影子，影子在灰色的土砖上漂移，漂移……陈钟沪她们笑声震天。

陈钟沪　（大声喊叫）来呀，大家都来呀！看我们一个伟大的音乐家就要诞生啦！

［寂静的北平胡同里，被琴声和喊声召唤，许多北平纳凉的男女老少纷纷走出家门，加入了聂耳的听琴队伍。

[聂耳拉琴，时而仰首，时而俯身，时而穿过东交民巷的洋行和中国银行，时而走过骡马市大街米市胡同……夜深人静时，居然有许多年轻人尾随着聂耳的琴声大唱起来——

[子夜，一层薄云遮盖了明月，后面跟着成块成团的黑云追逐过来……

[聂耳和众人下。幕毕。四方神上。

四方神　君不见，黄河之水天上来，奔流到海不复回。

君不见，高堂明镜悲白发，朝如青丝暮成雪。

人生得意须尽欢，莫使金樽空对月。

天生我材必有用，千金散尽还复来。

烹羊宰牛且为乐，会须一饮三百杯。

| 4 |

[换场。四方神上，唱《九州风雷》。

青　龙　九州风气恃风雷，

白　虎　万马齐喑究可哀。

朱　雀　我劝天公重抖擞，

玄　武　不拘一格降人才。

[四方神下。大幕开。

[上午8点，东交民巷，北平俄罗斯籍小提琴教师托诺夫家。托诺夫正在拉《漂泊的荷兰人》。

[笃笃笃，聂耳敲门。女佣开门。

聂　耳　您好，托诺夫先生，我叫聂耳，来自上海，是王人艺……

托诺夫　（边拉边说）呵呵，北平欢迎你！托诺夫欢迎你！你是王人艺介绍来的？很好，很好！

聂　耳　是啊！我昨天来过两次了。我想拜您为师，学小提琴。

托诺夫　你是说，你两次来我家？好呀，再说第二次：（边拉边说）北平欢迎你！托诺夫欢迎你！

聂　耳　先生说话真逗啊！我是说这是我第三次拜访您。

托诺夫　哈哈，那我就第三次说一声，（边拉边说）北平欢迎你！托诺夫欢迎你！

聂　耳　请问您认识刘天华、冼星海吗？

托诺夫　哦，当然。他们是我学生。你拉过小曲子没有？我主张你多拉小曲子。这样才会有进步。

聂　耳　我拉过的。王人艺给我讲过你的要求。据说您是西伯利亚音乐学院院长？

托诺夫　是啊，过去是。你的朋友王人艺可是个好学生。我非常夸奖他。

聂　耳　在上海，我和王人艺住在一间房，是非常要好的朋友。

托诺夫　我鼓动你报考清华，只要你能通过入学试验，你尽可以在里面把音乐当饭吃。

聂　耳　可是，我只想和王人艺一样，拜您为师，学好提琴。

托诺夫　记着，你礼拜六带着提琴和我给你的书本来这儿上课。

［9月18日上午10点，东交民巷。

陆万美　喂，聂子，今天是“九一八”事件周年纪念日，北平的进步团体准备在天安门广场举行市民与学生联合大会。

聂　耳　（异常兴奋地）带我去吧！我前天就给天虚说了，我要去参加。

张天虚　聂子呀，还记得咱们在昆明参加的那次飞行集会吗？

聂　耳　呵呵，当然记得呀！那次好险呀！要不是你早点通知我，就被马匡国他们……

陆万美　我早就听说了，你有参加飞行集会的经历，在昆明、在上海，你都是很积极的。

聂　耳　和反动当局对着干，我可是老游击手了。我有经验，你腿脚不好使，跟着我。我帮你。

陆万美　聂子，那可好啦！

张天虚　在昆明、在上海、在北平，既参加政治活动，又投身到革命文艺活动中的，还都有咱聂老弟。

聂　耳　是啊！哎，这可是你说的，我可是老革命了！

张天虚　对对对！年轻的老革命！年轻的老同志！哈哈哈哈——

陆万美　瞧，天安门广场快到了。那边就是了。

［聂耳与陆万美等许多进步青年快步走在西长安街上。路两边到处是全副武装的军警。当时，参加集会的人们手挽手，声势浩大地前进，喊着口号。

陆万美　（带头喊）打倒日本帝国主义！

众　人　打倒日本帝国主义！

陆万美　全民动员、一致抗战！

众　人　全民动员、一致抗战！

张天虚　枪口对外，保家卫国！不当亡国奴！

众　人　枪口对外，保家卫国！不当亡国奴！

［所谓“飞行集会”，就是示威者三人一群、五人一伙，沿途喊口号散传单，军警一来就迅速散开。

[游行队伍一直行进到国民党市党部门口，砸了它的招牌。而大门早已紧紧关闭了，未能冲进去。就在这时，陆万美、张天虚看到聂耳在队伍里，挺胸阔步，满面红光，带头唱起革命歌曲《马赛曲》——

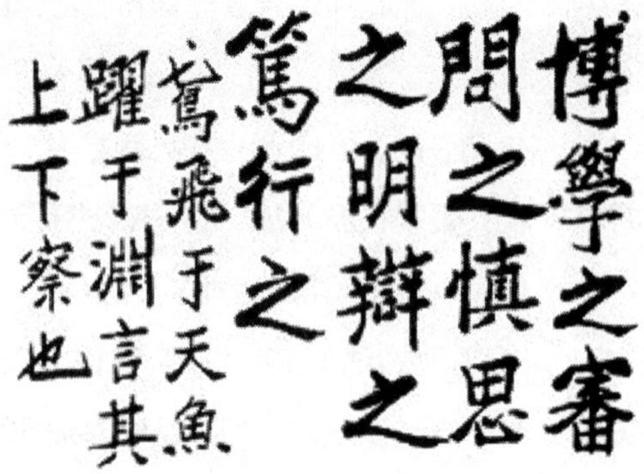

聂耳的兄长艾思奇手记

聂　耳　（带头唱）前进，法兰西的儿女们，那光荣的时刻已来临！

众　人　（随唱）暴君举起血腥的旗帜，凶狠的敌兵到处在残杀人民！听，战场上传来了咆哮声！他们闯来了，要切断我们妻儿的咽喉！公民们，武装起来！用敌人的污血，灌溉我们的田野！同胞们，万众一心！前进！前进！武装起来吧，人民！组成属于你们的军队！前进！前进！

[众人随唱的歌声越来越嘹亮。人群越聚越多。愤怒的歌声在紫禁城上空轰响。

[那些军警们紧急吹响警笛，围拢过来。

[双方对峙。

[回到云南会馆，聂耳对张天虚微笑着连连点头，显出斗争胜利的喜悦。

张天虚　嘿！好久没听你唱《马赛曲》了。在昆明时，就听你唱过！

聂　耳　是啊，《马赛曲》铿锵有力，鼓舞士气！

张天虚　北平人民太需要《马赛曲》了！你不晓得，去年冬天，北平大学生起来敦促国民政府对日寇采取措施。组织起来到南京去向国民党政府示威游行，强烈要求他们北上抗日。结果被镇压了！

聂　耳　太令人气愤了！泱泱大中华，子民四万万，哪能忍受国土沦陷的奇耻大辱。咱们老乡艾思奇是蒙古族，他曾对我说，元朝时（1300），中国国土是2270万平方公里。那时中国版图是一头牛，而今却要被变成一只鸡！我们决不答应！如今日本人霸占东三省，我作为中华男儿绝不甘心当亡国奴！以后也要写一首《马赛曲》，唤醒全国民众投入抗日斗争！

[陆万美上。

1932年10月28日，北平左翼剧联在清华大学礼堂演出了四个独幕话剧，同去的聂耳在舞台上用小提琴独奏《国际歌》

张天虚　（对陆万美）你瞧，咱聂耳的心始终是和人民大众贴在一块儿的。

陆万美　（对张天虚耳语）刚才，我收到了上海“左联”寄来的正式组织介绍信，把聂耳介绍来北平左翼剧联。还说要考验考验他。你说，今天“九一八”，不就说明了一切？还考验什么？

张天虚　你瞧，聂子他以高涨的热情投入到左翼群众文化斗争的高潮中去，在北方学生炽热的战斗激情的鼓舞下

聂　耳　哎，两位老大哥，今天的活动太过瘾啦！我的生活一下汇入热情洋溢的正流中来了。

［聂耳一脸兴奋，洋溢着满面红光，尽情享受着斗争的喜悦。

陆万美　你知道吗？咱们这样做，就给老北平留下了一串闪光的足迹和动人的斗争故事。

聂　耳　嘿嘿，有这么厉害吗？我可没想过。我要把它在日记里记下来。

［晚上，清华大学礼堂内。东北学生自治会邀请“苞莉芭剧社”（“苞莉芭”，俄语“斗争”之意）来演出。大礼堂里坐满了黑压压的男女学生，在一片嘈杂的声浪中，聂耳上。

报幕员　首先请来自上海的年轻的音乐家聂耳先生为清华大学的同学们，献上一曲法国人欧仁·鲍狄埃和比尔·狄盖特的《国际歌》。

［聂耳穿一身西装，提着小提琴走上舞台。背后，钢琴在伴奏。《国际歌》的旋律一响，全场一片肃然。

［边拉边唱，一曲深沉的歌在人们心头开始回荡——起来！饥寒交迫的奴隶！

起来！全世界受苦的人！满腔的热血已经沸腾，要为真理而斗争。旧世界打个落花流水，奴隶们起来起来，不要说我们一无所有，我们要做天下的主人。

[这时有右派学生头儿跑出来干涉，不让演奏《国际歌》，台下一些右派学生也跟着起哄架秧子，把聂耳的钢琴伴奏员都吓跑了。

[聂耳根本不管那一套，继续拉他的《国际歌》，越拉越起劲儿，台下的学生情不自禁地跟着旋律唱起来——

[从来就没有什么救世主，也不靠神仙皇帝。要创造人类的幸福，全靠我们自己！我们要夺回劳动果实，让思想冲破牢笼。快把那炉火烧得通红，趁热打铁才能成功！

是谁创造了人类世界？是我们劳动群众。一切归劳动者所有，哪能容得寄生虫！最可恨那些毒蛇猛兽，吃尽了我们的血肉。一旦把他们消灭干净，鲜红的太阳照遍全球！

（副歌）这是最后的斗争，团结起来到明天，英特纳雄耐尔就一定要实现。这是最后的斗争，团结起来到明天，英特纳雄耐尔就一定要实现。

[一片热烈、庄严的气氛。演出中，警察又跑出来捣乱，前台的剧社人员总算给顶了回去，把戏坚持演下来了。

[戏一演完，清华园里就像开了锅似的，右派学生在礼堂外面贴了不少“打倒普罗剧社”的标语，所谓“普罗”，是英文“无产阶级文化”译音的缩写。左派学生一面去扯标语，一面和右派学生展开了激烈争论，整整闹腾了一夜。

[天亮了，右派学生也闹得没劲儿了，聂耳和“苞莉芭剧社”的同仁们一块儿在清华园校门口等车进城。

[这时候，聂耳又带头跳起了非洲舞，唱起了进步歌儿，大家伙儿忘了一夜的演出疲劳，也跟着一块唱起来，跳起来，从清华园一路唱进了北平城。回到云南会馆。

[1号房内。聂耳与张天虚两人一个坐床边，另一个坐在小板凳上，又在聊天。

聂　耳　呵呵，天亮了，好兴奋！一点也不困。哎，想想办法，克服经济上的困难，我该如约了！去找托诺夫进修深造。你看，人家刘天华、冼星海都是他的学生了。我还等什么？

张天虚 聂子，你可记着呀，陈钟沪让我告诉你，“九一八”之后这一个月可要绝食呀！

聂 耳 一个字：晕！两个字：我晕！三个字：实在晕！

张天虚 你怎么啦？

聂 耳 我只能用自我讽刺的口吻，批判此时的生活。不是吗？别人正提倡“九一八”绝食，我们却为闹肚子而绝食。

张天虚 哦，我晓得了，你前几天在闹肚子呀！玩笑归玩笑，我只要求你，作为一个革命青年，在这样混乱、污浊的环境里，仍然要坚持一个共青团员的先进思想。不管遭受什么样的打击，都要表现出具有难能可贵的勇敢和毅力。

聂 耳 好的！我记住你老兄的嘱咐了。只是我囊中羞涩，咳——给你说一件事吧。

张天虚 说吧！

聂 耳 在北平，叫我遭受到的第一个打击是：我曾去找咱们的老乡王丹东，你记得不？他在朝阳门内的北平私立美术学院教书。我请求帮助介绍我去“教点课”，一来可解决起码的生活问题，二来也可有学费向托诺夫去进修、学习。

张天虚 是啊，我记得王尽力为你活动，向学校当局和学生作了推荐嘛。听说学生们也好喜欢你！对你的热情和演奏艺术、富于感染力的表演有好感，向学校要求你来教小提琴。

聂 耳 问题就出在这儿。但校长王悦之是投靠国民党的死硬分子，他怀疑我“有色彩”，坚决不接收。你想想，这对想在北平火热斗争中多体验、多工作的你的聂耳老弟，是一次多大的打击呀！

张天虚 别灰心！我鼓励你要坚强！古人云：自古雄才多磨难，从来纨绔少伟男。

聂 耳 说得好！你太有才了！相比之下，可能这第二个打击更让我伤心。

张天虚 又怎么啦？

聂 耳 你知道，我为了请托诺夫教授教我提琴，把大衣都当了。跟托诺夫学了四次，感觉这个老外教得不错，想继续学下去，可是无奈囊中羞涩。你瞧瞧，又是囊中羞涩。我何时不囊中羞涩？我何时能有钱啊？这个老外每次学费竟要二十元。我上哪儿去偷去抢啊？怎么办？我心想，古来就有爱才忘利的艺术家，以自己的天分和勤勉，兴许这个洋教头能免费让自己跟他学两把？谁知昨天我把这个意思隐约向他老人家一透，这个老洋人竟然拉长了声调说：“啊！这是一个顶大的障碍……你是一个顶聪明的孩子，你将来的提琴会拉得不错的。”

张天虚　真是无情。这番话给满怀热情的你当头泼了一盆凉水。

聂　耳　原打算跟着托诺夫好好学一学，提高以后再去欧洲和日本考察游历一番，没想到没出国门就被庸俗的金钱关系束住了手脚，怎么艺术圈儿里的高人也这样认钱不认人呢？

张天虚　悲剧啊！悲剧！这肯定会让我的好兄弟伤心不已。可我也无钱帮你呀！

聂　耳　瞧你说的？我又没找你借钱呀。你最近可比在上海时消瘦多了。我真为你的健康担忧啊！

张天虚　没事的。只是有点轻度的肺结核。哎，听说这些天你还去明月社美女白虹家，该走桃花运了吧？有没有戏吗？

聂　耳　是啊，自从刚来北平时，我就去了白虹家，前后不下五次，全都扑了个空。这两天她母亲又来看我，可我又出门去清华、去天安门了。别说和白虹了，就和她母亲都没有缘分。

张天虚　哈哈！看来你和白家没有缘分。你就死了这份心吧！还是尽快和春晖结婚吧。

聂　耳　哈哈哈！说心里话，我还是喜欢春晖呀。你在笑话我？你那心上人去哪啦？

张天虚　我要去延安，她说也要跟我去。不过她现在回舟山探亲去了。

聂　耳　哎，我问你个问题：中国革命和共产国际是什么关系呀？

张天虚　怎么？你何以问起这个问题？

聂　耳　就是有一天，我饭也没吃，走了十几里路赶到朝阳大学，去听马哲民的“陈独秀与中国革命”的政治讲演。在讲演会上，一个持托洛茨基观点的人跑到台上和讲演者辩论。演讲很精彩。真长见识呀！这种激烈的面对面的斗争给年轻的我以鼓舞和教育。

张天虚　你来北平演过几次戏了？

［陆万美这时一瘸一拐地进门来。

聂　耳　两次呀！第一次在清华。第二次公演是到位于东单外交部街平大俄文商学院的大院里演出。

陆万美　哎，告诉你们，我看过那场。记得也是个夜场，大冷天的，观众就坐在露天的长条凳上，可情绪都特别高涨。聂耳在独幕话剧《血衣》中扮演一个老工人。你给天虚说说。

聂　耳　对对对。我在台上含泪向观众说了这样的台词：“大宝、二宝，这是你爸爸的血衣！老孙、老李，这是你兄弟的血衣，我们要把我的血，你的血，大家的血都加染上去，变成一面血染的红旗，照遍世界！”

张天虚　（鼓掌）好呀！聂子演戏还真有两下子。

聂　耳　哼！本来有三下子唻。到了北平这鬼地方，一拉肚子、一失恋，再加上两次打击，快给丢光了！

陆万美　哎呀，我也觉得，北平真是个鬼地方！本来聂耳他们还准备了一个象征剧《起来》，排得挺不错，可能因为露天里天太冷，没演，后来由聂耳上台用小提琴拉了一支他新创作的曲子，受到了观众的热烈欢迎。为了防止特务捣乱，学生们挑出一些大个儿壮汉扛着木棍在院子外面布防。

张天虚　哎，我问你聂子，你考北平大学艺术学院考上了吗？是不是该发榜了？

聂　耳　呀！忘记告诉你了。我落榜了！我成了一个落榜生！昨天我去看榜了，榜上有名不是我，名落孙山却是我。很伤心，很受伤！这也是一次打击！

陆万美　真是嘛？很为你难过。不过，咱们的聂子是好样的！落榜不落志嘛！

聂　耳　看来漂在北平，北平不欢迎我呀！三次打击，想把我击垮？你们说说，会不会？

张天虚　我想不会的！咱们云南大山里出来的孩子，害怕什么三次打击？

陆万美　每一次打击都为你增加了人生财富的积累。不过，我建议你还是回上海的好！

张天虚　（幽默地）祝贺你，在北平收获了三大财富！

聂　耳　在北平，三个月的时间，我都快成文化富翁了？！你瞧瞧，来到北平，对这里的名胜古迹非常感兴趣，在同乡友人的陪伴下畅游了故宫、太庙、中山公园、北海、中南海、颐和园、万牲园、香山、团城等地，并多次到天桥去观看民间艺人的表演，体察、倾听劳苦人民发自内心的呼声。我在日记中写道：“这儿是一个低级社会的缩影，什么卖艺的、唱戏的、变把戏的，无奇不有。”我还到杨梅竹斜街“青云阁”听大鼓，看杂耍。又去清华大学、北平师范大学、法政大学、燕京大学会友、打乒乓球。还到中天、真光、平安、中央、华乐园、哈尔飞、开明等剧场和北京饭店多次观看中外音乐、戏剧演出。加上跟托诺夫学习小提琴。又在云南会馆里练琴，和同乡们开联欢会，表演节目。文化上长进真是不小啊！可经济上全是透支！（唉声叹气）哎呀，一

经上海左翼戏剧家联盟介绍，聂耳参加了北平左翼戏剧家联盟和左翼音乐家联盟的评论和演出活动，图为聂耳（左）与同乡友人陈钟沪（中）、许强在颐和园

言难尽呀！呜呜——呜呜——

陆万美　我们眼看着你大有进步。不要灰心。

聂　耳　这三个月，我有太多的人生感慨。你要是有一个伟大的目标，全世界都不会帮你！给你设置这样那样的障碍，阻挠你、怀疑你、诅咒你，你怎么去达成目标？

张天虚　一个后生，要经历几次打击磨难，才能成为男子汉？在哲学上讲，人啊，都是被自由、被责任的。唯有本我，才是主自由、主责任的。

陆万美　这就叫做：天将降大任于斯人也，必先苦其心志，劳其筋骨，饿其体肤，空乏其身，行拂乱其所为

张天虚　别这么文绉绉的！不就是说，上天要下达重大使命给这个人，一定要先使他

的内心痛苦，使他的筋骨劳累，使他的体肤饿瘦，使他身受贫困之罪，所行不顺，使他所做的事情颠倒错乱。

聂　耳　我明白。人啊，都是先被自由、被责任的。随后才主自由、主责任的。

陆万美　不！你不明白！他人就是朋友！是我们这些革命同志！幸好还有上海左翼戏剧家联盟介绍，让你参加北平“左联”的戏剧与音乐的排演和组建活动。

聂　耳　谢谢你。这些固然很好，可这只是北漂的日子。生活太艰难了！我以为你能帮我解决生存问题呢。

张天虚　呵呵，你对他期望值太高啦！陆万美也是个北漂呀！我们都是北漂！

聂　耳　北漂怕什么？《国际歌》不是唱出了我们的心声吗？——不要说我们一无所有，我们要做天下的主人！

［“聂子——聂子——”陈钟沪手拿一本杂志上。

陈钟沪　哎呀，你们这些家伙在干啥呢？瞧！人家寄来了《戏剧新闻》杂志给聂子。还附带着稿约。

张天虚　稿约怎么说？不知道！你念念吧？

陈钟沪　我念念——欢迎来稿，长短不限。

众　人　哈哈——哈哈——

陈钟沪　（不知其然）你们看，还刊登了什么？

聂　耳　给我看看，给我看看！

张天虚　还是给我看看呀！

陆万美　我知道呀！发表了聂子一篇好文章。

张天虚　哎哎，怎么回事呀？

陆万美　我安排北平剧联机关刊物《戏剧新闻》约稿。大概是发表了他写的《上海电影界》一文吧。

［聂耳在翻阅着杂志。

聂　耳　嘿嘿，小文一篇。不好意思。

陈钟沪　喂喂喂，有稿费吗？聂子你可要请客呀！

聂　耳　好呀！（忽而一张汇票落地）看呀，稿费单随刊寄来了。我请大伙吃便宜坊烤鸭吧！

张天虚　我觉得还是不要了吧？省点钱，稿费自个儿留着花吧！

陆万美　不去吃了吧？因在北平找不到职业，聂子生活无法维持，更没有钱交学费，小提琴也学不下去了。还是另想办法吧。

聂　耳　（悲伤地）看来，北国刺骨的寒风与漫天的冰雪，逼我离开北平另谋出路。临行前，我还是要请客的！走吧！请大家吃完饭，我就回上海啦！

众　人　那就去吧，最后宰聂耳一顿饭吧。我们可舍不得你走呀！

聂　耳　北平，着实有它可以使人留恋的地方，但是为了生活，只能说一声："后会有期"！

陈钟沪　一会儿你给我们表演一个你自称"活神仙"或者"鬼故事"的作品吧？以后就看不到了。

聂　耳　别伤心。以后我将更勇敢地去实践人生，在这里面取得伟大材料，创造伟大的作品。①

众　人　说好啦！你可别吹牛，我们期待着。

［聂耳和众人下。幕毕。四方神从另一处上。

青　龙　漂泊时光，人生旅途，坎坷动荡。

白　虎　被排挤、被磨难、被打击、被落榜。

朱　雀　漂泊时光，扼我咽喉，毁我希望。

玄　武　主励志、主自由、主责任、主天降。

青　龙　上路吧，你若不去实现理想，

白　虎　就应该在去追寻信仰的路上。

朱　雀　上路吧，你若不去追寻信仰，

玄　武　就应该在去实现理想的路上。

四方神　你要是有一个伟大的理想（虚无的空想），

全世界都会跑来为你帮忙（为你帮倒忙）。

青春并非任人宰割的羔羊，

是让黑夜燃烧光明的太阳！

①见《聂耳日记》1932年10月21日。

第四幕

沪Ⅱ

序诗

（一）

人生何处寻师导，屋小心潮逐浪高。
胜读十年一席话，顿开茅塞几杯浇。

（二）

顺天时择地利求人和，欲成功去奋斗向目标。
先行进后知道贵观其妙，百川入东海天下归大道。

（三）

少年磨难莫彷徨，少年正道坦荡荡。
少年中国成涅槃，少年中国火凤凰。
少年浩气日日新，少年雄风月月强。
少年中国恃雷电，少年中国谁敢当?

（四）

大爱之魂点亮美丽青春，燃烧吧，
给黑冷的世界带来温暖光明!

大道之歌整合万众一心，前进吧，
把我们的血肉铸成新的长城!

| 1 |

[四方神上，唱《火凤凰之歌》

玄　武　朱雀神鸟，为我先导。

青　龙　灵性祥瑞，德性美好。

白　虎　浴火重生，炼狱得道。

玄　武　属红本色，属火南方。

白　虎　歌声仪态，百鸟之王。

青　龙　降临东方，龙凤呈祥。

朱　雀　非梧桐不栖，非竹实不食，非醴泉不饮，非炽火不死。

四方神　前朱雀（哟，前朱雀），后玄武，左青龙（哟），右白虎。

四方神　吾爱！华夏喜爱的吉祥物。吾进！布阵前进的方位图。

[四方神下。

[上海。石库门式的郑易里居所。几个人围着小桌正在吃饭。聂耳上。

胡　笳　哎，聂子，你回来了，我好高兴啊！（二人拥抱）

郑易里　嗨嗨，是不是闻到正好我们在吃宣威火腿？小四狗从天而降？你怎么从北平来啦？

聂　耳　那还用说？闻香下马，知味进屋。谁让我有口福呢？！

胡　笳　来，我还给你带来了苏州醉蟹。

郑易里　吃醉蟹可要喝老黄酒呀！我去拿酒。（转身去厨房）

金　焰　嗨！聂子，你讲讲北平的日子怎么过的？听说你还在天津船上和我同学认识了？

胡　笳　我看聂子从脸庞到眼睛，都似乎是饱经风霜的感觉。大概生活很艰辛吧？

孙　瑜　鸟飞千里要归巢，人行万里不出圈。聂子，还是来联华公司和咱们一起干吧？

[郑易里拿酒来，胡笳斟酒。

郑易里　我看聂子的眼神比以往更坚毅了。身上有一种从少年到战士的那种坚强的光

胡笳

郑易里——聂耳的玉溪老乡、上海好友

焰正在散发。

聂　耳　呵呵，还是我老乡易里大哥会说话，说得我好开心。（转向孙瑜）好呀，自从咱们在罗明佑生日晚会上相识，都好几年了。咱们可得好好合作一回。

金　焰　我觉得和聂子合作会很愉快。我是知根知底的。聂子这家伙音乐、表演和爬格子都很有天才。

卜万苍　就是你的性子太直率。我那部电影《人道》遭你批评后，你记得吗？我还大骂过你。

胡　笳　是啊，不就是批评你一番吗？你把人家聂子骂得狗血喷头。我都看不过去了！

卜万苍　可不是吗！可事后一想，聂子的批评属于正常的艺术批评，很有正义感和良心，绝非私人成见，我就想通啦！来来来，敬你一杯！

聂　耳　喝喝喝。谁让我是水瓶座的男人呢？！心直口快，我觉得朋友间最可贵的是坦诚相见。

卜万苍　我从心眼里感觉，有你这个诤友而万分高兴。

孙　瑜　咱们是不是商量定下来，为了欢迎聂子的到来，大家分别给罗明佑老板推荐他？

众　人　（伸出右手，互相叠压）一言为定。

金焰

聂耳与金焰的合影

金 焰 （对聂耳）你就搬到我屋来住吧？

聂 耳 呵呵，非常乐意。那咱们可就能彻夜长谈了。

［饭后。卜万苍拉聂耳交谈。

卜万苍 最近有几部电影和音乐的事，要和你详谈。

聂 耳 哎呀，我正要找你谈谈呢！音乐和电影的关系实在太密切了。你的认识很敏感。有声电影出现后，音乐在电影中的作用更加无可替代。你看看，场景的渲染、人物情感的表达、主题的升华都离不开音乐。试想一下，若是电影里只有人物对白，没有音乐，多么枯燥无味，简直是如同嚼蜡。

卜万苍 很精彩！很受启发！你赶紧加入电影圈子，依你我的才华，优势互补，好好合作，搞出几部像样的电影来，也算是对中国电影的贡献呀！

聂 耳 说得对。咱们共同努力吧！

［聂耳冒雨到田汉家——一座石库门式的庭院，田汉与聂耳约见。安娥过来倒青岛啤酒。二人边喝边聊。

田 汉 你这个小鬼，离开上海到北平这几个月，革命文艺运动高涨。你来了正好，说说你在北平的情况。

聂 耳 我给您汇报汇报吧。（递交材料）这是北平左翼剧联的书面工作汇报和介绍我入党的介绍信。陆万美也让我单独把北平的文艺活动给您通报一下。

[聂耳对田汉耳语一番。喝青岛啤酒。

田　汉　明白了。由夏衍负责的上海电影小组很重视剧本创作。我和夏衍、阳翰笙已为“明星”、“艺华”、“联华”写了不少反封建的剧本。有《狂流》、《三个摩登女性》、《民族生存》、《中国海的怒潮》等。

聂　耳　太好啦！我听了很激动。上海的左翼文艺比北平还活跃。我想回上海是对的。我要投入！您快带我投入吧！

田　汉　小鬼，说实话，我喜欢你这种满腔热血激情澎湃的精气神。你要是懒懒散散、虚度光阴，我可不喜欢！

1934年夏，聂耳、田汉（右）与王素姐妹合影

聂　耳　哎哟瞧您说的，我准备甩开膀子，在您领导下大干一场呢！哪有工夫虚度光阴啊？

田　汉　莫急。大上海有的是工作要你干。最近各电影公司都来了一批很有才华的文艺人才，你要尽快和他们熟悉起来。不过，你要注意，现在上海处于白色恐怖之中，仍要注意保护好自己。注意和志同道合的人相互团结、相互照应，走出一条革命文艺大众化的道路来。

聂　耳　（不无幽默地）遵旨！干杯！

田　汉　（故意地）你严肃点。干杯！你当前的任务，第一是学习，第二是学习，第三还是学习。要在革命理论指导下，摸索出一套在电影界和音乐界全新的创作方法和艺术技巧来。

聂　耳　是！听您一席话，胜读十年书。真是像伍豪先生说的，五湖四海、三教九流，老大你都可以交朋友，可以为党工作。最近我在家阅读《马克思传》，兴趣很浓。别人在旁边大谈性爱问题，似乎一点也不能吸引我的注意。他们说今天的我，在谈性爱问题时不叹气，这倒是例外。其实读马克思的故事，我觉得心里更踏实了。

田　汉　你这小鬼呀，别恭维我。我问你，怎么做才踏实？

聂耳是中国最早注意吉他并从事演奏的音乐家

20世纪30年代的田汉

聂　耳　看马克思的生平很激励我，显然和以前读马克思的著作时，有着异样的感觉。我今年21岁了，对于一切的知识实在空虚至极。我心里有了一张时间表和路线图。为了实现我改造社会的理想抱负，每天的时间我都要安排得满满的。学理论、学外语、习音乐，都要填满时间的空隙。

田　汉　好呀！这才是一个伟大的少年战士的样子！

聂　耳　我觉得，一个人必须有一个足够大的理想，放开大步去追求。这样才不至于迷失在眼前利益之中。你尽可以去求得足够的物质利益，但不能没有足够大的理想。我的想法是，一定要做最出色的自己，同时要惠及大众。你一定要帮我啊！

田　汉　呵呵，少年心事当拿云啊！不光要有理想，还要把握住道！

聂　耳　什么道？

田　汉　天下大道。

聂　耳　何谓天下大道？

田　汉　道是规律，大道就是众望所归的规律。天下大道就是顺天时择地利求人和的社会历史发展规律，就是人的生涯发展获得成功、达成目标的轨迹。

聂　耳　真让我茅塞顿开呀！

与田汉喝酒后聂耳的醉态

青年导演孙瑜

田　汉　先行动，后知道，贵在行知观其妙。道可道，非常道，天下为公阳关道。

聂　耳　哈！我明白了。你不仅仅是一位知识分子，更是一位知“道”分子。我要跟你学，早早地知道，知大道，行大道。

田　汉　我相信你会成为最出色的人。我会帮助你。喝！喝酒！

聂　耳　呀！咱俩已经喝了五瓶青岛啤酒了，真是快乐极了，快喝醉了。

人生何处寻师导，／屋小心潮逐浪高。／胜读十年一席话，／顿开茅塞几杯浇？／顺天时择地利求人和，／欲成功去奋斗向目标。／先行进后知道贵观其妙，／百川入东海天下归大道。

田　汉　我写过一篇很重要的文章，叫《银色的梦》。我在这篇文章里说：电影、酒、音乐是20世纪人生最重要的东西，而且特别强调电影在人的情感宣泄方面有特别重要的作用。改天拿给你看看。再喝！

聂　耳　还有一件事，我还想去看看黎锦晖老师。以前我口气太大，不小心伤着了他。

田　汉　好呀。这就对了。聂子，你越来越成熟了。嘿嘿，有人敲门。

［黎锦晖“笃笃笃”敲门，上。

聂　耳　（赶紧迎上）黎老师，您好！以前在您的帮助下，我学会了很多技艺，很感谢您！

黎锦晖　哪里哪里。你这小鬼很有出息呀！怎么样？在北平还好吧？嗨——我快成了老朽了。跟不上时代，落伍喽！（以自嘲来反讽）识时务者为俊杰呀！

田　汉　算了吧！黎老哥，过去的事就让它过去吧。黎老哥宰相肚里能撑船。何况聂子的文章是良药苦口呢！

聂　耳　（脸红不自在）今后还请黎老师您多多指教学生。哪里有冒犯您的，请多包涵。

黎锦晖　（被打动）田老弟说得对。聂子镊子，拔除腐肉便获新生。还是你厉害呀，像个外科医生。我黎某怎么……嗨——我这次来，是让田老弟看看我的新歌，提提意见呢。

[说着，黎锦晖拿出几首歌曲新作，请田汉和聂耳看。

聂　耳　好歌！好歌呀！明快清新！

田　汉　是呀！毫无消沉轻浮之感。很有激情！尤其是你这首《进行曲》。

聂　耳　你看这首《奋起前进》：（哼唱着）中原将陆沉，胡骑纷纷！关山染血痕，惨目伤心！闻鸡起舞赖同群，食先尝胆寝则卧薪。楚虽三户足以亡秦。起！起！起！起！莫效秦廷泣，进！进！进！甘为易水魂！

田　汉　很好！聂子，你再看这一首《勇士凯歌》：（哼唱着）拼着血，拼着头，求得自由！为着人类的利益，齐来奋斗。为着世间正义，更要追求！同胞快快向前快快向前走！打倒敌手，往前猛进，除去仇雠，救我国；哪管肉搏，救我族，拼个死活；弹烟炮火，奋勇冲过！刀光剑气相连锁，短兵相接谁能躲。敌人力尽死伤多！

田　汉　锦晖兄，你有很大的变革嘛！儿女情长少了，英雄浩气多了！可喜可贺哟！

聂　耳　太精彩了！对我很有启发！

黎锦晖　过奖了。

聂　耳　（惭愧地）我在想呀，以前写文章批评您，可我心里却忐忑不安。自己本来很浅薄，却太大胆批评人。自己写不出更好的作品，连被骂的那样的作品都写不出来，这算什么艺术家？

黎锦晖　（自责地）我酿成了火灾，让自己所作的流行曲泛滥，是聂耳对我热情善意的劝勉，终于使我结束了坏歌曲的写作。

1933年，聂耳摄于上海

田　汉　聂耳这小鬼，是个好青年。长江后浪推前浪，一代新人在成长。咱们一起培养他吧！把他培养成国家的栋梁！

黎锦晖　好呀！我对聂耳的评价是：他待己甚严，从不讳过，待人很诚恳，爽直！

聂　耳　嘿嘿！嘿嘿！我觉得应该发起一个“中国新兴音乐研究会”，要创造出既能代替大众的呐喊，又保持高水准的新兴音乐来。

田　汉　这是个好主意。你可以多接触生活，锻炼自己的人格。

聂　耳　我记得哲人说气有浩然，学无止境。我想，若不同生活接触，不能为生活的著作，不锻炼自己的人格，无由产生伟大的作品。以后……

黎锦晖　说得太好了。看来你这小鬼几天不见，大有进步呀！你们接着谈，我要先回了。

［黎锦晖下。聂耳送行。

［左翼剧联书记赵铭彝与瘸腿诗人陆万美上。

陆万美　（交给田汉一份材料）聂耳在北平参加了许多革命活动，党性有了进一步提高。因此，他提出申请，要求加入中国共产党。但因时间仓促，来不及办理手续。北平剧联党组织专门写了一份聂耳在北平的表现情况，让我带给上海剧联，希望左翼剧联尽快为他办理入党手续。

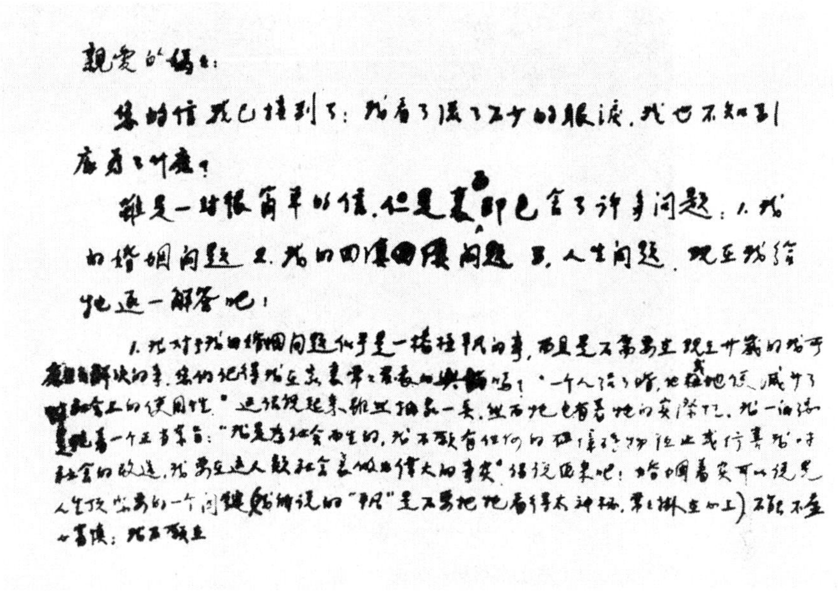

亲爱的妈妈：

你的信我已接到了；我看了流了不少的眼泪，我也不知到底为了什么？

虽是一封很简单的信，但是里面已含了许多问题：1.我的婚姻问题 2.我的回滇问题 3.人生问题。现在我给你逐一解答吧！

1.我对于我的婚姻问题似乎是一桩极平凡的事，而且是不常常发生现在廿岁的我所要解决的事。你们记得我在家里常常最喜欢唱：“一个人活了一辈子，也应该[illegible]对社会上的使用性。”这话说起来虽然[illegible]，然而也有着它的实际性。我一向[illegible]：“我是为社会而生的，我不愿有任何的[illegible]，我要为人类社会尽我的伟大的事业”，[illegible]婚姻着实可以说是人生过程中的一个问题，[illegible]“平凡”是不要把它看得太神秘，[illegible]）不能不[illegible]；我不愿意

聂耳给母亲的信

田　汉　好。聂耳真是个好青年！我觉得也该发展他入党了。他应该是老共青团员了吧？

［聂耳回来。

赵铭彝　（走上前）你好，聂子。向来自云南的老共青团员致敬！

聂　耳　向左联赵书记致敬！向自强不息的诗人陆万美致敬！

［聂耳与二人握手。

陆万美　榆关失守后，北平的同乡们纷纷南下。你走后北平演剧的情况渐渐冷落下来。喂，聂子，你是否有病？

聂　耳　没有呀！

陆万美　哎，为什么你没有在北平时那么胖了？瞧你这无血色的脸庞挂着一副失眠的眼睛。

聂　耳　这是无法的事，为了饭碗，哪里还顾得了什么失眠不失眠呀！

田　汉　今天有件大事要谈。聂耳同志，北平请你填写一份自己的简历，组织上准备发展你加入中国共产党。（递给聂耳一份表）

聂　耳　好啊，我早就盼望这天了。（迅速在那张表格上填写完毕）

田　汉　来，跟我来。陆万美你就休息去吧。

聂耳由田汉（右）介绍加入中国共产党

[三人来到联华电影公司一厂的一间摄影室。

[世纪同龄人、清瘦精干的夏衍身穿蓝布长衫，在那里迎接聂耳。

夏　衍　（老远就伸出手）电影厂今日添光彩，北风吹得奇人来。都说电影厂来了一个长着四只耳朵的奇人，早就想一睹风采了。不过今天看上去，你很年轻嘛！

田　汉　他才21岁。以前他和明月社的那帮演员相处得可好了。

[面对刚刚挂好的共产党党旗，田汉带着聂耳举起右手，宣誓入党。夏衍监誓。

夏　衍　（对聂耳）从今天起，你就是中共党员了。应该明白你肩上的责任重大。眼下是白色恐怖最严重的时期，我们每个人都面临着巨大的危险。你在这时入党，组织上认为你是临危不惧的勇敢战士。既然是战士，就要以饱满的热情投身革命，创造出鼓舞劳苦大众的音乐作品来，去为推翻旧制度，迎接新时代而勇敢战斗吧！

聂　耳　我记住你的话了。我的心在激烈地跳，耳边听到了战场号角。

夏　衍　好了。你回去吧。老田，你和他一起走吧。

聂　耳　今天是个好日子。老大，咱俩去照相馆照个相吧。纪念这个难忘的日子。

田　汉　好呀，咱们走吧！

[老上海某照相馆。

田汉与聂耳坐在照相机的镁光灯之前，一副踌躇满志的神态。

（画外音，唱）《少年中国歌》：

少年磨难莫彷徨，少年正道坦荡荡。少年中国成涅槃，少年中国火凤凰。

摄影师用手示意往前看，随后“咔嚓”一声，二人的神态便摄入相机之中。

[众人下。幕毕。四方神走上幕前。

四方神　少年浩气日日新，少年雄风月月强。少年中国恃雷电，少年中国谁敢当？

| 2 |

[换场。四方神上，吟诵《少年中国说》。

青　龙　少年智则国智，少年富则国富；

白　虎　少年强则国强，少年独立则国独立；

朱　雀　少年自由则国自由，少年进步则国进步；

玄　武　少年胜于欧洲则国胜于欧洲，少年雄于地球则国雄于地球。

[四方神下。

聂　耳　昨天搬了新家，一头的高兴，在明月公司的隔壁。今天，我被任命为联华电影公司音乐股主任。太高兴啦！（兴奋地跳起来）Our new life will begin!（我们的新生活即将开始！）

[“咚”的一声，聂耳的脑袋碰到矮房顶上。

聂　耳　哎呀呀，我的头！（右手摸脑袋，疼痛难忍）音乐股主任是个什么官？兵头将尾？光杆司令？一个人的音乐股！

[丁铃铃——丁铃铃——老式电话响了。聂耳抓起电话。

聂　耳　喂——任光哪，是我。要我来吃饭？好好好。

[聂耳放下电话，出门，到任光办公室——贝当路811号花园工厂的小红楼，有光滑的打蜡地板、大沙发、大的办公桌，位于如今衡山路上的老百代，即使超脱音乐，也已经成为老上海的一个象征了。百代拥有着远东最大的录音棚，王人美、周璇、李香兰、李丽华等等都曾在这里录音。当时的中国动荡不安，可是小红楼的工作始终有条不紊，成为上海流行音乐的圣地。

任　光　来来来，聂子，过会儿来吃饭，你先来听听我的新作。（弹钢琴，演奏新创作的《母性之光》，边弹边唱）

聂　耳　呀！你的曲子很好听啊！很有情感在里面。这旋律、节拍、和声，都表现着特殊的味儿，听去不曾感觉到是从外国东西抄袭来的，但也不是完全的中国味。

任　光　谢谢！最近看苏联的《生路》了吗？

联华歌舞班乐队

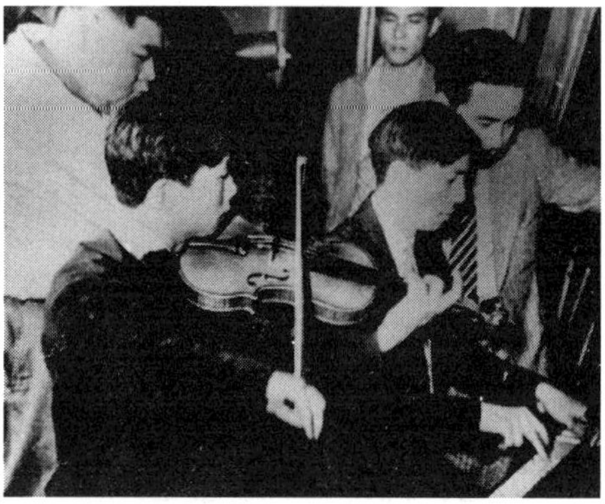

聂耳与任光合奏

聂　耳　《生路》给我们的启迪是：苏联五年计划的建设者不是社会的上层人物，而是大众；它的成功不是偶然的，而是群众的力量。

任　光　是啊！说得很对。我还约了安娥她来，到隔壁那家天津小馆吃饭，走吧。

聂　耳　好啊，安娥？词作家，是河北人吧，爱吃天津菜吧。我正好还想约她写首歌词呢！

任　光　那就好好谈谈吧。

聂　耳　（扯着架子要出去）你们先去，我去旁边明月社看看小朋友就来。

［说着，跑步到旁边的明月社楼下。

王人美　（一身旗袍，满身珠光宝气，正在飘飘然地练歌）弯弯月像钩，钩动忧愁，愁难熬受，泪珠流。流湿了衫袖。……可怜小小的牛，好朋友！牛！又无勇，又无谋。

白丽虹　（正在弹钢琴，一抬头）聂子，聂子——

［王人美停止歌唱。

王人美　Dry brother！你运气真不好，你好久没来找我们玩了，不巧，我们马上又要去拍照。

聂　耳　Dry sister，你不要停止歌喉，接着唱啊！

王人美　不唱了，我们正要出门呢！

周　璇　聂子，聂子——

聂　耳　哎——

于知乐　你不理我了吗？

胡蝶

王人美

周璇

于斯咏　啊，聂子——

王人美　Dry brother！你等我们回来再走吧？

于知乐　聂子，我陪你玩，我不去，我是在家的。

胡　笳　（很伤感，拉着聂耳的手）这几天我就希望有谁来看我，哪晓得谁都没有来，你怎么知道我有病啊？

聂　耳　啊，郑君里导演说你有病，我今天特地来看你的。谁知你们又要去拍照，不能陪我玩。

众女孩　那好吧。该走了，摄影师在外边等我们呢！

［众女孩下。

聂　耳　只要一跨进明月社的门，好像到了另一世界似的。他们不知天有多高，地有多厚，整天只知道寻快乐，只知唱歌、弹琴，别的是再管不着的。不错，这儿是另一世界！是月宫！

聂　耳　所谓为歌舞——黎锦晖的歌舞奋斗到底，这是他们的标语口号，那班黎锦晖的忠实信徒，没有一天不反复地背诵着。然而，事实摆在我们面前，这班信徒，甚至于黎锦晖，只觉得可怜！肉麻！

［王人美又回来，悄悄对聂耳耳语一番。很伤感，抹泪。

聂　耳　（同样伤感）“明月”便是这样瓦解了！人美大概是没问题的和“联华”订了约。我们谈起过去最快乐的时期不禁感伤，几至落泪。

王人美　（临别前）我说“明月”的尾声是 **2 2 7̣ -** ‖，这是一个没有静止的尾声啊！

［王人美下。

[舞台另一隅。天津小馆。任光、安娥喝茶。

安 娥 （哼唱）甜蜜的梦。哎，聂子这人很不错，男大当婚女大当嫁，该给他找一个啦！

任 光 是啊，看这孩子蛮聪明，可是谁有资格配上他呢？

[聂耳戴着眼镜，身穿一身南洋服装，左手抱一束鲜花，右手拿一根文明棍上。

聂 耳 （笑嘻嘻）又在说我坏话啦？我不着急，你们也别急嘛。

安 娥 你找谁呀？

任 光 哟，这是哪位华侨从南洋来啦？

聂 耳 嗨！刚才路过国泰电影院，正好听说有美国兵的军乐演奏，没赶上。只听了几首耶稣赞美诗。嗨！全会场充满了基督教的空气。美丽的美国少女给我戴上鲜花，艳福不浅！嘿嘿。

任 光 （对安娥）看看看，咱们还替聂耳着急，人家自个儿说出来：艳福不浅呀！

安 娥 Hello！四只耳朵！今儿请你吃面。（说着便捏着聂耳的耳朵作为见面礼）

聂 耳 哎哟！ Good night！我的大姐。

任 光 （故意嗔怒）什么大姐？娥子是你大嫂！

聂 耳 哦——对对对，是大嫂。大嫂你好有才哟！红色才女呀！

任 光 耶耶耶——见过夸大嫂的，还没见过这么夸大嫂的！呵呵呵。

众 人 哈哈哈。

聂 耳 看着你们成双成对的，说实话，我心里真想，在来的半路上碰上女朋友啊！

任 光 今天请聂子来是讨论咱们发起成立中国新兴音乐研究会的倾向问题，商量为《母性之光》作曲的事。这是田老大和卜万苍写的剧本。

聂 耳 好！我觉得，什么是中国的新兴音乐？这是目前从事音乐运动者，首先要提出解决的问题。我们知道，在帝国主义占据东北，大量屠杀大众的现在，音乐和其他艺术、诗、小说、戏剧一样，它是代替着大众在呐喊。大众必然会要求音乐的新的内容和演奏，并展示作曲家新的态度。他们感觉到有闲阶级所表现的罗曼蒂克的、美感的、内心的情调是不适切的，是麻醉群众意识的。

任 光 所以嘛，咱们要多创作革命群众歌曲和抒情歌曲，开拓占领左翼电影音乐阵地。

百代公司旧址

聂耳重返上海后创作状态极佳

聂　耳　接受革命的作曲家们试图这种要求，但是编出革命的、同时保持高度艺术水准的音乐，不是容易的事情。抛弃经过几个时代发展下来的作曲的习惯，此外，还有配称为大众音乐的，究竟能够有吗？所以，革命产生的新时代音乐家们，要根据对于生活和艺术的不同态度，把这种大众倾向贯注到自己生命里。

任　光　聂子，你的见解很精辟。看来，讨论音乐研究会成立的事，已经有头绪了。

安　娥　田老大常说：女性本弱，为母则强。《母性之光》很快就要开拍了。你得做些准备。

聂　耳　感谢大哥大嫂的信任，我一定拿出最好的状态来准备。这是说的什么故事呢？

安　娥　故事是一出围绕着慧英和革命者的前夫家瑚以及他们的女儿小梅的家庭悲剧。

聂　耳　（把吃完面的碗往桌上一放）明白。大嫂。

任　光　今年，咱俩同时进入了上海电影界，从此咱俩就成了亲密的战友，要联手共同开创中国新兴音乐和电影音乐的新局面吧！

聂　耳　（用地道的北平话）您是留洋法兰西的海归派老大哥呀！她是留洋苏联的海归派大嫂！你们都是我的铁哥们儿，比我强，我听您的。

1933年冬，聂耳（中）、吴永刚（左）与金焰（右）

安　娥　地道——哟，聂子才在北平几个月，就把北平话说得这么地道！

任　光　我要求你我同为进步电影《母性之光》配乐作曲。我创作电影的主题歌《南洋歌》，聂子，你来创作电影的插曲《开矿歌》，好不好？

聂　耳　当然好啦。咱们的音乐研究会从今天开始了。这也算研究会的项目吧。谢谢任大哥改正了我很多在“乐句”和“味儿”上的错误。电影什么时候开始呢？

任　光　《母性之光》已经在前天田老大的生日那天开机了。

聂　耳　哈哈，多么有意义的一天啊！

安　娥　所以今晚请你来吃面，这个宴会怎么样？

聂　耳　当然很好啦！既然任大哥信任我，让我写曲子，从今起，我要注意现在生活的充实，不要过分地理想将来的生活。

任　光　不光是我的信任，还有田老大的信任，他若不信任你我也没办法。

聂　耳　明白了。我想，我得加强音乐上的修养：一要经常地写谱。二要尽可能地参加乐队演奏。三要注意云南的音乐。

安　娥　（拿出田汉歌词手稿）给你这首《开矿歌》歌词，它揭露了当时在南洋的荷兰资本家对当地华工的残酷剥削，表现了在沉重阶级压迫下劳动群众的呻吟和呐喊。你先看看。

聂耳扮演矿工时与黎灼灼合影

1933年，聂耳成功地在影片《母性之光》中扮演了一个黑矿工

聂　耳　（接过手稿）好。我来看看。

任　光　聂子，你抓紧创作吧！

聂　耳　（如战士接受战斗任务般）是！保证完成任务！

任　光　听说你最近生活很拮据？你要去争！加薪，要酬劳，不要太傻！

聂　耳　我想也是啊。你看看，我有个半年计划。A. 经济的：1. 生产：在联华工作，每月28元，写文字每月10元，作曲不定。2. 消耗：饭10元，住4元，车费10元，零用4元。B. 学业的：音乐，电影，戏剧。

安　娥　你每月所得28元，但给他们做的事太多了，不要受人利用！

聂　耳　可蔡楚生说，一个人若是还没成熟的时候，最好少说话。你虽觉得音乐在电影上的重要，但资本家看你并不在眼里，而是可要可无的，他们总是尽其剥削之能事。我希望你在此刻拼命地学习、研究，预备在将来去用。若是没有用的机会，在这一生里不断地学习、研究，倒也是极快乐的事。

任　光　我听卜万苍说：老聂是个导演人才，做戏或者还少有希望，但有自由主义的色彩。

安　娥　算了，别多劝聂子了。想想在这失业恐慌的社会里，有碗饭已经算是不错的了。

1934年，聂耳参加金焰、王人美结婚典礼照

聂 耳 所以，我要不断地努力！努力！努力！我的信条是：不说漂亮话，不出风头，多读书，多写作，多拉琴！

[《母性之光》老电影由聂耳拉出的小提琴音乐起，屏幕展现这部半有声电影的片段：金焰、陈燕燕主演的几段蒙太奇。一个黑人矿工在奋力开矿。电影中聂耳扮演的黑矿工渐化成舞台上的聂耳……

[舞台演员再现：只见聂耳头上裹着一块白布，赤裸着上半身，腰间围一条黑白格子布，光着脚，全身涂黑色，活脱脱一位黑人矿工形象，领着众矿工唱这首《开矿歌》。

聂 耳 嗷嗬！嗷嗬！嗷嗬！开矿！嗷嗬！嗷嗬！开出来黄金黄。

我们在流血汗，人家在兜风凉；我们在饿肚皮，人家在餍膏粱。

我们终年看不见太阳，人家还嫌水银灯不够亮。

嗷嗬！嗷嗬！嗷嗬！开矿！嗷嗬！嗷嗬！开出来黄金黄。

我们大家的心要像一道板墙，我们大家的手要像百炼的钢。

我们造出来的幸福，我们大家来享！

[导演卜万苍和编剧田汉也在观看。

任 光 不错！你在音乐中运用了劳动号子的节奏和一领众合的形式，表现了工人阶

任光

陈燕燕与安娥（1905—1976）

级的劳动形象，很合适呀！

安　娥　我觉得聂子力图表现工人阶级那种沉着坚毅的性格特点，很有创新精神。

田　汉　呵呵，聂子的处女作终于出台了。虽有稚嫩不足，但这毕竟是中国第一首正面塑造工人形象的歌曲。下次我们再来合作。

卜万苍　怎么样？聂子，还是要感谢我吧？又能演戏，又能作曲，你整个儿是个天才啦！

聂　耳　谢谢你们的鼓励。我听了太高兴了！

［陈燕燕一身戏装，站在了摄影机前，准备着。

卜万苍　很好！下一场，是陈燕燕的戏。就是小梅痛失爱子的那一场。这是一出悲剧。聂子你拉琴，帮助燕燕进入表情。快！提琴！

聂　耳　好咪！（顾不得换装，拿起小提琴，站在摄影机后面，拉起悲伤离合的曲调）

陈燕燕　（抱起死去的爱子，脸上现出悲痛欲绝的表情，泪如雨下）哇哇——哇哇——

卜万苍　好！OK!一次通过。

陈燕燕　（转哭为笑）该死的聂子呀，你是怎么拉的这曲子呀？你为什么拉得这么悲？让我大哭不已！

聂　耳　这说明你的演技好呀！

陈燕燕　不！是你的演奏好！

田　汉　（对卜万苍）咱们还有个会议要开，先走吧！

任　光　时间不早了，你们回家吧！我在这小红楼里还要继续工作。

聂　耳　呵呵，你百代牛气冲天，比我们联华有钱啊！

安　娥　如果百代要录歌，即使是周璇这样的红星也是随叫随到。每每唱片刚上柜就遭到疯抢，黑木胶唱片一张最多录一首歌，一张唱片的价格差不多在一个银元上下，换算成21世纪的货币也许就是两百多元。所以，聂子你就抓紧写歌吧？

聂 耳 写歌得要你来给我写歌词呀！

安 娥 这没问题。有什么要求你就尽管说。（对聂耳悄悄地）任光在百代担任音乐部主任，生活也很优裕，他还在徐家汇有幢花园式洋房呢，另外还开着一辆奥斯汀牌的小轿车。

任 光 娥子，你在给聂子说我坏话了，是不是啊？

安 娥 哪敢呀！我是说，你们法资经营的百代公司提倡“自由风”，各种流行歌曲，只要能赚钱，则来者不拒。在当今民族危亡的时刻，革命歌曲自然成为歌曲中非常“流行”的一种。让聂子多作些曲子，既为革命，也为生活嘛！

任 光 对对对！咱们得提携着聂子，谁让他是咱小弟弟呢？娥子，咱们开车走吧？时间不早了。聂子，搭我的车，送你？

聂 耳 不啦！今天我太开心啦！我去霞飞路散散步，顺便买几份报纸，听说咱们的《母性之光》创作花絮上报纸了。

安 娥 那好吧！不拉你了，我们先回家了。

[任光、安娥下。后台小轿车发动声音。

聂 耳 喂！还有一件事，我想请安娥大姐跟我走一趟。

[幕后任光的声音：你跟聂子去吧。

[安娥返回。

[午后，二人走在上海的霞飞路上，聂耳哼唱着昆明民间洞经音乐《宏仁卦》的旋律，眼前浮现出翠湖风景。亭台楼阁、水榭曲桥，历历在目。

聂 耳 大姐，最近联华让我休息，可能是要解雇我吧？你看能不能给任光说说，我到百代公司给他当助手呀？

安 娥 这是个好主意。我也正想找你说说这事呢！你看他忙得整天顾不上家，你去了，也好帮帮他嘛！

聂 耳 娥子大姐，你给我讲讲你留学莫斯科的故事吧？我可向往那里了！

安 娥 呵呵，你这个水瓶座男孩还蛮有意思啊！

聂 耳 你这个天秤座大姐是我学习的榜样啊！

安　娥　你真的想知道？那我就告诉你。1926年，我被党组织派往大连从事宣传和女工运动，后赴莫斯科中山大学学习。1929年，我回到国内，在上海中共中央特科工作。至于留学故事吗？你找找田汉主编的《南国》月刊编发了我创作、署名苏尼亚的小说《莫斯科》，小说描写了一位留俄女学生的真实生活。

《卖报歌》的原型小毛头杨碧君

聂　耳　哎，你和老大怎么认识的？

安　娥　你干吗问这个？你要写爱情小说吗？

聂　耳　不是啊，你忘了？老大是我的入党介绍人啊！

安　娥　知道啊。当时的南国社发起新戏剧运动，田汉在上海文艺界已经很知名，是一个各派都有关系、各派都要争取他的人物。组织上为了争取田汉，派我与他联系。而我与田汉的交往便是从文艺活动开始的。我仰慕田汉的才情，协助田汉的南国社开展戏剧运动，还常常将自己创作的作品拿给田汉看。

聂　耳　哦，明白了。怪不得有个诗人王礼锡说：田汉是个性格很强的人，而他的个性竟为一个女性所降服，可见这位红色女郎的魄力和魅力有多么惊人。

安　娥　喂！红色女郎可别乱叫啊！你想让大姐送死啊？这里还是白色恐怖呢！

聂　耳　（一吐舌头）我哪能呢！我明白！咳——真羡慕你们，又有革命工作，又有爱情生活呀！你瞧我，全是机械式的生活，没有一点爱的滋润，苦矣！尽管这样，还有人谣传我和明星谈瑛如何如何？遇到这种冤枉事，真倒霉！你说有这么多工作，实际上我也无半点寻求恋爱的暇时，奈何是好呀？

安　娥　别理他们，清者自清，浊者自浊。

聂　耳　嗨呀，我渴望真爱。我坚决要求组织上也给我派一个红色女郎吧！

安　娥　你瞧瞧，想美死你呀？好好干工作吧！会有的，一切都会有的！

［傍晚，霞飞路拐弯处，一位小姑娘匆忙地卖着报纸——卖报啦！卖报啦！

聂耳与电影《风云儿女》的女主角，《铁蹄下的歌女》演唱者王人美在石蒲路边

《申报》、《晨报》、《大晚报》，《文汇》、《新闻》、《东方报》。七个铜板两份报，今天的新闻实在好！她声音清脆、响亮，听着颇像一首动人的歌。有顺序地叫卖着报名和价钱。

聂　耳　(走过去买了几份报，同时跟她聊)小毛头，买报，你的报纸一样一份，全买。

小毛头　好呀！叔叔，你真大方。

安　娥　今天卖了多少份报呀？

小毛头　不多，阿姨，才卖了七十多份。

聂　耳　喂，小毛头。问你个问题，为什么不去上学读书呢？

小毛头　我也想啊，可是爸爸有病，妈妈在日本人开的纱厂做工，家庭生活困难。不得不这样呀！

聂　耳　(对安娥)我很想把卖报儿童的悲惨生活写出来，请你写首词吧？

安　娥　那好啊！一言为定。就为这孩子写首《卖报歌》吧！你看这样写好不好——(安娥激情吟诵起)啦啦啦！啦啦啦！我是卖报的小行家……

聂　耳　(同样激情地)5 5 5 | 5 5 5 | 3 5 6 53 | 2 3 5 |……

小毛头　(聪明地跟随聂耳、安娥唱)啦啦啦！啦啦啦！我是卖报的小行家，不等天明去等派报，一面走，一面叫，今天的新闻真正好，七个铜板就买两份报。啦啦啦！啦啦啦！我是卖报的小行家，大风大雨里满街跑，走不好，滑一跤，满身的泥水惹人笑，饥饿寒冷只有我知道。啦啦啦！啦啦啦！我是卖报的小行家，耐饥耐寒地满街跑，吃不饱，睡不好，痛苦的生活向谁告，总有一天光明会来到。

［聂耳、安娥挥手向小毛头告别，下。小毛头歌声中，街上人头攒动，围拢过来买报。那位小姑娘真的一边唱歌一边卖报，报纸卖得又多又快。

［幕毕。幕前，四方神上。

四方神　红日初升，其道大光。河出伏流，一泻汪洋。

青　龙　潜龙腾渊，鳞爪飞扬。乳虎啸谷，百兽震惶。

白　虎　鹰隼试翼，风尘吸张。奇花初胎，矞矞皇皇。

朱　雀　干将发硎，有作其芒。天戴其苍，地履其黄。

玄　武　纵有千古，横有八荒。前途似海，来日方长。

四方神　美哉我少年中国，与天不老！壮哉我中国少年，与国无疆！

| 3 |

[换场。四方神上，唱《夜上海》。

青　龙　夜上海，夜上海，你是个不夜城，

白　虎　华灯起，车声响，歌舞升平。

朱　雀　只见她笑脸迎，谁知她内心苦闷。

玄　武　夜生活都为了衣食住行。

青　龙　酒不醉人人自醉，胡天胡地蹉跎了青春。

四方神　月色朦胧倦眼惺忪，大家归去心灵儿随着转动的车轮。

青　龙　老上海，既有靡靡之音，也有革命号角，构成一个鲜明的对照！

[四方神下。大幕开。

[上海某私立女中演奏会上。

报幕员　现在由百代唱片的聂耳先生指挥森森国乐队，演奏他新创作的《翠湖春晓》和《金蛇狂舞》。

[聂耳身穿黑西服，系黑领结，精神抖擞，指挥乐队演奏……

[演奏完毕，众女生和老师们感到既惊讶又新奇，报以热烈的掌声。尤其《金蛇狂舞》那强烈的节奏和明快的旋律把在场的观众情绪推向了高潮。

[田汉上。

田　汉　聂子，你的名声越来越响了。最近当局的文化"围剿"越来越猖獗了。不光电影审查严，连小说也被审查。鲁迅、茅盾和巴金都被他们当成反动作家，作品不准发表。实在令人气愤！我们必须反击。我正在写《扬子江暴风雨》的歌剧，要你来帮忙。

聂　耳　好呀！没问题，你说说剧情吧？

田　汉　剧情给你一份。这次不光请你作曲，也邀请你来主演。

聂　耳　好！交给我吧，我一定完成任务。

[八仙桥青年会馆礼堂。舞台背景：上海码头。远处停靠着外国货船，船上装载着大米、小麦、炮弹和炸药。一边唱着号子，一边从外轮上搬运货物的一

聂耳按照田汉要求在剧中扮演苦力老王

聂耳在跳绳

群码头工人在唱百灵作词、聂耳作曲的《码头工人歌》——

从朝搬到夜，从夜搬到朝，眼睛都迷糊了，骨头架子都要散了。

搬哪，搬哪，嗨依哟嗬，嗨依哟嗬，嗨依哟嗬，嗨依哟嗬，

笨重的麻袋、钢条、铁板、木头箱，都往我们身上压吧，为着两碗吃不饱的饭，

搬哪，搬哪，嗨依哟嗬，嗨依哟嗬，嗨依哟嗬，嗨依哟嗬，

每天流汗，每天流血，在血和汗的上头，他们盖起洋楼来。

搬哪，搬哪，嗨依哟嗬，嗨依哟嗬，嗨依哟嗬！

（白）一辈子这样下去吗？不！兄弟们，团结起来！

向着活的路上走！搬哪，搬哪，嗨依哟嗬，嗨依哟嗬，嗨依哟嗬！

[聂耳按照田汉的要求，在剧中扮演了苦力老王，扮演小孙子的是田汉的儿子田海南。剧情进入了高潮，演到码头工人不愿为帝国主义搬运军火，起来反抗，把一箱箱弹药扔进黄浦江。日本水兵开枪打死两个工人。

聂　耳　（扮演老王，怒视敌人，向工人们）兄弟们，我们都死了吗？

众工人　（齐怒吼）我们没有死！

聂　耳　对啊。我们并没有死！我们中国人并没死尽，就是我这可怜的孙子，也没有死。你们瞧，他不是还睁着那么大的眼睛吗？他死得不甘心，他恨不得吃帝

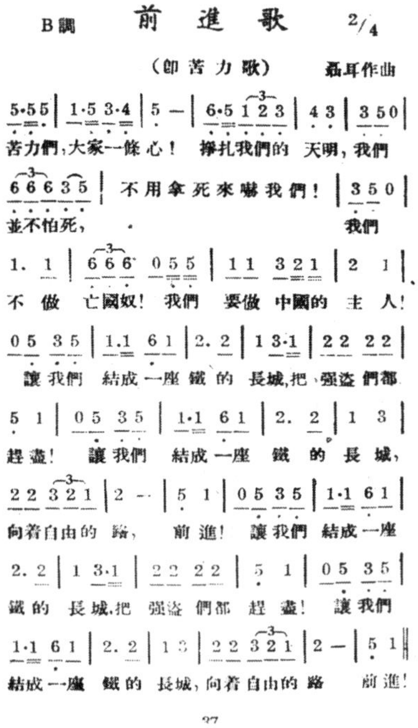

《前进歌》（原载《中国呼声集》初版，1936年7月于上海）

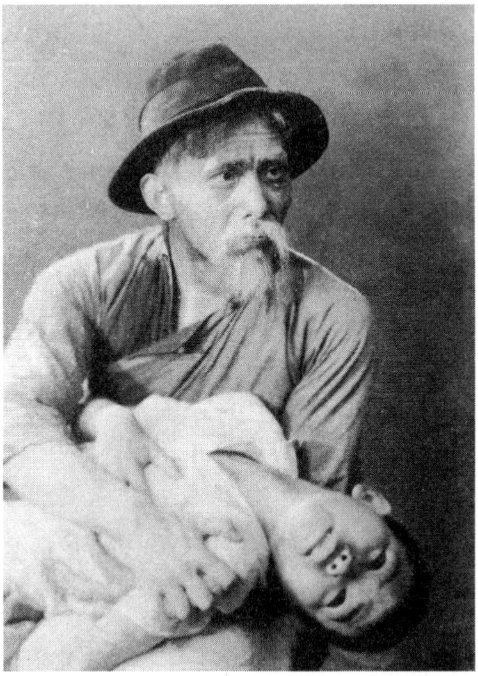

码头工人老王的孙子被帝国主义者开枪打死时，老王抱起他的孙子唱《苦力歌》（后改为《前进歌》，田汉作词，聂耳作曲）

国主义的一块肉！

众观众　（在台下一片沸腾，高喊）打倒日本帝国主义！不做亡国奴！

[当码头工人老王的孙子被帝国主义者开枪打死时，老王抱起他的孙子唱：《苦力歌》（后改为《前进歌》，田汉作词，聂耳作曲）：

同胞们大家一条心，挣扎我们的天明。我们并不怕死！（白）不用拿死来吓我们！

[全体演员齐声高唱：

我们不做亡国奴，我们要做中国的主人！让我们结成一座铁的长城，把强盗们都赶尽！让我们结成一座铁的长城，向着自由的路，前进！

[聂耳扮演的老王唱得慷慨悲壮，观剧的人无不热泪盈眶，从而激起了极大的抗日热情。

[剧场后台，聂耳在卸妆。由苦力老王变回青春聂耳。

[一个塔斯社洋记者看完演出，手中挥舞着戏票大步走上台。

洋记者 （拉着聂耳的手）太好啦！你们演得太好啦！我多年没看到这样激动人心的场面了！

［袁牧之上。

袁牧之 聂子，祝贺你演出成功！新成立的电通影片公司要拍摄处女作《桃李劫》，剧本是我写的。我想请你来作曲。

聂 耳 谢谢你的信任。你说说剧本故事吧？

袁牧之 给你剧本看看。影片以主人公在狱中回忆学校时代的校长开始，夏衍、田汉和应云卫都认为这是一种崭新的表现手法。很赞成。在主人公被押赴刑场时，最后一个镜头，校长再次出场，我构思，这时候要响起当年主人公毕业时，和同学们一起唱过的毕业歌。聂子，你要为这首歌谱曲，要表达出青年人的爱国热情，和为理想奋斗的精神。

［夏衍上。

聂 耳 太好啦！我能！歌词还是田老大写的吗？

袁牧之 没错。给你这歌词。

聂 耳 （快速浏览一遍）呵呵，这是一首充满活力、旋律明快的歌呀！我有信心！

夏 衍 这一部《桃李劫》电影很难得！是在田汉和聂子《扬子江暴风雨》一片叫好声里筹备的。我相信，凭着大家的共同努力，一定会大获成功的！

聂 耳 感谢诸位如此器重我！我一定把主题曲谱好！让这首歌飞出电通，飞向全国。

［说着，站起来，飞扬起双臂，仿佛就在此时此地指挥大家演唱——

同学们，大家起来，担负起天下的兴亡！

［幕后之声，众同学激情澎湃，放声高歌——

听吧，满耳是大众的嗟伤！看吧，一年年国土的沦丧！我们是要选择“战”还是“降”？我们要做主人去拼死在疆场，我们不愿做奴隶而青云直上！我们今天是桃李芬芳，明天是社会的栋梁；我们今天是弦歌在一堂，明天要掀起民族自救的巨浪！巨浪，巨浪，不断地增长！同学们！同学们！快拿出力量，担负起天下的兴亡！

［背景：太湖风光。这里正在修一条环湖公路。联华二厂的电影《大路》在此拍摄。

［导演孙瑜和词作者孙师毅正在给聂耳介绍故事情节。

聂耳与《渔光曲》的主创人员在象山县石蒲海滩（右一聂耳、左二蔡楚生、左一罗朋、右二王人美）

聂　耳　孙导，我看了你的《大路》剧本。写得不要太棒啊！这部以青年人在抗战前团结筑路，表现群众齐心抗日力量的题材蛮好的嘛！

孙师毅　这个剧本通过对筑路工人的描写，生动地反映了全民抗日的愿望。影片中的人物性格各异，但为同一目标他们团结友爱，体现了中国工人阶段大公无私、坚强勇敢、豪迈乐观的优秀品质及他们的爱国热情和大无畏的牺牲精神。

孙　瑜　我说聂子，咱们探讨一下电影艺术问题。我认为，30年代中国电影所面临的挑战和机遇都是前所未有的，电影技术在这一时期有了重大突破，电影媒介完成了从纯视觉向视听媒介的转变。

孙师毅　聂子呀，咱们这批接受五四新文化运动洗礼的年轻一代，将取代鸳鸯蝴蝶派文人，会成为中国电影的主要力量。我们有与上一代完全不同的生活理想和美学标准。

聂　耳　你俩是大哥，你们说得对。《大路》的抗日主题鲜明，并把抗日斗争与中国工人阶级联系起来。突出表现工人阶级是抗日的主力军。

孙　瑜　因为这部《大路》是配音歌唱的默片，所以我希望你把这两首歌能像《伏尔加船夫曲》那样深沉有力。旋律要有筑路工地特有的节奏，比如铁磙压路时的节奏。这样就可拍摄不同的筑路场景时，反复播放主题歌。

聂　耳　我会的。我觉得在表现筑路工人艰苦沉重的步伐时，更应该强调他们的团结

聂耳在苏州

聂耳在滑旱冰

精神，承担重任争取解放的信心，和青春勃发的乐观态度。

孙师毅　好啊，你理解得很到位。青春勃发这一点对我很有启发。哎，不妨你再设计上两场健康清纯的性感情节：几个年轻筑路工人在傍晚，脱光衣服跳到河里，回到河边嬉戏。不料却被两个卖菜姑娘看见，羞得他们赶快一头扎进水里。

孙　瑜　说得对呀。除了抗日爱国主题鲜明以外，我想在本片对性场面处理得大胆，纵使明天看了，亦令后人为之咋舌。其中一场是6名青年裸体在海中游泳，丁香与茉莉在山坡上走过，故意停下来调笑他们，而他们则干脆站起来撩水回击，此时男子的下体清晰可见。另一场是茉莉将丁香抱坐在膝上，亲热地互相谈论她们所喜爱的青年，茉莉还用手按住丁香的胸部……

聂　耳　嗨呀！到底是从纽约回来的海归派导演，就是与众不同。只是不要太性感！我先去筑路工地实地体验生活，再拿出歌谱来给你看。哎，你看这第一句和最后一句，为什么是“轰！轰！轰！哈哈哈……”

孙　瑜　师毅的原意是，轰倒帝国主义、封建主义、官僚资本主义三座压在中国人民头上的三座大山呀！

孙师毅　我觉得，开头和结尾的三个“轰”，要给人以势不可挡的气魄！而后面的开怀大笑，则显示出必胜的革命信念！

［从江湾筑路工地回来，影片也拍摄完成。《大路》的故事内容是：金哥（金焰饰演）在筑路工地上做工，他与老张、郑君、小罗和章大成了形影不离的

孙瑜

孙瑜导演，聂耳作曲的《大路歌》剧照

《大路歌》（原载《联华画报》第5卷第1期）

患难兄弟。为了谋生，也为了做更有意义的事，他们决定去乡下参加修筑军用公路，新认识的流浪汉韩小六子也加入了他们的行列。在乡下，他们顶着烈日，唱着《开路先锋》奋力筑路，而饭铺中两位活泼的姑娘丁香（陈燕燕饰演）和茉莉（黎莉莉饰演）也与他们相处得很愉快。

[背景大屏幕：影帝金焰扮演的金哥带领一群工人正在筑路，响起《开路先锋》(孙师毅词，聂耳曲)的雄浑歌声——

轰！轰！轰！（哈哈哈）轰！我们是开路的先锋！/不怕你关山千万重，几千年的化石，积成了地面的山峰！/前途没有路，人类不相通。/是谁，障碍了我们的进路，障碍重重？/大家莫叹行路难，叹息，无用！/我们要引发地下埋藏的炸药，对准了它轰！/轰轰轰！看岭塌山崩，天翻地动！/炸倒了山峰，大路好开工，挺起了心胸，团结不要松！/我们是开路先锋，我们是开路先锋！/轰轰轰！哈哈哈哈！轰！

[《大路》电影公映，观众好评如潮。

[小毛头又出现在霞飞路、吕班路口（今重庆南路）卖报。

小毛头　啦啦啦，啦啦啦，我是卖报的小行家。《开路先锋》和《大路歌》，一面唱，一面叫，今天的电影真正好，聂耳作曲好听我知道！……

[行人纷纷来买报，只见上海各媒体赞颂有加——《申报》：“《大路歌》是一个弘扬和启发民族意识的作品，歌曲倾吐了作者的满腔的热望。”《东方报》：“《开路先锋》歌声里那一种排山倒海的气势，显示了中国工人阶级自豪必胜的信心。”

[舞台另一角，聂耳沉浸在回忆创作的沉思之中。

聂　耳　为了与《开路先锋》中的“轰轰轰！哈哈哈哈！”相对称，我在《大路歌》里加入了劳动号子。

[银幕再现《大路歌》的镜头：不久，传来了敌国侵略军向内地逼进的消息。为了破坏金哥们的筑路速度，汉奸处长把他们关入了土牢。丁香和茉莉闻讯后前来营救，在搏斗中，老张被看守的匕首夺去生命。金哥们又回到了筑路工地，这时，敌机袭来，金哥、郑君、小罗、章大、韩小六子和茉莉中弹牺牲。丁香幸存下来，她幻见金哥们从血泊中站起来，继续高唱着《大路歌》并肩行进在筑路工地上。

金　焰　哼呀咳嗬，咳嗬咳！哼呀咳嗬吭，嗬咳吭！/大家一齐流血汗，嗬嗬咳！为了活命，/哪管日晒筋骨酸，嗬咳吭！合力拉绳莫偷懒，嗬嗬咳！/团结一心，不怕铁磙重如山，嗬咳吭！/大家努力，一齐向前，大家努力，一齐向前！/压平路上的崎岖，碾碎前面的艰难！/我们好比上火线，没有退后只向前！/大家努力，一齐作战！大家努力，一齐作战！/背起重担朝前走，自由大路快筑完。/哼呀咳嗬咳，咳嗬咳！哼呀嗬咳吭，嗬咳吭！/哼呀咳嗬咳，咳嗬咳！哼呀嗬咳吭！

[上海金城大戏院观众席。观众看完电影《大路》，一片掌声、叫好声！

[散场后，众人久久不肯离去，还沉浸在讨论中……

王人美　嗨呀，这真是一部很男人的歌呀！聂子是真汉子！写得这么雄浑有力！

聂　耳　嘿嘿，干姐姐过奖了！我还记得你前天的鼓励呢！（学王人美的声音，抚摸着肚子）聂子，为了我肚子里的小宝宝，你也要写出好歌来呀！

众　人　哈哈，哈哈！

聂耳辅导陈燕燕唱歌

王人美　（对黎莉莉）最初聂子来到我家，用钢琴给我们弹奏他的曲子，征求大家的意见。歌词中有一句“背起重担朝前走，自由大路快筑完”的词，金焰建议说“重担”那里用高音好，于是聂子就把那里改成了高音。让老公金焰一唱，肯定流传全国的！

黎莉莉　导演让我演茉莉。“大路”上张扬起的风沙，那帮筑路工人的汗水，投影在那个时代，就是最原始的力量，一群年轻的筑路工人生活在一起，劳动在一起，他们在各地修筑公路，在烈日下流着汗、拉着绳高唱着自己编的《大路歌》和《开路先锋》。

陈燕燕　回忆起来，苦不堪言哪！只有到小饭铺去吃饭的时候，丁香和茉莉两位姑娘的笑容和歌声才给他们带来了欢乐。最后，筑路工人死在了突然而至的敌机扫射之下，抗敌的军用卡车通过刚刚修成的公路一辆辆驶向前方……

聂　耳　这样一个故事，有死亡，有爱情，有仇恨，再加上孙瑜导演灵动的执导风格，当然打动很多热血青年立志保家卫国。

王人美　喂，聂子，你啥时候给我们女人也写几首好听的歌呀？

蔡楚生　哎，你别小瞧这部影片。它可是中国工人形象走上银幕的开端，成为“中国革命之号角”。下一部就看我的了！我在筹备一部《新女性》。

七星高照左起：徐来、王人美、陈燕燕、黎明晖、叶秋心、阮玲玉、袁美云

黎莉莉　那可要聂子来写音乐吧？

陈燕燕　对对对，我们要聂子写音乐。

蔡楚生　好！让聂子写，我求之不得呢！

聂　耳　最近太忙了！可面对挑战，我唯一能做的就是——战斗！因为我是一个战士！战斗，战斗！我要掀起中国暴风！

王人美　聂子，这回你可实现了你的梦想了吧？

聂　耳　是啊！我童年的梦想就是当作曲家。现在我要当大作曲家！为中国的新兴音乐吹响号角！

陈燕燕　嘿嘿！有个小伙不知羞，见了骆驼不吹牛！

王人美　去去去！你这“南国乳燕”乳臭未干，懂什么？

陈燕燕　你不就才大我一岁吗？干吗教训人啊？我是跟聂子哥哥开玩笑的。

王人美　关键时刻要加油！要给力！这才是好朋友！

黎莉莉　是啊！咱们给力！聂子！努力吧！我们为你加油！过去我错怪你了，你可不要记仇呀！

聂　耳　哪能呢！天上下雨地下流，好朋友误会不记仇！

黎莉莉　以后我得向人美学。她自小秉承的家风，让她在纷繁复杂的上海滩中，得以洁身自好，与所有人都交好。

孙师毅　不吵了！别吵了！你们这些小喜鹊，就知道喳喳乱叫。说点正事儿，最近电

才华横溢的导演蔡楚生是阮玲玉的红颜知己

温婉、美丽的阮玲玉出演过《新女性》和《神女》等经典电影

阮玲玉出演电影《新女性》

影明星艾霞之死引起了社会广泛关注。我写了一部以艾霞为原型的剧本《新女性》。

蔡楚生　师毅交给我来导。《新女性》是根据自杀而死的作家兼电影明星艾霞的经历改编的。我给阮玲玉说好了，请她来主演艾霞。也许是一个真实生命的悲剧感染了阮玲玉；也许是艾霞的无奈相似于阮玲玉；也许是冥冥之中有一种魔咒牵引着阮玲玉，她非常愿意来演。

聂　耳　听了你们说的剧情，我觉得主题歌必须表现出新女性自立而坚强的个性，不能像《桃花江》那样软绵绵、柔蜜蜜的。或者改编，应该是激越、向上的！

王人美　看来我早晚也得检讨自己，唱了不好的靡靡之音，演了不好的戏。

聂　耳　干姐姐，我可没说你呀！

孙师毅　剧中初涉社会的文艺青年艾霞，因为年轻和单纯，竟然误把玩弄女性的人当做了爱人，等到她发现爱人对她始乱终弃之后，有着人格尊严和强烈自尊心的艾霞选择了自杀。

蔡楚生　阮玲玉是个大明星，有她就有票房。可是她的私生活却非常不幸。

陈燕燕　就是嘛，她和茶叶公司汤老板同居后，已经分手的前夫还来纠缠不休。

黎莉莉　玲玉姐姐曾痛苦地对我说：前夫把我当摇钱树，汤老板只是玩弄我。咳——女人真是太不幸了！她说：我就希望多演戏，才能消弭我的痛苦。唯有演戏能救赎我。

王人美　喂，聂子，你姐夫金焰问你何时结婚呀？

聂　耳　咳——你问我，我问谁呀？这就叫做，爱我的人我不爱，我爱的人不爱我呀！你干弟弟嘛，女性朋友不少，可惜只有姐妹缘，没有桃花运呀！

陈燕燕　这就是水瓶座男孩子的特点喽！用一个字来形容你，就是：正；两个字来说，就是：太正；三个字来说，就是甭太正！

黎莉莉　是呀，人家不是说嘛：男人不坏，女人不爱。就因为你太正派！

聂　耳　嘿嘿，别说我啦！说说正经的吧！就说《新女性》。

蔡楚生　也是文艺青年的我，既是为了救赎阮玲玉，也是为了纪念艾霞，才要导演《新女性》，我相信，阮玲玉肯定能在《新女性》中成功塑造女作家韦明的形象。这部片子，主题是要救赎女性，从旧女性变成新女性……

聂　耳　救赎固然重要，但解放也许更好！上海毕竟是冒险家的乐园。上海的性别是女人。为了女人，冒险家才来到这个地方。所以，我愿为女性写歌。

孙师毅　最近我查到了两段名言。不妨给大家说说：第一，“女子者，国民之母也。欲新中国，必先新女子；欲强中国，必先强女子；欲文明中国，必先文明女子；欲普救中国，必先普救我女子。”

众男女　讲得不要太精彩啦！

聂　耳　是啊！新中国，新女子。苟日新，日日新。

孙师毅　第二，还有一段说“改铸女魂”的三个目标是：“易白骨河边之梦为桃花马背之歌，易陌头杨柳之情为易水寒风之咏，易咏絮观梅之什为爱国独立之吟。”

聂　耳　（拉着众姐妹的手）好啊！慷慨悲歌，移风易俗，以改造中国妇女为己任，跃然纸上。

孙师毅　你们大家猜一猜，这两段名言是谁的？在哪个报刊上发表的？猜对了有奖啊！呵呵，呵呵。

王人美　观众猜对了，到后台领奖好吗？

陈燕燕　什么奖品呀？

孙师毅　奖品很神秘，就是不告诉你！

[1935年2月2日，除夕前夜，电影海报：上海金城大戏院首映《新女性》！东方大明星阮玲玉领衔主演！

[金城大戏院门前，“卖报！卖报！阮玲玉私生活八卦报道！”“卖报！卖

1933年，聂耳在影片《城市之夜》中扮演乐手

报！张达民抖搂和阮玲玉同居隐私！”

[《新女性》电影开演之前，联华女子合唱团团员们身穿藏青色纺织女工服，准备为《新女性》首映献歌。蔡楚生和阮玲玉出现在众人面前。

众女子　大明星来啦！请你和我们合个影吧？

聂　耳　是啊，玲玉姐，蔡导，大家的要求，请满足吧？

阮玲玉　好呀！一起照相吧！

[阮玲玉拉着蔡楚生走到大家中间。

[摄影师上来照相：来来来，大家向中间靠拢啊！不要太松懈！来！准备！一、二、三——茄子！咔嚓！

[照相完毕，阮玲玉拟退。

阮玲玉　（对聂耳）训练合唱队一定很累吧？

聂　耳　不累！不累！

阮玲玉　那就好！聂子！加油！好好干！

聂　耳　你放心吧！导演，开始吧？

蔡楚生　好！准备，开始——

［在同样身穿男工服的聂耳指挥下，联华女子合唱团激情合唱起组歌《新女性》（孙师毅词，聂耳曲）。

新的女性是生产的女性大众／新的女性是社会的劳工／新的女性是建设新社会的前锋／新的女性要和男子们一同翻卷起时代的暴风／暴风，我们要将它唤醒民族的迷梦／暴风，我们要将它造成女性的光荣／不做奴隶，天下为公／无分男女，世界大同／新的女性勇敢向前冲／新的女性勇敢向前冲！

［幕毕。四方神上，唱《冒险家的乐园》。

青　龙　冒险家乐园突出一个冒；老上海性别突出一个好。

白　虎　女子合并才为好才为好，蒙着眼走就是冒就是冒。

朱　雀　是否为了这个好，冒险家才来这里冒。你知道不知道？

玄　武　也许为了这个好，音乐家才写出歌谣。你知道不知道？

青　龙　老上海的女子通行证，一面写着自信自立，一面写着可爱风骚；

白　虎　老上海的明星纪念碑，碑文写着爱恨生死，背景衬着叶黄花凋。

朱　雀　老上海就是阮玲玉、王人美、黎莉莉、周璇，昨夜星辰静悄悄；

玄　武　老上海就是陈燕燕、胡蝶、胡笳、白丽珠……乘愿再来美丽鸟。

四方神　哦，她们的舞蹈，就是这个城市的摇摆符号。

哦，她们的歌笑，就是这个城市的醉人欢闹。

人说救赎固然重要，但能解放也许更好！

救赎——重要；解放——更好！救赎——重要；解放——更好！

| 4 |

[换场。四方神上，唱《忆秦娥》。

青　龙　西风烈，长空雁叫霜晨月。

白　虎　霜晨月，马蹄声碎，喇叭声咽。

朱　雀　雄关漫道真如铁，而今迈步从头越。

玄　武　从头越，苍山如海，残阳如血。

四方神　自信人生二百年，会当水击三千里。

[四方神下。大幕开。

[原在南洋教书的高维汉，在“九一八”事变后告别热恋的华侨学生梅娘，回国投入抗日战争。他在上海“一·二八”战役中英勇作战，身负重伤。梅娘挣脱封建家庭的束缚，回国参加了救护工作。

[老上海石库门，垂柳荫下，灌木丛旁。作为中国最早注意吉他并从事演奏的音乐家，聂耳怀抱吉他，颈戴花环，自弹自唱新创作的《告别南洋》（田汉词，聂耳曲）。

聂　耳　再会吧南洋！／你海波绿海云长，／你是我们的第二故乡，／我们民族的血

《回春之曲》的伴奏乐队在后台合影（前左为聂耳）

在《回春之曲》的后台（左起为聂耳、张谔、顾梦鹤、王莹、吴湄）

汗洒遍了这几百个荒凉的岛上。

［金焰和王人美上。作为《回春之曲》男主角高维汉、女主角梅娘的扮演者，来找聂耳切磋音乐插曲的演唱。

金　焰　再会吧南洋！／你椰子肥豆蔻香，／你受着自然的丰富的供养，／但在帝国主义的剥削下，／千百万被压迫者都闹着饥荒！

二　人　再会吧南洋！／你不见尸横的长白山，／血流的黑龙江？这是中华民族的存亡。／再会吧南洋！／再会吧南洋！／我们要去争取一线光明的希望。

聂　耳　金焰大哥，创作《新女性》和《回春之曲》的音乐，让人大开眼界，如啜苦酒，发现新女性的奥秘——在追求自身救赎和民族解放的目标中，原来竟有这般痛苦与悲伤的过程！

金　焰　《回春之曲》写南洋华侨高维汉，在国内抗日热情的感召下，离开热恋的梅娘，回国参战，在“一·二八”事变中，身负重伤。

王人美　（过来用手打着聂耳的头）来，聂子，你弹琴我来唱唱给我写的《梅娘曲》！

聂　耳　哼！当了嫂子还那么调皮？你总是打我的头！我也打你几下！（很重地报复几下子，“砰砰——”）

王人美　哎哟！好疼哟——老金，你也不管管你这弟弟？！

金　焰　哈哈，谁让你先欺负聂子来着？

聂　耳　好啦！好啦！开始吧！你可要好好唱，这可是我写的第一首情歌啊。

［王人美整了整头发，聂耳怀抱吉他，轻轻弹拨一支《梅娘曲》（田汉词、聂耳曲）

王人美　哥哥，你别忘了我呀，／我是你亲爱的梅娘，／你曾坐在我们家的窗上，／嚼着那鲜红的槟榔，／我曾轻弹着吉他，／伴你慢声儿歌唱，／当我们在遥远的南洋。

［背景幻化为上海大戏院。演出时，田汉忍不住想去看看，但他此时被敌人通缉已不能公开露面了。左思右想，他想出了一个主意，穿起长袍、马褂、毛线衫、皮帽子，扮成一个有身份的阔人，而另一位女同志则扮作他的女儿，搀扶着他走进戏院观剧，但仍然被守候着的密探盘问。幸而这身行头救了他，敌人并未识破他的真实身份。

王人美　（饰演梅娘）哥哥，你别忘了我呀，／我是你亲爱的梅娘，／你曾坐在红河的

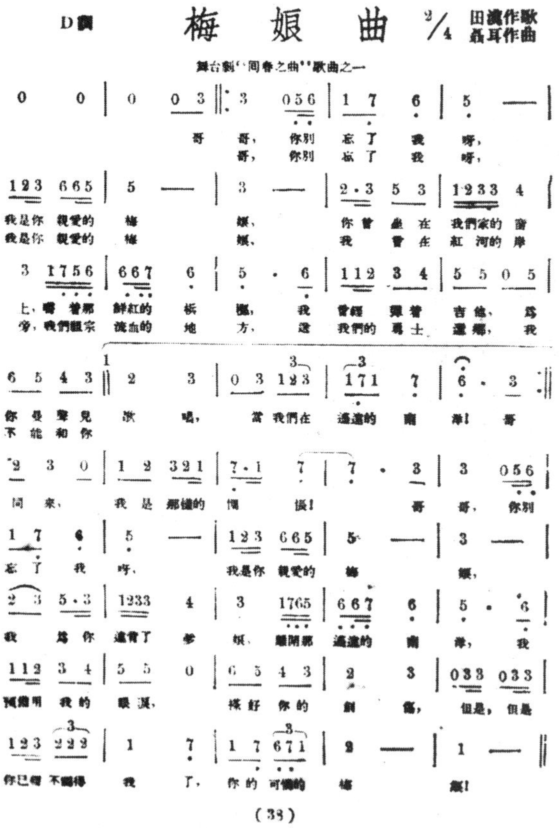

《梅娘曲》（原载《名歌三千曲》，1935 年12 月于上海）

唐纳（后排）、蓝苹（右三）、赵丹（右一）、顾而已（左一），三对男女由沈钧儒老先生（中间）主持在六和塔下结婚。

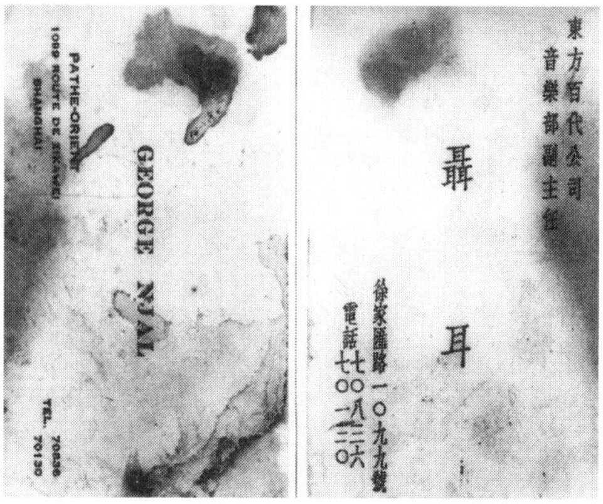

聂耳的名片

岸旁，／我们祖宗流血的地方，／送我们的勇士还乡，／我不能和你同来，／我是那样的惆怅。

金　焰　（饰演的高维汉躺在病床上，失去了记忆，尽管已经不能认识前来照料他的恋人，但仍整日高喊）冲啊！杀啊！前进啊！

王人美　哥哥，你别忘了我呀，／我是你亲爱的梅娘，／我为你违背了爹娘，／离开那遥远的南洋，／我预备用我的眼泪，／搽好你的创伤，／但是，但是，你已不认得我了，／你的可怜的梅娘。

[悲情中的王人美载歌载舞，尤其是她那如哭如泣的歌声，竟让聂耳和田汉泪流满面。

[在病床三年后，在梅娘深沉而真切的歌声中，金焰饰演的高维汉终于恢复了记忆。

聂耳（左三）与老上海文化名流

[演出结束，戏院里掌声雷动，金焰和王人美等演员出来谢幕。人们久久不愿散去。

[田汉、聂耳、唐纳、袁美云均坐在观众席上观看。

田　汉　（对视聂耳，因处境危险，近在咫尺不能畅谈，只得自言自语）忍听梅娘歌一曲，黄沙碧血汉家儿。看来这小鬼在创作时，对梅娘倾注了最深沉的挚爱和最精细的艺术心血。一唱三叹，柔情似水，在音乐处理上匠心独运，真是一首饱含深情的咏叹调。

聂　耳　（在观众席里）干姐姐真是演得太好了。田老大将抗日戏剧写得如此诗情洋溢啊！

唐　纳　这出戏充分表现了男女主人公对国家的热爱与对爱人的忠贞。真是好感人啊！

袁美云　（操着杭州腔）哎呀，唐先生，你何时也写出那感人的歌词来呀？

唐　纳　快啦！我为阳翰笙的《逃亡》剧本写了两首词，交给聂子谱曲了。

袁美云　（甜甜地）聂子哥哥，你可一定要给我写歌呀！你的歌我要唱。

聂　耳　好呀！为豆蔻年华的“小女伶”写歌，我乐意！

[1935年春节将临，背景换为田汉家。老式的留声机里播放着聂耳所作的民乐《金蛇狂舞》。

[周扬、夏衍、阳翰笙、孙师毅等身穿长袍马褂进屋，放下礼物，双手作拱，前来拜年。

影片《逃亡》在河北张家口拍摄的外景

夏　衍　猪年春节，我们给寿昌兄和老人家拜年！

阳翰笙　恭祝寿昌兄猪年吉祥！

［众人落座，围着八仙桌，坐下喝酒。

田　汉　今天是1935年的除夕之夜，我请各位来我家吃年夜饭。我母亲为大家做了几样湖南菜，有红烧肉、腊肉、剁椒鱼头，请大家尽情吃喝吧！

周　扬　过年归过年，形势还是不太妙呀。最近国民党加紧文化“围剿”，左翼文艺阵线困难重重。大批作家，包括田汉你本人被宣布为“反动文人”，查禁了你们的著作。

夏　衍　你们知道，艺华公司经过被教训，首先向反动当局屈服。田汉、阳翰笙和我只好退出。

［大家吃着田汉母亲做的湖南菜，喝着酒，分析当前的形势。这实际上是“文委”的一次碰头会。

田　汉　（酒酣耳热，滔滔不绝）今儿个我要大谈左翼文学和戏剧的成绩，我觉得目前形势不像你们说的那么严重。虽有危险，我不怕。我仍然很乐观。我对地下斗争的隐蔽性很不习惯。我喜欢任着性子做事。“适意行，安心坐，渴时饮，饥时餐，醉时歌，困来时就向莎茵卧”，关汉卿描绘过的这种放浪性情，在我身上还留着残迹。我承认自己性格极不规则。我性格中过多的戏剧基因使我喜欢热闹场面，喜欢群体聚会和交流。

聂耳与赵丹（左）、唐纳（中）合影

孙师毅　（喝一口酒）哎，听我说，我提醒大家注意，形势已十分严峻。苏区第五次反“围剿”已失败，红军被迫开始长征。国民党可能双管齐下，在军事围剿的同时，进一步加紧进行文化围剿。

周　扬　（对田汉）师毅虽不是“文委”成员，但鉴于他的特殊身份，和他与我党的上层有联系，他的话是有分量的。

阳翰笙　古人云：民生生不易，祸至至无日，戒惧惧不可怠。我听了师毅的形势分析，打消了自己的乐观。（心情颇为沉重地）师毅兄所言，值得我们注意。我那部《逃亡》艺华快要拍摄了，咱们可得小心点！

田　汉　是啊！“戒惧惧不可怠”这句古训竟被我忘了。上次艺华公司被特务们捣毁，就怪我搞的那次欢迎英国爵士马莱、法国共产党人古久列的活动太张扬、太暴露了。我过去虽然是个个性很强，一意孤行，不管别人毁誉的人，但现在我想不这样。按照党的要求，我首先是一个党员，然后才是艺术家。我意识到要约束自己……

［舞台另一隅，春节后2月19日下午，聂耳正在房间里钢琴旁弹奏，为阳翰笙编剧的新电影《逃亡》谱曲。

聂　耳　（自弹自唱《自卫歌》）拿起一切拿得到的枪，上前！/我们没有了豆米。/拿起一切拿得到的子弹，上前！/我们没有了土地。/誓为民族牺牲，/齐向强权奋斗，/我们要决心救自己！/不要害怕，拿定坚决的主意，对准敌人，举起所有的武器！ /（白）我们要自卫！

聂　耳　OK！太精彩啦！我去找唐纳。让他也来听听。

［出门到隔壁。笃笃笃——敲开唐纳的家门。

［唐纳闪出身来，让聂耳进门，然后又警觉地回头看看路边，马上关门。

聂　耳　（警惕地）怎么？出事了？

唐　纳　（难过地）田老大被抓了。

聂　耳　啊？什么时候？

唐　纳　就在今天。田汉和梅兰芳两人研究出访苏联演出的剧目后，刚回到家，这时，一个自称记者的人走近田汉，邀他外面谈谈，田汉看来人面生，迟疑了一下。门外停着一辆汽车，几个人突然冲过来，猛地把他推进车里，车迅速开动了……田汉是由中统上海区行动组长陈叔平带特务诱捕的。罪名是“宣传赤化”。

聂　耳　肯定早就被特务盯上了。

唐　纳　有消息说，被叛徒出卖的。据说今年初中统上海区根据南京特工总部提供的线索，对田汉、阳翰笙等人侦查了一个多月。今天还有阳翰笙、杜国庠等十余人同时被捕。你可要小心哪！

聂　耳　是啊，以后的日子会更紧张，得加紧谱曲了。

唐　纳　你要加倍提防那些特务。脑后要长眼睛。要是再下工厂码头去体验生活，一定要约一两个人陪你去。免得我不放心。

聂　耳　你就放心吧！眼下最要紧的是，把田汉的《风云儿女》作曲的事要过来。

唐　纳　对！你去要吧！《圣经》上说：只要想要，你就能得到！

聂　耳　我去找夏衍谈谈，听说他在改剧本。一定要让他交给我来完成作曲。

唐　纳　聂子真是个好战士！比我勇敢。敢于激流勇进，勇于挑战恶势力！

聂　耳　真的，我不恐惧，不怕白色恐怖！早在昆明我就经历过这类事，营救过我的段老师。

唐　纳　那你就去电通公司吧。估计夏衍在那里呢。

聂　耳　啊哦，忘记了。给你，我已经把你写的两首歌词谱好曲子了。

［聂耳匆匆下，赶往电通公司。

［袁美云上。

唐　纳　（正在读谱）来，正好聂耳谱好《塞外村女》曲子，你就来了。

聂耳回到上海后创作充满自信

《塞外村女》（原载《中华日报》，1935年3月25日于上海）

袁美云　哎，你说，田老大为什么把《回春之曲》写得这么感人呀？

唐　纳　嗨呀，这——你小女孩就不懂了。田老大写《回春之曲》时，安娥已经离去，田汉与林维中生活在一起。但此时他的爱情是一个不圆的月。从南洋回来的林女士对他忠贞不贰，患难与共；但安娥那诗人的热情与红色女郎的政治魅力又使他难以割舍。生活中不圆的月，他要叫它在艺术中“圆”起来，遂有高维汉与梅娘的“回春”之恋。因此梅娘身上就多少带有一些林、安两位女性的影子。

袁美云　哎哟，我都18岁了。我可明白了。这大抵也是《回春之曲》写得较有艺术个性的原因吧。哎，田汉夹在两个女人之间可够惨的。他大概后悔结婚，宁愿做情人吧？

唐　纳　你这小丫头还善解人意的嘛！可不是吗？田汉周旋于两个女人之间，十分痛苦，他曾向好友谈到他对个人情感和婚姻的困惑：婚姻是一条绳索套上脖子，好不自由，最好不结婚，用情人制。

［唐纳坐在钢琴旁，并不急于弹琴。

聂耳作曲、王人美袁牧之谈瑛主演的《风云儿女》招贴画

唐　纳　（对袁美云说戏）电影《逃亡》描写了塞北农民在民族危亡之际所遭受的苦难以及他们的抵抗精神。这首歌是影片中纯朴的农村少女小云，被迫在风雪交加的寒冬腊月，给地主家推磨碾面时所唱。富裕的地主家“有钱人家里团团坐，羊羔美酒笑颜开”；贫苦的农民家“鹅毛雪片片朝身落，破棉袄渍透穷人泪”。我想用精练的语言，将旧社会贫富悬殊的境况，鲜明地勾画了出来。少女独一的但愿是：“指望着本年收成好，够交还租米免祸灾。”这正是30年代中国农村少女的典型写照。

袁美云　（起初用眼睛扫了一下歌谱：唐纳词，聂耳曲。慢慢进入角色，进而读着歌谱，便悲情地）我说给你听听，我理解，这首《塞外村女》的音乐显然是吸取了民间山歌、小调的音乐特长，风格这么清新，旋律这么委婉优美，但又流露出伤痛的情感，真犹如农村少女在向人们诉说着人间的不平。

唐　纳　剧本最后，觉醒了的少英号召大家参加义勇军，打回老家去。少英、小云和难民们唱着影片主题歌《自卫歌》，走上了抗日斗争的大道……

［唐纳激动地站起来，做出一个勇敢向前的动作。随后，坐在钢琴旁，弹奏。

袁美云　（伴着唐纳弹奏的悲怆音乐，悲伤地唱《塞外村女》）

采了蘑菇把磨推，／头昏眼花身又累，／有钱人家里团团坐，／羊羔美酒笑颜开。//暮鸦飞过天色灰，／老爹上城卖粉归，／鹅毛雪片片朝身落，／破棉袄渍透穷人泪。　//扑面冬风阵阵吹，／几行寒雁几行泪，／指望着本年收成好，／够缴还租米免祸灾。

［电通公司办公室，夏衍和许幸之正在谈话。聂耳上。

许幸之　你瞧，正说到聂子，聂子就到。

聂　耳　呵呵，你们不是说我有四只耳朵吗？你一提我名字，我就听到啦！

夏　衍　你知道，出事了吗？

聂　耳　知道了。夏兄，怎么营救他们呢？快说说，急死我了。

夏　衍　怎么营救，会有人安排考虑的。我夏衍要说的是眼下。眼下夏衍我把田汉的文学剧本《风云儿女》改成电影剧本。田汉和阳翰笙已被捕了，这部片子对当前的政治斗争有推动鼓舞作用，我们要尽快把它拍出来，和反动派作斗争，这是我们在外边的同志应尽的责任。我和司徒慧敏、孙师毅商定，请幸之担负起导演的任务。

许幸之

许幸之　请放心，我一定完成。

聂　耳　请把作曲的任务交给我吧？我保证好好完成。

［未等夏衍回答，聂耳就上前抓住夏衍的手请求。

聂　耳　（再次恳切地）我来作曲吧，田汉先生知道了，也会同意的。

夏　衍　好啊！你这是在抢工作啊！我就喜欢这样的倔强劲儿！（故意逗）不过……

聂　耳　不要！不要不过啊——

夏　衍　有人说，按照田汉和我的名气，完全可以找一个比你更有经验、更有名气的作曲家合作。他们说，你的音乐修养、技巧还不圆熟，旋律曲调还简单粗糙。但是……

［聂耳使劲摇晃夏衍的手。

聂　耳　不要但是，夏兄，我要作曲。我不图名，不图利，只要为抗战多尽力！

夏　衍　听我说完啊！但是，那种青春勃发的创造力，那种丰沛饱满的生命力，那种宏大凌厉的号召力，他们有吗？

许幸之　是啊！还是夏兄说得对，总结得好！论作曲，还是聂耳最给力呀！

夏　衍　是啊，什么都是浮云，唯有少年心事当拿云！说实话，我和田汉都喜欢你这些理想抱负。听了你的《毕业歌》、《大路歌》、《新的女性》多给力呀！！有这些作品成功开路，我想，你就是《风云儿女》电影作曲的最佳人选。

聂　耳　我从小的梦就是要把理想的目标定得足够远大。现在好咯，有你和田汉先生这么好的人生导师培养提携，我真是三生有幸啊！我妈信佛，来信说，这是我们家族前生修来的福报啊！真是太感谢你了！

夏　衍　别说感谢。提携青年，培养后进，是我们革命者的职责！后进要前进，革命担大任！呵呵，呵呵！你要借鉴一下《马赛曲》和《国际歌》，写出鼓舞革命斗志的进行曲来！

聂　耳　我保证！那我想学习学习你们的剧本好吗？

夏　衍　我给你讲讲吧，故事是这样的：从东北来沪的两个青年辛白华是个诗人，梁质夫是大学生。“九一八”爆发以后，他们一直过着漂泊生活。其楼下住着生活贫苦的少女阿凤和母亲。两人非常同情她们母女，时常帮助她们。后来梁质夫因与革命有关，被捕入狱。而辛白华却和富孀史夫人坠入了情网。阿凤的母亲去世，白华很同情她就把阿凤送到学校读书。无依无靠的阿凤到了歌舞班，经常去各地演出。梁质夫被释放后参加革命，英勇抗敌。辛白华无家可归流落到史夫人家，第二天被带到青岛游玩。

许幸之　接下来，就是要你作曲的两首歌词。阿凤的歌舞团到青岛演出，遇见了辛白华。看了阿凤演的《铁蹄下的歌女》后，辛白华受到刺激，激起了爱国热情。后惊悉梁质夫在战场上牺牲了，辛白华便抛弃那种享乐生活，与返回东北老家的阿凤等老乡们一起，高唱着辛白华写的长诗《万里长城》最后一段《义勇军进行曲》，走上了抗敌的最前线。

聂　耳　嗨！你说的马上就引起我的创作冲动！眼下就想拜读一下大作《风云儿女》。

夏　衍　（拿出剧本来）这是改编的剧本。我和幸之刚刚把男女一二号人物敲定。你说说吧！

许幸之　是这样，剧里的男女主角辛白华和阿凤，分别由袁牧之和王人美扮演。男女二号梁质夫和史夫人，则由顾梦鹤与谈瑛扮演。

聂　耳　好啊！牧之和人美都是我好朋友。说说你们的要求吧？

许幸之　这次先给你《铁蹄下的歌女》歌词，过几天再给你另一首吧！

夏　衍　总的要求就是要锦上添花！不！确切地说，要为火热的抗敌斗争火上浇油！

聂　耳　哈！我明白啦。（抑制不住创作冲动）走！到琴房去！先听听我灵感带来的旋律吧！

[不由分说，聂耳拉着夏衍和许幸之就出门，向琴房奔去。

[幕毕。四方神上，歌唱。

青　龙　咬定青山不放松，

白　虎　立根原在破岩中。

朱　雀　千磨万击还坚韧，

玄　武　任尔东西南北风。

| 5 |

[换场。四方神上，载歌载舞。

青　龙　我敢打赌，当今一百个人中，

白　虎　有九十个不记得老上海女明星，

朱　雀　更记不得怀旧电影《新女性》。

玄　武　那么，这究竟是个什么东东呢？

青　龙　现在请出嘉宾：阮玲玉！大牌明星！

白　虎　《新女性》女主角。来点热烈掌声——（掌声）

朱　雀　可是，很遗憾，阮玲玉死了，死于三八妇女节。

玄　武　1935年3月8日留下遗书和千古谜情。

[四方神下。

[聂耳家中墙上，挂着联华合唱团全体与阮玲玉的合影照片。

[墙上的阮玲玉满面春风，粲然微笑。

聂　耳　阮玲玉自杀了！《静夜》应该成为纪念她的曲子了。

[聂耳打开提琴盒子，拿出小提琴来。深情而悲愤地为阮玲玉演奏一曲《静夜》。

[在聂耳的乐曲声中，舞台字幕一：1935年3月8日，著名女星阮玲玉留下遗书，服安眠药自尽，时年25岁。死讯传出，影坛内外无不震惊，时至今日，这位演技与美貌并重的女星的自杀还是一个谜团。让人隐约看到当时女性公众人物在社会中的尴尬位置。新女性运动难道到达了恐怖边缘？

[字幕二：田汉被捕、阮玲玉之死给文艺界投下巨大的阴影。似乎预示着黑云压城城欲摧。

[电通公司内，聂耳来看夏衍、孙师毅、许幸之。

夏　衍　聂子，电影《风云儿女》有一个主题歌，是以长城为背景的。关于“长城”这个概念，田汉早就有自己的认识，这不是一个凭空而来的概念，而是历史的积淀。田汉曾经写过一篇文章来表达自己对长城的看法，他认为虽然从飞机上看，长城不过是一个矮墙，但我们现在要反对侵略者，中国人民要团结起来，形成一个真正的铁壁铜墙。

聂 耳 我明白，我记得，他在《扬子江暴风雨》里写了一首歌，里面也有“长城”的概念。

夏 衍 歌里面还写到了“把我们的血肉，筑成我们新的长城”。这句歌词跟田汉在日本留学时看过的一个电影有关，电影讲的是日本一个钟匠在铸一口钟的时候，怎么也铸不好，后来他把自己投到了熔炉中，这口钟竟然奇迹般地铸成了。

孙师毅 田汉写完电影故事后，在电通公司的稿纸背后写了两段歌词草稿就被捕了。可稿纸不慎被弄湿，我们俩帮他誊清了歌词，将其发表在电通公司的画报上。这不，又一首写在香烟纸盒上从监狱中传出来的，是表明田汉心境的诗。

夏 衍 由于当局新闻封锁非常严格，所以歌词里不能有抗日的字眼，但这首《义勇军进行曲》歌词里，恰恰没有抗日的字眼，但又激起了大家的激情，这为它的传播提供了有利条件。

孙师毅 这个剧本描写以诗人辛白华为代表的中国知识分子，投笔从戎，参加义勇军英勇杀敌的故事。田汉为剧中男主角、诗人辛白华创作了一首激昂奔放的自由体诗《万里长城》，其中一段要成为《风云儿女》的主题歌，即《义勇军进行曲》。

聂 耳 （朗读）起来！不愿做奴隶的人们！请交给我作曲吧，相信田先生一定会同意的。

[舞台另一隅。

聂 耳 [把自己关进小阁楼，日夜构思创作。避免外人打扰。

[在钢琴旁，不断地弹奏，寻找最佳的主旋律。谱架上放着田汉的歌词。起来！不愿做奴隶的人们！/把我们的血肉，筑成我们新的长城！/中华民族到了最危险的时候，/每个人被迫着发出最后的吼声。/我们万众一心，/冒着敌人的飞机大炮，前进！

[背景大屏幕黑白影片之一：日寇铁蹄践踏，战场硝烟弥漫。华北大片国土沦陷，中华民族危机加重。日寇在侵占东北之后，继续向内地扩张。

[黑白影片之二：烽火连天，血肉横飞，在东北的白山黑水之间，义勇军抗战越发激烈。崇山峻岭中，密林山路旁，男女老少拿起刀枪棍棒，与日寇拼死

《进行曲》手稿影印件（原载《聂耳纪念集》，1935年12月31日于日本东京）

首版《义勇军进行曲》唱片

《起来》，刘良模在美国灌制的唱片

搏斗。

[聂耳耳边忽然响起了《马赛曲》战斗的旋律——

醒来吧祖国的子民／光荣的日子已来临！／专制暴政压迫着我们／祖国大地在痛苦呻吟。／武装起来吧，公民们！／组成属于你们的军队！／前进！前进！／万众一心，把敌人消灭净！

[一阵阵警车笛声响起，大上海笼罩着白色恐怖的气息，更让聂耳胸中充满了愤怒。

[耳边又响起前几天听到的辽宁清原《血盟救国军军歌》：“起来，不愿当亡国奴的人们，／用我们的血肉唤起全国民众；／我们不能坐以待毙，必须奋起杀敌。／中华民族到了最危险的时候，／起来！起来！全国人民团结一致，／战斗！战斗！战斗！战斗！”

[聂耳文思如泉喷涌而发——

0 5 | 1· 1 | 1· 1 5 67 | 1 1 ‖

起 来！ 不 愿 做 奴 隶的 人 们！

［聂耳一气呵成，很快把曲子谱写完毕。一看那闹钟时针，已指向凌晨两点了。他拿起曲谱，拿着一块面包，边吃边跑出门来。

［许幸之家。拍摄了一天，许幸之刚刚回家，躺下入梦。

笃笃笃——笃笃笃——，一阵紧急敲门声。

许幸之 谁呀？深更半夜的！

聂 耳 我呀！我是聂耳！

［许幸之身穿睡衣开门，满脸不高兴。

聂 耳 （一下子闯入）乌拉——幸之兄，完成啦！

许幸之 这么高兴？是《义勇军进行曲》谱好了？

聂 耳 那是呀！没谱好，我怎敢半夜来打扰你呀？

许幸之 快！坐下吧。你唱给我听听！

聂 耳 好！（说着便打开歌谱，一只手打着拍子）起来！不愿做奴隶的人们！……

许幸之 （情绪被感染，跟随着聂耳）把我们的血肉铸成我们新的长城。

聂 耳 （激情唱完）我们万众一心，冒着敌人的飞机大炮前进！

许幸之 接着唱啊！

聂 耳 唱完了。老兄，你提提意见吧？

许幸之 我可对音乐是门外汉啊！说不出什么，只晓得很好呀！

聂 耳 你仔细想想，说点意见嘛！

许幸之 我想，听完这歌，有一种激昂有力、浩气贯长虹的感觉，有进行曲的节奏。这歌很棒很给力！就是第一句：起来！不愿做奴隶的人们，还应该加大力度。最后一句：冒着敌人的飞机大炮前进，有点不过瘾！建议你去掉那些装饰音，让结尾显得更坚强有力！

聂 耳 我觉得你说得对！（拿起笔，对这乐谱沉思片刻，又动手修改了三处）这样，把“起来”和“不愿……”之间完全分开；再把“飞机大炮”改为“炮火”。最后，再把原句中的“前进前进前进！”改为“前进前进前进！进！”

许幸之 那你再唱一遍。

［聂耳重新又把《义勇军进行曲》重新激情饱满地唱了一遍。

许幸之 好极了！太成功了！老弟呀，你为中国谱写了一支《马赛曲》！会青史留名！

聂 耳 （抱住许幸之，转圈）听到你这话，我太开心啦！

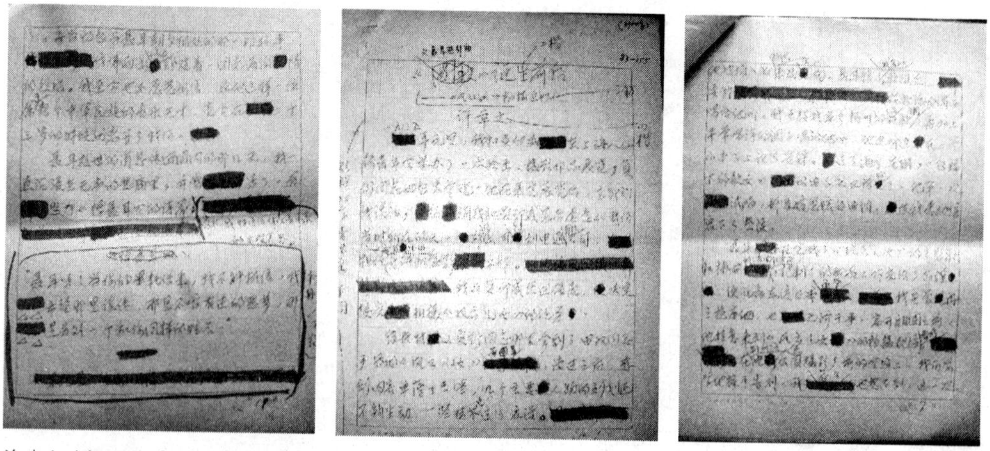

许幸之追忆国歌《义勇军进行曲》诞生前后的稿件

许幸之　这下，我就尽快把它配到电影中。我想好啦，在影片的开头和结尾都放上。

聂　耳　别急。我看还是请夏衍和田汉先生确定吧？

许幸之　行啊！这事就这样吧！

聂　耳　那好，打扰你休息了，我先回家，好好睡一觉去。

许幸之　不行不行！你还有任务呢！给！（拿出一张写着诗歌的纸）这是一首插曲《铁蹄下的歌女》歌词，很重要，你赶快给它谱曲。

聂　耳　你疯啦？真是诗人和疯子是二体合一的！现在已经是凌晨四点了！

许幸之　你这个作曲家也是个疯子！影片拍摄进度很快，时间不等人，你给我赶快作曲。这是导演的命令！

聂　耳　好好好！让我来看看歌词吧？很好呀！你给我朗诵一遍吧？

许幸之　朗诵？好！我来用家乡的山歌调来唱诗吧？

聂　耳　对，就这样。你来唱诗我记谱。

许幸之　我们到处卖唱，／我们到处献舞。／谁不知道国家将亡，／为什么被人当做商女。

聂　耳　好！很好！再来一遍。

许幸之　为了饥寒交迫，／我们到处哀歌。／尝尽了人生的滋味，／舞女是永远的漂流。／谁甘心做人的奴隶，／谁愿意让乡土沦丧。／可怜是铁蹄下的歌女，／被鞭挞得遍体鳞伤。

袁牧之

谈瑛

聂耳回上海后的创作环境如鱼得水，佳作频出。他与谈瑛翩翩起舞的优美造型

聂耳在抢时间创作

聂　耳　好！我记下谱子了。你睡觉吧！拜拜——

[聂耳下。灯熄灭。

[舞台另一隅。聂耳回到家，顾不得休息，激动的心还沉浸在《风云儿女》的音乐创作情绪当中。

[电通影片《风云儿女》拍摄现场，袁牧之、王人美、谈瑛均在场。

[摄影机对准舞台上。

许幸之　今天拍摄阿凤到青岛剧院演出这场戏。人美、牧之、谈瑛，还有摄影师，准备好了吗？

众　人　准备好了。

许幸之　好的。大家准备——开始！

[大幕拉开，王人美扮演的阿凤登台演唱《铁蹄下的歌女》。

王人美　（身穿东北姑娘土布装，一脸痛苦悲伤的表情，深沉唱起）我们到处卖唱，／我们到处献舞。／谁不知道国家将亡，／为什么被人当作商女。

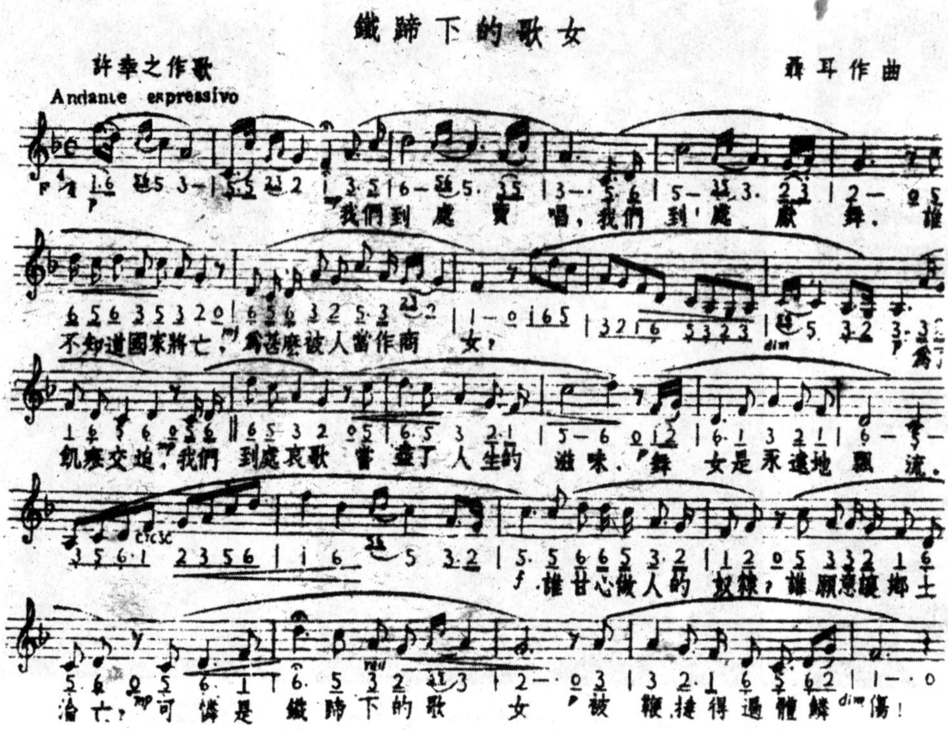

《铁蹄下的歌女》（原载《电通》画报第1期，1935年5月16日于上海）

［剧中，穿西装的辛白华和穿裙装的谈瑛在席上观看。

王人美　为了饥寒交迫，／我们到处哀歌。／尝尽了人生的滋味，／舞女是永远的漂流。／谁甘心做人的奴隶，／谁愿意让乡土沦丧。／可怜是铁蹄下的歌女，／被鞭挞得遍体鳞伤。

许幸之　好！就这样演。再来一遍。

［舞台另一隅。聂耳太疲劳了，倒在家中的床头和衣而睡。

［傍晚，风雨交加。于伶上，四下观察之后，急切叩门——笃笃笃，笃笃笃——

聂　耳　（朦朦胧胧中开门）谁呀？

于　伶　我。（进门后，抓住聂耳的手）有一个坏消息。据可靠情报，你的名字已经上了反动当局的黑名单了。他们准备逮捕你。你得抓紧时间，躲避一下。

聂　耳　什么？这简直是晴天霹雳！

于　伶　你赶紧准备一下，最好出国去！

聂　耳　出国？到哪国？还有这么一大堆工作还没干完呢？

于　伶　虎口脱险，只有潜伏。你要潜伏起来。你应该尽快和大家商量一下，看看去哪儿好！

[于伶下。云南老乡郑易里上。

郑易里　聂子，情况你都知道了。我和艾思奇商量了，你马上搬家。搬到他邻居那里躲一躲。

聂　耳　那好吧。天要下雨，地要塌陷。由不得你哟。请你找几个人帮我把东西搬到那里。

郑易里　好。我建议你先去日本躲一躲。可以借口说，到日本帮你三哥做牛皮生意。

聂　耳　可是、可是他三年前就从日本返回昆明了呀！

郑易里　别人不晓得。你就这样说。

聂　耳　我去吕骥那里，把顶重要的一件事要委托他来完成。

[聂耳下。风雨中，有两个黑衣人在其后尾随，鬼鬼祟祟地跟踪而去。

[机警的聂耳在老上海的里弄之间穿梭来，穿梭去。经过数次的躲闪，方才转移到吕骥的工作室。

[舞台另一隅。吕骥工作室。

聂　耳　吕骥兄，因为我要出远门，所以《风云儿女》的两首电影歌曲的音乐合成和灌唱片的事，就交给你了。咱俩在左联并肩战斗，有着深厚的友谊啊！

吕　骥　你就放心好了。聂耳老弟，我不会辜负你的委托。

聂　耳　《铁蹄下的歌女》已经完成了。喏！这是词曲歌谱。《义勇军进行曲》也基本完成。只是要作修改。等我出去修改后寄回来。

吕　骥　老弟，你不要不好意思。我会尽快安排合成音乐、录制唱片的。

聂　耳　你老兄是上海音专的高材生，我是上海音专的落榜生。所以我拜托你了。哦，还有，我离开后，左翼剧联音乐小组的工作就由吕骥老兄负责。

吕　骥　别这么客气。都是革命工作。别看你是老弟，要论作曲为工人大众服务，我还要向你学习呢。去年秋天到今年春天，我担任三个女工夜校教唱歌的工作。在教她们唱《新女性》时，我得到许多新的感受。比方，开始向她们讲，这首歌曲不仅反映了她们受剥削受压迫的生活，而且指出她们奋斗的方向。要求

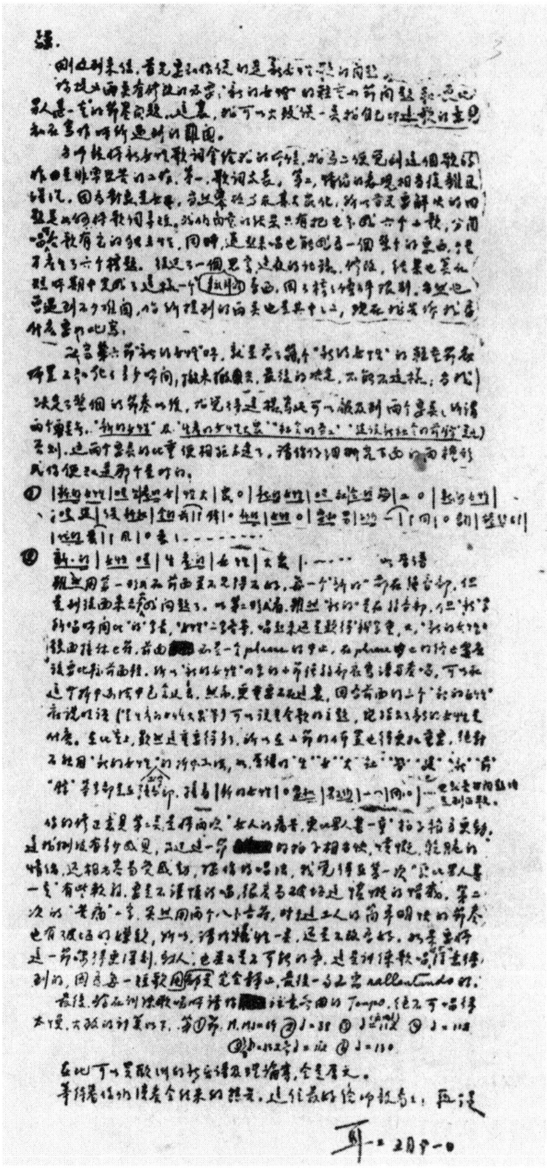

1935年5月21日，聂耳致友人吕骥的信手迹

上海电通影片公司的四位导演（左起）孙师毅、司徒慧敏、许幸之、袁牧之

《义勇军进行曲》的影印谱（原载《电通》画报，1935年6月1日第2期）

她们齐声轻读一遍歌词的时候，她们欢畅而肃穆的精神，使我看到她们被真理掌握了的时候，她们身上顿时产生了一股强大的精神力量，使她们异口同声地发出的每一个字音具有千钧的力量。当时，使我觉得完全不是几十个人低声轻读，而是亿万人气势磅礴的呐喊，是阶级的怒吼，使我受到极大的震动，这是事前我完全没有预料到的。

聂　耳　听你这硕果累累的大音乐家这么说，还真叫我这小弟弟不好意思了。（情不自禁唱起）“高粱叶子青又青，／九月十八来了日本兵，／先占火药库，后占北大营；／杀人放火真是凶！／中国的军队有好几十万，／恭恭敬敬让出了沈阳城！／九月十八又来临，／东北各地起了义勇军；／铲除卖国贼，打倒日本兵；／攻城夺路杀敌人，／游击抵抗真英勇！／日本的军队有好几十万，／消灭不了铁的义勇军！”

吕　骥　聂子，你怎么也会唱我的歌呀？

聂　耳　怎么不会唱呢？！这歌曲有浓郁的民歌风，曲调动听、亲切上口，在中国大地广为流传，是抗战歌曲中一首独具特色的代表作嘛！

吕　骥　谁不知道呀，你聂耳的歌曲开辟了和产业工人群众相结合的广阔道路。我还是从你那儿学了之后。在思想上明确了人民大众是音乐的主人，音乐是为人民大众服务的。

聂　耳　你吕老兄的歌声在雄壮豪迈中透出一种神圣的使命感，一种崇高，一种责任！“天下者，我们的天下。国家者，我们的国家。”

吕　骥　是啊！我们不干，谁干？我们不管，谁管？

聂　耳　咱们是并肩战斗的战友，咱们都从实践中认识到并提出要建立和发展新音乐，开展新音乐运动，都要做新音乐运动的开拓者和倡导者。

吕　骥　好啊！时间不早了，你快去许导电通那里一趟吧。他在找你呢！

聂　耳　正好，在离开祖国的前夜，我要到电通公司荆州路的摄影棚来和大家一同练唱，要仔细倾听朋友们的意见，决心去修改。可是出国的船期只有两天了。

吕　骥　我可等着你的大作早日改好啊！

［聂耳下。幕后传来聂耳大大的声音——

聂　耳　那好！等我把未完成稿带去修改。修改好了，寄给你们再合成音乐！拜托啦！

吕　骥　加油啊！聂子！

［1935年4月15日，上海市公平路的汇山码头，聂耳带着行李，背着小提琴盒，随着旅客，孤身一人登上日本邮船“长崎丸”。

［他注意到，码头附近有一座灰色楼房，那就是当年初来上海打工时的云丰申庄旧址。人去楼空，物是人非。无限感慨涌上心头。

［“呜呜——呜呜——”，“长崎丸”号汽笛拉响了，邮船就要起航了。

[艾思奇、郑易里、袁牧之、赵丹等好友来码头送行。

[轮船缓缓离岸，连接船与岸的五色彩带被扯断了。

[聂耳抑制不住内心的离情别绪，伤心地抹着眼泪……

聂　耳　再见吧我的祖国！再见吧我的朋友们！

赵　丹　我从望远镜中，看到我最好的朋友聂耳在擦眼泪。……这是我第一次，也是最后一次看到他落泪……他的热情、活泼，他的刚直、敦厚。他的纯洁、朴实、他的沉着和真挚……

[几个特务气急败坏地追来了，“抓住聂耳——”“抓住他，别让他跑了——”

[轮船，加速向吴淞口驶去。聂耳再一次虎口脱险……

[舞台一角。电通公司，一个邮差上：许幸之先生，你的来信，给！

许幸之　（接过信函，对众演职员）聂子真是聂守信啊！（打开信件）好呀！收到了聂耳寄自日本的《义勇军进行曲》定稿。咱们马上组成合唱队，开始练唱吧！

[电通公司演职人员袁牧之、顾梦鹤、司徒慧敏等六七人，组成小小的合唱队，在吕骥的指挥下，开始排练。（5月9日第一次将《义勇军进行曲》在上海东方百代唱片公司录音棚内灌成唱片发行，这张唱片的编号为34848b。后由司徒慧敏将录音转录到电影《风云儿女》胶片上）

[舞台另一隅。在遥远的日本，大幕纱影中，聂耳激情拉起小提琴，演奏《义勇军进行曲》——

起来！不愿做奴隶的人们！／把我们的血肉，／筑成我们新的长城！

吕　骥　（指挥众演员）中华民族到了最危险的时候，／每个人被迫着发出最后的吼声。／

起来！起来！起来！／我们万众一心，／冒着敌人的炮火，前进！／冒着敌人的炮火，前进！／前进！前进！进！

[大屏幕黑白电影画面：辛白华回到东北老家，找到躲避日寇追捕的阿凤，带领乡亲们义愤填膺、同仇敌忾，拿起刀枪，高唱《义勇军进行曲》，奋勇冲上抗敌最前线。

起来！不愿做奴隶的人们！／把我们的血肉，／筑成我们新的长城！／
中华民族到了最危险的时候，／每个人被迫着发出最后的吼声。／
起来！起来！起来！／我们万众一心，／冒着敌人的炮火，前进！
冒着敌人的炮火，前进！／前进！前进！进！

[全体演员登台，聂耳、田汉在前，四方神各在两侧，众人在后，招呼观众，齐声高歌——

起来！起来！起来！／我们万众一心，／冒着敌人的炮火，前进！
冒着敌人的炮火，前进！／前进！前进！进！

[幕毕。四方神上，载歌载舞——

青　龙　军歌应唱大刀环，

白　虎　誓灭敌寇出玉关。

朱　雀　只解沙场为国死，

玄　武　何须马革裹尸还。

聂　耳　（旁白）若干年以后，要是中国青年能唱着我写的救国歌曲，去建国，去强国，去卫国，那我就会凤凰浴火，乘愿再来的！世界以痛吻我，我要回报以歌。世界以痛吻我，我要回报以歌。世界以痛吻我，我要回报以歌。

[剧终]

2011年清明之夜完稿于北京五勤斋

聂耳

第二卷

电影文学剧本（上、下集）

刘大伟　刘岸　著

文化艺术出版社
Culture and Art Publishing House

目录

序 曲

玉溪抚仙湖水面。云水一线，倒影蓝天。苍茫云海，七彩云南。

镜头由远而近，依然是倒影。彩云之上，缥缈之间，一对七八岁的男娃女娃，身穿玉溪地方民族娃娃装，（特写）面对更遥远的星空宇宙，举目远眺……

灵性的天空。一片彩云幻化成神灵的轮廓，飘然仙至。

男娃：妈妈说，举头三尺有神明。

女娃：古人说，少年心事当拿云。

男娃：可、可是，我是谁？我从哪里来？要到哪里去呀？

女娃：你问我？我问谁呀？

男娃：为什么？爱思奇？

镜头一转。一队童子军在陆军讲武堂广场行进，吹号擂鼓。雄赳赳气昂昂。（慢速）

（音乐，童声）少年不当毛毛虫……

一只老式的八音钟在墙上滴答滴答，钟摆走动，发出清脆和谐的奏鸣。（常速）

（音乐，童声）青春要当一条龙……

一个少年身穿运动服，在滇池边上长跑，生机勃勃，健步如飞。（快速）

（音乐，童声）少年不做歪脖树……

玉溪师范操场上，小聂耳手拉二胡，在给花腰傣女演员伴奏。（慢速）

（音乐，童声）青春要做栋梁松。

峨山故居街道上，母亲做针线活，小聂耳在跟着一个木匠学吹笛子。（常速）

云南省立师范学校大门口，小聂耳随着游行队伍喊口号，抗议当局镇压学生。（快速）

史诗般的交响音乐骤然响起。悲怆、压迫、呻吟、挣扎类型的苦难主题，与励志、抗争、欢乐、前进的奋斗主题交互进行。

昆明小西门外的地台寺刑场。手执武器的反动军警们。共产党员、恩光小学教师赵琴仙戴手铐脚镣大声宣讲："反动派把我带到鬼域黑牢，我就不准备再回去。当我以鲜血染红革命旗帜的时刻，将是你们反动派走向灭亡的开端。"（常速）

街道上竟然人山人海，许多人的脸上是愤怒。荷枪实弹的军警在"维持秩序"。（快速）

画外音："一个赵琴仙倒下去，千万个赵琴仙站起来。我已把革命火种播在我的学生心灵。"人群中有许多孩子是她的学生，用稚嫩之声哭喊着："赵老师，你不能死！"这些孩子中，有小学刚毕业的聂耳，满眼怒火，双拳攥紧。（常速）

昆明街上人头攒动，马匡国指挥几个特务在跟踪聂耳。（快速）

滇越铁路昆明车站上，一列火车开出，冒黑烟喘粗气，向远处崇山峻岭中缓慢行进。（慢速）

交响乐伴随着火车的轰鸣，继而以压倒一切的气势轰击视听。

袁春晖站在月台上招手，望着远去的小火车，眼泪止不住流出。（快速）

赵琴仙画外音："伟大的信仰是我生命的太阳。正义的气节充满我的每个细胞。"

火车座椅上，一双黑色的大眼睛死盯着远方，喷出愤怒的火光。（中速）

越南海防港口，聂耳下了火车换乘海轮，驶向了波涛汹涌的南海东海。（快速）

上海港口，聂耳身背行装，下船踏上冒险家的乐园，开始打工生涯。（慢速）

春申庄商号，在老板的吆喝声催促下，青年聂耳拉货卸货，满身大汗。（快速）

一把小提琴在生涩地演奏，面对明月社考场十几双眼睛，聂耳紧张得又是满头大汗。（慢速）

旧上海旗袍美女日历不住地翻过，明月歌剧社王人美带九个美女紧张踢腿排练舞蹈。（常速）

公园清晨，聂耳在竹林里拉琴，奏起舒伯特梦幻曲，王人艺在帮他基础练习。（快速）

白虹看望生病中的聂耳，深情唱起《少女之吻》。（慢速）

留着小胡子的普杜什卡纠正聂耳拉琴动作，耐心教他。（常速）

明月社在舞台上演《芭蕉叶上的诗》，黑天使发表署名讨伐檄文《中国歌舞短论》。（快速）

北上轮船上，黑色闪电般的海燕掠过在船头激情拉琴的聂耳，风雨如磐，激起斗志。（慢速）

清华大学校园舞台，聂耳为大学生们演奏《国际歌》。（快速）

考场上，聂耳埋头应试，奋笔疾书。无奈“榜上有名不是我”。双手握拳更励志。（常速）

上海舞台，聂耳参演《扬子江暴风雨》，老头抱着孩子控诉敌寇入侵。（快速）

鲜红的党旗下，聂耳在田汉、夏衍的监誓中举手宣誓入党。（常速）

小毛头杨碧君站在街头唱《卖报歌》：啦啦啦，啦啦啦。我是卖报的小行家。（快速）

老电影《风云儿女》镜头：辛白华与义勇军高唱《义勇军进行曲》冲上杀敌前线。（常速）

（推出片名）：**聂 耳**

（黑底红字）

（随即出现画面叠印主创人员表）

第一部

滇

1　老昆明街头广场　日　外

画面推出——20世纪20年代末某年临近春节，老昆明城。其形状就像一个灵龟，三面环山，一面临水。金马碧鸡坊老街，热闹的街头广场。老街青石铺路，建筑木榫凿连。滇南风格的木雕，重檐雕镂的朱阁，把高原古城的厚重衬托了出来。

2　昆明某工厂门口　日　外

远处有一家亚细亚烟厂(昆明卷烟厂的前身)，厂房上贴着"大重九"的广告。近处是士兵的岗哨。小贩们叫卖着，顽童们打闹着，行人悠闲走过。街边的成春堂中药铺。

3　昆明教堂里　日　内

镜头由远及近。昆明基督教青年会，德高望重的柏西文先生(法籍教师，法中混血)正在聚精会神地教一班少年学英语。

小聂守信(以下均称为"聂耳")就在其中认真地跟着先生大声朗读英语。

4　广场　日　外

一个三十几岁的小商人东张西望地走来。他穿着朴素的长袍马褂，围着又长又厚的围巾，一看就知道是个精明人。哨兵迎上去，问他有什么事。原来，这人是来找聂家的。哨兵告诉说，再过一会儿聂家女主人就要回家了，不妨在此等候。可商人觉得跟士兵在一起不自在，就先告辞了。

5　教堂　日　外

突然，叮当叮当——钟声响起。少年们从教堂里冲出来，像一群麻雀似的大声喧闹起来——士兵要换岗了。在平淡的春城，每天这一刻让孩子们最高兴。

6　广场　日　外

小号和军鼓奏响了，一列士兵的队伍十分庄严地走上场来，——立正！敬礼！交换岗位！转身！起步！一二一,一二一！大步行进。

一队顽童跟在后面颇有几分认真地模仿着动作，跳着夸张的童子军舞。领头的小号手就是小聂耳。他手脚胖嘟嘟的，脸蛋儿红扑扑圆鼓鼓的，开口一笑俩酒窝。虽然家境贫寒无钱买制服而没有加入童子军，但他穿戴着妈妈给做的旧衣服旧虎头帽，依旧精神抖擞。

他鼓着两腮，一只手拿着小号滴滴答答地在吹，另一只手掐着一支香烟，在学大人的样子。边走边舞边吹，那滑稽顽皮的样子，实在是让人忍俊不禁，使这庄严的气氛中透露着戏谑，呆板的换岗仪式尾随着游戏。

7　教堂　日　内

年近花甲的柏西文先生站在窗边，用慈祥的目光对小聂耳这帮孩子行注目礼。

8　广场　日　外

众顽童（做调皮欢乐状，唱着《疆场之歌》行进）：苏武牧羊去远方，木兰从军上战场。昭君和番嫁北疆，如今兵士啥敢当？

9　广场　日　外

歌声未落，一个衣衫褴褛似在逃难的北方逃难爷（约六十岁的老头）带着一个逃难娃，猛地冲到士兵队伍前面，遭到拦阻，便满腹不满，操着一口济南话大喊。

逃难爷　日本兵制造五三济南惨案，你们当兵的为何不挺身而出？小日本想独占山东，实行残酷的殖民统治。军人当临危不惧，你们为什么退避三舍？

这时几个当兵的上来，对他们一阵拳打脚踢，把这两人打得鼻青脸肿。刺刀划破了他们的棉裤，鲜血淋淋。士兵们扬长而去。

10　街道上　日　外

小聂耳一见，赶紧跑过来救助。

聂　耳　大叔呀，兄弟呀，你别急，我有好药百宝丹。

他从怀里掏出一种“曲焕章百宝丹”的好药，一边给他们敷药，一边安慰。

逃难娃　哎哟哟，哎哟——疼死我了！他们好狠呀！

聂　耳　如今当兵的都没有血性啦！胆小怕事如老鼠！还不如古代花木兰、王昭君呢！瞧瞧人家一个女人，敌得过千军万马！等我长大了也要当兵！

聂耳给二人敷上“百宝丹”，血很快就止住了。父子俩真诚地向聂耳道谢。

逃难爷　你是小郎中？你这百宝丹还真灵呀！真是谢谢你了！孩子他爸妈都被日本鬼子杀害了呀。

聂　耳　不是啊，不谢啦！我家是开药铺的。喏——

聂耳指着不远处的“成春堂药铺”。

二人眼看着腿上的伤，血止住了，伤痛减轻了许多。

逃难爷　都、都、都说云南是国人的避难所，你瞧瞧，这是哪般哇？！这、这、这帮丘八真是内战内行，外战外行啊！

11　广场　日　外

“咚咚——咚咚——”亚细亚烟草公司工厂那边响起了午休的钟声。广场上也一下子热闹起来了，一群小伙子出现在这里，他们是专门等着来和送烟叶的花腰傣女工们调情的。

瞧，她们从亚细亚烟厂涌出来了，那真是一道迷人的风景：一队花腰傣女舞姿翩翩，似仙女下凡。“小卜哨”（傣语：小姑娘）头顶“鸡枞帽”，腰缠五彩带，侧系花“央箩”上缀上簪缨花和串串银珠，拼成美丽的民族图案，拴上五彩带，系在左腰间。在从玉溪到昆明运送金色烟叶的路上，走起来流苏吐艳，银饰“叮叮”，赏心悦目。勤劳的脚步，劳累的眼神，都挡不住她们婀娜窈窕的舞姿，华美艳丽的服饰如阵阵熏风袭人心脾。

12　峨山　日　外

花腰傣之乡阳光灿烂，江河畅流，林木丰茂，稻谷飘香，加之民族性格柔情似水、热情、活泼、爽快，花腰傣的文化便呈现出柔美、热烈、艳丽、温馨的风格，浸透田园牧歌色彩。花腰傣女劳动的身影舞步有一种说不出道不明的魅力（其实花腰傣女是不可能在烟厂内外舞窈窕的，编剧分明是为了在一个伟大的花腰傣母亲出场前，营造戏剧气氛才这么安排）。编剧和作曲家怎能不为花腰傣女写下一段动听的合唱。

13 广场 日 外

众歌女 （作欢乐状，唱《花腰傣歌》）花腰傣，小卜哨，美丽爱戴鸡枞帽。想抢回家（被抢去）做新娘，秧箩饭喂（我／你）小卜冒（傣语：小伙子）。

14 老街 傍晚 外

在这热闹的春节前夕，纷纷扬扬的雪花飘落在春城昆明。邻居有钱人家的十几个男孩女孩都穿红戴绿一身新衣服，每人手里提着个“小烘笼”（一种四周有孔的铁皮小火炉）。

众顽童跳起《小烘笼舞》。16个男孩女孩红绿相间，手持小烘笼。时而捧在手上取暖，时而让火花四溅要着玩儿。灯光忽明忽暗。小烘笼舞上下翻飞，左右摇摆，似龙飞凤舞，要得煞是好看。

站在街边观看的小聂耳两手空空，依然是一身旧衣服，小手冻得通红，双手哈气。

15 老街 傍晚 外

少男们围上去和少女们搭讪。

众歌女跳舞。其中有个穿着阔气的阔少要着小烘笼，轻佻浮躁地献媚。

小阔少 小卜哨，小卜哨，我要做你的小卜冒。今晚跟我到花街，送你翡翠和玛瑙。

花腰傣姑娘们如女神般圣洁高贵，对这些调情的花言巧语丝毫不理。转而围着小守信，叽叽喳喳，评论小号手。

醋意大发的阔少鄙夷地打骂小聂耳——

小阔少 叫花子！你这可恶的叫花子！给我滚开！

挨打的小聂耳被这突如其来的侮辱气得半天说不出话来。（从此，他坚决不和有钱人家的孩子接触。在以后他所创作的许多歌曲中，几乎处处都留下了这种爱憎分明的阶级感情的烙印）

16 老街 傍晚 外

柏西文先生赶紧上来，大声劝阻骂人的小阔少。

柏西文 四海之内皆兄弟嘛，这样骂人舌头会烂掉！

小阔少赶紧跑掉了。

聂 耳 柏先生，为什么他们这样对我？

柏西文 你记得我给你说过吗？马太福音24章12节说：只因不法的事增多，许多人的爱心才渐渐冷淡了。我的好孩子，将来你可不要冷淡了爱心哟！

聂 耳 先生，你的话我记住了。牢牢记住了。

17 昆明老街 夜 外

夜幕降临，华灯初上。镜头对准在阡陌小巷里的民宅老舍。

少数人家点上小油灯。盏盏油灯，灯光如豆。

多数人家则拉灯照明。

那时，水能变电能。滇池之水转为电灯之光，市民们告别千年以来家用的油台。

18 成春堂药铺 夜 内

这群花腰傣女来到玉溪老乡彭寂宽家门。她们是受玉溪乡亲们委托，春节前来向花腰傣母亲彭寂宽献花的——康乃馨：伟大、神圣、慈祥的母亲。

聂耳家里用上了电灯。女孩子们叽叽喳喳，望着电灯看个新鲜。

大家唱起一首淳朴优美的合唱。

花腰傣 （做深情状，唱起《康乃馨》）康乃馨，献母亲，慈祥伟大似女神。哺育儿女最仁德，三春普照寸草心。康乃馨，献妈妈，忠孝两报国与家。感恩戴德两眼泪，深情厚爱一束花。

19 老街 夜 外

马上，那个小商人上来。

小商人 喂，小号手，你阿密怎么没来？

小聂耳急着回家做作业，没有理睬。

20 成春堂药铺 夜 内

随着轻快的民族音乐，阿密（傣语：母亲）彭寂宽登场了。你如果仔细的话，会发现这音乐就是“命运主题”，可此刻它苦难中透着坚毅，贫困中显出欢愉。

聂母洗完儿女的衣服端盆回家来。这是一个勤劳善良的好妇人，从她的脸上就可以看出来。彭寂宽招呼花腰傣少女们坐下喝茶，喜滋滋地放下衣盆，回屋内从床边摘下一支金黄色的葫芦笙，兴高采烈地举起来就开始吹起来。“呜呜——呜呜呜——”本应吹一曲欢快的小调，可是没有——母亲却吹出一曲《孟姜女哭长城》，还一边吹一边跳，声情并茂，吹得大伙儿跟着她的节奏跳。那曲调跟别人吹的不一样，虽悲伤却透着坚毅，虽苦难却透着希望，本是聂耳一家人苦乐年华的音乐写照。

21 成春堂药铺 夜 内

这时刻，一群花腰傣少女围拢在彭寂宽身边，亲热无比。按照花腰傣的民族习惯，彭寂宽接过康乃馨花，微笑着感谢花腰傣女的心意。然后走到供奉着菩萨的神龛之前，点燃一炷香，双手擎起拜三拜，口里不住地念诵：阿弥陀佛。阿弥陀佛。再打开佛龛后的一只精美的七彩云南翡翠玉盒，取出一串串佛珠，回赠给女孩子们一些佛珠手链——每人一串。个个欢欣雀跃，纷纷戴在手腕上，向聂耳兄弟们伸手展示炫耀。

聂　耳　七彩云南玉佛珠，好美好缘分。妈妈，你看美煞她们啦！

花腰傣　就美！就美！你嫉妒啦？

聂　耳　美美美！我妈妈才更美呢！

母亲她真是与众不同。花腰傣衣裙虽然有点破旧，却极其合体，把她朴素的身姿衬托得淋漓尽致。她四十岁左右，头上插着一枝山茶花。而最明亮的，还是她的眼睛，慈眉善目。

花腰傣A　那是呀！你妈妈就像花腰傣的喃勐女神。

花腰傣B　小弟弟，你不知道吧？喃勐女神生前是一个完美的人，是一个杰出的人物，是傣族的女王。

聂 耳 我妈妈就是女神！一个真正的女王。

彭寂宽 不！女神是不会自己洗衣服的。妈妈就喜欢唱书，唱一些民间故事、花灯调、扬琴调、民间小曲、山歌，还有滇戏腔调，喜欢吹葫芦笙，边吹边舞。

彭寂宽 孩子们，你们玩着，我下厨房做饭去了。

遂去厨房。

花腰傣 C 小兄弟，你会表演什么呢？不会吧？小笨笨。

聂 耳 嘿嘿，你真是门缝儿里看人——把人看扁了。我啥不会？我兄弟们就是听着母亲的歌声乐曲长大的。

花腰傣 A 你别吹牛，那就来一个吧？

聂耳赶紧从壁柜里拿出自己的笛子，吹起《梅花三弄》。笛声悠扬，绕梁三匝。直让那些花腰傣女孩子惊叹不已。

花腰傣 A 小弟弟，你好棒耶！

聂叙伦 更棒的还在后面呢。

三哥给聂耳使了个眼色。

聂 耳（心领神会）你们有花衣彩裙，手舞足蹈，我给你们表演耳朵舞。

说着，他便放下笛子，跳到宽板凳上。在众目睽睽之下，在女孩子们起哄中，聂耳乐颠颠地耸动着两只耳朵，忽上忽下，忽左忽右地舞动起来。

花腰傣（不满足状）耳朵先生，再来一个嘛！

22 昆明老街 夜 外

当彭寂宽听说有个商人来找她，便一脸不高兴。这个可恨的商人，正是来买八音钟的对象。于是她放下葫芦笙，故意不理那小商人。

（画外音）四方神（做深沉状）不唱苍天唱大地，不为鬼神为母亲。为母亲唱，为母亲跳，为母亲祈，为母亲祷，为母亲善，为母亲美，为母亲爱，为母亲好。英雄气，儿女情，家国尊贵是母亲。

她走近门口的药碾子，麻利地碾药，一边碾一边唱小调，声音很高，很好听。

彭寂宽 （做慈悲状）四只耳朵八音钟，且让世界听奏鸣。四狗（小聂耳的诨名）三春八音钟，琴瑟和弦鸾凤鸣。

23 成春堂药铺 夜 外

成春堂药铺门口冒起了浓浓的白雾，有一种很呛鼻的中药味飘散着——一个不起眼的中药店开在老昆明街头，聂母彭寂宽正在给病人煎药。

药铺外表显得破旧，年久失修，似乎隐含着家中男主人的缺失。是的，聂耳的父亲在聂耳4岁时就已去世。彭寂宽是小脚女人，一身汉族中年妇女的装扮。与未出嫁的花腰傣女孩的爱美自信不同，早已做他人妇的彭寂宽隐藏自己的“摆夷”（花腰傣的旧称）身份，可以避免一家被周边欺侮。聂耳是玉溪人，血管里还涌动着花腰傣的血脉。这种忌讳观念影响到了聂耳。那年代，花腰傣被称作“摆夷人”，常被人歧视。

在药铺的彭寂宽信仰佛教，有一种悲天悯人的慈悲心肠。她非常同情与她一样贫苦的劳动人民，尽管家里并不宽裕，她还是经常救济穷苦人，免费为许多穷人看病，并免费配药。她还教育子女要尽力帮助那些有困难的人。彭寂宽天资聪明，小的时候就通读过《百家姓》、《三字经》、《增广贤文》等启蒙读物。嫁到聂家后，努力学习汉族文化和医学知识，很快就成为丈夫聂鸿仪行医治病、开方配药的得力助手。据聂家后人回忆，彭寂宽晚年能读《本草纲目》，自学获得过政府颁发的行医资格证，这对一个少数民族妇女来说是非常不容易的。话题说远了。回到当下吧，眼前，这位花腰傣母亲并没有用她的种种勤劳换来幸福。等待她的将是什么呢?

24 成春堂药铺 夜 内

（画外音）四方神 百川东到海，何时复西归。少壮不努力，老大徒伤悲。

八音钟挂在聂家客厅墙上。小聂耳在做作业，轻轻哼唱。看着妈妈回家了，小聂耳赶紧接过洗衣盆，和两个哥哥一起把衣服晾到绳子上。妈妈用手直捶自己的腰。

聂 耳 妈妈，我来帮您家。（您家，昆明话，对长辈的尊称。家的读音：jie）

他跑过来，用肉乎乎的小拳头帮妈妈捶腰。哎哟，胳膊疼得要命。妈妈把小聂耳搂在怀里，亲亲他的小脸，拿出药水来，帮他脱下衣服，医治创伤。滚烫的热泪滴落在小脸上。小守信搂着妈妈的脖子。

聂 耳 妈妈，我让耳朵给您家跳舞看。

小聂耳屏住呼吸，发动意念，将两只耳朵舞动起来，一上一下，一左一右，很奇妙很好看。妈妈笑了。儿子围着彭寂宽，殷勤地唱道：

聂　耳　（做惆怅状，唱《为什么》）妈妈哟妈妈，亲爱的妈妈，儿问你，人为什么要挨骂？儿问你，人为什么要挨饿？儿问你，人为什么要挨打？等我长大，周游天下。滇池西山，屋幽室雅。研究学问，弄点音乐，不被支配，不受管辖。远离凡尘，终了生涯。隐遁世界，自我升华。

坐在椅子上的母亲心里一震，又一阵泪水滴落在儿子脸上。轻轻用手抚摸着小守信的头发和耳朵，面对着儿子的恳求，母亲唱出了一段对儿子终生受益的歌——那是一段深沉而坚毅，如滴水穿石般的歌。

彭寂宽　（做谆谆教导状，唱《母亲的话》）儿啊，我的儿啊，请记住母亲的话：人落后了就挨打，人贫穷了就挨饿，人无大志就挨骂。请记住母亲的话。儿啊，我的儿啊，请记住母亲的话：自强不息不挨打，勤学苦干不挨饿，自立达人不挨骂。请记住母亲的话。

25　成春堂药铺　夜　外

随后，家人的眼光落在了岗哨那边——正在聊天的小商人百无聊赖地向聂家走来。

这时候，挂在聂家客厅墙上的八音钟响起来了。这是最昂贵的一种木壳西洋钟。桃花芯木壳，三套塔轮盘机芯（三芝麻链），八个铃，五个音簧，英国造。1885年左右制造。品相极好，老器如新。这钟非常精致，外观造型优美。悦耳的音乐让小聂耳乐得蹦高。

聂　耳　（做天真向上状，唱《八音钟》）八音钟像一只鸟，唱出歌儿真美妙。一年三百六十日，歌声伴我渐长高。八音钟像一只鸟，歌声飞到九云霄。少年心事当拿云，向上只觉天下小。八音钟像一只鸟，翠湖洞经报春晓。迷上悠扬宏仁卦，学会提琴才更好。

可他看到母亲的眼睛死盯着那八音钟发呆，眼神流露出一丝不易察觉难言之痛。小聂耳敏捷地察觉出来，顿觉不妙。

聂　耳　妈妈，妈妈，你可不要——

听到儿子这话，母亲突然面容变成苦笑，站起来。看得出她举止十分高雅，并不亚于那些出身豪门的妇女。她身材适中，慈眉善目，性格开朗，聪颖风趣，还有一副婉转的歌喉，她家的欢乐常常是在她动人的歌声中达到的。您想听听她的歌声吗？且等，让我们先来听一听编剧和作曲家为她的故事所写的一首玉溪花灯调。彭寂宽心中酸甜苦辣，但脸上却一丝平淡的微笑，轻轻地抚摸着小聂耳，用玉溪花灯调来默诵《三字经》：

彭寂宽（唱诵《三字经》）人之初，性本善，性相近，习相远。……匏（páo）土革，木石金。丝与竹，乃八音。

聂母教育下一代的一个重要的方式就是说唱一些中华民族美德故事。她唱的大都是当时玉溪民间劝人为善的一种曲艺形式“唱书”（又名“善书”）的曲目（俗称“木刻大字唱本”）。唱书的形式自由，有说有唱，唱词可以是“随口调”，也可以唱花灯调、扬琴调、民间小曲、山歌，甚至滇戏腔调。聂耳的母亲平日就喜欢哼这些曲调，往往一天辛勤劳作之后，晚上就将孩子们聚拢在一起，给他们讲“善书”中的故事，如《安安送米》、《孟姜女哭长城》、《柳荫记》……讲到动情处，母亲就会用玉溪花灯的走板调、全十字、扬琴调等娓娓动听地对照着唱本上的韵文吟唱起来。幼年的聂耳常常依偎在母亲怀里，聚精会神地听着。故事中感人的情节，配上母亲深情的声调，常常让聂耳感动得流下眼泪来。

26 成春堂药铺 夜 外

门口的小商人的手故意在褡裢里晃动着，几块大洋碰撞发出清脆的声音。

27 街道上 夜 外

不知什么时候，聂耳的初恋情人袁春晖悄悄来到聂家门口。她生得娇小可爱，聪明美丽，性格开朗又温和，喜欢唱歌，是云南省里东陆大学预科生，是公认的校花。

她向小聂耳招招小手，示意不打扰他。

28 成春堂药铺 夜 内

聂 耳 妈妈，不要卖啊不要卖！我不要他买！

小聂耳敏锐地发觉小商人的意图。妈妈一阵心酸，眼含泪水。

彭寂宽 儿子啊，这八音钟是你爸爸留下的遗物，你想妈妈会舍得卖掉它吗？可是不能让你退学呀！只能卖掉它，交学费啊！（此时妈妈泣不成声。）妈妈对不起你们，更对不起爸爸。妈妈没把这个家管好，害得你们连学费都交不起。呜呜——妈妈实在没办法呀！

聂 耳 我明白了。妈妈，你是好妈妈呀。

聂耳强忍着泪水点点头。

彭寂宽 （用手爱抚一下）好孩子，你长大了，你来谈吧。我去厨房做饭。

随后走进厨房。

袁春晖用眼神向他示意：坚强些，我支持你！

聂 耳 哈哈哈哈——来吧，你来买吧！

小聂耳突然大笑起来，直面小商人。

小商人 （狡黠地）都说你很聪明。我说三个谜考考你，你猜出来就把八音钟留下，你要是猜不出来，我可要付十块大洋——赶快猜吧！

聂 耳 不行！咱们打赌！

小商人 打就打。打什么赌？你说。

聂 耳 我要猜出来，你付十块不行，要加一倍付钱。我要猜不出，你就白拿走。

小商人 一言为定！

29 家庭厨房 夜 内

在被烟熏火燎的厨房内。

彭寂宽 （在门口示意袁春晖）来来，你来，过桥米线。

袁春晖蹦跳着过去。

30 成春堂药铺 夜 内

在一片寂静中，小商人开始了赌题。

小商人（做狡黠状，唱《哪样》）哪样先涩后味甜？哪样皮软心内坚？哪样分开“情”不断？哪样死了心不干？

聂耳的眼神与在厨房门口的袁春晖的眼神轻轻一对，神采光亮，灵感喷涌而来。

31 家庭厨房 夜 内

母亲在教袁春晖过桥米线的做法。米线配料：

光肥母鸡半只（约750克），光老鸭半只（约750克），猪筒子骨3根，猪脊肉、嫩鸡脯肉、乌鱼（黑鱼）肉或水发鱿鱼各50克，豆腐皮1张，韭菜25克，葱头10克，味精1克，芝麻油5克，猪油或鸡鸭油50克，芝麻辣椒油25克，精盐1.5克，优质稻米400克，胡椒粉、芫荽、葱花各少许。

32 成春堂药铺 夜 内

聂 耳 （唱《回音》）橄榄先涩回味甜，枇杷皮软心内坚。莲藕断了丝不断，芭蕉死了心不干。

这么快就猜出来，小商人有些恼怒，走近小守信，逼视着他提出第二个问题：

小商人 （唱《峨山小调》）远看峨山山不在，西江女子谁不爱，大口包小口，有法水不在。

聂 耳 峨山？你说峨山？——我要回去。峨山是母亲的土地，我要回去。谜底就是我要回去。

小商人这下有点慌神了。

33 家庭厨房 夜 内

袁春晖一边帮聂母做饭，一边竖着耳朵聆听厨房外的对话。

袁春晖 （冲出厨房）答对喽！答对喽！他输喽！

门口的袁春晖和孩子们兴奋了。

34 成春堂药铺 夜 内

小商人气恼地喊叫，不许他们出声。

脸部特写。小商人狠狠地说出了第三组字谜：

小商人　云南大旱是什么？

聂　耳　是真！

小商人　龙凤呈祥是什么？

聂　耳　是好！

小商人　望文释义是什么？

聂　耳　是一！

小商人　取之有道是什么？

聂　耳　是首！

小商人　呵呵，呵呵，走调喽！走调喽！

聂　耳　走调就是进行曲嘛！

（编剧用此段谜语暗含“真好一首进行曲”之意，为后来聂耳创作《义勇军进行曲》做铺垫。）

35　家庭厨房　夜　内

袁春晖　（回到案板边，身子来回扭着）阿姨，你来教我做过桥米线嘛！

母　亲　好！我来教你如何做过桥米线，你可要认真学哟！

母亲一边耐心地手把手地教春晖制作，一边唱流传已久、叙事风格的《过桥米线》——

一条线，细细长长贯穿历史几百年？／娘子我走阡陌挑扁担过小桥送米线，
一段情，恩恩爱爱过桥夫妻风景线，／官人他居小岛读圣贤文魁星照无眠。

袁春晖一边制作，一边跟唱——

走哟走前天挑担过桥送米线，／小桥流水长，三寸金莲短，
热米线变凉，凉饭口难咽，／官人多原谅，娘子好心酸。

行啊行昨日改炖鸡汤味真鲜，／小桥流水凉，鸡油厚保暖。
凉米线变热，热泪流双眼。／官人莫表扬，娘子好心欢。

一条线，眼见天上文魁星划了一条线，／落湖畔刹那间官人他摇身变中状元。

一段情，鸡汤米线过桥就化成励志线，／为纪念为爱恋官人他命名“过桥米线”。

歌声里，母亲首先将鸡鸭去内脏洗净，同洗净的猪骨一起入开水锅中略焯，去除血污，然后入锅，加水焖烧起来，至汤呈乳白色时，捞出鸡鸭，取汤备用；

歌声里，袁春晖随后将生鸡脯肉、猪脊肉分别切成薄至透明的片放在盘中；乌鱼肉切成薄片，用沸水稍煮后取出装盘；豆腐皮用冷水浸软切成丝，在沸水中烫2分钟后，漂在冷水中待用；韭菜洗净，用沸水烫熟，取出改刀待用；葱头、芫荽用水洗净，切成0.5厘米长的小段，分别盛在小盘中；

再次，稻米经浸泡、磨成细粉、蒸熟，压成粉丝，再用沸水烫两三分钟成形，最后用冷水漂洗米线，每碗用150克。

36 成春堂药铺 夜 内

小商人 小家伙，聪明！厉害！

聂 耳 别考我了。还是让我来考考你吧？

小聂耳开心地笑了，随后又神秘兮兮地摇头晃脑。

聂 耳 慈禧得到八音钟。问你谜底是什么？

小商人 （眉头一皱，一片茫然）搞不懂啊。

聂 耳 （拿来妈妈的“央箩”）快点吧！施洋吧！

聂叙伦 施洋！施洋！快施洋！

小商人便付了十块大洋，余下来的想要赖。

聂 耳 （与其他孩子们起哄）不许耍赖！不许耍赖！

小商人 （无奈地）我只能回去借……

37 家庭厨房 夜 内

这顿晚饭拖得很晚了。彭寂宽招呼袁春晖赶紧端上做好的饭，让孩子们与袁春晖坐在小桌边围着吃晚饭。

聂　耳　呵呵，今天的日子像过年。

彭寂宽　今天你三哥赚了些钱，买了些好东西，让你们改善改善饮食。

聂叙伦　我记得咱家已经有好些日子没吃这么好的过桥米线了。

一家人其乐融融，准备吃晚饭。袁春晖用筷子帮妈妈碗里夹菜。然后含情脉脉地望着小聂耳发呆。

聂　耳　（不好意思地低下头，转换话题）哎，三哥，你教教我，让家人过上好日子，怎么才能赚到钱？

聂叙伦　这是秘密，守信呀，你只管好好读书吧！吃了过桥米线，也给咱聂家中个状元。

袁春晖　我看四狗准行！

食用时，聂耳用高深的大碗，放入一些鸡鸭肉，并将锅中滚汤舀入碗内，加盐、味精、胡椒粉、芝麻油、猪油或鸡鸭油、芝麻辣椒油，使碗内保持较高的温度。

汤菜上桌后，袁春晖帮聂耳先将鸡肉、猪肉、鱼片依次放入碗内，用筷子轻轻搅动即可烫熟，再将韭菜放入汤中，加葱花、芫荽，接着把米线陆续放入汤中。

聂　耳　（边烫边吃）呵呵，妈妈做的米线真好吃呀！汤烫味美，肉片鲜嫩。

袁春晖　是啊，阿姨做的过桥米线口味清香，别具风味。

聂叙伦　呵呵，你们知道吗？过桥米线还有外交故事呢？

38　成春堂药铺　夜　内

一顿晚饭的工夫，小商人借到钱，急匆匆赶回来。

小聂耳和妈妈、哥哥一商量，让他拿走八音钟。

小聂耳喜滋滋地赶忙把这十五块大洋送给妈妈。

小商人　（一脸无奈，临走前问聂母）为什么前两次，你不舍得卖它？

彭寂宽　因为苦难中，八音钟它会对我们笑。

小商人　为什么今天，你又要卖它？

彭寂宽　因为苦难中，我还有儿子对我笑。

39 厨房餐厅 夜 内

袁春晖 三哥呀，你说什么外交故事呢？

聂叙伦 不知道吧？快听你三哥娓娓道来。

聂 耳 别别别，三哥，你就别卖关子啦！（转身对袁春晖）三哥喜欢逗你。

聂叙伦 据传由过桥米线还引发了一段外交上的故事。就说光绪年间，李鸿章出使俄国，俄方在招待酒会上，端给李鸿章一盘冰激凌。因为室内烧火炭，温度高，冰激凌受热散发出冷气来。李鸿章以为是冰激凌热得冒气，就向冰激凌吹气为其降温。

袁春晖 （着急地）别吹，别吹呀！

聂叙伦 俄国佬见此哈哈大笑，弄得李鸿章十分尴尬。他心中一直耿耿于怀。不久俄国外交大臣回访，李鸿章就请他吃过桥米线。俄国使臣不知有诈，不见汤面上冒烟，以为这是一种温热食品，俯身就喝汤。结果烫得使臣哇啦哇啦直叫唤。借此李鸿章才报了一箭之仇。

众 人 哈哈哈哈。

吃完饭，袁春晖回头，朝聂耳做了个鬼脸，跑去厨房洗碗了。

40 成春堂药铺 夜 内

聂耳给袁春晖努努嘴。

这情景全被母亲看在眼里。

屋子里只剩下母亲和聂耳。

彭寂宽 小三晖（袁春晖的乳名）是个好姑娘。妈妈好喜欢。

聂 耳 嗯。

41 厨房 夜 内

袁春晖躲在厨房门口偷听。

42 成春堂药铺 夜 内

彭寂宽 妈妈托一个体面的亲友，到小三晖她家去求婚，你看怎么样？

聂 耳 妈，我年纪还小啊，现在还不是谈结婚的时候。

彭寂宽 是小三晖不好吗?

聂 耳 她很好呀!

彭寂宽 是小三晖没文化吗?

聂 耳 妈,人家可是东陆大学的预科生哦!

彭寂宽 是小三晖不漂亮吗?

聂 耳 瞧您说的呀!人家是东陆大学的校花呢!

彭寂宽 你不谈结婚?妈可不这样认为。你是还年轻,但可以先订下婚约,等以后合适的时候再完婚。男大当婚女大当嫁。你要明白这个道理啊!

聂 耳 妈,你听我说,我的理想一件还没实现呢!眼下我要考虑未来要从事什么工作。等实现了目标,挣钱先孝敬你,然后时机成熟,再结婚也不迟呀!

彭寂宽 时机成熟?小三晖可不能等呀!你还记得以前那个郑若菊吧?她也是个好姑娘。你也是说时机成熟再说。人家就离开了昆明,嫁到外地了。真可惜!

聂 耳 妈,我还没毕业。一结婚,生小孩,那怎么办?真要被小家庭束缚住,我的远大理想怎么去实现呀?

彭寂宽 (无奈地)好好好,结婚是你自己的事,你自己决定吧!

43 成春堂药铺 夜 内

袁春晖 (从厨房出来)阿姨,我洗完碗了。我告辞,该回去了。

聂 耳 妈,我去送送她。

彭寂宽 好。一定要送到她家呀。

44 翠湖路边 夜 外

镜头切换。寒风习习,杨柳依依。翠湖公园,荡漾春意。

小聂耳送袁春晖行进在翠湖之滨的路上,袁春晖春情初发,释放激情,在二人的世界里,跳起了时而含羞脉脉,时而大胆示爱的云南民族舞《翠湖春晓》。

小聂耳亦激情伴舞。

45　成春堂后院寝室　夜　内

镜头切回。在聂家，彭寂宽让儿子们上床睡觉。

片刻后，寝室内发出了一阵阵柔和的鼾声。家人们都进入了梦乡。

46　成春堂药铺房顶　夜　外

夜深人静。一个小偷轻手轻脚爬上房顶，揭开瓦片从屋顶下来。

47　成春堂药铺　夜　内

屋内半明半暗。

昏暗的月光下，隐约可见小偷东瞅瞅，西看看，掀掀帘子，拉拉药柜，专拣贵重的如曲焕章百宝丹、东阿阿胶、高丽参等往布袋里偷拿。

48　寝室　夜　内

忽然间，聂叙伦被惊醒，大声喊："有贼！有贼！抓小偷啊，抓小偷啊。"

全家人一下子都跳下床来。

49　成春堂药铺　夜　内

小偷玩起了躲猫猫。

聂叙伦一下子追过去，小偷很快躲起来；追过去——躲起来——追过去——躲起来——循环往复，追躲交错，煞是出彩儿。几个回合下来，就是逮不着他。

趁着空隙，小偷一下子跃出门外。

聂叙伦　抓小偷——

50　成春堂药铺门外街道　夜　外

正赶上小聂耳回来，他猛地一个箭步追过去，一个扫堂腿，把小偷摔了个嘴啃泥。他就势扑过去，压住小偷，把小偷按在地下。

但小偷竭力挣扎，挣脱再逃。

聂氏兄弟们又把他逮住，不让他动弹。大声责问。

聂　耳　（捡起散落在地上的东阿阿胶、曲焕章百宝丹）东阿阿胶，是好药。百宝丹，也是好药！

聂叙伦　你很会偷东西呀！你是谁？敢偷我们家！你大胆！你缺德！

彭寂宽　（碎步赶来，仔细询问）你老实说，为什么来偷我们药铺？为什么不找个体面的工作挣钱养家糊口？

小　偷　（躺着求饶）我家老婆生孩子大出血过多，快要死了。八岁的小儿子上山砍柴跌落山谷，摔得浑身是伤。偷东西实在是没办法呀。听说东阿阿胶和百宝丹，能治他们的伤病。

彭寂宽　呵呵，在中药里，阿胶确实是妇科上等良药。多用于治疗妇女胎、经、产病，可治因分娩出血过多。你知道许多嘛！你不是文盲。

小　偷　是是是！我不识字，是流氓。这都是听邻居大妈说的。

聂耳兄弟们哈哈大笑。

51　袁春晖家　夜　内

袁春晖躺在自家的床上，辗转反侧，夜不能寐。

袁春晖　爱情真是好甜蜜。我要让四狗成为一个不同凡响的人！

52　成春堂药铺门外街道　夜　外

聂　耳（幽默地、快速唱诵《百宝丹歌》）百宝丹，百宝丹，灵丹妙药藏深山。跌打损伤红肿疮，止血愈伤又消炎。——白药赛神仙。

聂母和儿子们交换了看法，觉得他说的是真话。

彭寂宽　看你为生活所迫，今晚饶了你。给你拿上东阿阿胶和百宝丹良药，给你老婆孩子施用吧。

聂　耳　东阿阿胶百宝丹，你会用吗？

彭寂宽上前展开东阿阿胶和百宝丹老式包装，口说手示，教其如何疗伤治疗、服用。

小　偷　会了！会用了！

彭寂宽使了个眼色，小聂耳马上明白，从箱子底下翻腾出一块大洋，用小大人教训的口气说话。

聂　耳　给！给你孩子买些吃的吧！以后别再干这种偷盗的事啦！

小　偷　谢啦！谢谢你们全家啦！感谢你们的大恩大德！以后可不敢了。

53　滇池大观楼　日　外

晨光熹微，烟波浩渺。

镜头由远而近。大观园果然是个风景绝佳之地，一进园门，便觉一路花香，红酣紫醉。园中有个大观楼，楼高百尺，登楼可以眺望滇池。楼上悬挂有孙髯翁写的一副长联。

滇池风景，由远而近。一个空灵的声音从滇池上空飘来——那是柏西文半土半洋的法式口音的汉语：

（画外音）五百里滇池，奔来眼底。披襟岸帻，喜茫茫空阔无边。看东骧神骏，西翥灵仪，北走蜿蜒，南翔缟素。高人韵士，何妨选胜登临。趁蟹屿螺洲，梳裹就风鬟雾鬓；更蘋天苇地，点缀些翠羽丹霞。莫孤负：四围香稻，万顷晴沙，九夏芙蓉，三春杨柳。

数千年往事，注到心头。把酒凌虚，叹滚滚英雄谁在？想汉习楼船，唐标铁柱，宋挥玉斧，元跨革囊。伟烈丰功，费尽移山心力。尽珠帘画栋，卷不及暮雨朝云；便断碣残碑，都付与苍烟落照。只赢得：几杵疏钟，半江渔火，两行秋雁，一枕清霜。

柏西文　（自言自语）中国文化真是独特。上联写眼前风物，下联写昆明史实，情景交融，古今并论，确非大手笔莫办。

54　昆明金碧路老街　日　外

郑一斋“景明号”商行门前。

一辆老式汽车把这些被雨水淋湿过的冰糖拉来堆放在“景明号”铺子门前。

郑一斋叫一个店员用秤去称一包看看分量。

特写，店员拿着秤砣准星给郑一斋看。结果是原包装袋上标明26.5公斤一包的糖，现在已经不足25公斤了。

郑一斋　（心理独白）我委托法国商人若利玛订货500包太古冰糖。这些冰糖经滇越铁路运到昆明火车站时，法国人怎么这么不负责？不加盖篷布，让这些冰糖全被雨水淋湿。

若利玛佣人（蛮横无理地）你们赶快收货，照价付款。

店员 不能收，更不能照价付款。这已经是缺斤短两了。

若利玛佣人 不行！我们老板说了，不能砍价，一分钱也不能少。

见此情景，身着长袍马褂的郑一斋就出门：看来我得亲自到若利玛洋行交涉此事。

55 法式滇池城堡 日 外

曙光直照着旧城堡。

右边是滇池畔大观楼旁边的旧城堡，左边是色彩艳丽的玫瑰花田野。中间是五百里浩瀚滇池。远处是蜿蜒绵延的滇越铁路。一条小河蜿蜒而去，一座高而纤细的人行桥横跨河畔。

小聂耳在桥上练琴。三哥在一旁聊天。

聂耳的琴声悠扬，在滇池之畔传得很远很远。

56 昆明金碧路老街 日 外

闪回。昆明著名的八景之一：“云津夜市”。商行林立，人群熙攘。

旁白：金碧路，云津桥（今得胜桥），进入金碧路和三市街就到了昆明的热闹地带。这是一条宽16米，长2000米左右的老路。

元代时的昆明热闹地带在中庆城，别称“鸭池城”的城内。明清时期，它已经是云南府城南门外的商业大街了，清末时这里叫做新成铺。四面八方的人们来此进行粮食、农具、布匹和烟茶等商品的交易。

57 滇池城堡 日 内

清晨曙光射进窗内，法籍教师柏西文在滇池法式城堡里，自由自在地弹着钢琴。这是昆明唯一的一架钢琴。

18岁的艾思奇形销骨立，一副风华正茂书生意气的样子，显得成熟稳重，站在柏西文身旁。

艾思奇 柏西文老师，这是我刚刚从日本带回来的一些革命歌曲词谱。您帮我们弹琴，我叫聂守信他们来唱唱好吗？

柏西文　好！给我拿出来，我先看看是些什么歌？

艾思奇　都是些不常见的。有《马赛曲》、《国际歌》。

柏西文　啊？怎么你把我祖国这些好歌也带来了？可惜呀，不要你教了。这两首歌我都教过聂守信呢！

聂　耳　（稚嫩声）是啊！我跟柏老师学会了！你听：起来，饥寒交迫的奴隶，起来，全世界受苦的人！……

58　滇越铁路　日　外

一列蒸汽机车，从亚热带丛林中冲了出来，驰骋在云岭高原，最后开到了老昆明城。

从此，"洋鬼子来了"，金碧路变得繁华起来了。

旁白：被洋人用枪炮逼着开放门户，这是中国近代的血泪和耻辱。

郑一斋急匆匆穿过金碧路，向若利玛洋行奔去。身后两个伙计紧随其后。

在当年两公里长的金碧路及其附近，外国商行林立街头：

金碧路旁的祥云街，首先是法国人设立的东方汇理银行办事处。金碧路上分别排列着沙法里、若利玛、徐璧雅、沙厘耶宝多、普利、安兴、英仕的、巴地斯和帮沙为利等多家洋行，还有甘美医院、法国大药房和一家商务酒店；

日本人硬挤了进来，开了个保田洋行；

白俄商人也露了一手，卖起了俄罗斯的大面包；

英国人则开了颐中烟草公司和惠滇医院，并不失时机地建起了基督教会锡安圣堂。

旁白：1910年滇越铁路通车后，南城外成为商埠，金碧路作为老昆明横贯东西的主要街道，就更加热闹了。云南府火车站的货物，都是由一种大木轮上包着铁板带的马车经过金碧路拉入市内的。那年代，昆明没有一条通往省外的公路。你不可能在街上看到汽车，而这种大木轮马车则是城内主要的运输工具。

在当时金碧路两边的商店里，充斥的是：洋纱、洋布、洋毡帽、洋油、洋碱、洋发烛（火柴）、洋纸、洋酒、洋皮鞋、洋药（西药）、洋烟和洋袜子，就连小女孩抱着玩的也是洋娃娃……应有尽有，无一不备。在不平等条约的庇护下，洋人大把大把地在赚钱，老昆明人在委屈和窝火之中体味着外来的文明。这便是那时复杂而矛盾的历史。

59 滇池城堡 日 内

聂 耳 （喝了一口水）还有：前进，祖国的儿女，快奋起，光荣的一天等着你！你看暴君正在对着我们举起染满鲜血的旗，……

柏西文 （激情弹琴而歌）La Marseillaise Allons enfants de la Patrie Le jour de gloire est arriv é Contre nous de la tyrannie L' é tendard sanglant est lev é L' é tendard sanglant est lev é Entendez vous dans les campagnes Mugir ces f é roces soldats.

艾思奇 唱得好呀！呵呵，看来我是孔雀开屏自作多情啦？！不过我还有柏老师你没有的歌曲。保证你没有！

柏西文 那可不一定！

艾思奇 （顽皮地）《伏尔加纤夫曲》，您有吗？

柏西文 哈哈，听说过，还真没有。

60 若利玛洋行 日 内

洋行的办公室。一个黄头发、高鼻子、蓝眼睛、中等身材的洋人坐在写字台后。

矮个子的郑一斋被仆人领进。

若利玛用眼睛的余光斜视着被仆人领进来的郑一斋。头也不抬，依旧在装模作样地察看货物报表单。

郑一斋 （很和气地单刀直入）若利玛先生，你应该按实际交货的冰糖重量收款。

若利玛 （态度十分恶劣）我不同意！你应该按合同数量付款。

郑一斋 你怎么这样蛮不讲理呢？

这洋人拄着文明棍站起来，走到郑一斋面前。

若利玛　讲理？对你们这些东亚病夫还讲理？只能讲拐杖！

说着便冲过来，先是挥舞着文明棍打了郑一斋一棍子。接着用他的一双毛手掐着郑一斋的脖子：你必须马上给我付款，一分不能少。

说时迟，那时快，只见郑一斋退后一步站成丁字形，咬紧牙关狠狠一拳向若利玛的胸口打过去，把若利玛打出了两公尺远摔倒在地。若利玛认为逢着一个拳术高手，爬起来不敢声张抱头鼠窜而去。

郑一斋用右手指着他说：洋鬼子你有本事就回来，老子今天要把你揍死。

这时，若利玛胆怯地回过头来。

若利玛　（对仆人结结巴巴地）快！给补、补、补足缺斤短两的。

仆人过来，给郑一斋的全部冰糖每包都补足53斤结了账。

61　云南省立师范门口　日　外

闪回。昆明往事——宣传队街头义演。人头攒动。高台上挂着横幅：打倒帝国主义！学生们、市民们声势浩大。

聂耳与另一同学一组。为了吸引行人，聂耳他俩把家里的锅底黑炭涂在脸上和手臂上，腰间系着柳树枝叶的腰带，装扮成跳踢踏舞的黑人。

聂耳同学　哎，昨天昆明出事了。郑一斋在洋行出手了。你听说了吗？

聂　耳　听说了。这件事，轰动了整个昆明市。街头巷尾都有人说：郑一斋打洋鬼子打得好，打得巧，打得妙！灭了洋人的威风，长了中国人的志气。

同　学　听说郑一斋是你亲戚？

面对越来越多的人群围拢过来，聂耳悲愤地讲述济南五三惨案的经过。

聂　耳　天下兴亡，匹夫有责！帝国主义侵略包围了我们中国，杀害我们的同胞！眼下，咱们中国已经到了生死存亡的关头。我们中华民族这头睡狮，难道还不赶快觉醒吗？每个有良心的中国人，难道还不应该奋起抗争吗？同胞们，大家起来，为抗争的劳苦大众捐款吧！

众人报以热烈的掌声。人们慷慨解囊，纷纷捐款。

聂耳的同学手拿帽子，募得捐助，鞠躬点头感谢。

62 滇池城堡 日 内

艾思奇 （哼唱着）Эй,ухнем! Эй,ухнем! Ещё разик,ещё раз!

聂 耳 你唱的是什么语言？听不懂呀！

柏西文 肯定是俄语了。来，我弹琴，你来唱。

艾思奇从书包里掏出歌谱，递给柏西文。柏西文把歌谱放在谱架上。然后双手轻轻地横扫过键盘，钢琴发出一阵排列有序的清脆琴音。

柏西文 好啦。开始吧！

艾思奇 这可是我刚刚译配过来的，中国第一份，从来还没正式演唱过呢！（说着，用眼神对聂耳示意跟着学）哎哟嗬！哎哟嗬！齐心合力把纤拉！

柏西文弹着曲子，16岁的聂耳像跟屁虫一样，跟着艾思奇大哥聚精会神地学唱《伏尔加纤夫曲》——

Эй,ухнем! Эй,ухнем! Ещё разик,ещё раз!(哎哟嗬！哎哟嗬！齐心合力把纤拉！)

Эй,ухнем! Эй,ухнем! Ещё разик,ещё раз!(哎哟嗬！哎哟嗬！拉完一把又一把！)

Разовьём мы берёзу, разовьём мы кудряву,(穿过茂密的白桦林，踏开世界的不平路，)

Айдада айда, Айдада айда,(哎嗒嗒哎嗒，哎嗒嗒哎嗒，)

Разовьём мы берёзу, разовьём мы кудряву!(穿过茂密的白桦林，踏开世界的不平路！)

Эй,ухнем! Эй,ух нем！ Ещё разик,ещё раз!(哎哟嗬！哎哟嗬！齐心合力把纤拉！)

Мы по бережку идём, песню солныщку поём,(我们沿着伏尔加河，对着太阳唱起歌，)

Айдада айда, Айдада айда, песню солныщку поём,(哎嗒嗒哎嗒，哎嗒嗒哎嗒，对着太阳唱起歌，)

эй, эй,тяниканат сильней, песню солныщку поём!（哎，哎，努力把纤绳拉，对着太阳唱起歌！）

（以下略去）

Эй,ухнем! Эй,ухнем! Ещё разик,ещё раз!

哎哟嗬！哎哟嗬！齐心合力把纤拉！

Эх ты,волга,мать река,широка и глубока,

伏尔加可爱的母亲河，河水滔滔深又阔，

Айдада айда, Айдада айда,широка и глубока!

哎嗒嗒哎嗒，哎嗒嗒哎嗒，河水滔滔深又阔！

волга,волга,мать река,Эй,ухнем! Эй,ухнем!

伏尔加伏尔加母亲河，哎哟嗬！哎哟嗬！

Ещё разик,ещё раз1Эй,ухнем! Эй,ухнем! Эй,ухнем!

齐心合力把纤拉！哎哟嗬！哎哟嗬！哎哟嗬！

Ещё разик,ещё раз!Эй, ухнем! Эй,ухнем! Эй,ухнем!

拉完一把又一把！哎哟嗬！哎哟嗬！哎哟嗬！）

63 华丰茶楼 日 内

闪回。昆明往事——华丰茶楼，昆明数一数二的茶楼。

门口一副对联醒目地贴在门两旁：寒夜客来茶当酒，竹炉汤沸火初红。横批：茶有普洱。

两个傣族小卜哨正在给客人表演茶艺。

小卜哨 郑先生，请喝 ×× 普洱茶吧。

郑一斋 呵呵，香陈九畹芳兰气，品尽千年普洱情。来不请，去不辞，无束无拘方便地；烟自抽，茶自酌，说长话短自由天。

郑一斋是个矮矮个子的人，坐在高脚椅子上，一边品茶，一边读鲁迅先生的书。只见他在书本上用红笔圈圈写写，而且又用钢笔加了眉批。

郑易里 哥，过一会儿聂守信他们来演出，你不是要送他鲁迅的书吗？

郑一斋 是啊，就送他一套鲁迅的书吧。五四运动以来，我主张要读书就读新书。

郑易里 哥哥，你说交聂守信这样的朋友如何呀？

郑一斋 我主张广交朋友，和朋友谈革命、谈未来、谈文学、谈书法、谈旅游，他是个健谈的人。

远远地，聂耳与同学们风风火火地走进茶楼。

聂 耳 哈哈！真是一壶普洱茶，满屋陈香溢天下。快，渴死我啦！

郑易里 嗨呀，守信，快来喝茶。

郑一斋 （右手一挥）来，小朋友！坐，请坐，请上坐；茶，饮茶，饮好茶。

郑一斋说话声音洪亮，健谈且性格爽朗。给人以短小精悍的感觉。他总是精神抖擞，脸上闪着亮光，一双特大的眼睛，射出光芒，但不使人感到威严，而是感到慈祥、忠厚。

聂耳把茶一饮而尽，便去厕所化妆。

出来时，只见他上身赤裸，涂黑抹炭扮成黑人，在同学们的簇拥下准备演讲。

64 滇池城堡 日 内

琴声缥缈，在广袤的滇池上空回荡。

聂 耳 音乐的光芒，把黑夜照亮！震撼！太震撼了！《伏尔加纤夫曲》所表现出来的恢弘气势令我深感震撼。

艾思奇 守信兄弟呀，我可把这首好歌教给你了。你要教给你那些小伙伴，首先在昆明传唱，然后传到全国好吗？

聂 耳 生萱大哥，你放心吧！我正愁着我们那小乐队没有好歌曲呢，我保证让昆明满城唱遍《伏尔加纤夫曲》。只是……

艾思奇 只是什么？

柏西文 我猜他说只是俄语太难学。

艾思奇 是啊，所以我才译配成中文嘛！（随后对聂耳耳语）这可是我从日本秘密运回来的思想文化武器，我教你，你可要掌握在手！以后咱俩分分工，我呢，喜欢哲学，就主攻哲学，掌握哲学武器；你呢，喜欢音乐，就主攻音乐，掌握音乐武器。好不好，兄弟？

聂 耳 一个字：好！两个字：好棒！三个字：好目标！

65 华丰茶楼 日 内

门里门外聚集了一些市民前来观看。

郑一斋 （抢过话题，大声）各位乡亲，各位同胞，敝人郑氏二兄弟与聂守信同为玉溪人，今天为济南五三惨案募捐。我郑某带头先捐一万块银元。作为开场。下面请黑人兄弟聂守信表演节目。

聂　耳 （跳着踢踏舞动作上场）济南惨案，国难当头。我们中国人死光了吗？为什么我们都要扮成黑人？

观　众 是啊！为什么这样啊？

郑易里 天下兴亡，匹夫有责！本茶楼老板亦是同乡，感谢他给我们这方宝地来募捐。抱着“实业救国”思想的我在二哥郑一斋的资助下，1927年东渡日本，到东京高等工业学校学习纺织。1928年济南惨案使我实业救国的梦想破灭。满腔悲愤回到祖国，在上海参加了反日大同盟。

观　众 肯定是这小家伙搞得别出心裁的募捐嘛！

聂　耳 这个问题先不回答。与郑易里先生的实业救国理想不同，过去，我的人生观无非是宗教家、哲学家或是科学家。不过，这世界实在是一个幻想。我想我们虽然一天天过去，表面上不觉得什么，实际上还受政府和外人的支配管辖。我觉得最好等到大学毕业，去游历一番后，在学术上有点研究，并且还有几个钱，那时我就来滇池西山，买块清幽之地，约几个同志，盖点茅屋，研究点学问，弄点音乐。不受外人支配，也不受政府管辖。如此而已，岂不乐哉？

观　众 哈哈哈哈。

聂　耳 我来读读这句话——我们听到呻吟，叹息，哭泣，哀求，无须吃惊。见了酷烈的沉默，就应该留心了；见有什么像毒蛇似的在尸林中蜿蜒，怨鬼似的在黑暗中奔驰，就更应该留心了：这在预告“真的愤怒”将要到来。

郑易里 我们和朋友在一起，可以脱掉衣服，但上阵要穿甲。这可是鲁迅先生说的：愿中国青年都摆脱冷气，只是向上走，不必听自暴自弃者的话。唯有民族魂是值得宝贵的，唯有它发扬起来，中国才有真进步。

聂　耳　这些都是尊敬的郑一斋先生赠给我的鲁迅书中的话。为了济南募捐，为了中国进步，踢踏舞，舞起来！

有一两个人纷纷捐款。

众同学众同乡大秀踢踏舞。

众人皆捐款。

66　滇池城堡　日　内

这时候，仆人带领云南名人袁嘉谷进到屋里来。

袁嘉谷　山不在高，有仙则名；水不在深，有龙则灵；斯是陋室，唯吾……不不不，唯汝德馨。柏兄哇，兄弟来拜访。呵呵，呵呵。

柏西文　欢迎，欢迎啊，我的缪斯。中国先哲孔夫子曰：有朋自远方来不亦乐乎。何况来的是云南状元呢！

聂　耳　袁伯伯来啦！

艾思奇　向袁伯伯致敬！

袁嘉谷　呵呵，一只高卢老雄鸡，带领两只南方云滇小朱雀，在引吭高歌的时候最美！正所谓：少年心事当拿云啊！呵呵呵呵。

艾思奇　袁伯伯，您都听到了？

袁嘉谷　可不嘛！气势恢宏，响遏行云哪！唱的什么歌呀？

艾思奇　《伏尔加纤夫曲》。从现在20世纪20年代起，我可要让苏俄歌曲影响聂守信兄弟、影响中国年轻一代啊。

柏希文　说得好！我想这首《伏尔加纤夫曲》应该作为最早的引进中国的苏俄歌曲。

聂　耳　我可记住了！以后我要是能写歌曲，就要写这样的歌。真正反映劳苦大众的生活。哦，柏老师，我俩还有事情，先告辞了。

艾思奇和聂耳开门，上路。

两个年轻的背影走在乡间小路上。

旁白：苦难的现实和先进的文化滋养，使这两个青年走向远方，即将走向革命的道路。后来果然，1934年聂耳创作的《大路歌》，明显受其影响。

67 滇越铁路边 日 外

十五六个儿童在滇越铁路边上边舞边唱童谣：

火车火车翻山岭，滇越铁路向南行。一颗道钉一滴血，一根枕木一条命。哎呀呀，哎呀呀。一颗道钉一滴血，一根枕木一条命。

童谣飘得很远很远……

68 滇池城堡 日 内

袁嘉谷 阁下看到天下第一长联了吗？

柏西文 （在钢琴前站起，走到窗前）看到了。呵呵，西方有天、地、神、人“四重整体”，表达了哲学家对“人之栖居的诗意”吁求。东方有四神咏唱滇池大观楼天下第一长联。袁老弟呀，你说说，这第一长联有何用意呢？

袁嘉谷 柏兄，写这长联的孙髯翁当时是眼看官场腐败，民不聊生，海天寥廓，悲天悯人呀，一片无穷的天空，一种穿越时空的神籁。几许思古之幽情，无尽灵光一直洞穿至今。一介寒士，竟把帝王们的“伟烈丰功”看做是“苍烟落照”里的“断碣残碑”。这是一种明显的叛逆，具有“犯上”的嫌疑，灯火阑珊处却体现了他有容乃大、无欲则刚的胸中大宇宙，这是涵容万千气象、气吞万里的大宇宙呀。

柏西文 大宇宙？他会来吗？上帝呀！主的灵运行在水面上。哈哈，是运行在滇池水面上吗？是，或者不是？这是个问题！可是，主啊，你那严厉的拇指却把我折磨得面容憔悴。滇越铁路为什么引起云南人的反对？为什么孩子们唱这样反法的儿歌？

袁嘉谷 哎呀呀！君不见，在华450公里的铁路线上，竟然死了9万民工。君不见，云南反法浪潮一浪高过一浪？

69 滇池城堡 日 外

人声噪杂。人影恍惚。

哭声骂声连成一片。

70 滇越铁路 日 内

柏西文 外边的人在喊什么？

仆 人 （上）一群死人的家属和孩子在瞎喊。大人不怕！不用怕！

柏西文 我这个法国人，不！我这个法中混血人，还是躲到滇池边上的好。母亲，中国人；父亲，法国人。我是一种精神上“无故乡的人”，没有精神故乡。不！我爱自己的母亲，显然胜过爱自己的父亲，我鄙视帝国主义的法国，而热爱母亲的故土——中国。上帝哟，你打算如何处置我这个叛逆者？永别了，阿瑞斯（Ares）战神！来吧，缪斯女神！我要和你共舞，我要和你结婚！

袁嘉谷 你先别说结婚。这回来我可是为民请命的。

柏西文 对我来说，缪斯就是朋友，朋友就是缪斯。功效一致，二者都为我打开一个秘密的世界，让我对这个世界重新燃起兴趣和爱火！还有一件事，最近我收了一个音乐小天才，名叫聂守信。真是一个好苗子呀。我心中对他的爱油然而生。这种荡漾的爱就像五百里滇池，灌溉心田，继而蔓延四肢，让我有话想说，有表达的欲望和演奏的冲动。

袁嘉谷 好呀，哪天也让我见见他。你为云南培养人才，你以为云南百姓不会感激你吗？好好培养他吧。

柏西文 你可以记住，我说话是算数的。鲁迅说：说过的话不算数，是中国人的大毛病。一斋先生送给我一套《鲁迅全集》，还说鲁迅的话：青年们先可以将中国变成一个有声的中国。大胆地说话，勇敢地进行，忘掉一切利害，推开了古人，将自己的真心的话发表出来。

71 山茶场 日 外

三月，半山新绿，二十个采茶姑娘载歌载舞。

采茶女 三月里来春雨浇，茶尖抽芽嫩夭夭。/采茶姑娘上山来，身上系着花围腰。

72 滇池城堡 日 内

袁嘉谷　西门子的工程师来了吗？

仆　人　不，来的是银行家让·米歇尔先生和盛延龄先生。

袁嘉谷　童谣喊出百姓之声，冤鬼也许转世重生。今天是鬼节，这些孩子的喊叫声，表示仪式刚刚开始。

柏西文打开老式留声机，放音乐，那是新近流行的格什温的音诗《一个美国人在巴黎》。

柏西文　等等再说。（随着节奏，在房间里踱来踱去）西门子工程师他们在干什么？也该到了！该给我带来最新消息了。

仆　人　他们说要看看你的迷宫，你那曲径分岔的花园。

袁嘉谷　也许，应该为你作一曲《一个法国人在昆明》。

柏西文　好主意呀！曲径分岔？迷宫花园？我不是彭冣，我又不是云南总督？！

73　玫瑰园　日　外

玫瑰花田野。大片大片的玫瑰花如火焰般热烈，风吹花摇，田野里飘来阵阵馨香，沁人心脾。

聂耳与袁春晖手拉手，裹挟着花香，从树丛里进入花田。

74　滇池城堡　日　内

突然，留声机停掉了。格什温的音诗《一个美国人在巴黎》戛然而止。

柏西文　哎呀！又断电了！这个石龙坝电站怎么搞的？德国人干吗老是断电？生怕别人忽视了他们的存在不成？！主说，要有光，就有了光。主看光是好的，就把光暗分开了。主称光为昼，称暗为夜。有晚上，有早晨，这是头一日。感谢上帝，赐予我们光明！喂，近来外边的人们都在谈论什么？

仆　人　鬼节啊，满大街是死尸，满天空是苍蝇，大家整天谈论死人啊，大人。

柏西文　他们都在说些什么？

仆　人　都在说、说……那些绿头蝇都吃死尸吃得肥头肥臀，个儿都变得像小青蛙那么大！

柏西文 还说什么呀！说呀！

仆 人 还说…… 大人，我不敢说。

袁嘉谷 我来说吧，那些童谣这样说——

75 滇越铁路边 日 外

火车火车放臭屁，盘剥商民喘粗气。火车火车向南去，法国佬儿滚回去！哎呀呀，哎呀呀。火车火车向南去，法国佬儿滚回去！

一帮五六岁、衣衫褴褛的孩子在玩游戏，其中一个七八岁的大孩子领头喊童谣。

阴云密布，黑云压城。

死者家属在远处哭声一片。

滇越铁路上空笼罩着阴森可怖的气氛。

死尸之上，苍蝇群飞乱舞，嗡嗡之声像一片扫帚，忽而扫过半空，忽而扫过草丛。又如一阵黑色的狂飙，越过滇池百里，突忽进入滇池城堡之内。

76 山茶场与玫瑰园交界处 日 外

与滇池城堡形成鲜明对照的是，另一处却是春和景明。

暖风徐来，细雨蒙蒙。

聂耳从怀里拿出一支笛子，横在嘴边吹起来。

在采茶女群舞之中，袁春晖边跳边领唱：

三月里来春雨淋，原野玫瑰香喷喷。怀春姑娘不采茶，一心惦记心上人。

77 滇池城堡 日 内

站在窗口的柏西文急忙在慌乱之中关闭窗户。

窗帘乱飘，忽而打倒了在窗边的花瓶。乒乒乓乓一阵乱响。碎片满地。

黑色的苍蝇群勇敢地在滇池城堡内的大厅里狂飞乱舞。时而盘旋于吊灯周围，时而飞旋过柏西文的头顶。

顿时满屋是腥臭味儿。

柏西文　（乱抓乱收）哎呀呀，太可怕了，这些苍蝇真是一种凶兆！我知道，我知道。要是中法真的打起来，法国也可能失败。

78　大茶树下　日　外

春野茫茫，四下无人。只有两个年轻的男女在踏春。

聂　耳　还真有味儿。吹吹灰你唱得质朴纯真，毫不造作啊！

袁春晖　那得感谢四狗哥哥的夸奖也！可是、可是不能光嘴上说说呀！

聂　耳　那该怎么样？

袁春晖　人家都回味想你了，你怎么像个木头呢？

聂　耳　谁像木头啊？你看前面滇池边那些放牛娃娃在干啥呢？

袁春晖　（拨开柳枝远望）

聂　耳　（轻轻凑上前）啪（给袁春晖一个飞吻）！

袁春晖　四狗你坏！你好坏呀！

聂　耳　我好？我坏？到底是好还是坏？

袁春晖　你欺负我。你坏！你坏！

聂耳被袁春晖追着打着，嬉闹着。

袁春晖 四狗，四狗，打四狗！（挥舞拳头，雨点般地打在聂耳背上。）

聂 耳 小三晖，吹吹灰。我求饶，我求饶啦！

话音未落，聂耳冷不丁地把她抱住，又高高地举起，然后又让她骑在肩上，穿梭在小径分岔的花园里。

79　滇池城堡　日　内

袁嘉谷　西文先生说得对。风水轮流转。这一次要是中法打起来，也许会是“中国不胜而胜，法国不败而败”。这不禁让人回忆起中法战争（1883年12月至1885年4月，即光绪九年十一月至十一年二月。——编剧注）来，那本是法国侵略越南，进而侵略中国而引起的一次战争。本来嘛，战争双方在军事上互有胜负，（由气愤引发口吃）可、可是由于清朝统治者的腐朽昏庸，最后法国强迫清政府竟、竟然签订了丧、丧权辱国的不平等条约。

柏西文 春雨和原野滋生鲜花。战争与腐败滋生苍蝇。是啊！从全球国际政治来看，你们这个清政府也是顶级腐败无能的。无怪乎当时人称："法国不胜而胜，中国不败而败。"

80 峨山家乡小院 日 外

闪回。聂耳母亲跳芦笙舞。

小聂耳与兄弟们在观看。击掌赞美母亲。

81 滇池畔 日 外

聂耳又拿出芦笙来，轻轻吹起来。

袁春晖跳起芦笙舞。聂耳吹得激情如火。二人且吹且舞。

娇小玲珑的春晖，沐浴在明媚的阳光下，骑跨在聂耳肩上，双臂舒展开，黑头发飘起来，飞呀转呀，转呀飞呀，发出女神般纯美的光彩。

突然定格，这是一个优美无比的造型。

82 滇池城堡 日 内

仆　人 大人……银行家在花园等您哪。

袁嘉谷 （用手捂鼻子）正好，我想去跟他们见面谈谈。再瞧瞧你的花园怎样？

柏西文 鲜花，我喜欢；苍蝇，我不怕。银行家，是欢迎还是拒绝？这是个问题。法国银行家万岁！东方汇理银行万岁！（放声大笑）哈哈哈哈！永别了！红土地！永别了！滇越铁路与石龙坝电站！永别了！滇池城堡！我要弹奏我的钢琴曲了。袁先生，让仆人带你去吧，去我的花园。

袁嘉谷 是啊，我该先行一步。

83 天空 日 外

风清云逸。一片七彩云缓缓飘来。

84 滇池城堡 日 外

袁嘉谷与仆人走向花园。

85 滇池畔 日 外

芦笙悠扬。

聂耳拿出高难度动作来，用双臂压住袁春晖的双腿，双手架芦笙而吹。作为曾在玉溪学习苗族芦笙舞的芦笙手，他抓住施展个人技艺的机会。其芦笙舞的动作以矮步、蹲踢、旋转、腾跃等为多。时而以动作的节奏多变、迅疾激烈见长；时而以能完成较多的高难度动作取胜。表演的芦笙舞内容十分丰富，有"巧喝酒"、"蚯蚓滚沙"、"滚山珠"和"芦笙拳"。

袁春晖开心死啦！情不自禁金口一开——这是一曲如小鸟般婉转的花灯调歌，乘着歌声的翅膀，裹着玫瑰的花香——

袁春晖　哥送妹到橄榄坡，摘对橄榄妹揣着。先吃橄榄后回味，橄榄回味妹想哥。

86 曲径交叉的花园 日 外

盛延龄与其助理正在花园散步，与米歇尔行长交谈。

米歇尔　盛先生，你们中国人待人友好、礼貌、热情，我高度评价。但是有时也骄傲自大，自吹自擂呀。

盛延龄　啊哦，何以见得呢？

米歇尔　你看，整个昆明随处可见的是，中国很行！富滇很行！

盛延龄　哈哈，哈哈，你这个笑话颇讨中国人喜欢。

旁白：米歇尔有所指之处是昆明几家银行。"银"的外形像"很"，"行"是多音字，除了行xíng，还读háng，不知米歇尔故意开玩笑，还是未能分清，盛延龄听罢自然哈哈大笑！

米歇尔　请问阁下，心致远，富泽滇？这句话是什么意思？

盛延龄　呵呵，米歇尔先生，富滇银行作为云南省在中国西南和东南亚各国具有很大影响力的地方银行，当然具有很高的历史文化品牌价值啦。中国古话有所谓宁静致远之说，而我的办行宗旨是传承文明，富民兴滇。所以把它用这六个汉字简洁概括……

米歇尔　哎呀，我的东方汇理很行、也很行啊！我东方汇理银行（法语：Banque de l'Indochine）成立于1875年，总部位于法国巴黎，专营法国的亚洲殖民地印度支那业务。1888年我行业务扩展到中国，1889年在广州沙面法租界内开设广州分行。同年在天津法租界大法国路开设天津分行，1894年开设香港分行，1899年开设上海分行，1901年开设汉口分行。其他分行开设在沈阳、北京、蒙自（1914）、昆明（1918）、广州湾（1926）。

仆人上前，对盛延龄嘀咕两句。

盛延龄见袁嘉谷过来，便快步走上前迎上去，伸出手来。

盛延龄　呵呵，您就是传说中的袁嘉谷先生？久闻大名，如雷贯耳啊，呵呵。（转身向其助理说）清光绪二十九年（1903）袁嘉谷先生应经济特科试，被录为一等第一名（经济特科状元），授职翰林院编修。以后多年，他行迹遍布大江南北，为官、为文、为人，成为一代文化巨人。他目睹了世事的沧桑剧变，也经历了官场的黑暗污浊，而民国建立后连年不断的军阀混战，加之敌寇的虎视眈眈，更增添了他的忧患意识。

袁嘉谷　先生过奖了。你们银行家才是实业救国的中华脊梁啊！

盛延龄　袁嘉谷先生与圆泰上人的交流来往，再现了一代学者与佛门高僧的人格风范。

袁嘉谷　啊哈，盛先生连我这点秘密也知道？

87 天空　日　外

云空，一只小鹰在盘旋。（由远及近，特写）

（画外音）聂耳（唱诵）看！看！你看你看，天天天、空空空。天空天空天天天，空天空天空空空。天空有一只鹰。一只年轻的鹰。天空是自由的世界。我可是一只天空的鹰。渴望自由！渴望无拘无束，渴望自由天空！天空！空！释放自在！释放蓬勃青春！释放自在激情！激情！情！

88 滇池畔 日 外

袁春晖 哈哈，呵呵，哥哥少年壮志！哥哥的确不是等闲之辈呀！抱紧我呀！四狗！我可要飞翔啦！飞翔！飞翔！飞——

聂 耳 （小步紧跑）不行啦！快抓紧我！小三晖！不然要摔倒啦！

花田半坡，聂耳忽然被一根草藤绊了一下，袁春晖眼看就要摔倒在地。聂耳说时迟那时快，就势一垫，与袁春晖连滚带抱地落在花丛里。幸好聂耳救助起来。袁春晖紧紧抱住聂耳不放手。

袁春晖 疼！好疼啊！（用手按摩脚脖子）不要走！我不要你走！

聂 耳 我不走。不走！（大声喊）来人哪，帮帮我！

老花农 （急上）哎哟哟，我的孩子哟，怎么摔成这样了？快！快来我的小窝棚里，给你治治吧！

袁春晖 哎哟！疼得很。

聂 耳 老伯伯，你那里有云南白药吗？

老花农 有！有！在那窝棚里放着呢。来，咱俩架着这小妹妹去那里。

89 滇池城堡 日 内

柏西文陪东方汇理银行行长让·米歇尔和富滇银行行长盛延龄进入滇池城堡。

柏西文 呵呵，从我的曲径分岔的花园归来，诸位有何感触啊？

米歇尔 现实是一片混乱。我们所生活的世界是一个谬误，一个拙劣的模仿品。唯独你的花园是个例外。20世纪20年代，在那个处于黄金时代的大都会纽约，人们可以一夜暴富：华尔街的股票以令人眩晕的速度不断攀升，而金钱的巨大诱惑力几乎把所有阶层的民众都吸引到了股票交易所。直到1929年10月28日，那个黑色星期一，华尔街的神话破灭，整个世界经济都被卷入了一场史无前例的大萧条之中。

柏西文 你可晓得有先知说：宇宙景象仅是一种幻觉，更确切地说是一种诡辩。世界一切事物都是镜花水月。

盛延龄 不不不！与华尔街大不同，我的故乡没有与你同感。云南的哲学是诗意地栖居，或者说栖居的诗意在云南。先生，你这座城堡就像是迷宫，迷宫四周便是曲径分岔的花园。

90　滇池城堡　日　外

聂耳扶着袁春晖，敲门。

柏西文示意让二人坐下。

（近景）聂耳帮着袁春晖在抹云南白药。

91　滇池城堡　日　内

米歇尔从沙发上站起。

米歇尔　不不不！请听我有预言：1929年华尔街金融危机和以后世界萧条都有相似点，它们都具有全球性，绝不会在某个地域，或某个领域局限。无论法兰西还是美利坚，无论是中国还是在越南，都是逃不掉，谁也不能不相干。

盛延龄　除了全球性，还有贪婪性。西方逻辑忒贪婪，盛行社会达尔文。

袁嘉谷　圆泰给我讲，戒贪不能忘。佛教不要贪嗔痴，贪心不足蛇吞象！

柏西文　不，整个昆明就像是一座迷宫，周围就是云南花园和分岔曲径。一个巴黎女子从此到拉萨历险，为什么能穿越大雪山神秘仙境？国家地理杂志刊登纳西古王国，洛克博士在泸沽湖会不会走婚？消失的地平线也许再现好莱坞，香格里拉转世能否成为流行病？湄公河的忘情水来自哪座冰峰？印度支那后来可有杜拉斯情人？

92　省立一中操场戏台　夜　外

艾思奇正在一中组织话剧团演出前，拉聂耳到跟前嘀咕几句。

聂　耳　演《少奶奶的扇子》？谁演少奶奶？你们省一中哪有女演员啊？

艾思奇　我来演少奶奶！你只管演奏好了！

聂　耳　晕！我晕！那哪成啊？那不成了人妖了吗？

艾思奇　呵呵，你还真会想象，本质不同嘛！

于是，聂耳的省一师学生乐队身穿校服，陆续走到台前，在开演前演奏音乐。

聂耳在指挥，（镜头由远而近）乐队的男女同学正起劲地吹拉弹奏。

演奏的曲子是中国民乐《梅花三弄》。

两只手臂在空中飞舞，（特写）聂耳眼睛炯炯有神，显得异常兴奋。

这演奏烘托和活跃了剧场的气氛。

93 滇池城堡 日 内

镜头特写——柏西文示意袁春晖跳舞。

柏西文 你听，刚才那些姑娘（边说边走到钢琴前，边弹边唱）、那些姑娘唱的歌：

袁春晖 （指指自己的瘸腿）三月里来春雨浇，茶尖抽芽嫩夭夭。

唱着唱着，情不自禁，霎时冲动，跳起舞来，却一不小心，又跌倒了。

琴声戛然而止。

聂耳赶忙扶起她来。

94 省立一中操场戏台 夜 外

远景。镜头透过黑压压的观众群，慢慢摇向简陋的戏台。

戏台上，正演出《少奶奶的扇子》。一半是老上海的街景，一半是石库门式的旧宅。

观众前只有一排座椅。那是昆明的达官贵人和乡绅名流的位子。其余的全是站票。

中景。在戏台一侧，聂耳此时不再指挥，换了一把小号，在吹伴奏曲。

旁白：《少奶奶的扇子》，描写了中产家庭的少妇——瑜贞（徐少奶奶），怀疑丈夫徐子明与社交圈里的“名人”金女士有染，负气之下竟接受了追求她的刘伯英的暧昧之意，在经历了一系列的误会之后，证明怀疑不过是一场误会：金女士其实是徐少奶奶当年离家出走的亲生母亲。

徐子明 先讲礼貌，再论德操。

徐少奶奶（艾思奇饰演） 好女人的心肠总是最硬的，坏男人的骨头总是最软的。

旁白：然而，徐少奶奶误将子明送她的扇子遗落在了刘伯英家，若扇子被人发现、事情败露后则要面临身败名裂的危险……在危急时刻，金女士挺身而出，最终徐少奶奶在金女士的维护下才得以保存体面、化险为夷……然而金女士又该怎么面对别人对她的质疑呢？她又究竟是谁呢？

幕毕。观众掌声雷动。

旁白：运用立体布景，灯光能按时间气氛而变换，还有道具的安排、舞台监督的设置，在国内均属首创。这些做法全面革除了文明新戏演剧的陋习，建立了正规的中国话剧艺术演出的规范。这就是《少奶奶的扇子》的创新之处。

95 滇池城堡 日 内

米歇尔十分傲慢地在屋内踱步，踱来踱去。

米歇尔 （乜斜着眼睛，指着刚刚唱完歌的袁春晖）这难道不是诗意的劳动、诗意的栖居吗？

盛延龄 你们法国殖民者的滇越铁路，却是一个毫无诗意的栖居！这本是我们富饶的滇南山区，在你们法国人的殖民统治下，它却有另一个名字，叫做地狱。

米歇尔 请阁下注意用词！我们法国人给你们东亚病夫带来了文明。

盛延龄 住嘴！也请阁下注意用词！什么东亚病夫？什么狗屁文明？你听到刚才那些儿歌了吗？那是对法国殖民者的血泪控诉。你瞧，（拉着老花农过来）这个花农，他十八岁的儿子死于修建滇越铁路之中。

米歇尔 那与我这个银行家有何相干？

盛延龄 你可是主角啊！你们东方汇理银行在滇越铁路公司扮演着主要的角色。尊贵的行长，你听听这位花农的倾诉。

花 农 我曾有一个美满的家居，花田十亩，房屋一处。一儿两女，自给自足。十八岁的小儿子被你们招募，听信花言巧语来修滇越铁路。太阳永远亮着，米轨不断延伸，红土地无睡床，筑路人无夜幕。晴天里一声霹雳响，工地上大塌方大混乱大事故。无法躲藏，死无葬身之地。恶臭熏天，生不如死入坟墓。血流成河尸骨成山，死人无数伤者无数。死去的灵魂，颤抖的灵魂，烈焰在灼烧，骷髅在悲舞。眸光冷冷，只有尖桩刑具。没有睡眠，永远睁着双目。你看那枕木和死尸并列，你看那道钉和鲜血下注。红土地，为什么只会染得更红，睁大眼，总是一种绝望的瞩目。我儿啊，你为什么死不瞑目？我问天我问地我向谁倾诉？

盛延龄　谁是滇越铁路公司的大股东，借修建铁路之机进入云南省？谁在利用铁路垄断进出口，扶持法国资本来操控金融？一手操纵着云南金融及外贸，一手控制着云南的对外交通，太贪婪要把我经济命脉来掌控。这就是你带来的所谓西方文明？

聂　耳　（走到盛延龄跟前，双手握住他的手）仿佛胜读十年书，只因听你一席话。东亚病夫背恶名，挨饿挨打又挨骂。从今立下凌云志，东方醒狮吼天下。少年心事当拿云，敢叫日月耀中华。

盛延龄　好！有志气！咱玉溪人个个都是好样的！真不愧是我的好老乡呀！

96　省立一中操场戏台　夜　外

幕布一片漆黑，掌声经久不息，还夹杂着一阵阵喝彩之声。

灯光照亮了落下的帷幕。掌声。戏台幕起，王尔德的故事，从来都是茶杯里的风波，绝对和大喜大悲无关。现场笑声不断。少奶奶和其先生出来亮相，所有演员出来，走到台前谢幕。前排席上坐满了昆明的达官贵人和文教名流。镜头先摇，之后横向移动，拍摄站起来鼓掌的观众。人群中，拍摄到云南地下党的杨青田、李国柱等人激情鼓掌，有一师的化学教员段老师、恩光小学赵琴仙老师的喝彩，旁边还有袁春晖、陈钟沪、李家珍等女生。在观众群的后排边缘，还有几个人面对戏台，心不在焉，看样子显然不是来看戏的。他们是特务马匡国和他的两个马仔，几双眼睛贼溜溜地观察着四周，尤其盯着赵琴仙、段老师的一举一动。其中有的人将在后面几场戏里出现。

镜头捕捉到观众的面部表情。这组镜头是在演出散场时实地拍摄的，真实地反映出观众的表情、动作，以及当时昆明学生们的实际情况。

画面上尽是观众的脸，昆明市区许多中学和师范生都有。女生美丽的面容和发型，男生白衬衣的前胸和毛茸茸的胡茬。摄影机用同一速度，从一张脸拍到另一张脸，又从操场拍到走廊，从走廊拍到省立一中校门，最后拍到大街。

在许多陌生的典型的云南脸中，有昆明的、玉溪的、大理的、腾冲的、丽江的、西双版纳的、红河的、楚雄的、曲靖的、昭通的脸。脸是文化符号。仔细分辨，甚至可以看得出达官贵人的后生子弟和大家闺秀，书香门第的书卷气少男少女，平民阶层的小家碧玉和草根之子。

观众陆续退席。人群的说话声（画外音），更渲染了散场后的气氛。

艾思奇在后台卸妆后过来。袁春晖也留下等待。

李国柱　哪个制度能改变这个故事？

聂　耳　哇噻！一个美丽的少奶奶忽然变成一个翩翩少年。

艾思奇　呵呵，怎么样？我演得怎么样啊？

聂　耳　太棒了！你真是演啥像啥！

杨青田　（上来就捶了一拳）你这个腾冲小子，怎么演得这么像啊？不过单看起来，像个美丽的人妖嘛！

袁春晖　囧。看完整部话剧一回忆，想起的就这么两句：先讲礼貌，再论德操。好女人的心肠总是最硬的，坏男人的骨头总是最软的。记下留念呗！

李国柱　这故事让人觉得，社会恶状，与时而异，与地而异；生性之弱点，则古今万国，多有相同，故剧中所言，大似我国之情形。

陈钟沪　我可以肯定，有些人就想过英国人那样的生活。

97　滇池城堡　日　内

聂　耳　（用玉溪话调皮地）哇家玉溪，有座高古楼。三尺插在天里头，抬起头来望一望，帽子掉在沟沟头。

盛延龄　哈哈哈——地道，地道的玉溪话呀。

仆　人　（上）大人，西门子的工程师利必西先生、记者汉娜小姐还有半小时就要到了。

盛延龄　柏西文先生，我把聂守信交给你好好培养，这可是棵好苗子！

柏西文　我的银行家呀，你可放心吧！我和你这个小老乡可是忘年交呀！

盛延龄　你有客人。那我就告辞了。

米歇尔　等等，盛先生——资本没有旗帜，资本没有旗帜！金融岂问政治？金融岂问政治？如果你不反对，我想到贵行拜访，或请阁下来广聚街我东方汇理银行，商量大宗交易的外汇牌价问题。

盛延龄　呵呵，天上的乌云已笼罩住阳光，贵行已操控了云南外汇市场。你可以翻手为云覆手为雨，垄断云南金融，任意规定汇率，怪怪怪，有什么商量不商量？！

米歇尔与盛延龄下。

袁春晖　都说云南十八怪，我看今又添一怪。

米歇尔　（又折回）什么怪？小姑娘你说什么怪？

袁春晖　（唱诵《云南十八怪》）前六怪——鸡蛋用草串着卖，摘下斗笠当锅盖，三只蚊子一盘菜，火车没有汽车快，大理粑粑叫饵块，山洞能与仙境赛。中六怪——四季服装同穿戴，蚂蚱能做下酒菜，姑娘被叫做老太，和尚可以谈恋爱，老太爬山比猴快，新鞋后面补一块。后六怪——火筒能当水烟袋，脚趾常年都在外，娃娃全由男人带，花生蚕豆数堆卖，东边下雨西边晒，四个竹鼠一麻袋。

米歇尔　新鲜新鲜真新鲜。我想听听那一怪。

袁春晖　那一怪，太奇怪，东方汇理西风灾，印度支那西贡纸，滇越铁路运进来。高卢雄鸡好挑衅，恃强凌弱是天才。你喧宾夺主殖民掠夺云南就有了第十九怪！

米歇尔　小丫头，你真厉害，法兰西的心思你能猜。法国公鸡很勇敢，为生存顽强好斗也应该。

米歇尔尴尬下。

98　省立一中门口大街　夜　外

全景。一些记者和摄影师在门口为演员拍照。一些粉丝也跟着进来凑热闹。

夜空忽然下起了小雨。

观众陆陆续续散去，急匆匆走在回家的路上。

雨，越来越大。

只剩下最后的段老师和赵琴仙老师，走出校门，边走边商量着什么。

突然，两辆摩托车打着亮灯迎面开来，不停地按着喇叭，在校门口停下。

其中一个下来，大步走到马匡国面前：报告队长。

艾思奇和聂耳收拾完道具和乐器，最后一同出校，发现摩托车，急忙藏在传达室（远景）。

马匡国 嘘！（中景，紧接着耳语一番）

马匡国 （转过身，对着段和赵）您二位得跟我走一趟！

赵琴仙 （挣扎反抗）为什么？

马匡国 不为什么！你，共党分子！他，新滇社分子！

不由分说，二人被几个特务强行戴上手铐，架到摩托车上带走，消失在夜幕中。

聂 耳 （急于冒雨冲上去）赵老师——

艾思奇使劲按住聂耳，不让他盲动。

99 滇池城堡 日 内

"咚咚咚，咚——，咚咚咚咚，咚——"

聂耳坐在钢琴前，在柏西文的教授下，猛烈地敲击键盘。

柏西文充满激情地弹奏着贝多芬《命运交响曲》。

柏西文 这可是贝多芬的经典曲子。你听他说："我要卡住命运的咽喉，它决不能把我完全压倒！"

聂 耳 这好像是"命运敲门的声音"。

柏西文 呵呵，上帝给你一双捕捉音乐的耳朵，给你一双灵敏的好手。

聂 耳 先生，请教教我吧。

柏西文 好，跟我学。

聂耳聚精会神地跟柏西文学习弹钢琴。袁春晖在旁边观看。

柏西文 （一曲终了）瞧！我身边正在冉冉升起一颗音乐明星。我的孩子呀，我希望，你将来要做一个影响世界的大音乐家。

聂 耳 是的，我会按你的要求做！我要成为一个大音乐家！

柏西文 来，我的孩子呀，我来弹琴，你唱唱吧，大胆唱出你的心声吧？

聂 耳 好呀，去年在湖南当兵时，我写的一首诗有机会唱给你们听吧！

100 昆明老街 日 外

远景。大街上人声鼎沸，人群攒动。

镜头由远而近，俯瞰着男女老少众多人头，逐渐向前推进。

聂耳与三哥聂叙伦走出临街的家门，急促地钻进人群向远处看。看不见？——三哥便拉着聂耳踮起脚尖来，伸长脖颈看。

只见一队荷枪实弹的士兵押解着两男一女的死囚犯，蹒跚前行。

三个死囚犯双手被绳索反绑着，双脚拖着脚镣，彳亍行进。

聂耳眼尖：那女的就是赵老师！

三个囚犯步履艰难，昂首挺胸，用嘶哑的嗓门高喊着："打倒军阀！打倒国民党反动派！"

聂耳兄弟俩拨开人群，紧跟在后面。

眼看就要到金马碧鸡坊了。突然从人群夹缝里，挤出两个小学生，抱住赵老师的腿，大声哭喊："赵老师！赵老师！"

近景。两个士兵凶狠地扯开孩子们的手，推倒在路边。

特写。赵老师悲痛的面部表情。向小学生喊道：快回家吧！永别了！同学们！

小学生们爬起来，又追了几步，大声哭求：赵老师，我不要你走，不要你死！

在远处的山丘上，传来几声"砰砰砰"的枪声。赵老师他们三个被杀害了。

聂耳傻傻地站在原地不动，愤怒得胸口就要爆炸。双拳捏得格格响。

聂　耳　（独白）恶劣的社会要和我们有为青年交战了。我们的自由究竟获得了多少？如何才能打倒恶社会，建设新社会？我要参加共青团！

艾思奇　（不知何时站到了聂耳身后）好兄弟，有志气！从今后，我建议你不要老当吹鼓手。你应该搞一点能振奋人心、鼓舞志气的战斗乐曲，要自己动手学着作曲。

聂　耳　是啊，你看我的吧！

二人四目对视，紧紧握手。

聂耳在艾思奇的鼓励下唱起来。

插曲：男声独唱《东方孤雁》（根据聂耳诗歌改写）——

卑湿污浊荒岛上，／一只孤雁在彷徨，／就像汪洋大海上，／一只小船在摇晃。

初离母巢向后看，／看不见可爱的故乡；／伸长头颈向前望，／只望见前途茫茫。

渐放光明的东方，／突升一轮红太阳；／洪涛怒吼向礁石，／雪浪花涌到身旁。

穷途末路生力量，／挣开柔弱双翅膀，／预备着奔向自由之乡，／啊！自由之乡。

101 滇池湖面 日 外

烟波浩渺的滇池，雾蒙蒙的五百里辽阔水面，风雨飘摇，渔帆点点。

滇池风浪起初不是很大。风，夹杂着雨，一阵阵袭来。风雨如磐，显示着高处存在的淫威，紧紧压迫着五百里滇池水面。滇池也不示弱，扬起无数只巨浪的拳头，向阴暗的风雨顽强示威，显示着低处存在的不屈不挠的力量。

远景。就在这上下搏击之间，苍茫的水面上，唯有两个年轻人在搏击狂风巨浪。

画外音（歌唱）

风吹少年郎，少年搏风浪。会当击水三千里，百炼才成钢。

风吹少年郎，少年更自强。自信人生二百年，东方做栋梁。

近景。镜头拉近。只见艾思奇和聂耳在偌大个滇池内游泳，宛若两只海豚在波峰浪谷之间自由搏击。他俩时而埋头穿越汹涌而来的水浪，时而昂首沐浴随风而降的天雨。

艾思奇会跳水，跑到滇池之畔的最高处，双手高举合拢，俯身向下一冲，手、头、脚依次插入水中，随后又很快冒出水面来，接着他双手交替划水，游向埠头又上桥跳水。聂耳看了既惊奇又羡慕，更是五体投地地佩服。他指导聂耳怎样正确地划手蹬腿，怎样合理地换气。还给演示蛙泳、侧泳、自由泳以及仰游，还教他跳水。聂耳这才知道，游泳的学问这样多，原来的游泳都是土方法，怪不得既不漂亮，又游不快。跟着他，聂耳的游泳才正式对路了，各方面都有了很大的进步。

他还教聂耳怎样在水中安全救人。救人是好事，但不得法，就会被对方缠住同归于尽。掌握了方法，不怕被缠住，可以大胆救人了，这对聂耳很有启发。

大约游了个把小时，艾思奇对聂耳说：该上岸了。

于是，聂耳随着艾思奇游到西山龙门下的岸边，爬上石台。走进一户渔民家的棚子里，更衣避雨。二人一边更衣，一边聊天。

聂　耳　我真不明白，这么恶劣的天气，你非得揪我来游泳干吗？

艾思奇　嘿！就让你体会搏击风浪嘛！聂子，你游得还不错嘛！感觉怎么样？

聂　耳　嗨呀，和你一起游，感觉好极了！只是呛了几口水。

艾思奇　没关系。这叫做——上有风雨如磐，下有巨浪滔天，真像有句名诗描绘的那样：会当击水三千里，自信人生二百年！

聂　耳　这句诗好像在什么杂志上看到过。我明白了。你这是在启发我的宏图大志和壮阔胸怀呀！

艾思奇　你真聪明！我揪你来游泳，就是要感受这滇池，既有湖泊的性格，又有大海的气魄。你不是说恶劣的社会已经和有为青年交战了吗？要和这风雨如磐的恶社会交战，不学会哲学思考怎么成？不会游泳不会搏击风浪怎么行？！

聂　耳　你的话总是有道理！你瞧，螳螂川那边，石龙坝电站！

102　石龙坝电站　日　外

半天放晴了。东边日出西边雨，道是无晴却有晴。

阳光下，浩瀚五百里滇池之畔，螳螂川，石龙坝水电站。

（飞机航拍）二十多条河流在阳光照耀下，如闪光的银带，波光粼粼，流入滇池。

空中鸟瞰，偌大个滇池出口竟只有一条，那就是位于滇池西南的螳螂川。螳螂川接滇池之水后，一反滇池进水诸流的流向，改而向北，直奔金沙江而去，形成著名的“奇河倒流”景观。螳螂川从滇池水口至与马料河汇合处10多公里的水道称为海口河。海口河是滇池的“盈涸锁钥”。海口河从出口至平地哨一段，河床平缓，水流缓慢，但自滚龙坝至石龙坝一段，坡陡流急，落差30余米。

画外音：明崇祯十一年（1638），徐霞客游历此地，写道：“峡中螳川之水涌过一层，复腾越一层，半里之间，连坠五六级，此石龙坝也。”石龙坝的湍流在偏僻的山谷中寂寞地流淌了千百万年，一直到1912年

4月12日，这里建成了中国第一座水力发电站——石龙坝电站，不仅使得近代文明标志之一的电灯进入边疆一隅的千家万户，为昆明近代工业的发展提供最早的能源供应，也开创了中国水利建设的先河，被尊奉为中国水电站的鼻祖。

103 滇池堤桥 日 外

一座狭长的堤桥笔直地伸向滇池湖心，像一把利剑，把宝蓝色的湖面一分为二。

清风习习，波光粼粼。堤桥上游人三三两两，来来往往。

西门子工程师利必西陪着汉娜（Hannah）沿着堤桥走来。他手里提着一套钓鱼的鱼竿渔具。

《西门子》杂志记者汉娜走到堤桥的尽头，举目四望，眉飞色舞地喊道：我的上帝呀，在这昆明湖钓鱼才真有异国情调呢！

利必西 你得先把蚯蚓挂到鱼钩上吧？

汉 娜 那还用说吗？可是哟，我可不敢碰那小虫子。

利必西 可我听说，你的家族是波罗的海的渔民呀？你算哪门子渔民呀？

汉娜将飘逸的金发一甩：哈哈，我算西门子的记者。什么都行，就是不敢把蚯蚓挂在钩上。

利必西 来哟宝贝，快来给你照相。

汉 娜：你真善解人意。我要在昆明湖留几张作纪念。

利必西 来呀，开始照了。

汉 娜 你的照相技术怎么样？

利必西 嘿嘿，有 Leica（莱卡），公认的经典，成相和机械方面绝对可以信赖！

汉娜在堤桥上摆着不同的姿态，左一张右一张，接连被拍了五六张才算完。

这时刻，风渐渐加大，水面上波浪越来越高。

天气由晴转阴了。天渐渐暗下来。

“又要变天了，宝贝。赶快乘船去电站吧！”利必西得意地一笑，收起莱卡相机，捧起汉娜的脸，轻轻吻了一下，便转过身，拉汉娜回去，朝着岸边停泊小船的码头跑去。

104　滇池湖畔渔民草棚　日　外

这时刻，半遮半敞的渔民草棚内，聂耳和艾思奇坐在那里喝茶。

聂　耳　这世界要我佩服的人还真不多。就你这样子用哲学教我励志，教我发愤图强，我还真服了你啦！来，容小弟一拜，拜你为大哥啦！

说着便跪下就磕头。

艾思奇　起！小弟请起！你瞧，雨快停了，大哥带你前进！

聂　耳　好呀，我当你的跟屁虫，你走到哪儿我跟到哪儿。

中景。聂耳和艾思奇身着学生装，正准备爬西山。

一道壮阔的风景线出现了。整个滇池海有一千多头大水牛出现了。它们几乎一律是黑灰的毛色，一律迈着稳健的步履，踏踏，踏踏，向聂耳他们这路上走来。

见此壮景，聂耳兴奋不已，他站起来，调皮地朝艾思奇扮一个鬼脸，紧接着一跃而出，跑到路上，一把牵过一个农夫的缰绳，纵身一跃，跳上领头的那只大水牛后背上。

“驾！驾！”那水牛便带着大队牛群，慢腾腾地小跑起来。聂耳灵机一动，干脆站立在牛背上，双手张开，大声呼喊：风！再来吧！雨！再来吧！有为青年我不怕！

105　滇池水面　日　外

离聂耳他们游泳上岸不远处。滇池另一角。

远景。这时刻滇池水面风急浪高，一条小船在水面上划行。一会儿跌入浪谷，一会儿被推上波峰。

中景。船上的一男一女两个人坐立不安，只见其紧紧抓住船帮，惊恐万分。

近景。划船的艄公看得出是当地人。而乘船的人显然是两个日耳曼人利必西和汉娜。

突然，一阵狂风大作，掀起的大浪滔天。真可惜两个德国人傻得可爱，两个人紧紧抱着却站到了小船的一侧。

艄公大喊：别！别站到一侧……

话音未落，一阵浪头打来，小船失去平衡，右侧一下子就失重，歪倒船翻。三人落水。

“救命——救命——”

106 滇池水岸 日 外

艾思奇最先听到喊声，“不好了！出事了！”拉了聂耳一把，就往出事的方向跑。聂耳紧随其后。他俩一边跑一边脱上衣和长裤。

跑到离翻船的不远处，艾思奇一个箭步跳起，一个猛子扎进水里，挥动双臂，向溺水者游去。

107 滇池水上 日 外

溺水者利必西恐慌、害怕、神志不清，在扑腾扑腾的慌乱中，死死扑向救生者艾思奇。这时艾思奇不小心被对方抱住，便用拳击对方的下腭，使其松开，并未与对方较劲。然后自己先潜入水中，从下面把他的脚往下拉。艾思奇在水下比较冷静，也不慌乱，他从背后揪住衣服，先用手劲摆脱溺水者利必西的纠缠，然后借助漂浮物——前面的一块木板，对利必西进行施救。他一手把木板拉过来，另一只手把利必西拖上木板，让他死死抱住，尽可能抚平溺水者紧张恐惧的情绪，让对方放松身体，并使口鼻保持在水面上，以保证呼吸。然后借着浮力向岸边推进。

108 滇池水上 日 外

汉娜在水中体力开始较强，乱抓乱挠，拼命挣扎。

汉娜：救命——救命——喊着喊着，便“咕咚咕咚”喝下几口湖水。

109 滇池水上 日 外

镜头摇向聂耳。特写。聂耳开始有些慌乱，甚至不知所措，两手直抓脑门。可眼见得艾思奇奋勇救人，很快就要接近岸边的样子，他双拳向上一攥，顿时有了学习的榜样。

聂耳也一个猛子扎进水里，向着另一个溺水者汉娜急急游去。

艾思奇发现聂耳游近汉娜，便大声喊：她胡乱挣扎，你千万不要急着靠近，要绕着游。

聂耳点点头，浮在其不远处的水面上踩水，又在两米左右绕着汉娜游。

艾思奇又喊：甭担心她喝水太多，一定要绕到背后，等她快无力气时再接近。

艾思奇一边大喊，一边把利必西推到岸上。然后施救。

"明白！"聂耳心急，但听艾思奇话之后，并未急于营救，只是盯住溺水者伺机下手。他对其进行劝说，指望待溺水者体力减弱时再进行施救。

挣扎中，汉娜喊了起来：不好，我的腿脚抽筋了！快救命！

她的游泳技术本来不够好，这一抽筋就乱了阵脚，只见水面上漂浮起一簇金色长发。

随后，她很快就向水下沉去，昏迷中进入了迷境水乡……

110 滇池水下 日 内

（水下摄影，幻境）水中望天，彩云之南，红土高原。

（远景，慢镜头）衣冠不整的汉娜被一只老虎紧紧追赶。

汉娜跑到坝子上，老虎追到坝子上；

汉娜跑到山坡上，老虎追到山坡上；

汉娜跑到密林里，老虎追到密林里；

（中景，中速）一只大水牛在李家山一带的水田边悠哉悠哉地行走，眼见前面汉娜被老虎追来，（特写）只听得大水牛昂首仰天一声怒吼，紧接着低头做冲击状，双角前抵，四蹄生烟。烟雾中，汉娜顿时化作一只小牛，踉踉跄跄地跑到水牛肚子底下躲藏。

老虎也不甘心，一下子扑上来，后脚着地站立，前脚抓住水牛的尾巴，怒吼着撕咬着。

牛虎搏斗的场景突然定格，化为牛虎铜案——似乎是永恒的牛虎铜案。

汉娜沉在水中，愈是毫无规则地挣扎乱舞，愈是沉沦。

111 滇池水上 日 外

聂耳决定从落水者身后接近，以免被抓抱同时下沉。他三划两划向汉娜游去。

可这时，汉娜却像一只大罐子，咕咚咕咚地一边灌水，一边下沉。

聂耳拉起汉娜的衣服，双手把她的身体拨仰了过来，搬起她的脑袋枕在自己胸口，向水岸方向仰泳。

112 滇池水下 日 外

（主观镜头）汉娜感觉到恍惚一闪，好像是一轮月亮掉进滇池。

掉进滇池的月亮，牵引饱受浪打水呛的汉娜进入了水晶滇国，不！更像是水中伊甸园——《圣经》中不是描绘了么？（水中镜像）朦胧的伊甸园有四大特征：四季皆春，鲜花盛开，气候宜人；狮子、大象、老虎等猛兽与人类“和谐相处”；在伊甸园西南面有座雪山，终年积雪不化；有四条大河，分别向东南西北流去，其中一条大河贯穿全境。伊甸园是云南吗？为什么滇池要洗礼我？

（水中镜像，主观镜头）湖水下遗址石质建筑中出现许多三角符号，并出现了解读三角符号内涵为天，为地，为阴，为阳，为男，为女，为奇偶数，为男女性生殖器的图案。

汉娜在水中梦游神般地行走。水下竟存在着一座遗址，存在着两种人工建筑物。一种是多处石质建筑体，最大的为高19米、5级台阶、长90米的祭祀塔。汉娜用手轻轻抚摸这些高台建筑上的那些文字符号、图案。另一种是干栏建筑，在高19米、5级台阶、长90米的祭祀塔，发现石板上有9个排列有序的柱洞，洞中有木之残桩，但因年代久远，汉娜手触木桩，桩即化泥。

忽然，汉娜发现一件商代时期采用铜、锑二元合金的铜斧，她先是把它高高举起，接着又紧紧把它攥在手中。于是乎，远处来了许多狮子、大象、老虎等猛兽，闲情逸致地慢慢行走，奇怪的是它们的眼神纷纷露出慈爱的目光，竟然没有一点凶神恶煞般的样子，友好地与汉娜和其他人们“和谐相处”。

113 滇池水面 日 外

汉娜漂在滇池水面上，死沉死沉的。

聂耳用仰游方式，把汉娜朝着岸上拖游过去。

看得出汉娜是不太懂游泳的人，所以聂耳时时警觉，提防她把自己缠住。

艾思奇把利必西拖上岸后，又返回湖里来帮聂耳。

艾思奇和聂耳两人一起把汉娜拖救上湖岸。

上岸后，艾思奇和聂耳两个人累得不行，一下子瘫在岸边躺在那里大喘气。可侧面一看，眼见得汉娜昏迷不醒，艾思奇不顾劳累，一骨碌爬起来，马上指挥聂耳再来进行后续救人。

艾思奇　快！赶、赶快继、继续救人。（聂耳大口喘着粗气，不知所措）怎、怎么继续救、救人啊？

艾思奇　（舒缓地说）先让我喘口气。要先让对方恢复心脏的跳动和呼吸，不要忙着排水，先排水可能会危及对方的生命。

聂　耳　报、报告大哥，她、她是女的呀？！

艾思奇　你真傻！救人还管男女呀！

聂　耳　可、可她是洋妞耶！

艾思奇　洋妞？更要拯救、拯救嘛！

114　灵性的云空　日　外

（空镜）雨后天晴，天现彩虹。一道七彩虹霓横架在滇池两岸。

画外音　拯救？我从未想到，一个饥寒交迫的少年，我能拯救什么。中学时代我曾写过一篇人生观，向往远离尘世的生活，我本是一个个人色彩极浓的人哪！

（幻化出）成春堂药铺，（特写）悬挂药葫芦。母亲彭寂宽送走来看病的病人，进入家中佛堂，小聂耳伺服。面对观音菩萨神龛，遂烧香拜佛，默默念经：尽吾心力，拯救众生。

115　滇池之滨　日　外

一个穿蓝袍的中年男子快步走到汉娜身旁，他指挥大家赶快帮助汉娜匍匐下来，将汉娜双手打开，不停拍打背部看是否能让体内积水排出。

但遗憾的是，蓝袍的这一尝试失败，汉娜依旧没有醒来。还是艾思奇提议，将汉娜平躺，随后连忙采用胸外心脏按压的方式急救汉娜。汉娜吐了几口水出来，但还是昏迷。焦急的情绪在人群中蔓延。

“你们让一下，我来试试可否拯救？”危急时刻，人群后传来聂耳的声音，看到别人危在旦夕，他本能地站到前面，就是那个聂耳。

蓝　袍　你这小屁孩，懂个啥呢？！去去去！快快滚到一边去！

聂　耳　我懂啥？我懂得我是男子汉！悬壶济世是祖传！是责任！

当时救人情况危急，大家还是被他的行为震住了，纷纷给他让出一条路。

汉娜经过之前的急救，不时地会有少量的水从口中吐出来。聂耳挤进人群后，快速查看了溺水汉娜的心跳和瞳孔，之后他跪在汉娜的右边，俯下身子就口对口地为汉娜进行人工呼吸。

汉娜心脏停止跳动，此时最重要的还是维持心跳和呼吸！情急之下，聂耳当即跪地对汉娜进行心肺复苏，并口对口进行人工呼吸，为伤者的生存赢得了宝贵时间。由于现场没有仪器可用，只能选择现场急救。

看上去比较专业，他用双手将汉娜的嘴部打开后，深呼吸后俯身为汉娜进行人工呼吸，好几次后，人们看到汉娜的眼睛微微张开了，但情况还是不好，聂耳前后起码进行了4分钟的人工呼吸。

天地间蓦然静寂无声，只听得呼——吸——呼——吸——呼——吸——

116　翠湖之畔　日　外

呼吸声渐渐化为吹号声。深沉的变为嘹亮的。

一把小号，一张小嘴。杨柳熏风，翠湖春晓。小聂耳吹号在前，全班小学生列队在后，随着音乐教师赵琴仙老师在行进。

翠湖的美就在于这个“翠”字，阳春三月，漫步入内，扑面而来的是一片翠绿：浓荫夹道，柳丝低垂，风乍起，吹皱一池春水。真是一幅古人诗词的境界。

翠湖里有一条由南向北贯通湖面的长堤，人称阮堤，它是清代道光年间云贵总督阮元修筑的；由东向西还有一条唐堤，是1919年云南军阀唐继尧命人修建的。

小学生们喜欢在阮堤的拱桥边停留观光，看涨起来的翠湖水一遍一遍地拍打堤岸，看桥边的老垂柳翩跹着嫩嫩的枝叶，看穿梭来往的红男绿女在湖水边嬉笑追逐。

小学生们在湖边行进，也成了风景中的人物。

踏踏踏踏……踏踏踏踏……

117 滇池之滨 日 外

眼见得汉娜还未醒来，有一老者大声说：解开上衣，按胸口。

（特写）聂耳赶紧解开汉娜的上衣，露出胸罩。聂耳右手伸直，没有丝毫弯曲，不停按压汉娜的左胸口。一下、两下、三下、四下……聂耳不停地进行心脏按压……五下、六下、七下、八下……

天地间蓦然静寂无声，只听得按——压——按——压——按——压——

聂耳不停地进行心脏按压……

天地间蓦然静寂无声，只听得按——压——按——压——按——压——

118 云南陆军讲武堂操场 日 外

（闪回）踏踏踏踏……军人腿脚的跑步声。

清晨，嘹亮的军号响起，年轻的学员跑步入列。1、2、3、4的雄壮步伐声震大地。

（近景）讲武堂军医聂鸿仪身穿军服走出金黄色的建筑，拉着三岁的聂守信（聂耳）在队列之后蹒跚学步……

整个世界一片寂静，唯有清晰的踏、踏、踏、踏之声……

（画外音）爸爸聂鸿仪是讲武堂军医，在小聂耳四岁时去世，但他留下的悬壶济世的精神遗产，不但传给了妈妈，也像一颗种子，埋在小聂耳幼小的心灵等待发芽……

119 翠湖之畔 日 外

手的按压声渐渐化为脚步的踏踏声。轻微的变为厚重的。

（画外音，踏踏踏踏！整齐划一的脚步声，继而是童声唱，进行曲风格）

走向前去呵曙光在前伙伴们奋斗，

用刺刀和枪炮为埋葬旧世界开路。

（近景）穿着各种粗布鞋的小学生脚步。小学生队伍的脚步在前进。

坚定脚步勇敢上前，把祖国拯救。

我们是工人和农民的少年先锋队。

我们是工人和农民的少年先锋队。

（闪回，聂耳小学时代）小学音乐教师赵琴仙很喜欢翠湖，带着学生会会长聂耳等小学生们到翠湖唱歌。不到二十岁的她，中等个头、方圆的面孔、乌黑的短发、如一泓清泉的明亮眼睛，给孩子们无比的亲和力。这个五月，赵琴仙和吴澄、徐克等女教师来到翠湖，唱孩子们最爱唱的《少年先锋队队歌》。

赵琴仙的歌唱得很好。从歌海大理走出来的她，天生一副好嗓子。所以，她后来一直担任音乐老师。她唱起歌来，很会把握力度与音色的变化，把歌唱得如行云流水，能像清亮的河水淌到人心里。你听——

想我们受过多少奴隶劳动的沉痛，

我们的可怜普罗大众陷在地狱中，

冲破黑暗打碎枷锁，把百姓拯救。

我们是工人和农民的少年先锋队。

我们是工人和农民的少年先锋队。

赵琴仙笑眯眯地走到小聂耳面前，替他整了整粗布上衣和扎在外面的腰带，把他的小号别在腰间。作为音乐老师，她对小聂耳的音乐天赋有启蒙和促发的作用……你再听，赵琴仙老师大声鼓励：聂守信同学，下一段你来唱。

于是小聂耳在歌唱——

通红的火炉烤干净了我们的血汗，

夺回父辈创造被他人强占的财富。

锻炼意志战斗成长，把自我拯救。

我们是工人和农民的少年先锋队。

我们是工人和农民的少年先锋队。

踏踏踏踏！孩子们的脚步声由近而远……

120 滇池之滨 日 外

聂耳双手不停地用压按法，保持在每分钟40次以上的频率，均匀地施压。

为防止呼吸道阻塞而引起窒息，时而对伤者进行人工呼吸，时而进行心脏按压，连续施救了几个回合，聂耳中间停下来听诊心跳呼吸，查看瞳孔大小……

忽感觉有脉搏了，他便抱起汉娜，将她的手放在脖下，双手上下摇其双肘。当汉娜开始呼吸时，再往外沥水，让汉娜俯在自己的膝上。

忽听得“扑哧”一声，汉娜口中水就喷出来了。

现场很多人竖起了大拇指。

（特写）汉娜苏醒后的第一句话：上帝呀，我的相机，我最爱的莱卡相机！

聂耳一听，便转身向水里跑去，一个猛子扎进深水里。

就在不远处，“石龙坝电站”的繁体汉字大牌子醒目地竖在那里。

画面外，隐隐传来水轮电机隆隆转动发电的声音。

（镜头由远至近）聂耳从水里潜出来，蹒跚向岸边走来，手里还提着湿漉漉的包着皮套的相机，（特写）疲劳的少年脸上露出灿烂的微笑。

艾思奇走过来，伸出手掌，与聂耳的手掌“啪”的一击。两个人会心地笑了。

（少年歌声起：《拯救》）乌云恶浪是少年的担忧，七彩虹霓秀出天高地厚。／父母悬壶济世在激励：现世众生需要来拯救。／阅尽苦难是人生造就，再不做逃离苦海的独舟。／我要扼住命运的咽喉，尽吾心力去度人去拯救。

121　昆明西山小路　日　外

阴沉沉的天。艾思奇和聂耳走在回家的山路上。

16岁的聂耳，穿着很粗劣，但很整洁。拖着疲惫的身体慢步行走。

路上的行人多数衣衫褴褛，拉车的、摆摊的、游逛的，络绎不绝。

聂　耳　你看你看，西山像什么？

（主观镜头）西山的山体蜿蜒伸展着，像一位充满青春气息的睡美人，散发着迷人的芳香，给春城昆明之郊留下了唯美主义的符号。

艾思奇　了不起呀，了不起！一个十五六岁的瘦小昆明少年，在滇池里拯救了一个大洋妞。这、这简直是生命的奇迹呀！

聂　耳　你不也一样吗？营救了那个洋人。我没觉得了不起。

艾思奇　现在救洋人，这说明了一个问题。

聂　耳　什么问题呢？

艾思奇　中国人不但能拯救自己，而且能拯救全世界！

聂　耳　你气魄太大啦！可我觉得现在不行，也许百年之后的将来行！但关键是先中国人自我拯救，我至今还记得赵老师的话：我们中国，如果不革命，就只有灭亡。——我认定这是第一次点亮我心灵之火的话。我一生都会记住这句话。

艾思奇　我就是说的百年之后的名言嘛！赵琴仙大姐也是我的榜样。那时李国柱老师为唤醒云南青年，创办了“青年努力会”，赵大姐也在其中，还办了《女声》杂志，我负责学艺部，搞文艺、演讲和办业余夜校等，和她经常接触。面对军阀混战、民不聊生和男女不平等的社会现实，她常感叹“找不出一寸净土可以使人安居乐业”，决心“做索菲亚、秋瑾那样的人，干革命，拼一死，洒热血”。

聂　耳　我当初没能拯救出美丽的赵琴仙老师，这给我内心深处带来永不磨灭的痛楚！我算什么男子汉！简直就是窝囊废！每一次路过西山，我就想起赵琴仙老师，她就像那西山睡美人，永远活在昆明人的心里。

艾思奇　我们几个还给赵老师等一起牺牲的革命分子写了一副挽联：书生为国捐躯，本无死理；强盗甘心媚外，不令生还。咳，别难过，母性的大地呀！ Matherland！赵老师的火种不是播在你我的心里了吗？！

聂　耳　书生为国捐躯，本无死理；强盗甘心媚外，不令生还。这副挽联写得好极了！赵老师给我说的革命道理，就像我妈常说的佛教道理，自度才能度人。自己不能度，说度人，无有是处。有救人心，还要有救人的力。见死不救是犯罪，救而无方受谴责。

艾思奇　回去我给你们校长说说今天的事儿。不过，他可能不信。嗨！至于他信不信，我反正是信了！

聂　耳　生命的奇迹，信不信由人，做不做由己！

艾思奇　嗨！兄弟呀！你感觉如何？你还真行！竟然会人工呼吸？！

聂耳调皮地反讽　大哥呀，你错啦！那怎么叫人工呼吸呀？那叫 Kisss！满嘴香气。

艾思奇　你真是个调皮鬼！谁教你的？

聂　耳　你忘记了？我家是中医世家。

艾思奇　哎，我注意到，你在给那洋妞按压心脏时，手板是笔直摊平的，没有丝毫弯曲。为什么？

聂　耳　这才叫正规的按压人工呼吸呢！若是有一点点弯曲，那可就不得了了！那是……嘿嘿，不说了。且听下回分解。当时，我还有点紧张呢！

122　昆明西山睡美人　日　外

（远景。移动镜头）有远山突起滇池之畔，北起碧鸡关，中经华亭、太华、罗汉诸峰，直达南面的观音山，磅礴蜿蜒数十里。

（画外音）唐代称为碧鸡山；元明以来，称太华山；因其在城西，群众习惯称它为西山。西山又有“睡美人”之称。

摄影机朝着那座山体缓缓推进时，她的轮廓开始浮现，西山如一位美女屈腿袒露，仰卧在蓝天之下，她的秀美的脸、高耸的胸、平坦的腹、修长的腿，以至下垂入水的头发，都历历在目，轮廓分明。隔水相望，更显得丰姿绰约，格外妩媚。

（画外音）“西山睡美人”，早已名扬天下。滇池岸边，流传着关于她的许多动人的传说。

123　西山小路　日　外

在回家的路上，艾思奇与聂耳开心地打打闹闹地行走。

山上有一个部分称为“小石林”，在石头和草丛中行走，各色花草竞相生长开放，山坡、山下、山间美景不胜枚举。

艾思奇　英雄救美！你这小子艳福不浅啊！刚才好像不是给洋妞按压心脏，而是给西山睡美人按压。

聂　耳　我现在不是英雄，但我真想当英雄！你说得对，我有定力。

艾思奇　你怎么能够不动情，不起念，不思邪，不花心？

聂　耳　我、我哪有那本事啊！也紧张呀！心跳加、加速。还、还不是救人要紧吗！？救赎！拯救！青年的良心。

艾思奇 你看你说话都结巴啦！（随手一指远方）那可爱的睡美人！多么荒芜，杂草丛生。可爱可爱，可怜没人爱啊！

124 西山荷花池 日 外

艾思奇和聂耳下到池边，各自采了一枝莲花和莲蓬，美滋滋地嗅嗅香味，边走边聊。

艾思奇 哎，有个问题问问你，人工呼吸不是西医传来的吗？

聂 耳 这样说你这哲学家可就错啦！给你讲个故事吧。

艾思奇 愿闻其详。

聂 耳 我读过爸爸留下的古医书《伤寒杂病论》，其中就在世上第一次记载了人工呼吸急救措施的使用。

艾思奇 哦，我知道我知道——这是张仲景。医学里有哲学，偶然性中发现了必然性！这简直是生命的奇迹呀！

聂 耳 在国外，直到1879年，医生拉波德才把人工呼吸法施于人体。这比张仲景的记录晚了近16个世纪。

艾思奇 （自言自语）好医学，好哲学，中国都需要呢！

边走边沉思之中，不料脚下一块石头松动，艾思奇一脚踩下，连石头带人跌落在不深不浅的一条山沟里了。他似乎疼得起不来，又似乎故意不起来。

聂 耳 （停下步子，十分关切）我对你深表慰问。不过，在这条不深不浅的山沟里，跟屁虫却没跟进哲学家……罪该万死呀！

艾思奇 快！快拉我上来！

聂 耳 （故意调皮地）我可不可以问问你，哲学家跌倒在睡美人的乳沟里，是偶然性还是必然性啊？

艾思奇 你这小坏蛋！

聂耳跳下来，拉艾思奇爬上壕沟，一瘸一拐地慢慢走到一块大石板上，坐下。

聂耳帮着揉脚。后来，两人干脆双双躺在大石板上了。

125 天空 日 外

两人都摆成一个“大”字，躺在大地上，瞩望那由阴转晴的天空，灵性的天空，彩云的天空。

镜头摇向天空。

彩云满天的晴空，祥瑞梦幻般的云朵。远山连绵，沃野纵横。天际间缀满片片彩云，色如霞霓，形如龙蛇，质如绣锦。那深邃悠远的蓝天深处，仿佛如大海般的湛蓝湛蓝的，让人情不自禁，急于跳进大海，过一把瘾——且当弄潮儿，放逐青春季。

（画外音）

聂　耳　我真想做一朵流浪的云，把自己放逐在天空。

艾思奇　我想这天空中不会有两朵同样的云彩，对着天空望去，几秒钟的时间，头顶上的那朵云彩就会永远从你视线中消失，成为时间长河中永恒的记忆……

聂　耳　我喜欢乱云飞渡的天空。绚烂一时，纯粹一世。这样的天空温暖了谁？有时候，你会忘记自己的存在。梦醒了，你是否依然还在？

艾思奇　现在的你看到的我是蓝色的，我的快乐是当你仰望天空飘过的云朵。你知道吗？那偶然滑落在你脸颊的雨滴，是情人的泪，成全你的自由。

126　西山山麓　日　外

时阴时晴的天放晴了。

艾思奇　来，太阳出来了，晒晒你的爱情，晒晒你的理想吧？

聂　耳　四肢大张地躺在石板上：嗨，还是晒晒湿透的衣服吧！

艾思奇眉头一皱，想出一个恶作剧。他猛地一下子翻身，压住聂耳，一只手按住聂耳的双手，另一只手使劲挠聂耳的双肋。

艾思奇　不行！一定要你晒晒爱情。

聂　耳　大哥，好大哥，饶了我吧！饶了我吧！

艾思奇　快点晒，晒晒你的爱情秘密。快说！

聂　耳　（大口喘着粗气）我说，你说是袁春晖呀。

听到自己的名字，袁春晖猛地一怔。

艾思奇　就是！快从实招来！

聂　耳　袁春晖，很可爱。可爱的地方太多了。从何说起呢？

艾思奇　我来做你的爱情导师吧！凡有女孩能做到以下任意10条，就娶她吧！

1. 你是她的第一个男人；

2. 你开心时比你还开心，你难过时比你还难过；

3. 真心地认为你做的每一件事都是有道理的；

4. 你认为好吃的东西，她也觉得好吃；

5. 不打听你不想她知道的任何事情；

6. 相信你的每一句话，不揭穿你的谎言；

7. 努力适应你的生活方式和生活的圈子……

127　西山半坡丛林　日　外

远处，袁春晖和女伴上山采药路过这里，远远看到他二人，便悄悄走近……

128　西山石板　日　外

艾思奇也躺到石板上，继续说：

8. 友好地对待你的朋友，把他们也当做是自己的朋友；

9. 在你的朋友面前给足你面子；

10. 继续做你喜欢她做的工作；

11. 收起她的坏情绪自己擦干眼泪，你看到她时她会尽量多地微笑；

12. 好好保存你送她的每一件东西；

13. 珍惜每一次和你的会面；

14. 随时做好准备跟着你背井离乡；

15. 吃光并称赞你做的菜……

129　西山半坡丛林　日　外

不远处的草丛中，袁春晖俩人在偷听，偷笑。

130　西山石板上　日　外

说起爱情，头头是道，年轻人艾思奇不怕口干舌燥，继续讲：

16. 答应你的求婚，哪怕没有玫瑰和戒指（如果有这么一天）；

17. 为爱变成一个笨笨的小女人；

18. 替你洗衣服，特别是臭袜子；

19. 帮你擦所有的皮鞋，不管你何时需要穿哪一双它们都是干净的；

20. 在你苦难的时候绝不放弃你，在你不再爱她的时候静静地走开。

聂　耳　呀，爱情导师，这么复杂呀？

艾思奇　我强烈建议你：凡有女孩能做到以上任意10条，那你娶她吧，没错的。

聂　耳　那要是做到15条呢？

艾思奇　你要努力娶到她啊，不怕死皮赖脸。

聂　耳　那做到20条呢？

艾思奇　就是追到天涯海角，也要娶到她。不过，再过五十年，估计这种女孩已经绝种了，据说天堂里有可能找得到。咳，这种女孩别说娶她了，就是亲眼看见过都是男人的福分！

131　西山石板上　日　外

听到这儿，袁春晖再也不想藏匿，跳出草丛。

袁春晖　瞧，谁在这儿谈女人哪？！

聂　耳　（赶紧爬起来）哟！春晖呀，你、你好吗？

袁春晖　如果你真想知道，早就应该来看我才是。

聂　耳　我很忙……

袁春晖　是啊，你是个大人物，很忙，很重要……

聂　耳　（笑嘻嘻地把他的空竹筒杯子递过去）渴！渴死我了。

袁春晖却不用手接，漫不经心地用木棍把它挑过来。

袁春晖　你的衣服怎么啦？

艾思奇　我、我们游泳来着。

袁春晖　咦？穿着衣服游？好水性嘛！

聂耳有些脸红　是啊，当然……

袁春晖　神经病！

聂　耳　是，我得了个神经病差使。水呢？

袁春晖把自己水葫芦里的云南山泉水倒进竹筒杯子，递给聂耳。

袁春晖　你这次就多待些时日吧？

聂　耳　（接过杯子，喝了一口）好甜啊！什么水这么甜？

袁春晖　云南山泉呗！

艾思奇　好甜的云南山泉，我也来一杯。

聂　耳　不久我要去湖南当兵。可惜喝不上云南山泉喽！

袁春晖　如果你多待些日子，我就替你洗洗衣服……

他俩目光相遇，对视片刻。

艾思奇悄悄上来，举双手把聂耳和袁春晖两个脑袋往中间一碰。

两人大叫　哎哟——

艾思奇　（一甩手）碰碰碰！对对碰！记住爱情导师的话，爱情火花就是要这样子碰！

132　石龙坝电站　日　内

滇池螳螂川石龙坝电站简陋的接待大厅。

云南省第一联合中学9班男女学生在老师的带领下参观。聂耳在其中。

袁嘉谷正在案头挥毫写书法——石龙地，彩云天；灿霓电，亿万年。

聂　耳　啊呀，老先生，您写得真好呀！这是给谁的呀？

左经理　哎呀，小同学，你还不晓得？这是咱中国独一无二的经济状元、云南唯一状元、大名鼎鼎的袁嘉谷老先生呀。

聂　耳　肃然起敬！肃然起敬！在这里认识您，真是我等同学的福气呀！

袁嘉谷　同学们，你们知道石龙坝水电站的来历吗？

众同学　不知道。

聂　耳　打断一下，对不起，袁伯伯，经济状元是怎么回事呀？

袁嘉谷　哦，是这么回事。1903年，清政府进行了历史上唯一一次废除科举后的经济特科考试。经济特科的考试与一般科举考试不同，而它是以经世济民、治理国家的方策为主，更注重学以致用。

老　师　所以，同学们，特科考试，整个清朝只有过三次，另两次为博学鸿词科。此次应考的还有已经获得状元身份的人，所以“经济特元”的地位，应高于普通的状元。

左经理　下面请袁老先生给同学们介绍吧！你们云南省第一联合中学9班男女学生真是幸运！

袁嘉谷　同学们知道，晚清是一个虾荒蟹乱的政局，法国殖民者觊觎云南久矣，他们的滇越铁路在1903年10月开始兴建了。就在滇越铁路还没完工的1908年，欲壑难填的法国人又以滇越铁路急需电灯为由，要清政府准其利用滇池出口螳螂川的流水，在石龙坝建个水力发电站。刘岑舫时任统揽全省经济事务的云南劝业道道台。他虽为福建人，但对云南充满乡恋之情。眼看法国人假修建滇越铁路之名行垄断云南电业之实，刘岑舫直言不讳上书说：法国人借铁路用灯在云南修电站，恐怕是个名，日后大刮我省之财富，此才是实。云南乃中华之边地，历载军事要冲，虽军政开支颇重，财力入不敷出，但国人应有民族之志。可否招商纳股，筹资自办，以壮我云南之实业。

聂　耳　（喃喃地）国人应有民族志！国人应有民族志！

袁嘉谷　1910年2月13日，云南耀龙电灯股份有限公司成立了。7月17日，螳螂川畔聚集了来自全国各地成百上千的能工巧匠。他们面对浩渺滇池席地而坐。时至正午，耀龙公司总经理左益轩当众脱去长衫，端起一碗清酒，对天而祭，然后酹酒于湖。他对众工友大声说道：“于滇办电，历经磨难，今日幸得兴工，望父老兄弟尽力尽智，力达成功之日。”众人异口同声：“保我权利，光宗耀祖。”此时，鞭炮齐鸣，众人欢呼。石龙坝水电站在这一天开建了。建电站就要买设备。为购买哪国设备，耀龙电灯公司的董事们着实费了一番脑筋。当时，能生产水力发电设备的有美、英、法、德、奥地利等国。

左经理　我记得，在董事会上，大家众口一词，坚决不买法国和英国的设备。就因为这两个西方强盗的经济掠夺让云南百姓吃尽了苦头。最终耀龙电灯公司与德国西门子签订了合同。西门子的设备发电机、水轮机，都是陆续经轮船运抵越南海防，再经滇越铁路运至昆明。德国工程师毛士地亚和麦华德具体负责土木建筑和机器安装。工程耗资五十余万银元，资金不足部分均由富滇银行贷款。历时21个月，于1912年4月12日完工。瞧，这就是西门子发电机。

133 石龙坝电站 日 内

在班主任老师的带领下，众同学仔细看西门子发电机。

左经理 我来给大家讲讲发电的原理：摩擦可以生电。比方说，只要逆着抚摸猫的皮毛，就可以看到电火花。

小女生 天哪，那你们发电站得养多少猫啊！

众同学大笑 哈哈哈哈。

聂 耳 哇噻！石龙坝发电站与我同岁，那一年我刚刚出生。

左经理 是吗？这可要好好庆祝一下！同学们，大家跟我出来看看水轮机吧？

同学们 好。

众人走出电站大厅。

134 石龙坝电站 日 外

踩着隆隆的发电机轰鸣声，两个德国人利必西和汉娜从维修房走过来。

利必西 你从总部来采访，我给你介绍了这么多情况，你可有什么感想要表达？

汉 娜 不得了啊，不得了！从石龙坝电站的建设看，我可以预言，再过一百年，中国将是水电大国！

利必西 嗨！什么不得了？你们当记者的就会瞎忽悠！那叫了不得！哎？为什么？你这个预言会不会放空炮？

汉 娜 据我的了解，一般的中国人比其他任何人民都守旧，墨守于祖辈的东西。因此对于那些可以改善他们从祖辈以来就习惯了的俭朴生活的革新，他们自己是很难接受的。

利必西 但是，在这个国家偏僻的内地，在那远离世界贸易潮流和西方文化隔绝的地方，也已有人准备将西方技术成就移植到自己的土地上。

汉　娜　这不嘛，一些卓越的知识分子和有关方面敢于开拓的人士就是这么做的。

利必西　所以你就这样预言?

汉　娜　风水先生能预言，为什么我不能预言呢?

利必西　那你敢把它写进你的文章里吗?

汉　娜　不敢写进文章，那叫预言吗? 我就要发在《西门子》杂志上。

135　石龙坝电站　日　外

左经理　中国的第一个水电站建设经历了21个月的凄风苦雨。在这600多天中，中华大地再遇历史颠簸。

袁嘉谷　同学们应该知道，1911年是天干地支的辛亥年。这一年，历史夜幕留下了一道耀眼的弧线。就在那首《巩金瓯》刚被清王朝定为“国歌”的第六天，它的词作者严复没想到，大清王朝变生肘腋。10月10日，随着武昌城头的一声枪响，近300年的大清帝国飘扬的龙旗黯然落地，“帝国苍穹保”，那句有如祈祷式的歌词变成了一代王朝永远的梦呓。

聂　耳　袁嘉谷伯伯，我是1912年才出生的。

袁嘉谷　哈哈，小老弟，清朝灭亡，民国肇基。石龙坝水电站见证了辛亥革命。末代皇帝退位，窃国大盗登基，军阀袍泽你方唱罢我登场。

聂　耳　袁伯伯，我吹一曲命运交响曲给您听吧?（随即演奏）

袁嘉谷　这不会是柏西文先生教你的吧?

聂　耳　就是他刚教我的。你怎么知道的?

袁嘉谷　哎呀，我记起来了，小老弟，柏西文先生是我老兄，他总是提起你，好一个天才的音乐少年。

聂　耳　嘿嘿，大老兄，我也听柏西文老师老夸你学识渊博人品好!

袁嘉谷　我记得他还说你是什么星座来着? 是、是水瓶座的吧?

聂　耳　啊? 你老记性真好!

袁嘉谷　好孩子，你吹吧，吹吧。命运在敲门，敲吧敲吧，石龙坝敲开了中国技术工业的大门，技术? 工业? 能拯救中国吗?

聂　耳　（不解其意地）袁老伯，告诉你个秘密，（悄悄地耳语）我不仅喜爱音乐，也很喜爱工科。我立志，长大了要当工程师。

说着便开始吹奏《命运交响曲》。

袁嘉谷　小老弟哟，面对暮霭沉沉的天际，石龙坝即使有再大的功率也照不亮中国的黑暗，滇池水即使有再大的流量也冲不走人民心中的苦难。

傍晚来临，华灯初上。数千盏路边和窗口的灯泡同时亮了，市民们引颈而望。

聂　耳　大老兄，昨夜我做梦啦，我梦到九十九个月亮照在滇池上，整个昆明夜间都变得雪白雪白的，可亮堂了！（不留神踩空石阶，跌倒，膝盖流血）哎哟，摔着了我啦！

袁嘉谷　哎呀，你没事吧？

聂　耳　没有事，只是摔破了，出血了。

袁嘉谷　赶快叫左经理给你拿云南白药来。

左经理　来，我拿来了白药。

袁嘉谷　孩子，我来给你涂上白药。

聂　耳　我家就有云南白药啊！

袁嘉谷　先涂上点儿。回家让你妈妈再涂药。

136　石龙坝电站　日　外

两个德国人在电站内外边走边聊，慢慢地撞见了来参观的中学生们。

利必西眼尖　你瞧，那个学生，不是你的救命恩人吗？

汉　娜　是吗？那天我昏昏的，记不得。全靠你指认了！

利必西　（小步跑上前去，一把抓住小聂耳）我可找到你了！

班主任和中学生们都一愣　啥子事嘛？

利必西　英雄救美！救美的英雄啊！

聂　耳　（一下子脸红了）没、没什么！这本是我该做的啦！

汉　娜　（随手拿下挎在肩头的相机）赠给你，小英雄！这可是一架莱卡好相机。

聂　耳　（推脱）不！不不不！我知道，莱卡相机很精彩！

利必西和汉娜两人不由他分说，一下子挂在聂耳的脖子上。

利必西　美女的一条命都救回来了，还推辞什么呀！

汉　娜　收下！收下吧！美女求你了！

聂耳不情愿地点点头。

汉　娜　你救我，我教你。从此我让你喜欢上摄影。留下许多青春的身影。

（音乐起，画外音唱云南花灯调《英雄救美》）

英雄救美，好汉救难。普度众生，生命灿烂。

各美其美，美人之美，美美与共，天下大同。

137　玉溪老街聂耳母亲家　日　内

老街老房子，午后。远景是红塔山（云南玉溪红塔山因山体顶部耸立有元代所建白塔而得名，始建于元代，该塔清道光十九年（1839）重建。“白塔夕照”成为新兴一景。1958年将白塔涂为红色，更名为“红塔山”，其景亦由“红塔朝晖”所取代）脚下，红白颜色交互变换。

右边有一座面临老街的精巧可爱的花腰傣房屋。房前还有个不大的花园。左边，对面是挂着“玉溪乡村师范学校”的牌匾的操场。在聂耳大姐家里，复习完功课的聂耳正帮妈妈淘米。他头戴一顶鸭舌帽，身着蓝布长衫，穿一条中山装长裤。彭寂宽显出玉溪母亲的贤良、聪慧。

彭寂宽　儿子呀，昨天你们去螳螂川干啥来着？

聂　耳　告诉你妈妈，我们参观石龙坝水电站来，这不，我正写日记呢。听那位袁嘉谷老伯说，那些发电的工程师太了不起了！给人带来了电灯和光明。长大了，我也要当工程师！

聂叙伦　好哇！弟弟，我可记着你的志向哟！我的弟弟要当工程师！

彭寂宽　我再给你涂上云南白药吧！（帮小聂耳涂药）我记得石龙坝水电站发电那天，全昆明人山人海的都出了门。我牵着你哥哥，还抱着你出来到碧鸡坊看灯呢！

聂　耳　妈妈，我怎么不记得呢？

彭寂宽　嗨！傻孩子！那时你才两个月大呢！

聂　耳　妈妈，你说说那时候的故事吧？

聂叙伦　我来说吧。卖电初期，耀龙公司为儿户市民免费安装电灯，那些用上电的市民只需轻轻一拉开关，黑夜瞬时变成白昼，奇妙得不可思议。于是，前来买电的市民络绎不绝。古老的昆明城破天荒出现了明亮的电灯。

聂　耳　我还听说，昆明先于全国建成水电站，可百姓不懂电为何物，闹出过就着电灯点烟卷的笑话，是这样吗？

聂叙伦　是啊，那时的笑话多着呢！水电站这么个稀罕物，一不建在北平城，二不建在上海滩，偏偏建在远离西方文明的螳螂川，你说说，这是为什么？

彭寂宽　儿子，你的功课做完了吗？

聂　耳　妈妈，高老师给出了史地测验题，一个是，试述西力东侵之原因；另一个是，何为民族精神？今上午我都答出来啦！

聂叙伦　呵呵，十五六岁的小孩子都回答这么深刻的问题？好兄弟呀！哥哥问你怎么回答的？

聂　耳　我不告诉你！

聂叙伦　告诉我，奖励你！

聂　耳　就不！就不！偏不告诉你。你看弟弟的行动吧！

聂叙伦　看啥看？不用看。知弟者，莫若兄也。

彭寂宽　你兄弟俩说啥呢？

聂叙伦　这就是咱云南人的民族精神呀！妈妈，你还记得五卅惨案在昆明吗？

138　老上海工厂与街头　日　外

（闪回）黑白老电影纪录片《五卅惨案》镜头：1925年5月15日，上海日本资本家借口存纱不够，故意关闭第七纱厂，停发工人工资。工厂工人在共产党员顾正红领导下与厂方进行说理斗争，日本人向顾正红连开4枪，当场身死，激起群愤。5月30日，上海学生两千余人在租界内散发传单，集会讲演，英国巡捕进行镇压，逮捕学生，激起市民更大义愤，1万余群众集中在公共租界南京路老闸巡捕房门前要求释放被捕学生，高呼“打倒帝国主义”等口号。英巡捕开枪射击，群众死十余人，伤无数，造成震惊中外的“五卅惨案”。

139 老昆明街头 日 外

（闪回）反帝烽火蔓延到昆明，工人与学生成立了五卅惨案后援会。聂耳所在的中学开始了支援上海工人学生、抵制日货的运动。他们在华丰茶楼义演。聂耳是主角。他和同学孙书明一组。为了吸引行人，他们把锅底黑灰涂在脸和手脚上，腰上系着自制的树条腰带，把自己打扮成跳踢踏舞的黑人。面对逐渐围拢而来的行人，聂耳痛声讲述五卅惨案经过，大声动员民众：“现在这时候，中国到了生死存亡的关头，我们中国人，每个中国人难道还不应该站出来，使尽责任、承担使命吗？”观众报以热烈的掌声，纷纷慷慨解囊。聂耳他们募得了大笔捐款。汇集起来，再汇往上海。

140 玉溪老街母亲家

彭寂宽 （对聂叙伦）你弟弟可是个好男儿！（转而对聂耳）只是你可要千万保护好自己呀！

聂 耳 妈妈，你放心吧！我有你和哥哥呢。你可是保佑我的活菩萨呀！

玉溪花灯调音乐渐起。聂耳练习小提琴，用半生不熟的指法，一边拉一边送母亲出门去走访亲友。

彭寂宽 妈妈要到几个亲戚家串门，孩子啊，你兄弟们出门去看戏玩玩吧。

兄弟们 好咪！妈妈你可要早点回来哟！

141 玉溪老茶馆 夜 内

母亲说完走了，聂耳和聂叙伦兄弟仨欢快地跳跃着，到隔壁不远处的茶馆去听民间艺人唱花灯。

夜幕降临时，远远地从山坡那边一些人向这儿走来，茶馆主人一一向来人介绍说：

茶馆主 这位是来抚仙湖水下探险的潜水家，那几位是来峨山搞田野调查的民族学家，最后那位是来帽天山搞生物地质调查的古生物学家和他的助手……

众人的到来使这里变得热闹起来。忽然，听到了小提琴的试琴声，满心喜悦的聂耳走向摆弄小提琴的老艺人，嘘长问短。老艺人指点着小聂耳指法。

花灯曲调音乐渐强，在旁侧的老艺人手拉小提琴，邱木匠吹笛子伴奏，一个身穿鲜艳细褶长裙、头插大红花的玉溪峨山彝族女孩子缓缓登台，她面容黑里透红，头帕上镶嵌着九颗珍珠，胸前佩戴着银质的首饰，深情唱起。

峨山女　（唱《美在玉溪》）一条玉带连天地，一曲花灯唱东西。/天地造化出人杰，古今神通有灵息。

聂　耳　可爱的玉溪故乡，神秘的故乡玉溪。

生物学家　东方的奥秘寻觅，灿烂的新迷探奇。

民族学家　不为逃避灾难而来，只为追寻远祖的踪迹。

众　人　人人爱玉溪故乡，处处美故乡玉溪。

（剧作家和作曲家为聂耳故乡精心设计了这首极富玉溪花灯曲调旋律，又有流行音乐特色的经典对唱《美在玉溪》，足以显示聂耳和玉溪人以及外来人对玉溪发自内心的热爱——歌如玉带河泉水淙淙流淌，舞似玉带河浪花叮咚作响。）

142　玉溪乡村师范学校操场　夜　外

歌毕，众人随着几个彝族男女的舞步，走出茶馆，在操场上点起篝火，跃跃欲试。

《跳月》为彝族主要歌舞活动。男女青年喜欢在夜间生起篝火，小伙子弹起四弦，姑娘们拍打巴掌，围着火堆，和着调子的旋律翩翩起舞，象征着团结友爱，舞步豪迈粗犷，表现了剽悍强壮的民族性格。小伙子们打着哟嘀，姑娘们边跳边唱，跳月的功夫主要在脚上，舞步变化由悠闲的步子开始，一调转一调，随着调子节奏由慢逐渐加快。跳舞的人群有时穿梭往来，有时旋转下蹲，巴掌越拍越响，弦声伴随着有节奏的悠扬的山歌，篝火燃烧的噼啪声及姑娘们身上的银饰碰撞声，在夜空中回旋，充满了欢快热烈的气氛，人们不知疲倦，舞会常常通宵达旦。有个彝族小伙子手弹四弦，这是彝族人民最喜爱的乐器，跳月伴奏必不可少。形状以圆形的最多，像十五的月亮，故又称月琴。聂耳兴奋地跟着他学弹月琴。但见弦头雕着栩栩如生的龙头，正面精心雕刻出多种花卉、飞禽走兽等图案，弦中置一面大圆镜，周围置许多小圆镜围着，像群星拱月，弹奏时用弹片拨弦，手指击打琴身，声音清脆，节奏明快，十分悦耳动听。

143　玉溪老街　日　外

整个假期，聂耳做完作业，走出家门，拜师跟着老艺人继续学拉小提琴。

144　玉溪老街　日　外

邻居木匠房里，聂耳跟着邱木匠学吹笛子。

145　峨山老城　日　外

峨山彝族村寨里，聂耳跟彝族小伙学弹月琴。

（画外音）聂耳随母亲回乡，探亲访友；向民间艺人学艺；找一份适合的工作；搞进步的宣传演出。聂耳深深热爱着玉溪这块亲情和音乐的沃土，这也是他的音乐里常常流露玉溪“乡音”的主要原因。

146　玉溪乡村师范学校操场　夜　外

8月，操场上熙熙攘攘挤满了本校师生和城乡百姓。

（画外音）暑假期间，玉溪旅省学会的进步青年，为了反对反动当局的黑暗统治，组织旅省学生，利用假期回家乡开展宣传工作，以便唤起广大民众的觉悟。聂耳同谢溯晋、马天柱等人，到玉溪后，有的办民众夜校，有的举办游艺晚会，用群众喜闻乐见的形式，向民众进行宣传。

报幕员　（甜美的声音）最后一个节目，《卖花姑娘》，演出者：聂守信、杨迎春等。

聂耳化装成一个昆明郊区农村姑娘，上身穿大红姊妹装，下身穿一条黑裤，头上插一朵鲜花，手提花篮，口唱卖花调子，连声音都是尖尖的女声。姑娘挎着装满鲜花的花篮。

聂　耳　（嗲声嗲气地喊着）卖花哟，卖花喽！谁要买花？

众舞女身穿玉溪民族服装，在音乐伴奏下，纷纷跳起《卖花姑娘舞》。

聂耳和杨迎春手持一枝枝蝴蝶兰，双双跳起婀娜多姿和仿婀娜多姿的卖花姑娘舞。

台下的观众有调皮者瞎起哄："我要买！我买花！"只因为聂耳把昆明姑娘卖花的苦乐年华生活演得活灵活现。

观众里，有一个带着女儿、年近四十岁的黑衣男子盯住聂耳了。他觉得便对身旁的媒人嘀咕了几句。

黑衣男　这孩子聪颖机灵，一身正气，是个好男儿……

147　玉溪老街　夜　外

散场后，老街上。路灯昏暗，人影稀疏。

148　玉溪老街大户豪宅正房　夜　内

一个媒人满脸堆笑地领着一身黑色衣服的聂耳和妈妈走上场来。媒人得意洋洋地介绍聂耳和妈妈住的这所房子，不时地拉开一扇木门，讲解每一间屋子的用途。看得出来，他因为介绍一桩婚事高兴而来。

媒人拍了三下巴掌，立刻，一个16岁的小女孩身穿彝族美丽衣裙和父亲（那个黑衣男子）出现在聂耳和妈妈面前。正是刚才唱《美在玉溪》的峨山女孩。媒人依旧一一介绍双方。

聂耳和峨山女不约而同地都捂着嘴偷笑。

媒　人　孩子长大成人了，男大当婚，女大当嫁。我介绍你们两家，既是乡亲，又是书香门第之家。让孩子早早成亲，也了了一桩心事，让守信他爸爸在天之灵早得安息呀！

黑衣男　（对彭寂宽）大嫂子，我见你儿子聪明可爱、知书识理，而我没有儿子，只有一个中学毕业的女儿，就请媒人游说，想把你儿子招为姑爷。好吃好穿不要他受罪。

说着，便让女儿给聂母行礼。

峨山女恭恭敬敬地跪下行礼。然后她稍稍抬起头来，按照当地习俗，开始恭维起与她同龄的聂耳来：

峨山女　啊，哥哥，你演戏的微笑像鲜花一样美丽。菩萨说过，微笑可以征服一切困难。……

聂耳"刷"的一下，有些红脸。

聂　耳　谢谢！不敢当。

说完他手拿提琴赶紧溜到屋外院子里去。

看到聂耳对这一套很不好意思，媒人立刻击掌三下，小女孩便一下子消失得无影无踪了。

寒暄之后，媒人炫耀起这套新房子来：

媒　人　在这所美丽的房子里，我打算请你儿子住它个九十九年！让他享尽荣华富贵。不过，在这样一个多灾多难又多变的时代，你随时可以改变主意。

彭寂宽　我们有个家，有个窝，虽然说没有金子、银子，但是儿女有骨气、志气。

（画外音）彭寂宽平时言传身教，教子女许多为人处世的道理。她勤劳、豁达——这一点与玉溪的花腰傣妇女，乃至许多少数民族的妇女非常的相像。彭寂宽有很多优点：第一节俭；第二善良；第三从来不在别人面前悲哀，无论做何事，都很乐观。

媒　人　郎才女貌，天作之合。我看……

彭寂宽　（考虑到儿子的前途）孩子还小……等他长成男子汉……

聂母婉言谢绝了求婚者。

149　豪宅大院　夜　外

星光点点，月光如水。

峨山女　哥哥，你再给我拉一次小提琴吧？你飞走以后，我不知道何时再能听到你那美妙的琴声？

聂　耳　我为你拉一首舒曼的《童年情景》之梦幻曲吧？

峨山女　好呀！不管舒慢舒快，只要哥哥喜欢，我为你跳个舞吧？

聂　耳　（一摊手，一耸肩，一脸无奈）晕！我晕！

（画外音）这是聂耳每次必拉的曲子。他手拉琴弓，随着曲调的变化，用脚打着拍子。此刻他的情感完全沉浸在优美的旋律中。聂耳对此曲的理解透彻，手法洗练，形象刻画生动准确，心理描写逼真，欢快动人，饶有情趣，但也流露出一种因为童年逝去而产生的惆怅感。

峨山女跳的是典型的峨山彝族花鼓舞。她手持花鼓，边鼓边舞。

曲舞交替，聂耳和峨山女交相竞技献艺，你来我往，好不热闹。

峨山女跳花鼓时，以“龙头”持箐鸡尾和绸布、雕有龙头的木棒扎成的短杖领舞，其他8个女舞伴闻鼓而上，人人斜挎一鼓在左腰间，右手击鼓，脚下动作和队形变化多端，左手甩一毛巾和身体配合。花鼓舞跳起来腾挪跌宕，节奏有疾有缓，身体有翻有跃，整体风格激昂铿锵、热烈奔放。

聂耳继续拉琴。这首《梦幻曲》是全世界妇孺皆知的名曲，主题简洁，聂耳把它演奏得具有动人的抒情风格和芬芳的幻想色彩，旋律线几经跌宕起伏，婉转流连，使人不觉中被引入轻盈缥缈的梦幻世界。

150　玉溪老街　夜　外

走出这豪宅大院，在玉溪老街上，母亲唱出了一段对儿子终生受益的花灯调：

彭寂宽　（唱《母亲的话》）儿啊，我的儿啊，请记住母亲的话：/ 人落后了就挨打，人贫穷了就挨饿，/ 人无大志就挨骂。请记住母亲的话。儿啊，我的儿啊，请记住母亲的话：/ 自强不息不挨打，勤学苦干不挨饿，/ 自立达人不挨骂。请记住母亲的话。

聂耳频频点头。

（画外音）听了母亲的歌，对比初恋情人袁春晖，面对第一次被外人说媒，少年聂耳忽然觉得自己长成男子汉了，被赋予一种责任，一种使命，内心被激发的雄性荷尔蒙激情四溢，显得很威风很雄壮，但表现得很轻松很快活。他手拉小提琴，对着众人唱起了下面这首歌。（要求作曲家为他写出旋律极其舒展、宽广，显示他内心作为男性的骄傲，其中还夹进了玉溪花灯曲调和进行曲的旋律）他一边拉琴一边歌唱——难道这不是个极好的预言吗？

聂　耳（唱《小鹰展翅》）：

小小少年不怕艰难，走遍天下寻找挑战。

无论立志还是立业，像小鹰展翅一飞冲天。

不管白塔还是红塔，虽有山高人为峰巅。

无论功名还是利禄，虽在云南过眼云烟。

姑娘虽美茶花虽艳，少年走过可曾留恋？

抖擞精神擦掌摩拳，勇敢向前勇敢冲向前。

小小少年不怕艰难，走遍天下寻找挑战。

歌声余音缭绕……

第二部

沪 I

151 上海港老码头 日 外

1930年7月，上海码头。一声声汽笛鸣响。一艘客船到岸。

一身土布衣衫的聂耳身背行李，举步上岸。聂耳在云南省立第一师范读书时，由于积极参加学生进步活动和文艺演出，被叛徒告密，被反动当局追捕。三哥聂叙伦让聂耳远赴上海。

152 云丰申庄商号门前 日 外

阳光毒辣。

从码头到云丰申庄，聂耳身穿劳动服，在吃力地拉板车。

十里洋场让他有些晕头转向，整日为生计奔走，在云丰申庄当了一名小伙计。食宿很差，每天劳动长达十小时以上。在码头上拉板车，装货卸货。累得腰酸腿疼。

153 石库门 夜 外

石库门建筑不远处是老上海租界区。邮局。

聂耳从邮局里出来，天色已黑，路灯昏暗。

告别白天到处飞舞着密密麻麻的苍蝇，夜晚来临，成群结队的蚊子像轰炸机群。

贫民窟一角。一个小瘪三就地坐在里弄深处。

神情严肃的聂耳拖着疲惫的身体，匆匆穿过。

154 贫民窟 夜 内

垃圾成堆的贫民窟，聂耳爬进自己狗窝一般的住所。

关上房门，一下子跳到床上。躺在吱吱摇晃的小床上，聂耳喜滋滋地从上衣口袋里掏出一张邮局汇票，对着破烂不堪的天花板，左看右看，正看反看。

聂　耳　真是意外！来到上海已经十几天，竟然收到昆明逸乐电影院汇来一百元，说是对我帮助联系影片发行的报酬。呵呵，取来以后分配

　　　　非常简单，汇一半给我慈爱的妈妈，一半是买一把小提琴和大衣。

聂耳自言自语，思索。

155　昆明成春堂药铺　夜　内

白炽灯下，八仙桌旁，聂母彭寂宽收到聂耳寄来的五十元汇款，高兴不已。

聂叙伦在一旁读着聂耳给母亲的信：亲爱的妈妈：儿子在上海给您写信……

156　石库门琴行　日　内

聂耳在琴行里挑琴。

老板试拉。

聂耳试拉。

付款。像小鸟一般跳着出门。

157　老上海里弄　日　外

聂耳一阵小跑，举琴欢跳。

继而停下拉琴。边走边拉。

聂　耳　（独白）小提琴自然是能使人心境舒畅，当我奏起那舒曼的《梦幻曲》时，虽然腰酸背痛，指头会痛，无弓法，无指法，也是够快活的了。若没有旁的事来烦扰，我是会不吃饭，不睡觉，不分早晚地练习下去的。

158　上海码头　日　外

斗转星移，叶落知秋。

聂耳把大箱货物装上地排车。然后拉车。

159　上海码头　日　外

斗转星移，冬雪飘飘。

聂耳到码头上为云丰申庄拉货。

聂　耳　（自言自语）上海下雪。二月十四日，是我的生日。我收到了袁春晖寄来的情书和生日礼物，我会牢记心爱的人再次叮嘱……

160 昆明袁春晖家 夜 内

家里的袁春晖一身睡衣打扮，在伏案写信。

（画外音）亲爱的小四狗：希望你不会成为一个平凡的人。我要用莫大的鼓励激励着你选择高远！我希望我的礼物和情书成为你励志自强不息的动力……

161 云丰申庄 日 外

浑身披雪的聂耳拉着沉重的货回到云丰申庄。

聂 耳 老板，我回来了。

薛老板 聂守信，近来经营不好，要倒闭了。给你发几个工钱，你自谋生路吧！

聂 耳 公司倒闭？我算什么？唉——

162 老上海南京路 日 外

久违了的南京路。永安百货等老上海的名牌店招牌林立。在永安百货店里，聂耳去买些洗漱用具。眼见得各种名牌琳琅满目——牙膏：美加净、留兰香、白玉；护肤品：友谊、百雀羚、美加净、露美、上药牌珍珠膏；花露水：蝴蝶、明星；剃须膏和古龙水：美加净；香波和护发素：蜂花；香皂：蜂花、美加净；发蜡：金刚钻；还有爽身粉、痱子粉、生发油、蛤蜊油、甘油、凡士林等牌子。

正在巡逻的工部局警察凶得很。聂耳走在南京路上，进书店买《日文典纲要》还遭白眼，被警察大声训斥。

聂耳 （不予理睬，自言自语）三哥曾到日本留学，袁春晖也在学日语。自学日语，有利于学习新知识。

聂耳又去邮局，取回袁春晖寄来的包裹，出门来好高兴！

聂耳一激动，又拉起小提琴曲《致爱丽丝》的一段。随后又自拉自唱《情人礼》）：睁开眼睛看窗外，雪花片片飘落地。/天寒地冻体温降，双脚微冷梦故里。/二月十四落大雪，生日开心春有意。/一封情书连滇沪，温暖最爱情人礼。

163 上海外滩 日 外

游人如织，熙熙攘攘。

站在江岸，聂耳手持一册图书，望着来来往往的轮船，痴痴发呆。

聂 耳 把丰子恺的《音乐入门》买来重读过，才知道小提琴学习的困难和基本练习的重要。我的心仿佛沉到黄浦江里，沉到懊恼和失望的深渊里，再不能将它振作起来。如此，那洋盒盒安静地放在我的枕旁一个多礼拜，因为我是在那样不安地彷徨着。不断地练习着，旧的指头硬结退去，加上了新的痛。手指分家地持弓，现在才把它合作起来。不曾用惯的小指，现在才学习运动。可怜！这些简单的方法，素称与小提琴为三年之友的我，现在才算真实地知道一点，忍不住又要叫我说一声“可惜”！

聂耳打开琴盒，仔细端详小提琴，爱不释手。又拉一曲。

164 上海外滩 日 外

聂耳看到几艘大船远远开来，急忙拿出汉娜赠送的老式莱卡相机，对着江面，选景、取景、“咔嚓——咔嚓——”。

照完相之后，手抚相机，聂耳一闪念，不禁想起了汉娜被抢救的情景。

聂 耳 一个人的被你帮助，他是会把你遗忘掉的，终有一天。这不是所谓“有恩必报”，“不报则不为德”，不过，总不要太给人感到难堪。固然，一个人帮助了人并不希望什么报答的，然而“病好打太医”是切切使不得的。

寒风吹来，冷凄凄。聂耳情不自禁抱紧了双臂：漂泊无助的独徘徊，冒险家的大上海，唯有提琴与相机，是我的温暖我的爱哟！

聂 耳 冷啊！本来一个人的涵养就应该从这些地方着手，这是我常常都感觉到的，而且我可以断然地说我是没有涵养，然而有什么办法呢？从来都没有做过不欢笑的强笑和一些虚伪的假道德。咦！这社会，随处不是蒙蔽着一层虚伪哩！

聂 耳 （一阵寒风过来，咳嗽不停）我常担心会使肺病的起源。管他妈的，有什么可担心的呢？活得一天算一天。我只不住地进行每日的课程表。

聂 耳 虽然有病，人家托做的事不能不尽力。再说他们要准备打麻将，我留在家里更是加倍的无聊。天气是如此冷，只有加衣服是唯一的办法。没脱去里面的线衣便穿上西装、大衣，行动起来真有些不方便。

165 昆明成春堂药铺 夜 内

聂母遥望北方，夜不能寐，给儿子织毛衣。默默地唱着《娘讲的故事》（女中音）：

丛林是大山长的故事，帆影是大海划的故事。
彩云是蓝天飘的故事，儿女是亲娘讲的故事。
儿啊你走出娘的注视，却走不出娘的日夜相思。
儿啊你远离娘的身影，却不能远离娘给的织衣。
织衣是娘密密的心意，罩住游子啊永不分离。
游子是娘絮叨的传奇，无论天南地北都在心里。

166 上海外滩 日 外

江岸路边来一个五十多岁的相面人。

相面人 （边走边语）天灵灵，地灵灵，邪正看眼鼻，真假看嘴唇，功名看气概，富贵看精神，主意看指爪，风度看脚筋，条理看语音。

聂 耳 嘿嘿，真新鲜。你是——

相面人 我来给你看看相吧。

聂 耳 好吧！

相面人 你二十五岁上大运，在这五年内须努力读书。你恐要生一次病，须特别保重。再看你面相，你将来不做省主席，便是中将、上将，若是从事军政界的话。

聂 耳 可是我一不从军，二不从政。只是加入反帝大同盟。我走啦走啦！（心里嘀咕）他想敲我的竹杠，嘿嘿，却被我敲了。

167 老上海福州路 日 外

雪花飘飘，寒风飕飕。聂耳无聊闲逛，路过福州路恒源祥店。

聂　耳　天寒地冷，嗨呀，要是有一件羊毛衫该多好呀！

几个衣衫褴褛的小瘪三在路边叽叽喳喳，时唱时跳——

羊羊羊，谁的恒源祥？衫衫衫，穿上暖洋洋。

饥饥饥，天下寒士谁吉祥。盼盼盼，温暖大众乐嘉祥。

大瘪三　（上海话）恒源祥？嗨！那是纯羊毛制的衣服，用热水一洗就缩小变形，不能穿。

小瘪三　那还不容易，只要和身体一起洗，一起晒，就不怕它缩水变形了。

哈哈哈哈——众人乐。

168　福州路恒源祥店　日　内

瑟瑟发抖的聂耳掏钱买了一件恒源祥毛衣，套在头上穿在身上，走出店门。

169　福州路上　日　外

风雪越来越大，聂耳出门，一阵寒战。

聂耳情不自禁且走且歌且舞，时而庄严时而诙谐——冬寒将尽，山穷水尽；春暖来临，柳暗花明；砰砰砰，我追赶春的脚步；砰砰砰，我听到命运在叩门。起来，要在零的起点启程，前进，冒着严寒风雪前进。

忽然看到一个棚户区的小学生衣不蔽体，冻得发抖。聂耳毫不犹豫地脱下毛衣，不由分说给他套上。

小学生穿着因太大而不合体的羊毛衫，连声感谢。

170　老上海淮海路　日　外

雨雪蒙蒙，行道树新绿初上。

聂耳到邮局取来妈妈寄来的包裹，打开一看是毛衣，激动得跳起来，穿在身上去逛街。遇到一个女报童。

女报童　卖报啦，卖报啦！

聂　耳　来！买一份报！

聂耳看到《申报》大幅广告：1931年3月，明月歌剧社招生……

171 老上海常德路 日 外

聂耳来到常德路恒德里，临街的一座三层阁楼——明月歌剧社。

172 明月歌剧社大厅 日 内

招考现场很简陋。招聘工作正在进行。

黎锦晖等五个主考老师坐在桌子后面，面前都是些十五至十八岁的男女学生。

聂耳背着一把小提琴上。从外表看上去他朴实无华，穿着很土气，而且有些局促紧张，唯有眼睛炯炯有神，闪闪发亮。

王人路、王人艺、王人美三兄妹、黎莉莉、薛玲仙、严华、严励、胡笳等这些日后成为中国电影界、音乐界名人的人，此刻都已经是歌剧社崭露头角的老团员了。他们站在后排，偷偷地指点着什么。

招聘考试在一楼进行，由身穿灰西服、头发光亮的黎锦晖亲自主持，两边坐着几个男女老师。考场上挤满了一片黑压压的考生。

173 明月歌剧社大厅 日 内

有一个报名者考完出去了。（近景）轮到聂耳，只见他有些不安地走上前来。

聂　耳　老师，我来报名。

黎锦晖　这位同学，你是来考试的吧？

聂　耳　是。

黎锦晖　你叫什么名字？哪个学校毕业？

聂　耳　（操着昆明口音，怯生生地）我、我叫聂紫艺，云南师范学校毕业。

黎锦晖　（和蔼地）别紧张，坐下吧。你到上海好久了？

聂　耳　去年七月就从昆明来了。

黎锦晖　云南人？我问你，你以前都做过什么工作？

聂　耳　我当过兵、演过戏、做过商号的小伙计，现在失业了。

黎锦晖　你家住在哪儿？

聂　耳　无家可归。

黎锦晖　你有收入来源吗？

聂　耳　一无所有。

黎锦晖　这孩子太苦了。你云南人，我湖南人，你我都是来自有山有水的地方。古人云：仁者乐山，智者乐水。高山流水，几何知音？放松点，别紧张，我黎某见了云南人就亲三分。

聂　耳　谢谢老师。不瞒您说，我是无产者。唯有志气，唯有理想。

黎锦晖　志气？你有什么理想？说来我们听听。

聂　耳　嘿嘿。今天不好意思说。改天给您说吧。

黎锦晖　说嘛！一定要大胆说出来！

聂　耳　我的志气是一定要做一个不平凡的人！我的理想是当一个大音乐家！

众人哈哈大笑。

黎锦晖　那好啊！你要是说出一个理想，全世界都会为你帮忙。（从桌上拿了一份练习曲给他）你用小提琴演奏一下这曲谱里 C 调十六分音符的极高音部分。

聂　耳　嗯。

174　明月歌剧社大厅　日　内

镜头对准聂耳，由远而近。本来这支曲子并不难，但是当他把曲谱放在谱架上时，因为太慌，（特写）聂耳脑袋嗡的一下一片空白，紧张得手脚都不听使唤。结果拉错了许多，又漏掉了许多。最终没把曲子拉完。

老师甲　这个云南小孩功底太差，没什么基本功嘛！

老师乙　要是换别人，早就淘汰了。

黎锦晖　喂，诸位，这孩子年轻，太紧张。多多包涵。还是听他继续演奏吧？来，聂紫艺，你再来一遍。

聂　耳　（自言自语）命运之神啊，我在叩门，你不要抛弃我。

黎锦晖　小同学，你别紧张。再拉一段降 B 调的四分音符曲子。

这次聂耳镇定了一下情绪，从头到尾完整地拉完了一支曲子。

黎锦晖　好。放松之后就不错嘛！你会拉胡琴吗？拉一曲。

聂　耳　会。

他拉了一曲黎锦晖作曲的《三蝴蝶》。

黎锦晖 大家听，很好嘛。拉的我的曲子蛮不错嘛。放松就好。再弹一首钢琴曲吧！

聂耳更加放松，弹了一首《命运交响曲》。

黎锦晖 （与左右两边的老师耳语后，大声）古人说：学无止境，气有浩然。我看这位年轻人懂得一点音乐，又很有理想，长得气宇轩昂。明月社录取他！请他学当一个提琴手。

刚受到重大挫折正不知何处落脚的聂耳就这样喜出望外地在明月社留了下来。

黎锦晖 好！你被录取了。祝贺你哟！

聂 耳 （向黎锦晖和在场的所有老师鞠躬。纯朴地）太好了。我、我真不知该怎么感谢你！这、这可是我梦寐以求的理想啊！

黎锦晖 以后好好学习吧！我们会把你培养成国家栋梁的。努力吧，努力朝前走，你要什么，前面都有。小伙子，你可以搬到二楼男生宿舍来住了。来，人艺，（说着就把旁边一位年轻人拉过来）这位是王人艺，小提琴手。以后就让王人艺当你的小老师，教你小提琴。

聂 耳 谢谢嘎。先拜您为师啦，谢谢嘎。

王人艺 祝贺你，聂紫艺。

黎锦晖 以后要改掉你的昆明话，我先教你学习国语白话。

聂 耳 好嘞！

175 明月歌剧社阁楼 日 内

王人艺帮聂耳把行李搬到楼上。

王人艺 来呀，聂紫艺，我来教你小提琴。

聂 耳 太好了！太感谢你啦，小王老师。

176 明月歌剧社前操场 夜 外

当日傍晚，夜幕降临，在欢快的舞曲中，在明月歌剧社楼前那个还算空旷的操场上，好生了得！一帮将在未来震撼中国的新老学员们群英荟萃，粉墨登场了。

黎锦晖决定为新来的学员召开一场迎新舞会。

黎锦晖　今晚，是大上海最难忘的夜晚！请记住1931年4月的这个日子，这注定是要载入史册的日子。欢迎聂紫艺等新学员加盟明月歌剧社！

众人掌声！

黎锦晖　你们初来乍到，我把咱明月社的荣耀给新学员介绍一下。别看咱明月社规模不大，可在南洋一带是闯出大名声来的。在国内，从北平到上海，从南京到武汉，提起明月社，无人不知无人不晓。你听听，多么响亮的名字！王人美！黎莉莉！张锦文！还有，大名鼎鼎的白虹！周璇！徐来！胡笳！薛玲仙！于立群！韩国美！更有未来的影帝金焰！黎明！王人艺！严励！严华！严折西！宋廷章！江涛，他的外号叫黑炭！

177　明月歌剧社前操场　夜　外

镜头摇向另一角。一位来自朝鲜的英俊汉子显得格外引人注目。他就是金焰。

金　焰　黎锦晖先生说我是未来影帝不敢当。我也刚到上海，希望大家多多关照。给大家讲个笑话吧。一次老师在课堂上讲人的耳鼻眼功能，发现下面学生无精打采，就提问阿大：我刚才听到一阵脚步声这是什么觉？阿大摇头不知道。老师又问：接着一阵香气扑鼻，这是什么觉？阿大还是摇头。老师忍住怒火继续说：我抬头一看原来是你们班新来了一个漂亮的女同学，这是什么觉？阿大看看老师点点头说：错觉。

众人哈哈大笑。

黎锦晖　所以，大家不要有错觉。我希望你们新学员进了明月社，有这么好的环境，就应该努力学习，立志成才，也早日成为一颗颗光耀世界的大明星。

聂　耳　黎先生，你的话我记住了。我自知音乐功底太浅，我想拜您为师，

黎锦晖　好呀，我就收你这个徒弟。我还要找你单独谈谈。你可是能成大器的人啊。

聂 耳 是吗？我太高兴了！（自言自语地低吟）命运之神啊在叩门，少年心事啊当拿云。／明月银河啊亮几许，明日三春啊报师恩。

178 明月歌剧社前操场 夜 外

黎锦晖 下面请乐队演奏我为各位小朋友们写的《好朋友来了》。

音乐声起，一首健康向上的儿童歌曲便在大上海的小里弄的操场上四散而上。众男生女生随着音乐翩翩起舞。

众男女 （《好朋友来了》歌舞）乒乒乓乓，乒乒乓乓。／谁呀？我呀。你是谁？我姓梅。／啊，梅大哥。门儿开开，请你进来。／你好啊？你好啊？好！／大家都好啊，大家都快乐。／哈哈哈哈，哈哈哈哈，／大家都好啊，大家都快乐。

接下来是第二首《努力》：

众男女 （歌舞）走！走！走！努力向前走！／你要什么，前面都有……

这首加油鼓劲的歌曲唱得大家浑身是劲。

179 明月歌剧社前操场 夜 外

镜头由远而近。兴奋至极的黎锦晖带头跳起了爵士舞。众男女追随其后，会跳的跳，不会跳的模仿着跳。

（画外音）《毛毛雨》是第三首舞曲。这是中国第一首真正意义上的流行歌曲，当时称之为“摩登歌曲”（Modern music）。耳聪的人一听便知，这是将西方爵士乐与中国本土民族音乐结合而作的。由黎锦晖先生创作，他女儿黎明晖演唱。

小小黎明晖是真正的大家闺秀，唱这首歌纯粹是为了支持父亲——白话运动的先驱黎锦晖的“用歌声推广白话文”的事业。

180 明月歌剧社前操场 夜 外

近景。黎明晖梳着齐耳短发，形象清新可爱，童口一开，金声即来。

（歌唱）毛毛雨下个不停，微微风吹个不停，／微风细雨柳青青，哎哟哟，柳青青。／小亲亲不要你的金，小亲亲不要你的银，／奴奴奴只要你的心，哎哟哟，你的心。／毛毛雨不要尽为我狂，微微风不要尽麻烦，／雨打风吹行路难，哎哟哟……

181 明月歌剧社前操场 夜 外

中景。黎锦晖与年轻貌美的续弦夫人徐来舞姿翩翩，阳刚正大，颇有翩翩君子之风，毫无黄色之意。

182 明月歌剧社前操场 夜 外

街灯朦胧，舞步匆匆，倩影群英，青春沸腾。

（画外音）女声转换成男声。

金 焰 我来续唱陶行知先生用此歌曲为募捐抗敌而改的新词：（歌唱）小亲亲，他要你的金，小亲亲，他要你的银，／小亲亲，还要你的心，啊呀呀，你的心！

183 明月歌剧社前操场 夜 外

由远而近的人群。镜头对准聂耳，特写。聂耳整个晚上都兴奋不已。大声唱呀，大步跳。白虹作为他的舞伴，感到聂耳一身浩然正气，便一直用含情脉脉的眼神给他注入某种激情。

聂耳和她、和所有人整个青春和激情一股脑儿地喷泄到群英荟萃的明月歌剧社的欢歌笑舞里面了。

184 上海老弄堂 夜 外

夜深人静，大家都入睡了。皓月当空，洋风吹拂，洋租界的教堂响起一阵阵钟声，兴奋不已的聂耳独自一人，在昏黄的街灯照耀下，踏着轻捷的步子，一边走路一边弹吉他，突然，他停下，从怀里掏出一张照片——

聂耳在看袁春晖送给的照片：短头发，白上衣，黑裙子，一副朴实淡雅的女学生打扮。轻轻吻着照片上的袁春晖。

聂耳潇洒自如地弹吉他，在不出镜的众男女的伴唱中，歌唱《回忆初恋》——

众男女 （伴唱）午夜教堂敲响过钟声，大上海陷入一片寂静。／抬头望着可爱的明月，低头想起阿妹在昆明。

在照片背面，聂耳用工整的小楷，写诗吐露心声：

聂 耳 （歌唱）记得你是一朵白兰，馨香阵阵醉我心灵；／纯洁掠过滇沪清风，人间愿长留你的芳容。／记得你是一只鹂莺，百转千回娇娆娉婷，／声声迎来春阳似锦，天地请容我和你共鸣。

众男女 （歌唱）曙光抹红故土的爱情，春晖染绿他乡的人生。／回忆翠湖春晓的夜景，迎接金蛇狂舞的黎明。

185 昆明西山坡 日 外

（闪回）幻景中，在昆明西山坡上，金色的黎明，光焰四射，聂耳与袁春晖跳起了《初恋》之二《金蛇狂舞》。手舞足蹈中，不再有《初恋》时的羞涩，更多的是长相依的温存，依依惜别的深情。（其中歌词中间两行根据聂耳写给袁春晖的诗改写，请作曲家用《金蛇狂舞》主旋律或类似莎拉布莱曼唱的《斯卡罗布集市》风格作曲）

186 上海明月歌剧社宿舍 夜 内

聂耳在看女友袁春晖寄来的照片。照片上春晖穿的皮鞋就是聂耳在橱窗前看得发呆的那一双，那是聂耳用攒了许久的钱买给春晖的。回想起与春晖相识相知的日子。

（闪回）聂耳叫春晖“吹吹灰”，春晖叫他“四狗”。他们是当时鲜见的自由恋爱，两人都是学校的文艺骨干，喜爱音乐。他们约会的内容也常是聂耳伴奏，春晖唱歌。

聂耳拉起小提琴曲片段抒发对春晖的思念。

聂 耳 （自白）山山山，海海海，我渴望壮怀激烈，我渴望汹涌大海！我是大山的孩子，如今来到大海的怀抱。为什么不能成为海之子？我掌握山的童趣山的秘密，我渴望海的拥抱海的皈依。一如“明月”，以前种种比如昨日死，以后种种比如今日生。从此刻起，努力创造新生吧！

187 明月歌剧社排练厅 日 内

晨光熹微，闻鸡起舞。

明月社排练厅，黎明晖正在组织8个英姿飒爽的女生排练舞蹈——摩托舞，伴奏音乐是《三蝴蝶》。一辆当时最时髦的摩托车摆在众女生面前。这是中国第一个剪短发的女明星黎明晖的座驾。在黎明晖的带领下，女孩子们随着节奏，不断地向上跳跃，时而做出驾车的舞姿，时而展开双臂。

188　上海兆丰公园　日　外

兆丰公园里，先飘来了一阵咿咿咿、呀呀呀的女孩子吊嗓子声，继而又飘来了小提琴的琴声。聂耳早上五点起床后，穿一身白色长衫，头戴白色礼帽，与王人艺来到公园，在听他讲述练琴的要领。

聂耳和王人艺向那个十三四岁的女孩子点头致意。

王人艺　呀，莫道君行早，更有早行人。原来是白丽珠这小丫头呀！十三岁的小毛孩怎么起得这么早呀？

白丽珠　耳朵哥哥对我说过啦，笨鸟要先飞嘛！再说啦，早起的鸟儿捉虫多。

王人艺　咦？你们俩啥时候说起悄悄话啦？紫艺，你怎么也不给你小老师汇报一声啦？

聂　耳　（红着脸）报告小老师，我看她人小志大，就激励她勤学上进。小老师，有错吗？

王人艺　（调侃道）当然有错啦。我是你老师，你是她老师。不汇报，打屁股！（说着象征性地打了聂耳一下子）

聂　耳　哎哟。我改了。

白丽珠　嘿嘿，瞧你说得多新鲜啊，你又不是我的老师。我就看聂大哥顺眼，我就喜欢聂大哥，就喜欢听他讲做人的道理，就喜欢听他讲云南故事，怎么啦？

王人艺　你瞧瞧，小屁孩儿，北京小妞就是嘴硬。（做吓唬状）赶明儿我到北京给你妈告状。

白丽珠　告告告！我才不怕呢。嘿嘿，嘿嘿。

随后各练各的，人声、琴声，由强到弱，由大到小。

189 兆丰公园 日 外

公园里竹林婆娑，假山嶙峋，黎锦晖在边散步边思忖。

黎锦晖（唱《明月千里》）

困境曾使人忧伤，顺境可叫人向往。／逢凶化吉走南洋，遇难呈祥到沪上。／车辚辚，马萧萧，明月千里路迢迢。／道可道，非常道，一阴一阳之谓道。／谁走谁的阳关道？道有阴霾来笼罩。／谁走谁的独木桥？桥上丽日晴空照。

黎锦晖 （忽闻小提琴琴声悠扬，侧耳聆听）是谁如此温柔的琴声在司晨？我倒要前往……

190 兆丰公园 日 外

聂 耳 早安，社长！（向黎锦晖鞠躬）

王人艺 社长，您好！

黎锦晖 呵呵，是人艺和紫艺呀。祝福你们两艺兄弟！紫艺这孩子，你这么大早起身，一定有什么心事？这些天排练到很晚，一上床就应该酣然入睡。我猜你黎明即起，不是有什么心事，就是昨夜没睡觉？

聂 耳 先生真是能掐会算，第二种猜测是对的。可我昨夜享受到比睡眠更甜蜜更有价值的梦境。

黎锦晖 更有价值的梦境？哈哈，此言差矣。人只能通过自我选择来创造自己的本质，确立自己的价值。不可能靠做梦来实现价值。因此我要对你说：人生不是梦境，也不是别的，乃是自我设计和自我实现的过程。

王人艺 先生所言极是。也许，我能有一点点小作用，帮紫艺设计和实现他的理想。

黎锦晖 中国有句老话说：师高弟子强。我特地安排人艺当你的老师，一来是你别看他人小，可是艺高，二来是我特别喜欢你，就让他教你练出一手好提琴吧！

聂 耳 多谢先生教诲，我当铭记在心。

王人艺 我打算给紫艺制订一个严格的学习计划，每天练琴六小时，练完之后再教他学习乐理。

聂　耳　我喜欢。小老师和我很投脾气，还教我纠正不良的练琴方法，教我如何正确地练习小提琴。我会积极设计自我实现自我的。除了自我设计自我实现，他人对自我也很重要呀，譬如您，先生，再譬如小老师王人艺。

黎锦晖　他人？他人就是地狱。

聂　耳　什么？搞不懂？我妈妈常说，在家靠父母，出门靠朋友。

黎锦晖　呵呵，不说这些哲学了，太深奥了。我问你们，知道中国的这句话吗？我为人人，人人为我。

聂　耳　学生知道。

王人艺　学生晓得。

聂　耳　我为人人就是艺术为普罗……（“普罗”是法语，意为无产阶级）

王人艺　人人为我就是功有应得。

黎锦晖　（唱《因果》）我为人人，人人为我，／人道主义精神多深刻。／要为平民，不光为普罗，／艺术女神才会有声有色。／老庄无为无不为，孔孟无可无不可。／美德误用会成罪，罪恶反会造善果。

聂　耳　先生放心，我风华正茂，我少年壮志。作为您的学生，有什么事情尽管吩咐，我是苦出身，啥事都能干。

黎锦晖　有道是：自古雄才多磨难，从来纨绔少伟男。设计小我为大我，大我祖国是少年。

聂　耳　先生说得太精彩啦！我一定牢记！感谢你的知遇之恩。我请求跟黎先生学作曲。

黎锦晖　你是云南人，国语说不标准，我黎某对你有个要求：要学作曲，先正音律。建议你先学注音字母。

聂　耳　是！我一定刻苦学习，我准备做很多注音字母的卡片放口袋里，每天都背，直到背熟为止。我决心义无反顾！我一定会投身明月社和音乐事业。

黎锦晖　好孩子，我会教你的。我看你的眼睛会说话，相信你将来一定非同凡响。

聂　耳　谢先生鼓励。

黎锦晖　（转向王人艺）你跟我来办公室一趟……

191　兆丰公园　日　外

王人美走来。

看见女孩子来了，聂耳为王人美演奏一段小提琴曲。

王人美停下，静静地听。

聂　耳　哎，你听我拉琴拉得怎么样？

王人美　（捧腹大笑）咯咯，咯咯，你应该上收音机里演奏。

聂　耳　别笑了。你是说我演奏得有那么好吗？

王人美　不是，我的意思是，如果你在收音机里，我就可以把它关掉。

聂　耳　晕！气死我啦！

王人美咯咯笑着跑进公园假山树丛里。聂耳踩着交叉小径追去。

192　兆丰公园　日　外

张天虚身穿一身浅灰色的西服，头戴乳白色的礼帽，哼着小曲从公园里的交叉小径上走来。

张天虚　（唱云南民歌《绣荷包》）小小荷包双丝双带飘，妹绣荷包嘛挂在郎腰。

聂耳躲到公园的假山后，扮一个鬼脸，一吐舌头，欲笑无声，偷听。

张天虚　妹绣荷包嘛挂在郎腰，小是小情哥等是等等着……

聂　耳　（突然跳出）吓！不许动！举起手来！

张天虚　吓！哎呀，谁这么坏？吓我一跳！

聂　耳　我呀！守信呀！

张天虚　守信呀，哎呀你这四狗跑到哪里躲猫猫去了？害得我满上海到处找你。

聂　耳　躲猫猫呀躲猫猫。你不晓得昆明人爱玩躲猫猫吗？哈哈！哈哈！

张天虚　守信，都说你耳朵特别灵，可这次我来上海好久了，怎么你耳朵听不到我呼唤你的消息呀？

聂　耳　嗨呀，别说了，前些日子失业了，到处找工作。苦恼不知从何而来，苦恼从何而来？近来决心抱乐观的我，今天会沉沦在烦恼的海底。

张天虚　你瞧，面向大海，春暖花开，你究竟为何苦恼？

聂　耳　推究所以苦恼的原因，不外是春天到来了，花开蝶舞，一切都呈着微笑的娇颜向人们谄媚，向人们讨一个“明媚的春光”的夸耀。由此，他们自骄地鼓舞了，欢笑了。尤其是对着一些感到性的饥渴、性的孤寂的人们。

张天虚　哈！这季节，连猫都还叫春呢，何况人呢？

聂　耳　好不容易在前天才有着落。

张天虚　我的耳朵没你灵，可是我却听到你的消息啦。你还真有本事，考进大名鼎鼎的明月社，好好干吧老弟，云南人敢闯大上海可不是草包啊！

聂　耳　天虚老兄，我本立志当一条龙，离开昆明时，却狼狈得像条虫，一片忙乱，来不及告别就上路了。

张天虚　哈哈，重色轻友！你的行踪我知道，老弟把大哥忘在脑后，却和小春晖到玫瑰田里谈情说爱了吧？

聂　耳　（刷地红脸了）你怎么知道我和春晖去玫瑰田了？

193　昆明西山玫瑰田　日　外

（闪回）少年聂耳与袁春晖在滇池之畔玫瑰花田，追逐打闹的情景。

194　上海兆丰公园　日　外

张天虚　秀才不出门全知天下事。我是谁？春晖是谁？东陆大学的校友嘛！瞒张三瞒李四，她怎会瞒我兄长张天虚？

聂　耳　如此说来，离开昆明时你见过春晖？

张天虚　还用说吗？还有礼物呢！猜一猜，啥礼物？猜中了就给你。猜不中就退给她。

聂　耳　（挠挠脑袋）可前几天春晖来信没说呀？我不能不说她算是真的彻底地了解我了。她要我做一个“不平凡”的人，我会牢记着的，而且也在准备这样的胆量。

张天虚　这就是“吹吹灰”的聪明之处啦。你知道什么叫意外惊喜吗？

聂　耳　嘿嘿，这还用猜吗？

张天虚　说呀说呀？

聂　耳　说得好不如唱得好。

张天虚　那就唱。

聂　耳　（学女声腔，边弹月琴边唱）小小荷包双丝双带飘，妹绣荷包嘛挂在郎腰。这个礼物对不对？

195　昆明西山玫瑰田　日　外

（闪回）少年恋人袁春晖在玫瑰田边绣荷包的情景。一群少女边跳边唱——

妹绣荷包嘛挂在郎腰，小是小情哥等是等等着。不等情妹嘛要等哪一个，不等情妹嘛要等哪一个。荷包绣给小哥戴，妹绣荷包嘛有来由。妹绣荷包嘛有来由，哥戴荷包街前走。妹有心来嘛要哥求，妹有心来嘛要哥求。

196　上海兆丰公园　日　外

张天虚　小小香包两头尖，包内装着一颗心，两颗心儿贴得紧，可惜人儿两离分。真是心有灵犀一点通啊！喏，给你。

说着便给聂耳拿出一个小包包——那是袁春晖送的一只心形荷包。

聂　耳　（手捧荷包）吹吹灰，吹吹灰呀，你的四狗好想你！

张天虚　春晖还关心你的事业进展情况呢！

聂　耳　我准备请你捎封信给袁春晖。最近上海的邮费物价不断上涨，俺乃饥寒交迫的无产者，只能写小品文《情书》一则希望刊发上海小报：最亲爱的春晖：如你所知，我爱你，而且狂热地、永远地、诚心诚意地爱着你，这一保证从1931年4月到1932年4月期间内均有效，并可以随情况变化而延长，为了节省开支，我不再给你写信，吻你365次。你的四狗。

张天虚　好了好了，别开玩笑啦，还是回到现实里来吧。

聂　耳　想到将来生活的窘迫和回云南的无意思，使我不知不觉地逛了多少马路。在黄浦滩徘徊着的时候，显然是在广州时一样的情境又摆在心头。左思右想：为思想，为理智，为感情，为饭碗，为拉小提琴，为身体……着实想不出一条头头顾及的路来。

张天虚　小弟，我来找你还有一些大事要商量。大上海水深浪高，咱云南人来这里人地两生。只有加入一个进步团体，才能携手共进，实现咱们的理想。

聂　耳　你说得对！不瞒你说，前几天钟沪来看我，她一句话把我刺得好痛！

张天虚　钟沪这丫头说了一句什么话？

聂　耳　她说："聂四哥，你不就是这样终了一生吗？以后想怎样？"这问题使我不能即刻回答，连我也同样起了怀疑，的确，我应该自己尽快找出答复来！我感觉到我最近在读书方面着实太退步了。是不是一天这样疏懒下去便可了事吗？咦！快找答案吧！

张天虚　好兄弟，看得出你在认真思考问题了。

聂　耳　昨天郑易里来找我，要我加入反帝大同盟。我同意了，要和普罗大众一道，把帝国主义赶出中国去。这样才能不当奴隶，才有好日子过。

张天虚　好啊，咱们一道奋斗吧。要学高尔基，当一个普罗大众的艺术家。

聂　耳　要学海燕，让暴风雨来得更猛烈些吧！

张天虚　小老乡，要知道，这荒诞的世界充满危险，但也充满了成功的机遇。你得去面对它，拥抱它——你的自由即在于此处。受无法控制力量的左右，你只有相对自由。但在限定范围内明智地进行选择，你仍然能把握机会，有所作为；在荒诞的世界上，在面具的掩盖下，人对自由的渴望与追求真实存在着。

聂　耳　但一想到这半年来的鬼混，潮涌奔放的心灵又沉浮不定起来，"我将如何地上进？"浓眉艳装的少女们伴着她们英俊的青年姘头，歪歪倒倒地坐上汽车，像是刚刚离了肴馨酒洌的喜筵，准备再往跳舞场去的样子。上海的夜生活，不是他们在演主角吗？我渴望自由，渴望上进，我的命运取决于我自己的选择。

197　夜上海不夜城　夜　内

灯红酒绿。奢华浮躁。风情万种。女歌手嗲声嗲气地用吴侬软语演唱：

夜上海，怎有月亮和星星，
夜上海，浸淫灯红酒绿中。
醉生梦死旗袍舞，雪月风花爵士声。
君不见这厢洋场酒肉臭，
却不知那厢棚户有饿童。
乐园总怂恿冒险家，风情常万种笑脸迎。
香艳艳妖娆因露重，看蹉跎谁会不放纵？

198　上海兆丰公园　日　外

张天虚　我还记得我小时候到你家去玩，看到你家养着一棵观音莲。你妈妈对我说：做人就应该像观音莲，出污泥而不染。

聂　耳　是啊，想起我慈爱的妈妈，我就心酸。记得前些日子我给春晖写过这么一段话："在现社会，我又看到了一层空虚，这空虚不是厌世的、消极的，而是向上的、自我的。所谓向上、自我的意思，并非发大财和个人主义的观念，是根据我们自己的纯洁的中心思想进行的。没有偶像的崇拜，更不做一切人和物的工具，我想怎样就怎样，随着自己的个性去跑，这跑就是向上，等到跑到一个顶点便是成功——自我的成功。"

张天虚　人生活在世间，会遭遇各种的困境。有时会失去人身的自由，但心灵的自由是靠自己放飞的。

聂　耳　冷的是世界，热的是人心。世界是禁锢，心灵是自由。

聂耳一时兴起，弹起吉他，与张天虚同唱《男子汉大丈夫》。

张天虚　男子汉当为事业向前冲，大丈夫不要天天谈恋情。
可不要油头粉面洒香水，可不要风流泡妞艳事浓。

聂　耳　我羡慕勇士我当过兵，理想之火烧得热血在沸腾。
看我身体强壮满脸胡须，摩拳擦掌抬起头挺起胸。

张天虚　你的脚不能去跳爵士舞，但要万里征程去行军。

你的喉不能去唱靡靡音，但要唱出大众之心声。

聂　耳　虽然肩不扛步枪，一把提琴琴声能抵十万枪炮鸣。

虽然手不举军刀，双臂指挥挥舞得十万战旗红。

虽然头不戴军帽，头顶青天顶起民族的希望五角星。

虽然脚不穿军靴，脚踏大地踏响战斗的鼓点如雷鸣。

（白）怕只怕，我志大才疏人小学浅势单力薄不中用……

张天虚　你虽遭受过挫折和磨难，但不必悲伤叹息和遗憾。

小老弟，你很勇敢，你鹏程远大展翅就飞九重天！

风，给你一阵风——不是风花雪月而是风刀霜剑，

雨，给你一阵雨——不是雨后彩虹而是雨雪雷电。

聂　耳　我不怕扬子江的暴风雨，我要学上海滩的开路先锋。

人有吴侬软语醉生梦死，我只有阳刚正大浩气雄风。

（画外音）这小伙子代表了民国青春风范：大梦先觉！青春张力！浩气摧枯！雄风拉朽！挑战旧势力！向往新生活！独立之精神！自由之思想！

199　老上海长沙客栈　日　内

老上海某里弄，长沙客栈。聂耳寝室。

聂　耳　今天8月27日，我的小老师突然要上北平去。这消息本来在前两天就传出来，但我一点也不留意，总以为是空气，说说罢了；今天他向余师傅催洗的衣服，买东西……处处给我觉得他真的是要离开此地了。唉！我的小老师，我真有些难过。

小老师王人艺进门来。

王人艺　紫艺啊，不，忘了联华影业罗老板生日那天，你改名聂耳啦。我来给你告辞。明天要到北平去了。

聂　耳　为什么呀？小老师。

王人艺　订合同以后危险太大，待遇又不好，我的能力被看低，我的工资被定低，想想把这些有用的光阴消耗于无益，还不如到北平学琴和养病呢。

聂　耳　想想四月份刚刚录取我的时候，黎先生安排你教我，说老生带新生。

王人艺　当你小老师，要知道我比你还小七个月呀。

聂　耳　我记得那时我说，小老师呀，我还不认识五线谱，过去的自学，也只是对着简谱自己在提琴上找到个调子而已，对于指法、弓法更是所知了了。而现在有了小老师四个月的指导，我对于练琴几乎到了痴迷的地步。

王人艺　我看到你拉琴的劲头，比我刚开始的时候还要足。你说你学我，给自己限定自己要练足八小时，从不间断。明月社大家都在一起，人多，没有地方练琴啊。

聂　耳　啊，那我就找一个门边三四尺宽的地方练琴吧，嘿嘿，这是我的门角落学校。

王人艺　有一次我发现你有病，热度很高，硬拉你去看医生。回来又劝你休息，可你还是把闹钟校准，到时候就爬起来上课去了。

聂　耳　我们到锦晖先生处辞行吧？我帮你收拾好行装，明天送你到火车站。我真有些舍不得你，在我的学习上，就是在感情上说，虽然没有很深的历史，但我们俩算是一对同年龄、同道路、同是拉 Violin 的良友，自从我加入这里以后。

王人艺　说实话，我最舍不得的，不是我妹妹，而是你。好好干吧，我对你前程看好。

聂　耳　黎明晖刚学会开车，我让她明天开车送你到火车站吧。

王人艺　别麻烦人家了。谁不知她活泼伶俐，天赋禀厚，自小喜欢着男装，剪短发，黎家人称她为“少爷”。谱儿大着呢！

聂　耳　我去给她说送你。她听我的。

200　夜上海不夜城　夜　内

灯红酒绿。奢华浮躁。风情万种。女歌手继续嗲声嗲气地用吴侬软语演唱：

夜上海，几多天上人间情，

夜上海，尽是红男绿女影。

人摇鬼曳宫未央，莺歌燕舞似升平。

君不见这厢珠玉买歌笑，

却不知那厢糟糠养书生。

灵肉总分离因酒性，不知又不觉盼黎明。

影憧憧青春赌来日，看大梦谁在子时醒？

201 长沙客栈 日 内

这时黎明晖、王人美、胡笳等众美女进来，悄悄来送别。

黎明晖 喂喂喂，耳朵先生，说谁哪？

聂 耳 瞧，说曹操，曹操就到。欢迎黎“少爷”来啦。不不不，欢迎黎“少爷”驾到！

黎明晖 你们又说我坏话，是不是？

聂 耳 是说你！但不是坏话。我们正在说你的故事。

王人美 你说来我们听听。

聂 耳 以前黎少爷外出，总要她父亲驾车送她，父亲教训女儿说：少爷呀，你说咱们的两条腿是用来干什么的？

黎明晖 我回答说：哎呀，这还不晓得嘛！一条用来刹车，另一条用来踩油门。

王人美 晕！真的晕！你爸让你走路，而你却撒娇，要坐车要学驾车。又是学游泳，又是开摩托，又是全中国唱第一首流行歌《毛毛雨》的第一个歌星。真羡慕你有个好老爸。

黎明晖 你也有嘛！不然就找个好大叔嘛！

王人艺 你们瞧，黎公主，不！黎少爷多么时髦！

黎明晖 以后，我要演一出《时髦女郎》电影，就要你们俩男生给我伴奏！愿不愿意吗？

王人艺 当然愿意，谁让咱是湖南老乡来！

聂 耳 我也愿意，云南人也算一个。不过，不过请你开车明早送送人艺上火车站吧？

黎明晖 （一拍胸脯）这还叫问题吗？！

202 长沙客栈 日 内

王人艺 临走前我给你们大家拉一段《纪念曲》吧，回忆咱们的友谊。

王人艺用小提琴拉起这首曲子。旋律单纯而奇特，就像有人轻轻地把一扇记忆的小窗打开，思念中的友人悄悄地走近，深情地叙说着优美伤感的往事，使你心颤，使你神思飞扬，那些难以忘怀的往日场景，一幕一幕展现在眼前。乐曲开始的主题A饱含深情，略带忧伤情绪；乐曲主题旋律饱含深情，略带忧伤情绪，是平静的快板。每一句开始都采用主和弦三连音的分解和弦轻巧地向上一挑，引出美丽迷人的旋律，它像是对美好往事的回忆。柔美浪漫的音乐旋律，思绪绵长，丝丝入扣，令人陶然欲醉。

胡 笳 （听着忍不住流泪）太感人了。你看，紫艺听着要哭了。

聂 耳 小老师，我舍不得你走。真的，我实在是不敢哭。这给我留下一个很深的印象。哎呀！还有你在昨晚从外面回来的时候，你自己把乐谱拿来给我画了捷克作曲家德沃夏克的《幽默曲》和匈牙利作曲家德尔拉的《纪念曲》的指法。我记着你的名言：把曲子像情人一样拉。我谢你，直到你离开我，我现在才知道谢你。

203 长沙客栈 日 内

王人美过来替哥哥熨衣服，收拾行装。

聂 耳 我为你拉一曲《送别》吧。

说着聂耳接过小提琴，试试琴弓，便深情拉起来，他几乎是流着泪演奏完。

王人艺 聂子，你把你满腔深情都注入进来，我好感动哟。

聂 耳 小老师，以后，没有人指导拉琴，终于是要渐渐走入错误之途的，等合同订后，一定要去找教师学习。管它，没有零用也不管，只要能履行我的计划，向着坚定的目标加紧地努力走去。

王人艺 我会写封信，让人美带你去见我的外籍教师普度什卡。我走后，你可要好好照顾好人美呀。你过来，（把聂耳拉到门外，悄悄地耳语）你真的和王人美有了超乎友谊的好感吗？你可以秘密地告诉我一点吗？

聂　耳　（悄悄地）人美健康活泼，开朗单纯，人见人爱。奇怪奇怪真奇怪，明明我比她大两岁，她却叫我干弟弟，让我叫她干姐姐。我俩像姐弟。

王人艺　哈哈，那是你是实习生，她是老团员。还有啊，你也天真纯朴，平常又很孩子气吧。

聂　耳　我觉得她像一只小野猫，她像一朵野玫瑰。我和她毫无拘束地谈、笑、打架、吵嘴、翻脸、讲和，一块儿看电影，一块儿吃饭，这便是我们的最高友谊。

王人美　你们俩在嘀咕什么呢？放心吧，哥哥交给我任务，我会带你去见普度什卡的。

聂　耳　送走小老师，明天就去拜师普度什卡好吗？

王人艺　好了，这下我放心了。有我妹答应，你就可上门求学拜师啦。

聂　耳　小野猫，来给我和你哥哥照张相吧？

聂耳拿出自己的莱卡相机，递给王人美。

王人艺和聂耳并肩，摆了一个姿势。

王人美　1、2、3，茄子——（来给他俩“咔嚓”一声，照了一张）

王人艺　你这小鬼怎么啦？平时不是很爱开玩笑的吗？

聂　耳　和你依依不舍，你要走了，我很难过。

王人美　你记得联华影业罗明佑老板给你的批评是什么？

聂　耳　当然是很高的批评啦。所谓的“时髦的滑稽”嘛，那次他生日晚宴上表演之后，七爷黎锦光告诉我，他们很喜欢我去拍滑稽剧。

王人美　我提议，我哥哥要走啦，分别前每人讲一个滑稽段子。作为最后的幽默留在记忆中好吗？

王人艺　好！紫艺你滑稽，我也滑稽一把。临走前，我来给你讲个故事：有一个农夫觉得自己家的公鸡太老了，决定买一只年轻的公鸡来，这样可以让母鸡们都满意。小公鸡买来后，老公鸡认为小公鸡会取代自己的地位，就对小公鸡说：“这样吧，咱们围着院子跑十圈，谁跑赢了，就证明谁身强力壮，母鸡们就归谁。”小公鸡同意了。一开始，老公鸡一马当先冲了出去，小公鸡在后面紧紧追赶。母鸡们都在喊加油。三四圈一过，老公鸡力气不支，小公鸡逐渐赶上。眼看就要超过老公鸡了，忽听砰一声枪响，小公鸡一头栽倒在地。农夫手里拿着一杆枪，气愤地说：“他们又卖给我一只同性恋的鸡！”

聂　耳　哈哈，真有趣！你啥意思吗？

王人艺　你都这样大了，该找一个老婆了。

聂　耳　是呀，但茫茫人海，我找谁的老婆呢？

王人艺　（狠狠打了聂耳一拳）叫你再调皮！

聂　耳　哎哟——（惨叫）

王人美　别瞎闹了。该去火车站了吧？不要耽误了时间。

聂　耳　走。走吧。

王人美　边走边说。我也给你们讲个故事——上帝这样说：女人是最好的宝物。男人信以为真，纷纷坠入爱河中。

聂　耳　可结了婚的男人才发现原来宝物也有好坏之分。

王人美　（诡异地）上帝一笑说：我是女人呀！晕！众男人皆纷纷晕倒在婚姻里！

聂　耳　不是晕！是昏！结婚就是接女子昏嘛！仓颉造字就这么造的。哈哈，哈哈。

王人美　晕？昏？那是又晕又昏嘛！

聂　耳　我也讲一个段子。因为我在湖南当过几个月的军人，黎社长让我搞军训，真是好戏连台呀。你兄妹可滑稽啦，笑死人了。第一次在树下军训。我这个小教官对新老学员们说：“稍息！立正！向前看——齐！第一排报数！”第一排的第一人是小老师，惊讶地看着我。我又大声说了一遍：报数！于是，小老师极不情愿地转过身去抱住了一棵树！

王人艺　哎呀！你在整蛊！看我再给你一拳！

聂　耳　没有没有呀！别闹！我再说说另一位公主。只因为第一天我强制剪去几个男生有个性的长发，就激起了学员的愤慨。在公园站军姿时，只见各出奇招，纷纷晕倒。学表演的晕倒靠的是演技，事先串通好，闭上眼，猛地向后栽倒，后面的一扶，就好了。当然冷汗直冒，脸色苍白，扶的人一脸关怀和由衷的焦急。千万不能笑场，因为没有NG的机会。学舞蹈的晕倒靠实力，舞蹈基本功好的用的是软趴，过硬的工夫，往地上倒根本不疼。有一个学舞蹈的女孩就这么试了一回，软软晕倒。把教官吓坏了，我猛掐她人中，她悠悠醒来。我问：你怎么还醒啊？你猜，王人美她怎么说：没办法！掐得我疼死了！

王人美　你坏！你这坏蛋！（双手捶聂耳的肩部）啥是NG呀？

王人艺　NG就是no good。是演员在拍摄过程中出现失误或笑场或不能达到最佳效果的镜头。

聂　耳　快走吧！时间不早了！

三人笑得前俯后仰，下。

204　中华书局露天舞台坐席　夜　外

傍晚，皓月当空，明星荟萃。

灯光照亮舞台右角。背景横幅魏碑体大红字：九一二中华书局二十周年纪念会。

上海中华书局露天小舞台上，书局的总经理、总编辑站在大门口，向来自各界的来宾握手欢迎。黎锦晖与田汉身穿不同颜色的长袍马褂入门，黎明晖在其身后。

舞台下，坐着来观看演出的中华书局的来宾、工作人员和家属。

田　汉（自言自语）应老乡老朋友黎锦晖的邀请，到他主持的明月歌剧社观看节目，说实话，我对黎先生排演的这些轻歌曼舞，兴趣不大，要不是看在我回国供职的中华书局的份儿上，嘿嘿，我才不……嗨，漫不经心地看呗。

仰望夜空，月明星稀。忽一阵强光从夜空掠过……

黎明晖　（指着夜空）彗星！彗星！好怕呀，爸爸我好怕。

黎锦晖　不要怕。呵呵，一定有什么事情要发生吧？

田　汉　流星，流星，肉眼看匆匆，慧眼看永恒。

黎明晖　爸爸，演出快要开始了。

黎锦晖 来，寿昌兄，到座位上坐好吧。

三人在前排入座。

205 中华书局露天舞台 夜 外

台上。王人美、黎莉莉上台主持。

王人美 明月几时有，把酒问青天。

黎莉莉 甘露施众生，千里共婵娟。

王人美 明月之夜歌舞晚会现在开始。今天是中华书局二十周年纪念会，我们明月歌剧社前来祝贺，表演歌舞……

王人美 第一个节目，我和黎莉莉来为大家演唱一首《桃花江是美人窝》。

黎莉莉 这首歌是我干爹黎锦晖先生在1928年写的。他正和中华明月歌舞团赴马来西亚演出，与夫人徐来在傍晚时分的海边，在那椰林里，看见青年男女弹着吉他，又唱又跳。他就回想起桃花江，并根据家乡的曲调和美丽的印象，创作了这曲《桃花江是美人窝》的歌，演出时赢得了侨胞的满堂喝彩。

音乐起。前排是王人美和黎莉莉演唱……

后排是明月社七个美女身着白上衣黑短裙，肩并肩地踢腿伴舞，形成一道亮丽的风景线……

王人美 我听得人家说，

黎莉莉 （白）说什么？

王人美 桃花江是美人窝。桃花千万朵呀，比不上美人多。

黎莉莉 （白）不错呀！

王人美 果然不错，我每天都到那桃花林里头坐，来来往往我都看见过。

黎莉莉 （白）全都好看吗？

王人美 好。那身材瘦一点儿的，偏偏瘦的那么好。

黎莉莉 （白）怎么样好哇？

王人美 全是伶伶俐俐小小巧巧，娉娉袅袅多媚多娇。

黎莉莉 （白）那些肥点儿的呢？

王人美 那个肥点儿的，肥得多么称多么匀，多么俊俏多么润。

黎莉莉　啊哈，你爱了瘦的娇，你丢了肥的俏，

你爱了肥的俏，你丢了瘦的娇，

你到底怎么样地选，你怎么样地挑。

王人美　我也不爱瘦，我也不爱肥。

我要爱一位，就像你这样美。哎哟！

不瘦也不肥，百年成匹配。

王人美　桃啊，桃花江是美人窝。你也不爱旁人，就只爱我了。

黎莉莉　好啊，桃花江是美人窝。因为你比旁人美得多。

好啊，桃花江是美人窝。桃花千万朵，比不上美人多。

（噔的了啷噔噔噔）

206　中华书局露天舞台　夜　外

聂　耳　看姊妹歌舞，心里很难过。

众编辑　好！好呀！精彩！！

207　中华书局露天舞台　夜　外

黎锦晖　（登上舞台）尊敬的陆费逵先生，诸位中华书局同仁们，很高兴今晚来这里庆祝中华书局成立二十周年。这二十年，是中国民族出版业黑马中华书局崛起的二十年。中华书局陆续出版了小学各个年级各门课本44种称为《中华教科书》一套，中学和师范课本27种次年出齐，几乎独占了新式教科书市场。为广大平民百姓送上了精神食粮。而我黎某的明月社高举平民音乐的旗帜，犹如今晚这皓月当空，千里共婵娟，人人能欣赏。今晚这场，就叫“中华书局明月音乐会”吧。

黎锦晖　白虹，你来。

白虹穿着花裙子上台。

黎锦晖　这位小朋友，原名白丽珠，我给她改名白虹，她今年才十三岁，是我们明月社最小年龄的小朋友。她来自北平。来，我来问她个问题，你认为太阳和月亮哪个更重要？

白 虹 这还用说吗？当然月亮更重要。

黎锦晖 为什么呢？

白 虹 月亮能给黑夜带来光明，而太阳好像没什么用，总是在大白天出来。

众 人 哈哈，哈哈。

黎锦晖 在当今国语不甚普及的时候，由于白虹的发音准确，每每能将感情与词意融会贯通，令聆听者更易领会歌词的含义，因此她的演唱感染力很强。

白 虹 我是白虹，又叫白丽珠，现在给尊敬的国语推广功勋中华书局的先生们唱一首《卖汤丸》。（歌唱）

卖汤丸卖汤丸，玄哥的汤丸是圆又圆／一碗汤丸满又满，三毛钱呀买一碗／汤丸汤丸卖汤丸，汤丸一样可以当茶饭／哎哎哎唷，汤丸汤丸卖汤丸／汤丸一样可以当茶饭。／ 卖汤丸卖汤丸，玄哥的汤丸是圆又圆／要吃汤丸快来买，吃了汤丸好团圆／汤丸汤丸卖汤丸，吃了汤丸来看明月圆／哎哎哎唷，汤丸汤丸卖汤丸／吃了汤丸来看明月圆。

众人掌声。

黎锦晖 这小丫头蛮伶俐的，你瞧，她把最后一句“慢了一步只怕要卖完”改成“吃了汤丸来看明月圆”。（众人乐）说来话长，1921年，我黎某曾供职于中华书局，创办了《小朋友》杂志。1922年秋田汉先生从日本回到上海，也在中华书局当编辑。同时，我黎某主持的国语专修学校每年都要举办暑期“国语讲习会”，学员多为来自各地的校长或国文教员。借此机会，我黎某把自己创编的歌舞音乐作品传授给他们，同时收集大量的民歌民谣。来自民间，又传播到民间，我相信这样的创作有强大的生命力，就像草木萌发的春日来临。且听我们卓越的小提琴手演奏的德国作曲家亨德米特的《春日》。

208 中华书局露天舞台 夜 外

观众席上掌声稀稀拉拉。

聂耳拿着把旧的小提琴走上台来，

聂　耳　感谢中华书局为中国老百姓出了这么多好书。

聂耳向观众致意。

王人美　我来说明一下，这位帅哥演奏的《春日》这首曲子，就在昨天还得到了国立音专萧友梅校长的表扬。

聂耳随后深情演奏。众人静听。

演奏完毕，众人掌声。

209　中华书局露天舞台　夜　外

田　汉　看到这个年轻人，我不禁精神为之一振。（侧身当即问黎先生）这位年轻人很不错呀！叫什么名字？

黎锦晖　聂紫艺，刚招进来不到半年的新学员。

210　中华书局露天舞台　夜　外

王人美　接下来，聂紫艺先生再为大家演奏法国的《莱茵军进行曲》即《马赛曲》。

聂耳继续用小提琴演奏。

田　汉　年轻的激情，昂扬的旋律……

聂耳激情演奏。

田　汉　（迫不及待走近聂耳，一改刚来时漫不经心的样子，高唱）前进，祖国的儿女，快奋起，光荣的一天等着你！……武装起来，同胞，把队伍组织好！前进！前进！用敌人肮脏的血，灌溉我们的土地！

聂耳演奏完毕，走下来。田汉大步上前伸出手来，握住聂耳的手，使劲。聂耳显然觉得意外，带着些受宠若惊和不安的神情。

背景是众人散场陆续退席。

黎锦晖　紫艺啊，这就是我给你常说的大名鼎鼎的田汉先生，我的湖南老乡，大作家，大诗人。

聂　耳　（恢复了常态）哎呀，久闻大名，如雷贯聂耳。

田　汉　哎，为什么是如雷贯聂耳？

聂 耳 我改名叫聂耳啦。

田 汉 聂耳可是《山海经》、《镜花缘》里的国名呀？谁给你改的？

聂 耳 聂耳这个名字难道很有来历？

田 汉 可不是吗！他是海神之子，一贯三生，主前生、今生、来生……

他仰望夜空，略微思忖，似开天眼，眼睛里闪过一丝忧虑，一丝惊悚。随即镇定。

田 汉 聂耳是东海之神；聂耳国人是海神之子，所以居住在孤悬于海中的小岛上，这里的人都长着一对长长的耳朵。最后、最后嘛，达成永生。

聂 耳 （不知其然地）那就好。

田 汉 我晓得锦晖兄好给年轻人起艺名。我数数，王人蒸你替他改名为王人艺，王庶熙你给人家改名王人美，白丽珠你给人家改为白虹，钱蓁蓁你给改为黎莉莉。我想，聂耳这个名字准是锦晖兄给起的吧？

黎锦晖 哎，田老弟，这可就是你猜错了。告诉你吧，8月24日在罗明佑生日那天晚会上，紫艺因为表演耳朵之舞，被罗先生改名为“聂耳博士”啦！你们聊吧，我先带团员回去了。

田 汉 原来如此。聂耳，你的家世如何呀？

聂 耳 我四岁丧父，全靠贤惠、坚韧的母亲，才把我拉扯大。

田 汉 哎呀，我们俩命运相同啊！我们的父亲都死得早，又都有一位贤惠、坚韧的母亲，把我们拉扯大，可算是难兄难弟呀！

聂 耳 （惶恐地站起来）不，先生是艺术前辈。

田 汉 你今年多大？

聂 耳 19岁。

田 汉 我33岁。（扳了一下指头）我比你大14岁，结个忘年交吧！

聂 耳 那就好。你可是大名鼎鼎的大作家。

田 汉 这里怎么样？

聂 耳 （不假思索地）团里的青年演员富有生气，追求进步，可排演的歌舞节目，有不少是不健康的，我感到与今天的时代很不相称。

田 汉 （赞赏聂耳有见解）别着急，往后我推荐你去参加“左联”领导的音乐小组，多参加进步音乐活动。我写的一些歌词，你也可以谱曲。

聂　耳　那真是太好了！

田　汉　走，到咖啡馆我请你喝一杯。

211　明月歌剧社团员宿舍　日　内

明月歌剧社小楼，一层是练功房和黎锦晖的办公室，二层是男生宿舍，三层则是女生宿舍。

聂　耳　（手持家书上，转而换成怀抱吉他，边谈边思忖状，边弹边唱《不同凡响》）

刚刚收到慈母的来信，要我早回与女友完婚。

母亲说结婚事不能拖，否则对女孩不负责任。

母亲说歌舞班非正业，要我早日收回游子心。

可我刚得到演出机会，未来是一个变数难寻。

怎可以未立业就成家？绞尽脑汁想说服母亲。

（撕碎信纸，再写，又撕，再写……）

过去的聂守信不是现在的聂耳，音乐是我的不同凡响。

过去的聂守信不是现在的聂耳，音乐是我的不同凡响。

212　明月歌剧社团员宿舍　日　内

数日后的某一下午，聂紫艺患上了疟疾（打摆子），晚上盖了四床被子还冷得瑟瑟直发抖。黎锦晖听说了立即赶来，连夜送聂紫艺去医院又打针又吃药。回来后，聂紫艺躺在床上，好好休息。干妈张振华和干姐姐黎莉莉也来呵护聂耳。

男生宿舍。灯光照着聂紫艺坐在床上，腿上盖着被子，浑身发抖。聂紫艺又撑着起来开始了练琴，因为身体虚弱，聂紫艺的手抖得很厉害，但他还是坚持着练琴。片刻后，琴放下。

聂　耳　（独白）早上拼命吃七碗饭，晚上只吃一碗。别人都看我奇怪。我瘦了些！这是最近用功所致，然而这功又不能不用。[①] 老演员新学员，都是我的朋友耶。他们和我亲如兄弟姐妹，会来看我吗？阿弥陀佛！苦难的日子已经把我折磨得不成样子，凶恶的病魔又折磨得

① 《聂耳日记》（1931年12月3日），大象出版社2004年版。

我瑟瑟发抖。我如今成了一个影子。要是昨天带给我失败的消息，大家就会看得到已被折磨到走投无路的地步。我的上帝呀，你打算如何处置我这个生在佛教信徒人家，又有基督教徒老师教育我的学生呢？

上床躺下。盖被子。

聂　耳　在明月歌剧社的这段时光是快乐的，但似乎也有小小的烦恼。我欢喜和小孩子在一块玩，这是我的特性。我爱小孩子胜过爱我的爱人，因为他们是纯洁而天真，随事没有虚伪地说和做。他们是世界上最值得爱的人们！……我真爱每一个小孩（有个范围：大概是在13岁以下……）小孩，我未尝不是一个小孩？如果我会怀疑我不是小孩的话，那我仅可以自省我自己的行动，没有一桩不是有孩子气。谁敢说我不是小孩？！至少也有孩子气。今天小白见我就跑，好像不理我、恨我，我又生了气！到下午又说了话，心里又绝无事，自己想着会好笑！

十三四岁的白虹穿一身白色的老上海摩登裙装，敲门进来。

白　虹　（唱）好朋友我来看望你。衷心祝你早日康复！

聂　耳　一见到你来看我，病情就好了一半。

白　虹　送一只花瓶，插一枝玫瑰。赶走那病魔，春光才明媚。耳朵哥哥，你看我穿这件衣服漂亮吗？

聂　耳　这好像是最美的霓裳，就像天使下凡一样。

白虹替聂耳盖上被子。

聂　耳　小白，你们女孩子，真使我感到不开心，我每天尽听到你们谈论衣服。你们谈点高的不行吗？

白　虹　好的，耳朵先生，我这就改，现在我们就谈帽子……

聂　耳　晕！

白　虹　（大笑）咯咯。

聂　耳　再问你，小白虹，你知道达尔文吗？

白　虹　（语调十分自信）当然知道。我学过两年，比英文、日文难学多啦！

聂　耳　我晕！

聂　耳　（拿过花瓶来端详）好漂亮的花儿！为什么天下最丑的花瓶，却插上最美的花？

白　虹　（哭笑不得——）呜呜呜。这花瓶不难看，这话太难听了！

气得白虹跑出去了。

213　明月歌剧社团员宿舍　日　内

明月社男男女女一对对地来聂耳的房间看望他。陆续进，陆续出。唱着同样的《慰问歌》。

黎莉莉　（唱）好朋友我来看望你，

胡　笳　（唱）衷心祝你早日康复！

聂　耳　（点头致谢，自言自语）我的耳朵会舞动，一表演总要舞动耳朵。这个绰号也可接受。哎，吾日三省吾身。整整地离别一年了，和我爱的家、爱的人、爱的云南特有的风景。在这一年当中，我的生活虽小有变迁，但仍不如我计划中一年应有的进步。反省自己。我背离了原定的路线，我放松了某一中心思想的发展，这种病态地、畸形地在这样一个社会讨生活，毋宁说是一种盲目的蠢动，有什么计划可言？这一年，便是这样糊里糊涂地鬼混过去。[①]

金　焰　（唱）好朋友我来看望你，

黑　炭　（唱）衷心祝你早日康复。

聂　耳　（点头致谢，自言自语）不论你从哪条路上跑，你对于哲学的基础不稳定，终是难得走通的。假使你要是无目的地去混混，那当然不在此例。新的脑子的培养，不是用一个模型一套便一次铸成，永不会腐败的。它正如一棵嫩小的植物，随时需要合理浇灌，你若是天天不给它应得的养料，或不平均地给它，忽饥忽饱，它的一生总是枯萎不振的，虽然它能结出没有血色的果。

王人路　（唱）好朋友我来看望你啦。

王人美　（唱）衷心祝你早日康复。

聂　耳　（点头致谢，自言自语）聂守信呀，我警告你！你已经是一度地受过充分

---

① 见《聂耳日记》（1931年7月10日），大象出版社2004年版。

的培养而现在遭饥荒了。由于这种饥荒的结果，影响到生活没有中心思想，常常被感情支配着一些应以理智判断的事，这是一个极大的危险。“The passed Nie Shou−Sin was not the Niel of this time. ”①

黎明健 （唱）好朋友我来看望你啦。

陈燕燕 （唱）衷心祝你早日康复。

聂　耳 （点头致谢）沉寂的夜里，枕旁的表走声听得格外响亮。翻来覆去，一夜不能入眠，加上一些杂乱的思想，更是叫你眼睛都不能合一下。想到母亲的慈爱，几乎流下泪来。

黎锦光 我来看望你啦。祝你早日康复。

黎锦晖 我非常心疼你，要求你多休息。

聂　耳 （点头致谢）感谢黎先生来看望我，感谢您送我去医院又打针又吃药。嗨，您看，盖了四床被子还冷得瑟瑟直发抖。不过我会很快病好的。我对黎先生非常尊重。有一个请求我要给您说。

黎锦晖 大胆说吧，孩子。

聂　耳 我正式地提出申请，要求向先生您本人学习作曲。

黎锦晖 嗨呀，很高兴听到紫艺你有志于作曲，我肯定对你大加鼓励，还会大加培养。不要着急，等你病好了，我黎某就教紫艺学习和声学，亲自带你在钢琴上学大小调音阶，学和声，学和弦。这样你满意吗？

聂　耳 满意！太满意啦！我的国语进步这么快，还不是先生教育得好嘛！

黎锦晖 你休息，我们告辞。

室内声音渐小，疲意渐长，聂耳入睡。

214　明月歌剧社小楼走廊　日　内

白虹在聂耳寝室外走廊里踱来踱去，等待别人离去。她手里拿着一只微笑可爱的小猪猪瓷器，可平时满脸喜庆的她今儿却高兴不起来，因为她刚才又去找可爱的聂耳大哥了，却不料他病了。等待中，一看黎锦晖社长他们离开了，她马上蹑手蹑脚地进来。

---

① 《聂耳日记》（1931年8月16日），大象出版社2004年版。英文意为“过去的聂守信，不是现在的聂耳”。

白　虹　我来看望聂大哥，看见他昏沉沉地睡着了。我情不自禁，霎时冲动，真想亲吻他啊！

多情的白虹感伤而舞，深情地唱出《少女之吻》：

你的心哪里去了，我亲爱的哥哥？ / 你的爱哪里去了，我亲爱的哥哥？

看你这一个人，多么孤独寂寞。/ 瞧我这一双眼，多么焦虑失落。

你总呵护我，在那危难的时刻。/ 你总鼓励我，在那两人的世界。

相信你看见我的眼泪流成河，/ 祈祷你早日康复和我共欢乐。

环顾四下无人，不顾少女羞涩，白虹俯身深情亲吻聂耳。

让我亲吻你的脸，就让太阳暖明月。/ 让我亲吻你的额，就让天庭润秀色。

让我亲吻你的眼，就让甘泉涌秋波。/ 让我亲吻你的唇，就让杯酒醉心窝。

少女之心，少女之心多么纯洁，/ 少女之吻，少女之吻多么真切。

此时这小屋比天堂还要温馨，/ 此刻阿拉要让天使来嫉妒我。

聂耳醒来，不禁一愣，随后二人紧紧拥抱。

215　普度什卡阁楼　日　内

老上海石库门一座二层小楼。

“笃笃笃”，病愈后的聂耳来敲门。

门开了。普度什卡太太（四十多岁）彬彬有礼地请聂耳上二楼。二楼飘来了琴声。

聂耳持王人艺的信来找奥地利籍音乐家普度什卡。普度什卡正在为两个白人学生上课。

普度什卡五十出头，戴一副无框架眼镜，蓄两片向上翘的胡子，一副十足的音乐家风度。

聂　耳　这音乐家好严肃颇具人格魅力，奥地利籍服饰整洁彬彬有礼，脸上八字美髭修剪得整整齐齐，人称他为“白发盈然的日耳曼绅士”。

聂耳递过信函，普度什卡阅，示意坐等。接着继续教那两个学生，拉琴示范。

聂　耳　音乐家的风度翩翩很潇洒，拉琴派头是优美的姿势和指法。反思自己竟走了弯路，浑身冒鸡皮疙瘩，居然像一只井底之蛙。

普度什卡 送走这两个欧裔学生，我迎来一双黑色的眼睛。但见他放射着智慧的光芒，许多年绝少见这样与众不同。

聂 耳 我接过他递给的一把弓，用它拉起我自己的琴，激动的手颤动的心，刚演奏一把被他叫停！

普度什卡 我发现他的姿势指法不正规，我要悉心给聂耳指导，他的技艺尚有一定基础。汉学里有名言：孺子可教。

聂 耳 很紧张被他练得满头大汗，基本功忒糟糕真让我汗颜。

普度什卡 从今后我教你小提琴，每周六两小时学费三元。

聂 耳 学拿弓，按手指，学拉琴终于找到好教员。虽然这学费是个很大的负担，可基础差实在需要名师指点。

普度什卡 这聂耳真的天资很聪明，我手上一个音乐天才要诞生。Very good!

聂 耳 有一场音乐会在下周，美国小提琴家来演奏。这是小提琴的最高水准啊，我要去开眼界为音乐而谋。Very good!

216 老上海某里弄 日 外

聂耳走出阁楼，一路快走，一身轻松。一身春装西服革履——变换成一身夏装短裤T恤——又变化成一身秋装长袍马褂。显示着半年的时光如白驹过隙。

聂 耳 Very good! Very good! 因为从前拉琴错误太多，从今后要特别用功上课。刚才有个老头来称赞我，Very good! Very good! 半年光景超过了三四年，我真是自豪勤奋出成果。试问入团前怎懂五线谱？不过是哆唻咪发嗦拉西哆。好笑曾和别人无理辩论，我固执着自己的执著。算了吧！收着些！就是五年十年又算什么？不要回想，不要空望！切勿疏忽分秒的努力，加油啊！没有不会成功，只有丰硕收获。

217 老上海里弄 日 外

前路拐弯处，忽见大街上人群成行结队，人声鼎沸。

女报童 号外！号外！日军侵占了沈阳城！

众人抢购报纸。

女报童　日军欲抢占东北。东北军王以哲旅长殉难！

聂耳他走出人群，从裤兜里搜出几个铜板，从报童手里抢到一份报纸，打开一看：1931年九一八事变。

218　老电影

背景屏幕电影画面：日本关东军炸毁南满铁路路轨，挑起事端。波及全国。

219　老上海街道　日　外

上海市抗日游行，成立了有八十万工人和学生参加的“上海抗日救国联合会”。联华影业公司成立了“联华同仁抗日救国团”，聂耳和歌舞班团员都参加了成立大会。众人集会。

聂　耳　九一八山雨欲来风满楼，全上海全中国将被暴风雨。日本竟敢大肆侵占中国东北，帝国主义暴行恨得咬牙切齿，什么飞机场、兵工厂都占了，大家都在谈论国事：二战即将开始？！这事太严重，愤怒在心里，上海笼罩着紧张空气，日本商店贴着庆祝标语，驱逐舰来沪借口保护侨民，虹口一带日警密布洋洋得意，马路上日本车示威插着标语旗。妈的，侵略者对中国充满敌意。[①]

220　老上海外滩　日　外

外滩。在戒备森严的外景里，阴森森的氛围中，聂耳手拿莱卡照相机，孤身一人，到外滩，“咔嚓、咔嚓”，照下日本炮舰的镜头。然后迅速撤出。

221　明月歌剧社阁楼顶露台　夜　外

中秋之夜，月上中天。

聂耳身背吉他上，登台望月。

随后黎莉莉带着月饼上，送给聂耳。

黎莉莉　耳朵先生，干爹让我来送月饼给你吃。

聂　耳　谢谢你啦。可怜我们这些无家可归的人，如此凄凉地去度中秋。只

---

① 《聂耳日记》（1931年9月20—22日），大象出版社2004年版。

有我老守在家里看《作曲法》。

黎莉莉　我说耳朵先生，今儿个是中秋节。人家都出去了。看的看电影，游的游公园。你可不要再玩深沉了。来，陪我赏月嘛。

一轮皓月当空。月台上，聂耳与黎莉莉仰望圆月，感慨万千。聂耳情不自禁怀抱吉他，与黎莉莉深情弹唱《月圆梦难圆》——

聂　耳　东坡明月几时有，紫艺把酒问青天。

黎莉莉　曾经是盲流青年，生存奔波好艰难。

聂　耳　谁立志当提琴手，感谢恩师教法严。

黎莉莉　谁日练琴八小时，废寝忘食意志坚。

聂　耳　用功一点算一点，人生可贵属青年。

黎莉莉　没钱日子过得惯，不怕窘迫很平淡。

聂　耳　自从祖国遭侵略，结识左翼入左联，

黎莉莉　国破家破心亦破，月圆饼圆梦难圆。

聂　耳　改学作曲向革命，人生改变艺术观。

合　唱　忆当年，千岁梅花千尺潭，春风先到彩云南。

却如今，千年皓月千里思，秋风萧瑟上海滩。

222　明月歌剧社排练厅　夜　内

明月歌剧社小楼排练厅，灯火通明。那群女演员正在连夜排练《芭蕉叶上的诗》。

但见她们身穿内衣短裤，一个个在整齐一律地踢腿训练，露出充满青春活力的胴体，展示着歌舞女性的青春魅力。

黎锦晖和黎锦光在指导她们演练。

田汉悄悄进门来。

黎锦晖示意黎锦光继续指导。黎锦晖田汉二人遂走出。

223　明月歌剧社黎锦晖办公室　夜　内

黎锦晖与田汉在办公室交谈。

黎锦晖　呵呵，夜上海今晚星光璀璨，明月社惊现红色汉仙。寿昌（汉仙为田汉笔名，寿昌为原名。——编剧注）贤弟来啦！红色风暴来啦！

田　汉　啊，锦晖兄，你总是善于给人起名字，起绰号。

黎锦晖　难道不对吗？田汉这个响当当的名字在当下上海滩文艺界，不就等于“共产党”、等于“风暴”的意思吗？

田　汉　这自然使我成为当局追捕缉拿的对象。

黎锦晖　来，坐，请坐，请上坐。

田　汉　哈，茶，喝茶，喝好茶。

黎锦晖　寿昌贤弟总是豪情万丈。

田　汉　快点给我沏茶呀！渴死我了。

黎锦晖　马上，听说最近左联有五位作家被当局秘密逮捕处死，到处是白色恐怖，你可要小心哪！

田　汉　多谢老兄关心。不瞒你说，我是“被飞行集会”，刚刚结束出来。尽管我不喜欢“被集会”，但我还是激流勇进，刚刚提出申请，要求加入中共。

黎锦晖　什么？你疯了？是谁把你拉进去的？

田　汉　安娥。

黎锦晖　（惊叫）红色女郎！（唱《红色女郎》）红色女郎！好一个红色女郎，/一个布尔什维克的红色女郎！/久闻大名出身书香，如雷贯耳时局动荡，/时而布衣蓝褂很朴素，时而衣着华贵很漂亮。/歌报童，唱渔光，很神秘很特科久仰久仰。[①]

田　汉　哎，锦晖兄，锦晖老乡，我来给你谈一件重要的事儿。

黎锦晖　什么事儿？

田　汉　作为知交，我想请你加入左翼。

黎锦晖　什么？你在说什么？谁让真善美之花，开放在悬崖？谁知秋风秋雨后，冰雪能容她？左路是被政治的艺术家，拳拳爱国之心，红色风暴升华。

田　汉　你看天下大势滚滚洪流，革命浪潮荡涤苏联东欧。红色风暴横扫亚洲……

黎锦晖　右路是“被政治犯”的恐吓，篇篇革命檄文，白色恐怖讹诈。一棵危

① 特科即中共中央特别行动科，系上海20世纪30年代前后建立的情报和政保机关。

险的生命之树，开出戏剧奇葩。一层崭新的政治色彩，被追捕被缉拿。

田汉与黎锦晖热烈交谈，时而争论。

田　汉　我劝锦晖兄加入左翼，转向无产阶级队伍。

黎锦晖　东上海太平洋波峰浪谷，大东海只是太平洋一部。无产阶级只是大众的一部，我的大众观为广义大众服务。普罗大众还包括小资和中产，让大众都欣赏我的歌舞。歌歌歌！！！舞舞舞！！！

田　汉　锦晖老兄，你听我说——艺术同政治，有时是朋友，有时是敌人。

黎锦晖　不，艺术的奇花向来是野生的，它是属于民众、为民众、由民众的。这难道不是你说的吗？

田　汉　可大敌当前我颇有正义感，现代国人任务是反帝反封建。抗日救国就是最大的政治，过去现在我都做过一些贡献。戏剧事业和抗日救国联系，我坚信你我能做好就在当前。

黎锦晖　刘雪庵的分析批评也很有见地：中国目前，正是外侮频凌，内忧未已，国家民族生死存亡的时候——然而我们就音乐方面一看，只有令人不寒而栗，因为上自大的都市，下至小的乡村，无论在学骄子或处世青年，要是他或她能够哼两句的话，十分之九开口出来一定脱不了我黎某作的《毛毛雨》、《桃花江》之类的乐曲。

田　汉　革命的政治是艺术的朋友，反动的政治是艺术的敌人。前者革命打破旧制度，解放被压迫者。后者保守维持坏秩序，压迫人民大众。"剿匪"的人，无心抵抗任敌寇入侵，"被剿"的却高举抗日大旗唤醒人民。放眼全球啥主义闹危机啥主义在高涨？怎不促成中国人对反动统治的反抗心。法西斯独裁本身制造了更多的反对派，客观上有助于壮大左翼势力的阵营。我抛弃我的"宣言不与政治发生关系"，我投笔加入反压迫反侵略的火热斗争。你看热血青年和爱国的文化人大都"左倾"。

黎莉莉上，欲言又止，静静听。

黎锦晖　任凭你千言万语千方百计千辛万苦，我自有千山万水千人万众千歌万曲。

田　汉　为什么你如此坚持汝心之固？“九一八”敌寇入侵火烧屁股！明月社唱靡靡之音，跳曼曼之舞，长此下去人们会成为亡国奴！

黎锦晖　你！寿昌老弟，你怎么能这样说？偏见比无知离真理更远。

黎莉莉　干爹，你让我说。叔叔，不要这样说，不要这样说。这是为平民为大众的明月社，干爹用自己的方式来爱国。《最后的胜利》演儿童剧，《同志革命》唱《热血歌》，他赞扬北伐战争救民族，为孙中山写《总理纪念歌》。他撰檄文砭时弊批旧俗，被百姓传阅，遭军阀折磨。明月社巡演去广州走出国，南洋处处有我们流行音乐。那血气方刚进步进取的人，就是你的老兄我的干爹。

田　汉　我老兄？你干爹？（故意逗她）好一个伶牙俐齿的小丫头！

黎莉莉　（唱《亲爹与干爹》）爹爹呀，有伟大的亲爹，/了不起的干爹。/庆幸我没虚度年华，/光耀青春绽放花朵，/亲爹给我确定目标，/干爹帮我收获硕果。/善用艺术足以救国，/误用艺术诱人堕落。/亲爹和干爹都这样，/谆谆教导我们大伙。/

田　汉　酒逢知己千杯少，话不投机半句多。

黎莉莉　全民抗战已吹响了号角，你可知黎锦晖在做什么？日本国邀请他赴日演出，他放弃出国交流坚守明月社。若无民族自尊和爱国心，怎有这国家利益的抉择？九一八事变后仅三周，黎锦晖在《申报》发表抗战歌——名叫《义勇军进行曲》，后又写救亡歌曲数十首之多。

田　汉　《义勇军进行曲》？这个名字真不错。小丫头伶牙俐齿有巧舌，且看我明日再激将老哥。

田汉火山似的感情，一时找不到喷发的口子。面对湖南兄长黎锦晖的固执，他只好先言告退。

黎莉莉　呀，忘记给你说啦！干爹，排演出问题啦！他们吵起来啦！七叔让你快去看看吧！

黎锦晖　出什么事了？好吧。我去。哎，忘了介绍了，这是你田汉叔叔，大名鼎鼎的剧作家。这丫头让我给宠坏了。

黎莉莉　呀，真不好意思。田叔叔好！我是黎莉莉。

田　汉　黎莉莉？

黎锦晖 哦，她是我干女儿。

田 汉 你老兄福分不浅哟。什么时候又冒出个这么漂亮的干女儿？

黎锦晖 不好意思！（对田汉耳语）她本是钱壮飞的女儿钱蓁蓁呀！还是你把她送给我的呢！你忘啦？

田 汉 她是钱蓁蓁？1927年我把她送给你那时候才十二岁，她可是一只丑小鸭呀！不像？真不像？！真是女大十八变，越变越好看呀！不可思议，不可思议呀！

黎锦晖 我培养她走上演艺之路了。她可是棵好苗子呀！来呀，莉莉，这可是五年前把你送给我的田汉叔叔呀！快来问候。

黎莉莉 问候田叔叔，这五年你可把我忘了吧？哼！也不来看我？听说你要讨四房太太……

田 汉 瞧你这丫头，又在瞎说。五年没见她了，照顾不周，还请黎兄和蓁蓁海涵呀。

黎莉莉 莉莉跟您开玩笑。我知道那其中有两个都是过去时啦。哈哈，哈哈——

田 汉 哈哈哈哈。（思忖地自言自语）黎锦晖有黎莉莉来抵挡我，我自有……（转向黎锦晖）哈哈，哈哈，哦，是我不好意思。你忙，我先告辞了。

田汉出门。

黎锦晖 哈哈哈哈。真没想到我女儿嘴巴如此厉害，把大文豪都给说哑了。哈哈——

黎莉莉 干爹，还不都是您教的吗？！

224 明月歌剧社琴房 夜 内

深夜，聂耳身穿蓝色长袍，坐在钢琴前，自弹自唱《过去的就让它成为过去》。

聂 耳 圣诞节孤梦醒梦见小白，竟是个纯洁奶气的小屁孩。

她使我快乐懊恼又疯狂，一瞬间的表情却百思不解。

过去她曾热烈地爱过我，我那时全无感觉情窦未开。

如今她天真地爱上别人，使我又悔恨又讨厌又可爱。
夜未央男生们赏月未归，只剩我火炉旁日记抒情怀。
国家多事之秋秋冻梦寒，少管闲事静心练琴莫懈怠。
故乡清心之春春晖信远，野草闲花不烦恼稀奇古怪。

毛毛雨中穿长袍去上课，音乐会爱《罗密欧与朱丽叶》。
有的人满口女人爱吃醋，瞧不起这些傻瓜没气节。
有的人追名逐利为权贵，真庆幸内心充实自高洁。
写情书给女友相互激励，多读书多创作时不待我。
过去的就让它成为过去，以前的一切就在此终结。
勤加缘才给力创我未来，老朋友又给力与我创业。
明天是新年开始新生活，努力向前跑预备做人杰。[1]

225 上海淞沪 夜 外

老电影：淞沪抗战。1932年1月28日23时30分，日军海军陆战队2300人在坦克掩护下，沿北四川路（公共租界北区的越界筑路，已多次划为日军防区）西侧的每一条支路：靶子路、虬江路、横浜路等等，向西占领淞沪铁路防线，在天通庵车站遇到中国驻军十九路军的坚决抵抗。“一·二八”事变爆发。上海军民义愤填膺，担负沪宁地区卫戍任务的第19路军3个师共3万余人，打退由横浜路、虬江路、宝山路进攻的日军，29日夺回天通庵车站和上海北站。日军败退租界，通过英、美等国领事出面“调停”，达成停火协议，缓兵待援。

上海民众在中国共产党的领导和推动下，纷纷组织救护队和义勇军，积极支援第19路军抗战。

226 淞沪战地临时舞台 夜 外

明月社开到前线，为十九路军战地演出。在战壕前临时搭起台子，演出明月社经典保留节目《毛毛雨》、《桃花江》、《妹妹我爱你》。

硝烟弥漫，灯光昏暗。

① 此段根据《聂耳日记》（大象出版社2004年版）1931年12月14日—12月31日中心思想和语句改写。

王人美　喂，耳朵，一会演出完了，你给我讲讲你怎么闯入日占区去冒险摄影的事吧？

白　虹　是啊，我真羡慕你，你那天肯定有种种险情吧？你不害怕吗？你吃了豹子胆了吧？

聂　耳　是的，云南人开门见山，山上有金钱豹。我就“咔嚓咔嚓”吃了一只豹子胆。

王人美　真的吗？你又在逗白丽珠玩吧？哎，别扯了，开演了，快上。

黎明晖　（报幕）十九路军将士们，你们是抗日英雄。慰问演出开始，第一个节目《桃花江》。

明月社青春靓丽的美女十几个，一起登上舞台。聂耳与严折西等拉琴吹笛合奏的音乐起。

黎莉莉　我听得人家道，

王人美　（白）道什么？

白　虹　桃花江是美人巢。

黎莉莉　桃花颜色好呀比不上美人娇 。

王人美　（白）真好呀！

白　虹　果然美妙。

黎莉莉　我每天躲在那桃花林里头瞧，来来往往可不知有多少 。

王人美　（白）有人介绍吗？

白　虹　有。今天认识了一队，明天认识了一班。

王人美　（白）怎么办呢？

白　虹　每天成群结队笑笑谈谈，游游玩玩，无牵无绊。

王人美　（白）谁最中意呢？

黎莉莉　自从认识了你，立刻中了意。我称了心，我生了怜爱动了情。啊哈——

白　虹　我在那右边走，你在那左边行。

王人美　我在那前面行，你在那后面跟。

黎莉莉　我看你准是爱了我，你准是动了情。

白　虹　我也不知道，我也不明了。

王人美　我一看见你，我灵魂天上飘。哎哟——

黎莉莉　爱情火样烧，全身融化了。

白　虹　好，桃花江是美人巢。我不是美人，你也爱上了。

王人美　桃哇桃花江是美人巢。因为你是美人，我才爱上了。

众合唱　桃哇桃花江是美人巢。桃花颜色好呀，比不上美人娇。

（噔的了唧噔噔噔。）

227　淞沪战地临时舞台下　夜　外

台下一片口哨声。秩序一片大乱。演员们不知所措。

一军官　啊哦，小姐先生们，还是回去吧！你们这些歌舞只会叫俺抬不起步枪来。

一战士　还桃花江美人窝？炮弹飞，子弹飞，也会让美人的大腿一起飞！

一军官　（拿出一包大白兔奶糖来，手抓一把，向舞台扔去）谢谢你们的演出。给你们这些还没长大的娃娃回家吃奶糖吧！

228　淞沪战地临时舞台　夜　外

聂耳上台维持秩序，一块糖打到他脑门上落下，他伸手接住。

聂　耳　大家不要乱，有话好好说！

台下一片唏嘘声。秩序继续大乱。

229　淞沪战地临时舞台后台　夜　外

演出结束，在后台聂耳找到黎锦晖。黎明晖、白丽珠亦在其旁。

聂　耳　前方将士真刀真枪把敌杀，后方歌舞软筋软骨后庭花。反思艺术究竟是为何而作？当让音乐投入战斗为国家。

黎锦晖　这是官兵们连日作战劳累，无心欣赏音乐艺术之美。

聂　耳　现在全国一片抗日怒吼声，软绵绵的歌舞肯定不受欢迎！

黎明晖　聂子，你休要乱讲乱吵，爸爸不是庸碌之辈艺术无聊，努力兴奋观众的心神，为中国歌舞与电影定纯正目标。音乐以雄壮为主，歌唱以热烈为先，舞蹈以开展为要，材料以自卫卫国为枢纽，任凭穿插恋爱的三角四五角。民众的疾苦，国难临头的暗示，总须显到。你不要胡说八道！

黎锦晖　战火前沿演出本身是失误，两军对垒虎视眈眈谁有心思观看。你这毛孩有多少演出经验？将士不喜欢，我们到南京武汉演。

白　虹　哎呀呀，你们不要吵，有话好好说嘛！

聂　耳　小白兔，我知道你还没吃着糖，所以给你留一个大白兔。（从衣兜里掏出一块）

白　虹　你真好！（接过大白兔奶糖，剥开吃）吐！吐！吐！呀，全是杨梅核儿。

聂　耳　呀，上他们的当了。真对不起。

白　虹　哼！你坏！你坏！

小嘴撅得老高的白虹跑下。

230　淞沪战地回程小路　夜　外

明月歌剧社一班人马垂头丧气往回走。人群稀稀拉拉，溃不成军的样子。

镜头由远而近，运动中的特写给聂耳镜头。

聂　耳　（走来走去，自言自语）聂耳呀聂耳，你已经是20岁的聂耳！你不是回答母亲向你提出的婚姻问题时，很明确地说过嘛——“我是为社会而生的，我不愿有任何的障碍物阻止或妨害我对社会的改造，我要在这人类的社会里做出伟大的事实。”

聂　耳　（手握拳头）“为改造社会而生”，这就是我聂耳的革命精神。在国民党和帝国主义“租界”统治下，为了与上海泛滥成灾的靡靡之音作斗争，我明知要丢饭碗也在所不惜。

231　老上海南京路　日　外

1932年4月22日上午，上海市南京路日升楼路边，车水马龙，熙熙攘攘，突然“啪啪——”双响鞭炮震天连响，人群一阵骚乱。明眼人便知，飞行集会开始了。紧接着出现一个人打着红旗在招展，另一个穿长袍马褂、戴眼镜的人站在高台上，在宣讲着什么……聂耳赶紧冲出去。

示威的中心地点，飞行集会，游行队伍，喊口号。在南京路示威，田汉从队伍里跑出来，在外滩雇了一辆黄包车从东向西，发现了聂耳，拉他上车，左转右拐，来到一家僻静的咖啡馆。

232 某咖啡馆 日 内

刚进门，未落座……

田 汉 “左倾”！“左倾”！真是太“左倾”！到处组织飞行集会示威、游行，白白把党团员送进敌人监狱。哎，聂子呀，我来找你，是聊聊人生与作曲。

聂 耳 不胜荣幸。想听听前辈教诲。

田 汉 （大声喊）来呀，来两瓶青岛啤酒！

服务生 来喽——

服务生拿来两瓶青岛啤酒。咖啡馆一隅，田汉与聂耳面对面长谈。田汉是个直性子人，情胜于理、口没遮拦，一杯青岛啤酒下肚，就高谈阔论起来。

田 汉 你以前是叫聂守信，为什么不用这个名？

聂 耳 改叫“聂耳”的原因，是我的耳朵特别灵。

田 汉 黎锦晖的明月歌剧社，你在其中有怎样感觉？

聂 耳 我喜欢这个明月歌剧社，艺术青年们生气勃勃。

田 汉 我也喜欢唱唱歌演演戏，可惜我年龄已超期太过气……嗨！别人老说我不严谨，浪漫多情狂放粗疏才子气。深沉冷静的鲁迅常批评我：“又要唱戏了！”

聂 耳 他批评您不要紧。我倒是蛮喜欢您。我拜您为忘年交，老师您属于我们青年人。

田 汉 我早就听说你，真诚正直，心地善良，凡事认真实行，内心刚毅慷慨大方。

聂 耳 我年轻无知，请你做人生导师指引方向。我奋斗迷惘，请你给指点迷津尽快成长。

田 汉 还听说你和我一样，也是自幼丧父只有娘。哈哈，我属狗你属猪。易卦曾有“猪为材”。以后会有猪坚强。

聂 耳 来！田汉老师，这杯青岛啤酒，我来敬您！（一饮而尽，然后自言自语）这位艺术家不拘小节，看上去直率而浪漫。他竟说他属狗讲义气，看为人很有正义感。见义勇为做事全力以赴，忠实可靠豪爽勇敢，个性坦白无心机。宁可自己吃亏也不愿给人添麻烦。

田　汉　我喜欢主持公道，性勤勉敬业，事物是正确的话会极端固执，毫不忍让，一生忠诚尽责。风趣诙谐，好打抱不平。哎，聂子，说说你母亲吧。

聂　耳　我有一位勤劳贤慧的母亲，生活道路很坎坷很艰辛，培养我十分坚强历练人生，千磨万难不失追求艺术心。

田　汉　我再问问你有什么追求？

聂　耳　像许多贫苦学生一样追求革命，我参加了上海反帝大同盟。还想拜你为师找到共产党，就想学习更多的革命理论。更想掌握许多乐器和作曲，让音乐武器作革命号角声。我觉得你身有磁场眼有神，与我同频共振，恳请你做我的革命引路人。

田　汉　喜欢你生机勃勃有精气神，我一定为你营造革命音乐的好环境。

聂　耳　就是呀。我对您一见如故，相见恨晚。

田　汉　黎锦晖是我的湖南老乡朋友，他在初期的歌剧史上是有贡献的，他获得过广大的观众，特别是儿童观众。

聂　耳　不过，田先生，我对黎先生某些不健康、不严肃的倾向是不满意的。（很坦诚地）他那种歌舞，我怕会影响了我们团里这些生机勃勃的青年，使他们失去对封建事物的冲击力。

田　汉　是的，黎先生的倾向在目前是有些落伍了。（他为聂耳精辟尖锐的见解而惊喜，大声）现在是暴风雨的时代，已经不是明月清风的时代。民众需要更雄壮有力的曲调！让暴风雨来得更猛烈些吧！

聂　耳　太好啦！我认为，黎先生的《毛毛雨》、《桃花江》以前需要，将来也需要。但现在不需要！（热血沸腾）你看，日寇侵华！政府腐败！民众需要救亡，需要觉醒！唱靡靡之音，长此下去，人们会成为亡国奴！

田　汉　说得对！不过，黎锦晖是我的老乡老朋友，他很有自尊心的。对他不能乱来。

聂　耳　那怎么办呢?

田　汉　我知道黎锦晖所写的情爱歌曲，多为情非所愿，他自己就有“十不写”的准则，如妓女唱的不写，猥亵的不写，“三妻四妾十美图”不写等等。但为了事业，他又不得不生产一些“卖身”之作。比如明月歌剧社曾因经费紧张而一度向米店赊账，险些被米店老板告到警方。为了筹钱，黎锦晖只得到英商百代唱片公司，按老板要求违心写歌，以“风花雪月”为演员换米换肉。又如赴南洋演出，因经营不善，歌剧社竟无回程路费，他只好向国内“卖歌求款”，在半年内写出百余首恋爱歌曲，以稿费把演员带回祖国。

聂　耳　我觉得这简直是决定我一生的一个紧要关键，一点不要放松地艰苦地做去。①

233　上海吴淞口　日　外

五月一日，八点半开船，经吴淞口，到处只见日本旗。

明月社乘船在长江上行驶，拟到南京、武汉巡演。

234　轮船甲板　日　外

团员们聚集在甲板上，兴奋地跳来跳去，观望两岸景色。

甲板上风很大，有一轮大太阳。黎明晖唱《爸爸最棒》。

黎明晖　爸爸最棒，自有成功的希望，希望寄托在这次演出上。/爸爸最棒，润色好保留节目，譬如《毛毛雨》譬如《桃花江》。/又添《芭蕉叶上的诗》，是他得意之作艺术新主张。/这歌舞剧有激烈的战争，有伟大的恋爱儿女情长，/有紧凑的穿插，有美艳的歌舞，有催人的泪光，/有滑稽，更有爱国精神。定能来一场轰动一炮打响。/爸爸最棒，爸爸最棒，带我们演一场轰动一炮打响。

明月社团员王人美、黎莉莉、白丽珠、胡笳等跳甲板舞。欢快地、憧憬地。

烟囱浓烟滚滚，遮住太阳，仿佛一个金黄色的大饼。

众美女（唱《美在江苏》）

---

①《聂耳日记》（1932年4月20日），大象出版社2004年版。

好一朵美丽茉莉花，优美的歌声传天下。/人杰地灵鱼米乡，吴韵汉风育精华。/雪白芳馨数茉莉花，满园花草比不过它。/若你有心采一朵戴，美在江苏哟香漫天涯。

黎锦晖上甲板。

黎锦晖　敌寇入侵联华公司倒闭，辞退歌舞班局势越来越乱，乱乱乱。孩子们停发薪水已半年，不当家不知柴米内忧外患，烦烦烦。明月社如汪洋中一条船，风雨漂摇沉没危险寻路，何其难难难！！！

父女双人舞。飘忽不定地、一悲一欢地。

太阳渐渐落下，风起云涌。

大船突然遭遇巨浪，剧烈摇晃。众人皆倒。

聂耳在摇晃中站起。上岸。众人随。

聂　耳　几次与黎先生交谈，可他表现如"湖南大佬"。大家气派不可冒犯，听不进学生辈修改意见。中国古人言，滴水之恩，当涌泉相报。我内心矛盾，说也不好，不说也不好。

黎锦晖　几次来我给大家讲剧本，这聂耳为何听了睡得直昏昏。

聂　耳　把剧本看了两遍很自信，我会表演出色也适合我个性。

黎明晖　他认为剧本虽改变华美，可主题与内容不适合在当今。

黎锦晖　看聂耳心不在焉很恼火，我且把让他演的角色给别人。

235　轮船甲板　日　外

聂　耳　不让演就拉倒正中下怀，正好我要向老师他发起批评。左思右想师生情有顾虑，怕误会过河拆桥被说成小人。周围朋友如何看我为人？若只想我自己便会动摇决心。白日里焦虑夜梦里思忖，到底该怎样表述我的言论？

金焰、蔡楚生走过来。

金　焰　我这电影戏子要尽责任，要打倒帝国主义唤起民众心。

蔡楚生　我准备拍一部《都会早晨》，反映下层的主角是劳动人民。

金　焰　暴露黑暗描写大众受欢迎，却被人污蔑为"下流"电影。

蔡楚生　我正想搞一部"下流"电影。

聂　耳　我听了很吃惊批评他莫下流，没想到是误会黑天使用炮轰。

蔡楚生　这一炮把我轰得晕头转向，不打不相识我俩成“畏友挚朋”。

聂　耳　古人说：良药苦口利于病，忠言逆耳利于行。黎先生当听我一劝，明月社该演抗战演劳苦大众。

蔡楚生与聂耳，相互拍手，热情拥抱。

蔡楚生　黎锦晖可是一种符号，一个艺术大家的代表。

聂　耳　（怀抱吉他自弹自唱，快速说唱风格）九岁唱《可怜的秋香》，十岁会《好朋友来了》。“乒乒嘭嘭嘿”，外边有人乒乒嘭嘭把门敲。“哈哈呵呵”笑，娃娃式的哈哈呵呵好曲调。白虹唱秋香，描写牧羊女一生孤苦伶仃悲情罩，词曲双佳声情并茂，同情孤女叭嗒叭嗒催泪掉。老师呀十年后，为何劳苦大众苦难呼声听不到？为何只有《桃花江》、芭蕉叶上的诗在飘呀飘？我是初生牛犊初出茅庐，一枝小荷才露尖尖角，无私无畏吾爱吾师更爱真理莫管他声望有多高！

236　轮船甲板　日　外

轮船快到南京，众女孩望着石头城，一片欢呼。

王人美　1930年一个云南小伙子，自带小提琴来上海学艺，他拜明月社班主为师傅，刻苦励志好幸运学习作曲。五年后谱写《义勇军进行曲》，从此聂耳之名无人不知。

黎明晖　1927年一个12岁小姑娘，从北平来到上海滩。其父钱壮飞是地下党员，把她送进明月歌舞团。

黎莉莉　从小当丫头、做养女、学过京戏、进过孤儿院，谁晓得我的生活不幸，有一个动荡糟糕的童年。多亏他认我做干女儿，幸运我喜欢他教学表演。曾与王人美胡蝶去南洋，练就歌舞三杰星光灿烂。

黎明晖　1927年王庶熙12岁，来到上海是个湖南“细妹”。

王人美　我跟老师学歌舞上戏台，又送我上银幕闪耀星辉。

《渔光曲》带我走向世界，他给我起漂亮艺名：王人美。

黎明晖　常州姑娘周小红的1931，又来投师叩门拜师求给力。

周　璇　老师开发我的歌唱天赋，歌星大赛中被誉为“金嗓子”。燕语莺声他给改名叫周璇，这是一个多有诗意的名字。

黎明晖　白丽珠是个北京女孩儿，13岁被这老师招募成小团员儿。大赛中领先二百票夺冠，第二名才是后来大名鼎鼎的周璇。

白　虹　他说我发音准音域阔，声与词融，情与曲通，听者更易被感染，他说我歌喉嘹亮就像阳光普照，能激发人们高远的情怀。流传至今琅琅上口的是那首《卖汤丸》儿、《卖汤丸》。

众　人　他是谁？他是谁？他是谁？他是我们的恩师黎锦晖。

黎明晖　他是谁？他是谁？他是谁？他是平民大众的黎锦晖。

众　人　他是谁？他是谁？他是谁？他是俺们很给力的黎锦晖。

黎明晖　他是谁？他是谁？他是谁？他是俺们很给力的黎锦晖。

237　南京玄武湖某剧场

南京玄武湖之畔，某剧场内。

聂　耳　南京很火炉，演出很不顺，《芭蕉叶上的诗》排练很差劲。

王人美　尽管彩排到第二天凌晨，对大家表演黎锦晖不肯给好分。

白　虹　下午的首演观众少，座无虚席夜场总算好。

黎明晖　有一场表演正高潮，王人美一不小心绊了一跤。

黎莉莉　狼狈不堪很囧很雷人，观众席传来喝倒彩的唏嘘声。

聂　耳　当夜演出秩序混乱无比，有观众向台上投掷纸飞机。

白　虹　女演员表演《小小画眉鸟》，有观众喊停喊停地呼乱叫。

王人美　第二天演出秩序又混乱，观众为争抢座位打成一片。

黎明晖　聂耳正在收拾起小提琴，忽见一把椅子朝这边扔。

场内大乱。椅子飞来，女孩惊声叫。聂耳急忙躲闪。

男人打拳加踢脚。

黎锦晖　我赶快安排人报警，一队警察赶到剧场。

众警察冲进剧场。情况紧急，警察顾不得多想，拔出武器就朝天花板开枪！

“砰砰砰——”

台下有人吓得躲到椅子后。台上女演员们被骚乱吓得惊恐万状。

聂耳、金焰他们去安慰她们。

238 武汉汉口马路上 日 外

明月歌剧社告别玄武湖，前往黄鹤楼。两天三夜漂泊到汉口。

聂耳与王人艺，一个背吉他，一个挎小提琴，走在武汉的马路上。

聂 耳 身未动，心已远，像游吟诗人上路欢。

王人艺 第一次，到武汉，把长江两岸都转遍。

聂 耳 （自弹吉他，说唱风格）大江东去浪淘尽，千古风流人物。礁石矗立浪花开，万朵美丽歌舞。千回百转不思改，浪漫主宰先祖，哪怕命运不给力，理想受遭遇，激情被痛苦。上路吧上路！上路！上征途！

聂耳弹吉他，二人唱《美在湖北》——

聂 耳 哎，极目楚天舒，天上非凡九头鸟。

王人艺 哎，浪漫楚地游，地上聪明湖北佬。

出了个美男叫屈原，自有那理想归大道。

聂 耳 路漫漫，其修远兮，吾将上下而求索哟。

鸿儒总向天问离骚，草根更识美人香草。

239 武汉黄鹤楼附近小酒馆 日 外

黄鹤楼不远处的小酒馆，二人扎进去。点了玫瑰酒与煎饺，饺子就酒，越喝越有。自得其乐。

王人艺 （酒后壮胆，一激动，跳上凳子上桌子，说唱）天给力，自降大任于斯人，神马且不是浮云。地给力，茫茫九派千驹骋，神马并非能雷人。神给力，天下谁人不识君，万众一心向前进。

二人出酒馆，甩开大步去闲逛。

240 长江轮船甲板上 日 外

明月歌剧社的男女演员们一个个像遭霜打一样，垂头丧气，无精打采。

王人美 谁也没想到，谁也没想到，武汉的演出，竟比南京还糟糕。

白 虹 演员劳累过度屡屡失误，观众席上稀稀拉拉很冷场。

黎明晖 长江戏院老板趁机要挟，坏记者写文造谣恶毒诽谤。

王人艺　昨天的演出我不干了！不管你聂耳说我牛脾气。

胡　笳　演出中观众席里乱哄哄，吵吵闹闹为何噪音不断？

黎莉莉　团员们被这乱象精力分散，歌舞与演奏出错连连。

聂　耳　我竟在《双鹤舞》中奏跑调，小提琴竟会断了几根弦。

王人美　《蝴蝶姑娘》有热烈拍手场面，无精打采有气无力女演员。

白　虹　一连几天，一连几天，人在倒霉时，麻烦事不断。

黎明晖　潮湿多雨连日劳累忙，生病的生病受伤的受伤。

王人艺　一演员生病上不了台，聂耳去顶替却不慎遭挨摔。

黎莉莉　胡笳因劳累过度昏沉沉，去医院身体虚弱打药针。

白　虹　王人美演《剑锋之下》，被飞剑击中受惊吓。

聂　耳　无法演《芭蕉叶上的诗》，女主角大明星受了伤。

王人艺　台下有些观众乱起哄：王人美为什么不出场？

黎莉莉　明星不出场，我们要退票。台上忙解释，台下乱吵闹。

王人美　屋漏偏逢连夜雨，行船又遇顶头风。

黎明晖　这次演出很失败，爸爸要我们回上海。

241　长江轮船甲板上　夜　外

当天入夜，其他演员都疲劳不堪，入舱休息了。甲板上唯余聂耳、张昕若和严华。

夜风清冷，江涛汹涌。轮船在颠簸中缓缓行驶。

张昕若　我们和聂子谈人生，难道我们就该这样下去吗？

严　华　我说自己太傻，痛苦着人生。

聂　耳　（自我反省）我不也是傻瓜一个吗？何必要自讨苦吃，醒醒吧！算是在这里面鬼混了一年多。音乐算是学得一点，但对音乐外的学科是大退特退步了。最使我伤心的是白白用了不少脑筋，去瞎想一些无聊的事，有时竟受了无限的打击，弄得不能做一点正事。所谓革命新青年的我，是不是应该有这样的行动？一天还沉醉在爱不爱的迷网里！时代的巨轮不住地向前飞转，现在的我，现环境的我，应该负起怎样一个使命，艰苦地干去。[①]

严　华　那你觉得明月社前途如何呢？

聂　耳　天一的事，多半无望。别的进行，似乎渺茫。回到上海，如何下场？！外力诱惑，防不胜防！办事人员，荒里荒唐。“明月”前途，着实悲观。

242　明月歌剧社小阁楼　日　内

明月社全体回到上海小阁楼。团员们在一起议论纷纷。

白　虹　每天我抱着那小洋娃娃，来看聂子。近来我对他好。常常要他讲故事。

干　妈　早晨我把聂子叫醒，出去买东西。

聂　耳　她待我真像我的母亲一样，还给我洗衣服。

胡　笳　十六天的牛马生活终于耐过去，要是再演下去，恐怕会死人。昨天我曾昏倒在台上。医生要我不要再上台，我的角色都找别人代。

聂　耳　女孩子都爱听故事，只要和她们坐在一起，总要被抓住讲故事。我从来肚子里不装故事，谁知道那些所谓妖魔鬼怪的故事，当时是怎样瞎编出来？昨晚在女宿舍编故事，女孩们时而高兴时而恐惧，一会儿吓得莉莉号啕大哭。她说有男人在屋不方便睡觉，于是我们不能不撤出。

黎莉莉　聂子是个鬼神故事大王，总讲女鬼附男鬼身上。

于斯咏　最好的便是最后一个，不知道他怎会编得如此巧妙。

聂　耳　上帝已经看见了真理，但是还要等待。我想采用这个鬼故事来编一幕电影，用极简单的对白，再配音乐歌唱，相信没有不对的。我赶快来开始这工作吧。

白　虹　聂子讲的把我吓得快哭出来。

聂　耳　这次到武汉的表演，算是绝大的失败。对于几个无意义瞎凑的所谓伟大歌舞剧，他们已看穿东拉西扯的黑幕。节目不良，嗓子坏，布景褴褛。新闻界的纠纷。内部几率放肆，意见分歧，常阻碍事务进

---

① 《聂耳日记》（1932年5月15日—5月16日），大象出版社2004年版。跑步，跑步，跑马路！

行，执行不力。

243　老上海某小餐馆　夜　内

田汉约聂耳去餐馆。

聂　耳　呵呵，你可来了。自从回到上海，总想向外面跑。什么希望都成为泡影了。在电影《芭蕉叶上的诗》里乌正阳角色还是无望。我知道一切作用，也只有自己告退，免得讨人厌。他妈的，任你多大天才，想在“明月”发展总是靠不住的。“明月”的无望，情人的麻烦，各自想开些吧！何必！接到袁春晖的信，她想出来。要我去考中央大学音乐系，我何曾不想，经济便成了大问题。现在若再从头考起，到底有些不妥。我的革命的艺术的出路已渐渐入门了，你可要带领我，努力去啊！

田　汉　聂子，今晚咱俩到那老地方小餐馆，我请你再喝茅台酒。有一件事要和你商量。

聂　耳　好呀，茅台酒我喜欢。（自言自语）今晚要和田老大聚餐，很好很好。黎锦晖来讲剧本，听了只想睡觉。

田　汉　时光飞逝，抗敌斗争越来越紧张了，不能再看着明月社再不行动了。

聂　耳　哦，是啊，需要尽快动员更多的人。我也知道，黎先生是我的恩师，可是——

田　汉　不能看着他这样走下去。应该让他幡然梦醒了。哎，有了。咱们来个“激将法”。

聂　耳　什么“激将法”？

田　汉　就像你对蔡楚生那样。你来。

田汉对着聂耳的脸颊悄悄耳语一番。

244　上海马路上　夜　外

田　汉　大敌已当前，怎样去作革命的音乐？为什么中国没有《马赛曲》？怎样才杜绝艳曲淫歌？

聂　耳　反思，反思流行歌舞和歌舞剧卿卿我我，面对，面对敌寇侵占东北，国破山河……

田　汉　首先要投入真正的战斗，然后再见分晓。时代需要我们祖国需要我，喷发战斗怒火！

聂　耳　既然他不让我英雄无用武之地，何不共商谈艺术抗敌文化救国？

这时，夜空中上出现了青龙、白虎、朱雀、玄武四方神。在聂耳田汉身后，四方神纷纷追随着在行道树上闪来闪去。

四方神　聂耳！聂耳！聂耳！

聂　耳　出于对恩师的期盼，更因为世界观的更新，激将法想联合恩师，用艺术抗击凶恶的敌人。激将法想挽救国难，来拯救水深火热的人民。

四方神　聂耳！聂耳！聂耳！

聂　耳　《电影时报》发表批评文章，针对黎锦晖《芭蕉叶上的诗》。

《电影艺术》发表批评短文，批判明月社演出的淫歌艳舞。

四方神　聂耳！聂耳！聂耳！

聂　耳　红男绿女奔东奔西跑，国内国外显了十几年的功夫，佩服！佩服！香艳肉感，热情流露，哎哟哟！亲爱的创办歌舞的鼻祖哟！你不要以为你有反封建的意识便以为满足！你不听见这地球上，有着无穷的一群人在你的周围呐喊，狂呼！你要向那群众深入，在这里面，你将有新鲜的材料，创造出新鲜艺术。喂！努力！那条才是时代的大路！

四方神　聂耳！聂耳！聂耳！

报纸刊登黑天使文章——

青　龙　黑天使引爆了“原子弹”，黑天使轰动了上海滩。大上海争说黑天使，黑天使长矛刺塌了天。

245　明月歌剧社小阁楼　日　内

黎莉莉　明月社里掀起轩然大波，都要和黑天使较量一番。谁这么荒唐把众怒触犯，揪出那小子把他打翻。

青　龙　偏偏在这时收到春晖的函，

白　虎　信中为什么语气这样冷淡？

朱　雀　难道她变了心移情别恋？

玄　武　内心很矛盾，令他很不安。

聂　耳　我皮包被人偷去，真是个倒霉蛋。

近来的生活浮荡，为何如此忧患？

黎莉莉　家丑怎可外扬，胳膊肘怎能朝外拐？老板怎可背叛，哪个东西吃里扒外？平日里你好我好大家好，谁晓得你背后藏什么刀？保不准冷不防捅上一下——

四方神　什么？

黎莉莉　刀刀刀！

聂　耳　君子坦荡荡坦然一笑，真金不怕火炼上一遭。

黎莉莉　（拿一篇文章在聂耳面前晃动）我写了一篇反驳黑天使，你说这文章会不会刊登见报？

聂　耳　我想人家肯定会让见报，有批驳有辩论文坛才热闹。一家之言太平淡，拨开迷雾见分晓。

黎莉莉　听口气你就像报社编辑，那文章还真像你的腔调。可我想你不会这么下流，竟躲在黑暗角落朝先生放炮？

青　龙　没想到平日里温柔的姑娘，现在如此尖刻泼皮胡乱叫！

白　虎　聂耳他克制自己不生气，男不跟女斗避免冲突乱阵脚。

246　明月歌剧社小阁楼　日　内

金焰、孙瑜、卜万苍听到争吵声，一起赶来了。

黎莉莉　我定要维护干爹声誉好，他养着四十个团员把心操。

纵然有错也不该被攻击，他奏响全民抗战动员主调。

金　焰　抗战到来同仇敌忾冲击波，是全民族全社会的需要。

黎莉莉　干爹最早写出《义勇军进行曲》，“九一八”后三周在《申报》就发表。

孙　瑜　文艺界当发出时代最强音，这翘楚这大腕很遗憾没达到。

黎莉莉　他写出爱国救亡歌曲数十首，我反对你嬉笑怒骂发牢骚。

卜万苍　有识之士发出警示很重要，警醒社会大敌当前莫逍遥。

黎莉莉　你压根儿没把干爹放在眼里，哎哟哟！

聂　耳　对对对！说得好！我没把黎恩师放在眼……

黎莉莉　看看看！暴露了！你的良心让狗吃了？

聂　耳　愤怒出诗人，反抗用文刀。恩师放在我心窝，滴水之恩涌泉报。翘楚当给力，掀起抗敌救国的怒涛。大腕非浮云，吹响高昂奋进的号角。你不用哭，你不要闹……

聂　耳　男子汉当光明当磊落，大丈夫不怕事不胆小。

247　明月社小阁楼黎锦晖房间　夜　内

聂耳主动到黎锦晖处，叩门。

黎锦晖开门。

聂　耳　恩师哟请别为我生气，黑天使的文章是我写的。稿子里有些讽刺的口气，这对老师是不应该的。

黎锦晖　黑天使？你写这稿我可没想到。我管你吃管你住，还发给你报酬，教你艺术技巧，你为什么要骂我？

聂　耳　我并不是在骂老师，而是指出歌舞团的出路，指出长此以往明月社没有出路，是为明月社着想。我保证，以后再没有更多对恩师大不敬之词。

黎锦晖　敌强我弱，我主张“与敌人周旋于沙场”。

聂　耳　敌进我退，我主张“拼死拼活在沙场”。

黎锦光　明明是猪肝猪心街前卖，眼下却人肝人心世上无。

黎锦晖　不要这样说聂耳。

黎锦光　小人难防人心难测海水难量，你泄私愤竟然泄到我哥头上。我否认明月社香艳肉感有毒！我坚持明月社平民艺术之路。

聂　耳　人们啊我是爱你们的，但是要警惕啊！吾爱吾师但更爱真理。敌寇入侵别再麻木，你们何时才能觉悟？现代艺术要完成反帝反封建的大任务。明月歌舞应唤起平民救国抗敌的愤怒。

黎锦光　人的灵魂中自由是很规矩的，一旦自由冲破规矩爆发出来，神灵对他也毫无办法了。因为这是人间的事情，应该由其他的人——也只能由大家来决定，是让他到处走呢，还是将他抛弃！嗨！干脆！让大家说吧！

黎莉莉　恩将仇报！离开！离开！离开！

众团员　落井下石！离开！离开！离开！

黎锦光　瞧，你可不是明月社的救世主！大家要求你离开会场离开——

聂　耳　看来我下决心离开明月社，到哪里到北平开辟新路。想到离开恩师和那众多朋友，仍感到一阵阵失落酸酸楚楚……哎，谁说过，生于忧患时，死于安乐处？哎，谁说过，此处不留爷，自有留爷处？

黎锦晖　舍不得你是个难得的人才，明月社绝不赶你让你离开。我不是小肚鸡肠容不得人，你去北平去寻找人生舞台。北平街宽啊上海路窄。如果不好，欢迎你再回来。这里的大门永远为你敞开。

248　老上海大路上　夜　外

夜上海马路上，聂耳孤独地在行走。

聂　耳　（自白）我着实不该和这般没有希望的人再去混，我要做的事多着呢！我是一个革命者，在这样的生活中，已经足该打屁股。聂子，你忘记在20岁时，回答母亲提出的婚姻问题时说的话吗？“我是为社会而生的，我不愿有任何的障碍物阻止或妨害我对社会的改造，我要在这人类的社会里做出伟大的事实。”

背景歌曲：

谁渴望自由，谁渴望反叛？现实太黑暗，生活太艰难；

我渴望自由，渴望非主流，我渴望在自由土地上昂起头。

第三部

京

249　苍茫大海　日　外

水天一色，沧海茫茫，天上风起云涌，海上波涛汹涌。一只只海燕像闪电一般，在低空飞翔。

250　海轮上　日　外

孤独的聂耳胸中同样波涛汹涌，心情半是解脱半是忧郁。他外罩一件黑色的风衣，身穿灰衬衣灰裤，手持小提琴，站在甲板上，远望天尽头。心潮澎湃，激情逐浪。大船乘风破浪，激起一簇簇雪白浪花。

忽然，他转身看看甲板上的男女旅客，一时兴起，甩一甩黑色的长发，操起琴弦，熟练潇洒地拉起了一支根据肖邦钢琴曲改编的壮怀激烈的曲子：第四十四号玛祖卡舞曲 C 小调练习曲《革命》。

琴声悠扬，向着甲板上和海空飞去。

音乐中，（画外音）唱诵高尔基的《海燕》。

苍茫大海上，狂风卷集着乌云，阴霾压抑海浪。乌云大海间，海燕像黑色闪电，在高傲地飞翔。一会儿翅膀碰着波浪，一会儿箭一般地直冲向乌云，它叫喊着，勇敢地叫喊，充满着对暴风雨的渴望！乌云听出了热情的火焰，胜利的信心和愤怒的力量。海鸥在呻吟着在飞窜，想把恐惧掩藏到大海深处。……——暴风雨！暴风雨就要来啦！

这是勇敢的海燕，在怒吼的大海上，在闪电中间，高傲地飞翔；这是胜利的预言家在叫喊：——让暴风雨来得更猛烈些吧！

251　海轮上　日　外

船头上，聂耳潇洒拉琴的剪影突然停住。这一瞬间定格，便凝成了永恒。

甲板上的乘客和水手仿佛形成一座众志成城的人山。

突然，人群中走出一对神秘的金发红衣裙姐妹，其中一个夺过聂耳手中的小提琴，往左肩上一架，操起琴弓，开始激情演奏。另一个则甩开架势，摆起舞姿，随着音乐的节拍，大幅度地跳起了犹太之舞。确切说，是边奏边舞，边舞边奏。那潇洒的琴姿，激情的乐声，飘逸的金发，婀娜的舞步，不断激起乘客们的叫好声。

252 海轮甲板上　日　外

聂耳好久没听这曲《漂泊的荷兰人》，眼前似乎浮现一幅波澜壮阔的画面——一位荷兰航行者，冒着巨暴的风浪想要绕过好望角，并发誓说即使作一世的航行也必须完成这个壮举。魔鬼听了他的誓言，就罚他终身在海上漂流直至世界末日；并将永远不得解脱，除非他能找到一个女子忠心爱他，直至其死日。魔鬼每七年许他登陆一次，让他去寻觅那愿以忠贞的爱为他赎身的女子。

《漂泊的荷兰人》序曲虽然只用小提琴演奏，但仍让人感觉充满排山倒海般的力量。其中含蕴着阴郁迷幻的色彩，只偶尔夹杂着一些轻松悠闲的情调。让人感到卓尔不群、真爱的情趣始终不懈。“在黑暗贫困之中，通过荆棘的道路，走向光明的世界。神啊！请您保佑吧！”

253 海轮甲板上　日　外

（画外音）玛蕊娅姐妹属于犹太人，很喜欢跳舞。《圣经》记载，当犹太人从埃及渡过红海，女先知米利暗“手里拿着鼓，众妇女也跟她出去拿鼓跳舞”。

甲板上，玛蕊娅姐妹跳起了波兰的波尔卡舞。她们进行着简单的，但有活力的舞蹈动作：跺脚、跳跃和踢腿等；舞跳得如何并不重要，关键的是不停地跳啊，跳啊……人们仿佛围成一个紧凑的魔圈。表演者则“昂首挺胸，骄傲地平视前方”。

大船由上海到达烟台，客船的人们上上下下。汽笛长鸣，大船驶向大海，继续向天津方向驶去。

有一位新上船的年轻人曹津走到船头看风景，他大约24岁，身穿白布制服，布鞋，光头。

聂耳换成了短袖白衬衫、黄短裤、短袜、带孔皮鞋，留着不长的背头。继续不停地拉琴，拉琴。一曲《翠湖春晓》完毕，又是一曲《金蛇狂舞》。

水手甲　（天津口音）太美啦！你拉的曲子太好听了。

水手乙　（天津口音）就是不知道什么曲名。

曹　津　我知道啊。这第一首嘛，是肖邦的，第二、三首，是《翠湖春晓》、《金蛇狂舞》。

聂　耳　（吃惊地）哇，你太有才啦。

水手丙　什么肖邦萧何？！不过瘾，你要有本事，拉一段京戏吧？

水手甲　对对对！拉不了就算你没本事！

聂　耳　你们说，拉一曲什么京戏呢？

水手乙　那就拉一曲西皮二黄吧？

聂　耳　好呀！

紧接着，他拉了一曲京戏中的西皮二黄。

有几个水手跟着唱起来。

甲板上掌声骤起。

曹　津　你有才，太有才啦。这位先生你贵姓大名？

聂　耳　聂耳。

曹　津　啊？你就是明月社的耳朵先生？不会吧？

聂　耳　哇噻，你怎么知道我是明月社的？

曹　津　（故作神秘地）我会看相呗！

聂　耳　真的吗？

曹　津　如假包换。

聂　耳　你测测，这次我到北平，去找专家学琴，还有别的事要办。会不会成功啊？

曹　津　我想想啊，一半波折，一半成功。

聂　耳　借你吉言啊。我原来还一直忐忑不安呢。

曹　津　说实话，我和金焰是同学，你的事都是他写信告诉我的。哎，你认识田汉吗？

聂　耳　原来如此呀。当然认识田汉啦。他和我是忘年交了。

曹　津　金焰很有表演才能，会有大出息的。我喜欢读田汉的剧本，比如四幕话剧《梵峨磷与蔷薇》和《咖啡店之一夜》。

254　海轮船舱里　日　内

二人路逢知己，边走边谈，径直向船舱走去。然后坐在船舱床位上，面对面交谈。

聂　耳　（突然小声问）听说北平各大学的共产党闹得很厉害?

曹　津　（不置可否）我只是在天津秘密加入“左联”，在“左联”领导下的公开文艺团体“文艺社”搞搞活动而已。

曹津对聂耳耳语。

（画外音）曹津比聂耳大4岁，也老成。他把“九一八”以后这一年多来北平各大学的情况，包括他问得“很厉害”的程度，有些泛泛，另一些有所保留地作了介绍。

聂　耳　这次我之所以去北平，是通过王人艺的关系想拜俄罗斯小提琴家托诺夫为师。

255　大沽口码头　日　外

客船上汽笛鸣响，喇叭里传来：各位旅客，大沽口码头就要到了。请各位准备下船。

海轮停靠在大沽口，聂耳和曹先生一起下船乘车到了天津。

聂　耳　到天津啦！呵呵，今晚住一宿，明天就能到北平了。人在旅途，新生活就要开始了！今晚我要写上28封信，把我的心境告诉朋友们。

256　老北平正阳门火车站　日　外

正阳门车站广场上人来人往。

（画外音）女声说唱京韵大鼓风格——

树上的花喜鹊呀，天上的小扎燕，

你可知北京还存有多少老会馆?

老会馆是神马？神马是老会馆?

老会馆就是全国各地的驻京办。

城南有神马会馆？云南会馆四川会馆

广东会馆福建会馆陕西会馆山西会馆

山东会馆湖广会馆徽州会馆梨园会馆……

吉祥喜鹊年年说哟，风筝扎燕代代传，

有多少名人故事世世代代讲不完，

老会馆都是“几百年前的北漂据点”。

1932年8月11日下午，聂耳着深色西服，戴领带，拖着行李箱，走出老北平的正阳门火车站。

一群身穿黑衣的老妇女正怀抱着景泰蓝瓶子，在散乱地走过。一大群苍蝇在她们头顶聚集，飞来飞去。

一个白痴就坐在广场上。

聂　耳　喂！好心的大姑大妈们！

她们闻声转身，尖声惊叫。

聂　耳　你们可否告诉我……

妇女们一边倒退，一边往地上大声吐唾沫。

聂　耳　你们听着，我只是刚下车的旅客。向你们打听……

老妇女们惊慌地扔掉景泰蓝瓶子，踉跄着逃跑。

随后来了一个青年——那是曹津。

曹　津　你瞧这些臭老婆子！总不见得说你见了美色而打她们的主意吧？啊，亲爱的朋友，这是一次多么了不起的旅游啊。尽管昆明和上海都是都市，尽管这些都市里有的是美酒、美食、美女、美景，但你却异想天开大逃亡，偏偏要上北平来不可。北平有啥好？别说北平欢迎你？你问路不下一百次了。为什么到处都是这尖声惊叫？为什么这些黑衣人愚笨地四处乱跑？还有这些，呸！空无人迹的胡同，令人胆寒的气氛，还有这太阳……还有什么比这火辣的太阳更不吉祥的呢？

聂　耳　我是来此求学的。

曹　津　你指望什么呢？

聂　耳　看看这些老房子吧？这些所谓的四合院。他们的窗户在哪儿？午后的阳光为什么驱散不了阴霾？这些房子的窗户是朝那些与外面隔绝、阴森森的庭院开的。而房屋的背面，却朝向胡同。

257　老北平胡同内　日　外

曹　津　（做一个命令式的手势）

聂　耳　好吧，敲门。我来敲门。看看我的运气。

笃、笃、笃……静场。再敲，门微开。

老　者　您找谁？

聂　耳　打听一下，您晓得校场……

门突然“砰”的一声关上。

曹　津　该死的北平。这下您满意了吧？闭门羹好吃吧？假如您需要，我可以挨家挨户地为你敲门。

聂　耳　哦，算了吧。就这样走吧。

曹　津　您瞧呀，这里有一个人哪。

258　老北平胡同口　日　外

曹津走进白痴：阁下！

白　痴　哦。

聂　耳　（在打招呼）阁下您好。

白　痴　哦。

聂　耳　请问校场胡同在哪儿？

白　痴　哦。

聂　耳　校场胡同的云南会馆在哪儿？

白　痴　哦，哦。

259　老北平胡同口　日　外

一个身穿黑色长袍马褂的人，在胡同口走过。

聂　耳　真不走运。好不容易碰到一个不躲避我的人，谁知他竟是个白痴。

“长袍马褂”又走过隐蔽起来。

曹　津　注意哟，这家伙一直在跟踪我们到这儿。

聂　耳　谁？

曹　津　那个戴鸭舌帽的家伙。

胡同里传出了可怕的吼叫声。

聂　耳　（回头看，心头掠过一丝阴影）谁在吓唬我吧？

曹　津　鬼节快要到了，这是那些黑衣臭老婆子在彩排预演吧。刚看见他悄悄走过。

聂　耳　见鬼！你恐怕看错人了吧？

曹　津　我不可能看错人。你说见鬼？倒是有可能。你看，那鬼他又走过去了。他干吗老跟踪你呀？

聂　耳　他和我一样在旅行吧？！

曹　津　哎哟！瞧你说的。你莫大意呀。

聂　耳　且让我到云南会馆住下再和他较量。

曹　津　提防着点啊！这个人好像知道你的来历。

曹津告辞。

260　老北平云南会馆　夜　外

聂耳拿着地图，边走边看，天已子夜，终于走到云南会馆。云南会馆一片肃穆。进门，登记，住进屋子。

“长袍马褂”依然跟踪而来。

聂耳猛然出门来，见马匡国在盯着自己屋子，变被动为主动地走向“长袍马褂”。

聂　耳　（大声吼道）喂！你是鬼吗？

马匡国　鬼？去你的！

聂　耳　不是鬼干吗老……

马匡国　看你眼熟呗。

聂　耳　哎哟，是你呀！马三哥，怎么在北平碰到云南老乡啦？

马匡国　是聂子呀！哈哈，山不转水转。两座山碰不到一起，两个人却会邂逅呀。

聂　耳　哎哟，马三哥，你不是在昆明混得好好的吗？怎么……

马匡国　哈哈，两年不见了。你从昆明到上海，跑得像兔子一样快，我逮都逮不着你呀！

聂　耳　马三哥，你放着昆明好端端的工作不干，跑到北平来干神马？

马匡国　嗨！神马都是浮云。在昆明还不是听听差、跑跑腿而已。干起来很逼仄！很没劲！来北平多轻松呀。我准备复习一下，考一所好大学，弄个文凭，将来混个好差事。

（画外音）马匡国他满脸堆笑，自以为聂耳不晓得他在昆明的特务身份，装出一副他乡遇知己的样子。

聂　耳　好一个马三哥，你这吃皇粮的也为衣食发愁？（自言自语：宁愿相信世上有鬼，也不能相信他那张嘴。）不过北平这地方，皇城根儿脚下，几朝古都，人文积淀深厚，能多见识、多学习也好。

马匡国　哎，老弟，上海不是冒险家的乐园么？我听说你在上海好风光呀。又是拉琴，又是演戏，身边美女如云，风流倜傥，干吗到北平这鬼地方来？

聂　耳　（内心一惊）嗨呀，上海是不错。只是老在一个地方待久了没劲儿。换换地方。你不知道北平这地方云南才人很多嘛！我也没来过，所以就来见识见识啊！

马匡国　上海是什么？上海整个城市就像一个色令智昏的发情女人，眯着纵欲的双眼颠倒自我与他人的神魂。北平这地方虽然四处灰蒙蒙的，倒是男人该来闯天下的舞台。好吃好玩的地方真不少，过几天我带你四处转转。哎，我记得你是水瓶座的吧？

聂　耳　马三哥好记性呀。我的星座你还记得？佩服佩服呀！

马匡国　干我们这行，记人记得特准。我还真对星座呀属相呀有所研究呢。你知道吗？水瓶座是十二星座中最理性、最有独创思想、最客观、最难以预测的男人。一句话，非主流！

聂　耳　是呀，我非主流！你主流！我北漂！你吃皇粮！你毕业于南京中央政治学校一期，这么年轻就当上侦缉队长，为党国效劳。你是饱汉子不知饿汉子饥呀！

马匡国　别嫉妒我。你这水瓶座看起来超然，聪明绝顶，有独特的思维，大脑里充满了稀奇古怪、让人震惊的思想和主意，无论什么问题，你都能够发表让人刮目相看的独到见解，好像你已经站在这个领域的高端。

聂 耳 （故意吹捧）是呀，马三哥，咱俩有缘。在这里碰上你，以后的日子就好啦。跟着三哥走，吃喝不用愁。

马匡国 别吹捧我。不是我教训你！你是一个萤火虫，理想主义的萤火虫，很自不量力呀，你的光芒还没有米粒大，竟然想照亮我们这个时代。告诉你，我过的桥比你走的路多，我吃的盐比你吃的米多。你知道吧？

聂 耳 星星之火可以燎原嘛！请多指教。

马匡国 当水瓶座男孩走上顽固的道路，人就会发现自己在同一个宇宙的星外来客打交道，他是世界上最古怪、最难以理解的人物。他的功利思想淡泊，追求独立自由，他带着严重的反叛当局、反叛传统权威的思想。不但难以被束缚，还常常过于忽视上司，以至于他出众的才华不能够被利用。他特立独行，但是他过于脱俗，让人为他的才华惋惜。你的智商超常，可惜不跟我们合作。总而言之，真不知道你为什么总是对于那些不占世俗主流的人和事那么热衷？

聂 耳 换个话题吧？你测测我的桃花运吧？

马匡国 你这水瓶座男人对婚姻实在没什么兴趣，柴米油盐的世界对你来说似乎太小了，你情愿把时间花在一些你认为更有意义的事情上，水瓶座男人内心总渴望能做一些对社会人类有贡献的事。可惜呀，你不跟我走正道呀！

聂 耳 （再次吹捧）刚才不是说了吗？跟着三哥走，吃喝不用愁。

马匡国 这就对了。你三哥虽不是腰缠万贯，可管你饭是没问题的。

聂 耳 这就好了。就算我聂某有福呀。

马匡国 你回去收拾房间吧，先歇着。我去去厕所。

261 老北平云南会馆1号房 夜 内

聂 耳 （四下张望，进房间，自言自语）呵呵，这间房门后还贴着非主流的经典语录呀？！（一字一句地念道）学会比以前快乐，即使难过，也要微笑着面对。学会冷血，只对对我好的人好。学会孤独，没有谁会把你当宝护着。学会残忍，该杀的就杀，该放手就放手。学会绝情，该滚的就滚，该留的就留。学会视而不见，恶心的东西选择忽视。学会长大，不能再那么任性。学会忍耐，该闭嘴就闭嘴。

262 老北平云南会馆院子 日 外

静静的云南会馆。

云南老乡陈钟沪许强夫妇和李纯一他们二女一男从里面的房间里出来，忽然见到了聂耳。

李纯一 聂子！聂子！

陈钟沪 聂紫艺呀！

聂 耳 我在！谁喊我呀！嗨呀，是你们呀！天下真小！

陈钟沪 在北平这里遇到昆明好友真是高兴。

许 强 喂！你还记得“少年心事当拿云”吗？

聂 耳 当然记得哟。

陈钟沪 走啊聂子。我请你去吃晚饭。还给你准备了宣威火腿呢。

聂 耳 太好了，我已经两年没吃到你们家的好东西了！哎，你们来北平干吗呢？

陈钟沪 还能干什么？报考中国大学呀。目前在会馆复习哪。

聂 耳 好啊，我也想上大学。我记得哪所大学有条校训，叫做：气有浩然，学无止境！

陈钟沪 哎，聂子，听说你在上海成了大明星了！

聂 耳 哪里哪里！和老板意见不同嘛，我自己最终被迫选择离开。我什么都没有，只有自由。自由属于我一个人，孤独的一个人。

陈钟沪 自由是个好东西！我们这些年轻人，不就是要自由吗！

许 强 喂，老婆，你打算请聂子吃什么呢？

聂 耳 随便一点吧。

陈钟沪 吃炒饭吧。咱们走吧。

263 老北平云南会馆院子 日 外

马匡国房间。马匡国在来回踱步，一副趾高气扬、小人得志的样子。

马匡国 （自言自语）哈哈，今天是个好日子。我马某真是大喜过望。想当初，这聂子吃饱了撑的过问政治，在昆明与政府对抗，刚要抓他却走漏风声。这小子逃到上海，摆脱了我。我晓得，他绝不会洗手不干。可我鞭长莫及。没想到在北平，这小子撞到我枪口上。嘿嘿，待我好好侦查一番，把他的同伙搞清楚，来个一网打尽。到时候，我就挺起腰杆儿，将来弄个师长旅长当当！让那些瞧不起我的人刮目相看。呵呵呵呵——

马匡国出门，悄悄偷窥1号房。

马匡国 嘿嘿，有行李，没人。大概去吃饭了。我可要把自己伪装起来。尽量贴近他，让他毫无防备。万万不可打草惊蛇。可不是吗？一来时机未到；二来会馆里还有值得注意的危险人物。我出门瞧瞧。看看这个穷困潦倒的卖艺人。

264 云南会馆2号房 日 内

云南会馆2号房间内，聂耳好友张天虚与瘸腿诗人陆万美正在密谈。

陆万美 听说1号房间来了一个人。上海方面给我介绍了，说他叫聂耳。是个进步青年。

张天虚 嗨呀，就是聂紫艺嘛！在昆明你也认识的。相当好的一个小伙子。

陆万美 我知道了。可交往不深。只晓得他要求进步，还有很高的音乐天赋。

张天虚 这回我们可要好好培养他。上海“左联”已经专门叮嘱过此事。

陆万美 上海方面一个劲地夸他，说他小提琴呀、吉他呀等多种乐器演奏得好，多才多艺，会演戏，还写得一手好文章，性格活泼幽默，很讨人喜欢。

张天虚 我太了解他了。他年轻、善良，对一切抱有希望；同时他没有任何牵挂；他四处游走，可以自由采取一切介入行动。但是他尽管可以像空气一样自由自在不受羁绊，可他却时时因为没有归属感而烦恼、失落并怀疑整个世界。于是他辗转他乡，希望在那里得到一种归属，可以像正常人一样过着平凡的生活。

陆万美　这正是我们需要的人。

张天虚　我们应该尽早吸收他进来。

265　云南会馆院子　夜　外

傍晚，聂耳上，在会馆院内，大槐树下，支起乐谱架子，拿出小提琴，开始练习。

聂　耳　（自言自语）马匡国1930年7月，在昆明曾参加制定了逮捕我的“黑名单”。因此，我不得不警惕地应付他的交游。难道我自己会想到么？我拉出的音符对我的肩膀来说还不算太大，宁愿把我的肩膀都压破。我肩负的命运对于青少年的我过于轻松，宁愿命运重些、再重些！把我的青春都压毁了也在所不辞。

陆万美搬出一条凳子，手摇蒲扇，装出一边纳凉，一边欣赏的样子。

聂耳很快拉完了一首外国曲子，就朝陆万美把琴递来。

聂　耳　你好呀，老朋友！来，请万美兄也拉一首吧？

陆万美　（摆摆手）不会不会，班门弄斧，岂敢岂敢。

聂　耳　谦虚了？我还记得在昆明你拉二胡、弹三弦呢！还有你弹的滇戏花灯调！

陆万美　琴不离手，曲不离口。几年不练，生疏已久。

聂　耳　我记得你这位作家诗人还喜欢西洋音乐，我给你拉几首听听。

陆万美　（自言自语）这小子还蛮聪明，要考考我？

聂耳进入角色，十分投入地拉出一首舒伯特的《河流》。

耳边飞过宛如波涛翻卷的乐曲，从聂耳的面部表情上，陆万美仿佛看到了如下画面——（画外音）我的生命在痛苦中向前滚动，随着翻卷的波涛起伏跌宕。在这里登上高峰，在那里陷入低谷，粗犷地迸发着，形成飞驰的弧线。现在它经过了寂静的山谷和绿地，温柔地战栗着，荡起涟漪，渴望安详宁静的世界，在平和的生命中欢愉。总是找不到要寻求的东西，永远向往着，它奔腾向前，不满足就要不停息地奋斗，没有快乐，也从不安定。

聂　耳　（一曲完毕，拿毛巾擦了一把汗水，平静了一会儿）你能听出这是谁的作品吗?

陆万美　我哪晓得是谁的?可我知道，这是冷漠的 d 小调的地狱之旅，只是生命之河比厚重的冥河更加喧嚣。表现出奔腾、飞旋跳跃的水的力量。奔腾的波浪无情地冲击着跌宕起伏的声乐旋律。你拉得太好了!你再拉一曲吧?

聂　耳　好!再拉一曲。(他轻轻一甩黑头发，架起小提琴，一个潇洒帅气的镜头便定格在观众和陆万美的视界里)

第二支曲子《极乐世界》奏响的时候，陆万美眼前似乎出现了一片大海——(画外音)我在生活的海洋中漂荡，我惬意地坐在小船中，没有船桨和目标，只是漂浮着，随风而动，随波逐流。愚笨地寻找一个幸福的小岛，但那个岛屿根本找不到。我坚信它一定存在，就在远海拍打着的岸边。

陆万美　呵呵，我觉得这首曲令人想起《冬之旅》中的“勇气”，这个精力旺盛的形象似乎就是被视为英雄的音乐肖像。小提琴的旋律表现出上下求索的坚定信念。不知道是不是这个主题呀?

聂　耳　高山流水，你是知音哪!你等等，我回房搬个凳子来。(说着，进屋搬一个小凳)我最欣赏舒伯特说的：我的音乐是我的才能和悲惨境地的产物，世人最喜爱的，正是我以最大的痛苦写成的音乐。我一个人离开上海明月社，是因为我渴望自由，渴望承担责任。

陆万美　你可不是一个人。在昆明时，我看过你演出的爱尔兰女戏剧家格雷戈垒的《女店主》，你男扮女装把女店主给演活了。随后我在《民众日报》副刊还撰写了一篇评论呢。

聂　耳　哦，记起来了。谢谢你的好评呀!离开上海时，生萱老兄还对我说起此事呢。

陆万美　耶?你和李生萱，哦，就是艾思奇也熟悉?

聂　耳　岂止是熟悉，还是老朋友呢!其实，他的艺术天分是很高的。可惜热衷于哲学。

陆万美　什么叫可惜?人往高处走嘛!他写的《哲学讲话》就充满了马克思主义哲学味道。

聂　耳　我也读过不少马克思的书。有好多都是艾思奇给我的呢!

陆万美　怎么？你也读了马克思？真是个进步青年，好样的！

聂　耳　我只是朦胧中觉得这个社会太不公平了！需要一种革命理论来鼓舞青年拿起武器，联合普罗大众，跟反动政府斗争！赶走日寇！

陆万美　你说得对！综观马克思一生的思想，无不贯穿这样一个主题：造反有理！要实现每个人的解放和自由而全面的发展。

聂　耳　太好了！首先要动员大家起来，投入真正的战斗，然后再见分晓。

陆万美　人在自由中承担自己，同时也承担着整个世界，这便是人的责任，因为你的选择也是为别人树立了榜样。人的自由与责任是不可分的，自由无限，责任也就无比沉重；自由绝对，责任就不可推卸。自由是人类生存的本质。自由决不是随心所欲。自由选择的同时，必须负有责任，这种责任内涵是一种善良行为的动态意向或道德向度。

聂　耳　你说得对呀。夜深了，你早点歇着吧。改天再向你讨教吧！

陆万美　就是。你初来乍到，有什么需要帮助的，告诉我！

二人分别进1号房、2号房。

266　老北平校场胡同　夜　外

子夜时分，忽闻几声鬼一般的嚎叫。

又一群身穿黑衣的老妇女正怀抱着景泰蓝瓶子，在散乱地走过。

其中一个巫婆手持一尊玄武图腾，嘴上不停地念叨：玄武的地盘是北平。北平的地盘俺做主。老少人生为自由，青春生存即自由。还是自由人生好呀！几天之后中元节，灵魂出窍为鬼节。人不自由鬼自由！天叫神喊迎鬼来。

（画外音续唱）

日听西河大鼓哟，夜看昆曲京戏，

你可知会馆有省级郡级和县级？

扎堆在四九城，分布在胡同里。

老会馆藏着风云人物的多少故事？

会馆的作用是神马？科举备考学优则仕、

近悦远来帮困救急、宴请做寿团拜乡礼、

婚丧嫁娶、节省食宿费，读书交流通信息。

大栅栏商铺林立哟，琉璃厂文人雅士，

各地学子官商把不同的文化带进来，

又将京师文化带出去，传播到各地。

老会馆看似破旧不堪看似毫无意义，

外表的破落难道就等于它没有价值？

老会馆，一本记载外地助京发展的历史教科书，

只可惜，却成了无人喝彩无人抢救的破旧民居……

267　老北平中南海公园　傍晚　外

北平的中南海公园。碧波荡漾，轻舟欸乃，柳丝袅袅，绿树红墙。

聂耳与张天虚走来。

1932年8月16日，农历七月十五日中元节。在20世纪20—40年代，神州大地中元节远比“七夕”、“清明”热闹。人们传承着以家为单位的祭祖习俗，祭祖先、荐时食的古老习俗直至民国时期仍然是乡村中元节俗的首要内容。（抗战胜利后，各寺庙还增加祈请佛力普度“抗战阵亡将士”英灵。20世纪50年代，中元节依然热闹。但后被认为是宣扬封建迷信，逐渐边缘化。传统中元节都是商办官助，可到20世纪50年代末，大部分的商已被改造，无力承办，又无官助，自然销声匿迹。60年代中期，北海公园还办了最后一次中元节，琼海中到处都是用京郊产的大紫皮茄子做成的河灯，非常壮观）

华灯初上，月到中天。聂耳与张天虚随四方神边走边看，好是新鲜。

（画外音：唱《放河灯》）七月十五放河灯，一家一户祭亡灵。人间放忧且放乐，彼岸托盏亦托生。

放河灯，尤数北海公园里放灯壮观。湖面开阔，水流平缓。每到七月十五夜晚，北平城许多男女老少一家一户齐集北海岸边的戏台前广场，竞观河灯。各色彩灯顺水漂移，小孩子紧盯着自家的灯能漂多远。老太婆嘴里念念叨叨，不断为先人祈祷。北海放河灯，已成为当年的欢乐活动项目。不知不觉，身后一个身穿洋素装的犹太小姐玛蕊娅和她的姐妹也加入游玩的队伍。

聂耳与张天虚跪拜，随着几个道士在做法事。他们不但超度亡魂，更为那些

为国捐躯，战死沙场的死难者施予祈祷。

聂　耳　（默默念诵）父辈悬壶济世灵，将士抗战秋点兵。中元普度忧后乐，天上人间托盏生。

玛蕊娅　（姐妹俩悄悄加入做法事人群里，双双跪拜）回忆为什么是残酷的？因为它会重新唤醒被遗忘的记忆。祈祷耶和华，创天造地唯一的真神，愿在天的父母双亲得到安息。愿活着的犹太人不再遭受法西斯的蹂躏，愿伟大的中国人民保护拯救落难的犹太人。期待一个身兼先知、祭司、君王角色的弥赛亚降临，以解放来救赎我们。

聂　耳　（法事似乎触动了自己最隐秘的心弦，突然悲观地）天虚兄呀，以后要是我死了，能有人在中元节为我做法事，我就满足了。

张天虚　（拉聂耳站起身）聂子，别胡说！你是南方的朱雀，是不死鸟凤凰！你不会死的！你瞧，人家这位洋妞，都那么乐观。

玛蕊娅　（姐妹俩起身，对聂耳张天虚嫣然一笑）呵呵，你就是那个在海轮上拉琴的帅哥吧？

聂　耳　哦！认出来了，你还夺过我的琴，和你妹妹边奏边舞呢！

玛蕊娅　呵呵，你瞧我，作为苦难的犹太人，简直不能没有音乐！请原谅啊！听妈妈说，苦难从我们还未出生就伴随着我们。你们有一个很大、很可靠的国家，不像我们犹太人。

聂　耳　It's good to have a country to die for.（有一个为之而死的国家是美好的）

玛蕊娅　Yes. It's good to die for your country.（是啊，对于你们，为国而死是美好的）

张天虚　It's good to die for our country.（对于我们，为国而死是美好的）

聂　耳　好了，到此为止。大好青春不要再说什么 die、die、die。

张天虚　（伸腕看看手表）不早了，过了子时就算过了中元节，换一个新话题吧！

玛蕊娅　尊敬的先生们，三天后我们俩要随北平的协和国乐研究社举办一场演奏会，请你们捧场哟！请赏光来吧！

张天虚　好啊。

聂　耳　太好了！正想一饱眼福耳福呢！（说着双手抱拳）先谢谢啦！

268　老北平郊区去清华的路　日　外

第二天下午，聂耳和几个朋友被洋车夫拉车颠簸了一个多小时，来到清华大学校园内。欧式洋派教学楼、灰墙红瓦，图书馆、大礼堂。悬挂着横幅“欢迎新同学”。聂耳与朋友们去参观清华大学。遭遇清华游戏——凡新生入学后，老生们都要公开玩弄新生一番。

聂耳好奇，就与张福华凑过去看。新生们先到医院查体，再进入体育馆人人过关。

只见体育馆内满是一片像是看马戏的老生，有些胸前戴有写着指导员、招待员的红布条，一个个板着脸，像刽子手。而聂耳被当做新生，不由分说被老生拖进新生群中。聂耳的西装被更换了，和新生他们一样每人只穿内衣背心和短裤，也板着脸任凭那刽子手支配。新生们和老生们不时发出阵阵哄笑。

聂耳和三个新生趴在地上用鼻子推皮球，推到一个相距七八尺的小圈内，看似狗演戏，又似猪觅食。

聂耳又和四个新生分别在四个水桶里用嘴去咬水果，等新生刚把头低下，一群老生就拥上去把新生们的头往水里猛按。呛得新生们大吐大咳嗽。老生们则大慈大悲似的递上毛巾。

接着又有老生在地上写好东西南北，要聂耳和新生站立中间，看清后便被蒙上眼睛，四五个老生围着他像推磨一般旋转。突然停下让他说出方向。有新生还未回答就“扑通”一声昏倒在地。引来一片大笑。

聂耳出局看人家。还有的让新生蹲在一根荡木上甩来甩去，令他去拿立在远处的一根木棒，可它的位置离新生的手相差五分，荡来荡去够不着。那模样像耍猴儿。

聂　耳　哎——看了半天，被折磨了半天，当新生们真可怜呀！

新生们　可怜啥呀？真好玩儿！等明年，我们会像婆婆待媳妇那样折腾新生呀！

聂　耳　清华的环境着实太好了。我玄想着要是我是清华学生，就自由地跑到大礼堂去练习音乐，到图书馆去读书，到运动场去打球……一时思潮起伏，追忆起学校生活的乐趣。

朋友甲 喂，聂子，我给你找了一本《音乐常识》，非常有趣。你不是要考艺术学院吗？

聂　耳 是啊！太谢谢你了！我不能不做相当的准备。我想若是考进了北平大学艺术学院，重新再度学生生活，更想到以后来参加清华乐队演奏。这会让我感到何等悠闲。

聂　耳 在昏暗的夜幕里，徘徊在清华园中，我听到啾啾的金蝉在为我唱出离别之歌。回家的路上，我发现了我的思潮又潜伏在考学校的玄想中。

聂　耳 北平住定了，心事又重重。昨天我去北平大学艺术学院报了名。我头脑里有两个聂耳在打架——一个说，我渴望上大学，要成就大事业，必须深造打基础。另一个说，可是学费生活费从哪里来？从哪里去淘换这些钱？妈妈白天开药店，晚上守更熬夜纺线线。哥哥姐姐都成家，顾及自己都很难，哪有资金支持我？

269　老北平协和国乐音乐会舞台　夜　外

次日傍晚，协和国乐研究社演奏会上，八个身穿灰色长袍马褂的中国人民乐队用笛子、三弦、笙、月琴、二胡等演奏，与其形成鲜明对照的是，一对金发碧眼的犹太小姐身穿袒胸露臂的红色衣裙，快节奏颇潇洒地拉起小提琴——首演《行街四合》快板舞曲——洋小姐换了一身显露“S”形曼妙身材的中式旗袍，坐在钢琴前与八人再演奏《渔樵耕读》柔版，则是一种旋律很美的乡村风味；接下来是第三曲《五月落梅花》；第四曲《商妇泪》；第五曲居然是舒曼的《梦幻曲》……（注：限于时间，以上分别只演奏其中一段主旋律）

270　协和国乐音乐会舞台观众席　夜　外

（镜头由远而近）坐在观众席上的聂耳大吃一惊。

聂　耳 （自言自语）不错！中国音乐与西洋音乐竟如此协调共存，这中西结合模式还蛮好耶！

说着拿出小本子，记下刚才的乐谱。紧接着，更为惊叹的是——在悠扬的民乐演奏烘托中，一首唐诗意境悠然而起——秋汉飞玉霜，北风扫荷香。/含情纺织孤灯尽，拭泪相思寒漏长。/檐前碧云静如水，月吊栖乌啼鸟起。/谁家少妇事鸳机，锦幕云屏深掩扉。/白玉窗中闻落叶，应怜寒女独无衣。

271 老北平协和国乐音乐会舞台 夜 外

女主持人身穿旗袍，款款而上，用地道的京腔京韵甜甜地说：刚才，最后演奏演唱的是马勒的《大地之歌》。一向是由一位男高音和一位女中音唱的，二人轮流各唱三首，男人高歌饮酒欢乐，女人却娓娓道出人生之哀愁。作品中有对生活热情的高歌，也有对死亡恐惧的感怀，揭示了尽情享乐与预感死亡的矛盾和困惑。歌词采用中国唐朝诗人的诗，究竟哪几个诗人的哪几首？这对于中国人来说，还是个“马勒难题”，谁来破解？

272 协和国乐音乐会舞台观众席 夜 外

台下观众一片叽叽喳喳的骚动。

随后一片热烈掌声。谢幕。

273 老北平协和国乐音乐会舞台 夜 外

聂耳与张天虚兴奋地登台献花。玛蕊娅接受道谢。

聂 耳 嘿！热烈祝贺你演出成功啊！国乐和西乐共存、协调的积极尝试，虽有演奏不足，可这种结合模式很受启发。

274 老北平协和国乐音乐会舞台 夜 外

观众皆已散去，舞台上唯余聂耳、玛蕊娅。

玛蕊娅 我想，你不会不这么认为吧？音乐可以是生命中最好的学校，但同时，它也可以是一种最有效的逃避方式。

聂 耳 音乐对于我，就是我的中国梦！是那么的重要，那么的趣味盎然。因为音乐是如此的博大深邃，却又是如此的单纯朴实（music is at the same time everything and nothing）。你的犹太梦是什么呀？

玛蕊娅 （边弹钢琴边唱《犹太梦》，流淌着犹太音乐忧郁、伤感、浪漫、美妙的旋律）“狼将与羊羔居住在一起，／狮子将躺在孩子身旁，／小牛和小狮子一起嬉戏玩耍……／它们既不相互伤害，也不互相毁灭。／在我们所有的圣山上，／大地将充满上帝的知识，／如同水没过了大海洋。”／犹太先知以赛亚的来世之梦：／也是我俩的世界和平的梦想。

聂　耳　走过去，顺手弹奏了一曲。（自言自语）好久没练琴了。这样下去怎么行呢？这场音乐会给我很大的激励，我要好好反省自己。为补偿最近几天的“偷懒”，明早可要早起多练一段时间！！记住吹吹灰的话！四狗加油！

275　云南会馆内　日　内

云南会馆内，2号房间。张天虚与陆万美在交谈。

陆万美　我看见，聂耳刚到北平的第三天，就用破木板制作了乐谱架，计划着每天拉小提琴的基本练习，但最初这些天实际根本不可能。他每天都被约出去活动，即使回到会馆里，也照样被拉着去瞎唱，开“草包”大会，尽要他一个接一个地表演各种逗人笑破肚皮的节目。你应该了解他，他哪来的这么多艺术细胞呢？

张天虚　可以说，聂耳的童年是浸泡在花灯和云南民歌中长大的。从小聂耳就爱听玉溪花灯和洞经音乐。这样的生活，我觉得聂耳，一方面自然是被迫的，为了要和大家搞好关系，还要为了对付特务马匡国，制造假象，让他产生错觉，只把聂耳当做一个“照样喜欢吃喝玩乐，吊儿郎当的艺术家”。而另一方面他的内心深处真是很不满意这种“安闲、软化”的鬼混生活的，他多次提到“有许多紧要的工作要做”，能有点空隙就去读报，了解政治形势的发展，就抓紧时机坚持小提琴的基本练习。

陆万美　听说他有很强的进步倾向，可为什么上海“左联”没有介绍他的情报？

张天虚　别急，看来还要等几天。我记得当年，在昆明和玉溪的街头小巷、茶馆公园，常有三五个老人聚在一起拉胡琴，自娱自乐地唱着，每天放了学一有机会聂耳就会跑到茶馆去，找一个地方坐下来静静地听，有时就掏出个小本子把它的谱给记下来。

陆万美　通过这几天观察，我发现聂耳还是一个时髦新潮的人。他还给我看过他的影集，在照片上他好时髦好摩登哟！

张天虚　这下你可说对了！聂耳是我们这个时代最时尚的青年！比起你我，新潮多了！不论是在昆明，还是在上海，不论是南京武汉，还是在北平，聂耳的穿着打扮都是这个年代最时尚的。

陆万美　因为时尚新潮，我感觉到这个音乐青年，从咱们云南大山走出来，非常热爱生活。

张天虚　聂子天生有悲悯之心，对母亲很体贴。外表是个阳光青年，但是内心细腻、敏感。

陆万美　一个二十多岁的青年，从西南偏远的昆明跑到了上海，最后闯进一个前卫的时尚圈子，一心向往革命。他在上海经历了怎样的心路历程？

张天虚　聂耳身上最大的特质就是激情燃烧、热血沸腾。不管哪个时代的青年人，都有一些共同点，比如敏感、真诚。问题是，我们怎样帮助他。

陆万美　怎样把一个“愤青”经过一步步打磨，让其转变为一个成熟的革命音乐家？

张天虚　我相信，聂耳是一个青春的存在，将来会发展成伟大的存在！将来会成为大音乐家！

陆万美　我想起一句古诗：弄潮儿向潮头立，手把红旗旗不湿！这应该是我们左联培养他的目标。他有激情有热情的因子，这才好办。你觉得呢？

张天虚　我觉得，时代的铁轮是急遽地向前滚，若不做推轮者，就担心被轧死。谁若迟了一步，也会被掷在后头。……我歌颂热情，我认为人间一切伟大的创造，全由热情作燃料！……执著热情的火把，燃烧着我们的灵魂。

陆万美　听说他要高考。让他复习功课吧！考完再说。

276 老北平考场上 日 内

考场上。铃声响，考生们都集合在礼堂内，聂耳被点名，是104号。

在第一考场教室里，一人一桌。黑板上用粉笔写着醒目的大字："严禁考试作弊，严禁互借文具"。

第一个教室黑板上：国民党党义试题：1. 略述三民主义之内容。2. 根据民生主义，拟你的家乡的农村经济的办法。

聂 耳 （坐在课桌旁思忖）我选的题目，就是3. 国难期中研究艺术的学生之责任。

聂耳匆匆做题。

277 老北平操场上 日 外

中午在操场上，聂耳匆匆买了一份煎饼果子吃了。

以下拍摄聂耳在四个考场上穿梭。

278 老北平考场上 日 内

到下一个教室。

聂 耳 （默念）国文试题:1. 何谓艺术？ 2. 吾人对于艺术之使命如何？ 3. 各自写理想的精神寄托。我还是选择3。

聂耳又做完题。

279 老北平考场上 日 内

又到第三个教室。

聂 耳 （默念）数学试题：1. a. 试解下列之算式 ×。

聂耳做完数学试题。又到第四教室。

280 老北平考场上 日 内

聂 耳 英文试题：作篇短文描写北平，再加英译汉两小段。

281 老北平街道 日 外

从考场上出来，已是日落西山。

282　云南会馆　夜　外

傍晚，聂耳回到云南会馆。

只见陈钟沪穿了洋服，新的秋大衣。两团毛皮竖在脸旁，烫着鬈发，一袭长裙，黝黑锃亮的高跟鞋，左胸上还插了一朵大红花。在许强等人陪伴下正待出门。

聂　耳　阿门！陈老弟，你今天看上去简直像一个大明星，大少奶奶！

陈钟沪　怎么？你忘了？明天是八月十五，今天是我十八岁生日呀！晚上请聂子你们大伙吃烤鸭——老北平的便宜坊烤鸭。这可是美滋滋、香喷喷的老字号耶！

283　便宜坊烤鸭店　夜　内

几十个云南老乡被陈钟沪许强约到便宜坊烤鸭店。

店小二　（高声喊）来啦您哪——

领位小二带众吃客入座。

陈钟沪　（豪爽地）我订了四桌，每桌十二个人。来来来，小二，点菜。

店小二　（高喊）好嘞，我叫经理来。经理——客人点菜喽——

店经理　来啦——小姐，先生，您点什么？

陈钟沪　聂子，你来点！

聂　耳　鸭，上烤鸭，便宜坊烤鸭。酒，喝白酒，二锅头白酒。

陈钟沪　好一副对联啊！许强，快记下来。

许　强　真没想到，聂子还有说对联的才华呀！

陈钟沪　我点——焖炉烤鸭一只、盐水鸭肝一盘，牛栏山二锅头两瓶，鲁菜嘛，就点水井鸭舌、芥末鸭掌、葱烧海参、酒香鸭心、干烧四宝、肉丝拉皮、酥香鲫鱼、醋熘鱼片、浓汁鱼肚、乌鱼蛋汤，就是这些你们的招牌菜吧！

店经理　（边记边答）好嘞！您真会点，把我们家的十二道招牌菜一网打尽。

陈钟沪　喂！四桌酒菜要同样的呀！来，你给我们云南来的大音乐家介绍一下，你们便宜坊的特色。他初次来。

店经理　焖炉烤鸭的制作方法最早是从南方传入北京的，其特点是“鸭子不见名火”。所谓“焖炉”，其实是一种地炉，炉身用砖砌成，大小约一米见方左右。焖烤鸭子之前，需用秫秸等燃料放炉内，点燃后将炉膛烧至适当的温度，将其灭掉，然后将鸭坯放在炉中铁罩上，关上炉门，故“焖炉烤鸭”即是由炉内炭火和烧热的炉壁焖烤而成。

陈钟沪　别说得太啰唆，你给介绍这鸭子有什么特色！

店经理　对不起。便宜坊经营的“焖炉烤鸭”是北京烤鸭两大流派之一。特点是皮酥肉嫩，口味鲜美，又因其烤制过程鸭子不见明火，保证烤鸭表面无杂质，而被誉为“绿色烤鸭”。

陈钟沪　绿色？你可别忽悠！别侃大山！你北平再绿色也比不上俺们云南的绿色！

上酒，上菜，上饭，众人先喝后吃，狼吞虎咽。

聂　耳　呵呵，好吃呀。我又在他们面前显示了吃的本领，除了吃烤鸭和他们相等外，我又吃了三碗饭。

陈钟沪　哈哈哈，人家武松当年是喝了三碗不过冈酒，去打老虎。聂子，你这是何方英雄哪？二锅头不喝，却吃了三碗饭？不行！你得喝酒！喝喝喝！

众人劝酒。

许　强　（看酒的说明书）依据现保存在顺义档案馆的《顺义县志》，从有详细酿酒历史记载的康熙五十八年（1719）算起，酿酒古镇牛栏山的“酒龄”已超200年。200年岁月陈酿，200载京华风韵。愈陈愈香，越喝越爽。有杯具呀！还有烤鸭没吃完呢！上酒！

聂　耳　牛栏山二锅头，好酒！（举起酒杯）喝喝喝！我也喝三碗！不就是酒嘛！

聂耳高兴，连喝三碗。

许　强　喂！聂子，你今天考试考得怎样啊？

陈钟沪　哈哈，没考煳吧？可别像这烤鸭一样！太给力啦！给烤煳啦！

聂　耳　复习不好，可自我感觉良好！

许　强　聂子，我建议你还是沿着这条道走下去！希望你别去那些什么艺术学院去鬼混。

聂　耳　是呀！到底你们比较内行！

陈钟沪　好呀！我有个提议，欢迎“小四狗”给咱们拉一首曲子好吗？

众　人　好！好！上蛋糕呀！

微醺中的聂耳操琴，轻轻拉响了生日歌。

一个漂亮的大蛋糕被送上来。许强插蜡烛，点燃，熄灯。“祝你生日快乐”歌声起。

陈钟沪满脸兴奋，运足力气，“扑哧”一声。

陈钟沪切蛋糕，给聂耳一块大的。聂耳吃得满脸是金黄色的奶油。

聂　耳　今晚非常高兴，不是我吹，走着站着醒着醉着我都能拉琴！当、当然，你们更高兴地饱耳福，尤其是让陈老弟高兴，今儿个是她的生日！这个生辰过得如此充实，着实难得呀！

陈钟沪　（有醉意）我还没乐够呢！小四狗，人家能醉拳，你也能醉琴！你再给我拉、拉一首！

聂　耳　（幽默地）公主，遵命！我拉一支舒曼的《梦幻曲》献给你！

聂耳熟练地拉起这首轻古典音乐。

陈钟沪　啊，又一次听到这首美妙的曲子了。在昆明时，当我在收音机里第一次听到它的旋律，我迷上甚至不知道它的标题。也可能是我梦想中的那一刻童话故事里的公主。看来，我的美丽幻想太幼稚了。

众　人　好呀！太好听啦！再来一支！

聂　耳　我再来一支《纪念曲》。

284　老北平胡同里　夜　外

聂耳一边拉琴，一边走出饭店。走在月光洒满的胡同里，聂耳微醺拉琴的英姿变成了影子，影子在灰色的土砖上漂移，漂移……陈钟沪她们追随而来，笑声震天。

陈钟沪　（大声喊叫）来呀，大家都来呀！看我们一个伟大的音乐家就要诞生啦！

寂静的北平胡同里，被琴声和喊声召唤，许多北平纳凉的男女老少纷纷走出家门，加入了聂耳的听琴队伍。

聂耳拉琴，时而仰首，时而俯身，时而穿过东交民巷的洋行和中国银行，时而走过骡马市大街米市胡同……夜深人静时，居然有许多年轻人尾随着聂耳的琴声大唱起来——

子夜，一层薄云遮盖了明月，后面跟着成块成团的黑云追逐过来……

285 东交民巷小楼　日　内

上午八点，东交民巷，北平俄罗斯籍小提琴教师托诺夫家。托诺夫正在拉《漂泊的荷兰人》。

笃笃笃，聂耳敲门。女佣开门。

聂　耳　您好，托诺夫先生，我叫聂耳，来自上海，是王人艺介绍……

托诺夫　（边拉边说）呵呵，北平欢迎你！托诺夫欢迎你！你是王人艺介绍来的？很好，很好！

聂　耳　是啊！我昨天来过两次了。我想拜您为师，学小提琴。

托诺夫　你是说，你两次来我家？好呀，再说第二次：（边拉边说）北平欢迎你！托诺夫欢迎你！

聂　耳　先生说话真逗啊！我是说这是我第三次拜访您。

托诺夫　哈哈，那我就第三次说一声，（边拉边说）北平欢迎你！托诺夫欢迎你！

聂　耳　请问您认识刘天华、冼星海吗？

托诺夫　哦，当然。他们是我学生。你拉过小曲子没有？我主张你多拉小曲子。这样才会有进步。

聂　耳　我拉过的。王人艺给我讲过你的要求。据说您是西伯利亚音乐学院院长？

托诺夫　是啊，过去是。你的朋友王人艺可是个好学生。我非常夸奖他。

聂　耳　在上海，我和王人艺住在一间房，是非常要好的朋友。

托诺夫　我鼓动你报考清华，只要你能通过入学试验，你尽可以在里面把音乐当饭吃。

聂　耳　可是，我只想和王人艺一样，拜您为师，学好提琴。

托诺夫　记着，你礼拜六带着提琴和我给你的书本来这儿上课。

286　东交民巷　日　外

9月18日上午10点，东交民巷。

陆万美　喂，聂子，今天是“九一八”事件周年纪念日，北平的进步团体准备在天安门广场举行市民与学生联合大会。

聂　耳　（异常兴奋地）带我去吧！我前天就给田旭说了，我要去参加。

张天虚　聂子呀，还记得咱们在昆明参加的那次飞行集会吗？

聂　耳　呵呵，当然记得呀！那次好险呀！要不是你早点通知我，就被马匡国他们……

陆万美　我早就听说了，你有参加飞行集会的经历，在昆明、在上海，你都是很积极的。

聂　耳　和反动当局对着干，我可是老游击手了。我有经验，你腿脚不好使，跟着我。我帮你。

陆万美　聂子，那可好啦！

张天虚　在昆明、在上海、在北平，既参加政治活动，又投身到革命文艺活动中的，还都有咱聂老弟。

聂　耳　是啊！哎，这可是你说的，我可是老革命了！

张天虚　对对对！年轻的老革命！年轻的老同志！哈哈哈哈——

陆万美　瞧，天安门广场快到了。那边就是了。

287　西长安街　日　外

聂耳与陆万美等许多进步青年快步走在西长安街上。路两边到处是全副武装的军警。当时，参加集会的人们手挽手，声势浩大地前进，喊着口号。

陆万美　（带头喊）打倒日本帝国主义！

众　人　打倒日本帝国主义！

陆万美　全民动员、一致抗战！

众　人　全民动员、一致抗战！

张天虚　枪口对外，保家卫国！不当亡国奴！

众　人　枪口对外，保家卫国！不当亡国奴！

288　长安街国民党市党部　日　外

游行队伍一直行进到国民党市党部门口，砸了它的招牌。

党部大门早已紧紧关闭了，未能冲进去。

就在这时，陆万美、张天虚看到聂耳在队伍里，挺胸阔步，满面红光，带头唱起革命歌曲《马赛曲》——

289　长安街上　日　外

聂耳昂首挺胸带头唱：前进，法兰西的儿女们，那光荣的时刻已来临！

众　人　（随唱）暴君举起血腥的旗帜，凶狠的敌兵到处在残杀人民！听，战场上传来了咆哮声！他们闯来了，要切断我们妻儿的咽喉！公民们，武装起来！用敌人的污血，灌溉我们的田野！同胞们，万众一心！前进！前进！武装起来吧，人民！组成属于你们的军队！前进！前进！

众人随唱的歌声越来越嘹亮。人群越聚越多。愤怒的歌声在紫禁城上空轰响。那些军警们紧急吹响警笛，围拢过来。

双方对峙。

290　云南会馆　日　外

回到云南会馆，聂耳对张天虚、陆万美微笑着连连点头，显出斗争胜利的喜悦。

张天虚　嘿！好久没听你唱《马赛曲》了。在昆明时，就听你唱过！

陆万美　聂子，你真的成熟起来了！

聂　耳　是啊，《马赛曲》铿锵有力，鼓舞士气！

张天虚　北平人民太需要《马赛曲》了！你不晓得，去年冬天，北平大学生起来敦促国民政府对日寇采取措施。组织起来到南京去向国民党政府示威游行，强烈要求他们北上抗日。结果被镇压了！

聂　耳　太令人气愤了！泱泱大中华，子民四万万，哪能忍受国土沦陷的奇耻大辱。咱们老乡艾思奇是蒙古族，他曾对我说，元朝时（1300）：中国国土是2270万平方公里。那时中国版图是一头牛，而今却要被变成一只鸡！我们决不答应！如今日本人霸占东三省，我作为中华男儿绝不甘心当亡国奴！以后也要写一首《马赛曲》，唤醒全国民众投入抗日斗争！

张天虚　（对陆万美）你瞧，咱聂耳的心始终是和人民大众贴在一块儿的。

陆万美　（对张天虚耳语）刚才，我收到了上海"左联"寄来的正式组织介绍信，把聂耳介绍来北平左翼剧联。还说要考验考验他。你说，今天"九一八"，不就说明了一切？还考验什么？

张天虚　你瞧，聂子他以高涨的热情投入到左翼群众文化斗争的高潮中去，在北方学生炽热的战斗激情的鼓舞下，

聂　耳　哎，两位老大哥，今天的活动太过瘾啦！我的生活一下汇入热情洋溢的正流中来了。

聂耳一脸兴奋，洋溢着满面红光，尽情享受着斗争的喜悦。

陆万美　你知道吗？咱们这样做，就给老北平留下了一串闪光的足迹和动人的斗争故事。

聂　耳　嘿，有这么厉害吗？我可没想过。我要把它在日记里记下来。

291　清华大学礼堂　夜　内

晚上，清华大学礼堂内。

东北学生自治会邀请"苞莉芭剧社"（"苞莉芭"，俄语"斗争"之意）来演出。

大礼堂里坐满了黑压压的男女学生，在一片嘈杂的声浪中，聂耳上。

报幕员　首先请来自上海的年轻的音乐家聂耳先生为清华大学的同学们，献上一曲法国人欧仁·鲍狄埃和比尔·狄盖特的《国际歌》。

聂耳穿一身西装，提着小提琴走上舞台。背后，钢琴在伴奏。《国际歌》的旋律一响，全场一片肃然。

边拉边唱，一曲深沉的歌在人们心头开始回荡——起来！饥寒交迫的奴隶！起来！全世界受苦的人！满腔的热血已经沸腾，要为真理而斗争。旧世界打

个落花流水，奴隶们起来起来，不要说我们一无所有，我们要做天下的主人。

292　清华大学礼堂　夜　内

这时有右派学生头儿跑出来干涉，不让演《国际歌》，台下一些右派学生也跟着起哄架秧子，把聂耳的钢琴伴奏员都吓跑了。张天虚在一旁保护着聂耳。

聂耳根本不管那一套，继续拉他的《国际歌》，越拉越起劲儿，台下的学生情不自禁地跟着旋律唱起来——

从来就没有什么救世主，也不靠神仙皇帝。要创造人类的幸福，全靠我们自己！我们要夺回劳动果实，让思想冲破牢笼。快把那炉火烧得通红，趁热打铁才能成功！

293　清华大学　夜　内

一片热烈、庄严的气氛。演出中，警察又跑出来捣乱，搞前台的剧社人员总算给顶了回去，把戏坚持演下来了。

（画外音）戏一演完，清华园里就像开了锅似的，右派学生在礼堂外面贴了不少“打倒普罗剧社”的标语，所谓“普罗”英文“无产阶级文化”译音的缩写。左派学生一面去扯标语，一面和右派学生展开了激烈争论，整整闹腾了一夜。

294　清华大学　夜　外

天亮了，右派学生也闹得没劲儿了，聂耳和“苞莉芭剧社”的同仁们一块儿在清华园校门口等车进城。

等车的时候，聂耳又带头跳起了非洲舞，张天虚唱起了进步歌儿，大家伙儿忘了一夜的演出疲劳，也跟着一块唱起来，跳起来，从清华园一路唱进了北平城。

295　云南会馆　日　内

聂耳回到云南会馆。

聂耳1号房内。两人一个坐床边，另一个坐在小板凳上，又在聊天。

聂　耳　呵呵，天亮了，好兴奋！一点也不困。哎，想想办法，克服经济上的困难，我该如约了！去找托诺夫进修深造。你看，人家刘天华、冼星海都是他的学生了。我还等什么？

张天虚 聂子，你可记着呀，陈钟沪让我告诉你，“九一八”之后这一个月可要绝食呀！

聂　耳 一个字：晕！两个字：我晕！三个字：实在晕！

张天虚 你怎么啦？

聂　耳 我只能用自我讽刺的口吻，批判此时的生活。不是吗？别人正提倡“九一八”绝食，我们却为闹肚子而绝食。

张天虚 呃，我晓得了，你前几天在闹肚子呀！玩笑归玩笑，我只要求你，作为一个革命青年，在这样混乱、污浊的环境里，仍然要坚持一个共青团员的先进思想。不管遭受什么样的打击，都要表现出具有难能可贵的勇敢和毅力。

聂　耳 好的！我记住你老兄的嘱咐了。只是我囊中羞涩，咳——给你说一件事吧。

张天虚 说吧！

聂　耳 在北平，叫我遭受到的第一个打击是：我曾去找咱们的老乡王丹东，你记得不？他在朝阳门内的北平私立美术学院教书。我请求帮助介绍我去“教点课”，一来可解决起码的生活问题，二来也可有学费向托诺夫去进修、学习。

张天虚 是啊，我记得王尽力为你活动，向学校当局和学生作了推荐嘛。听说学生们也好喜欢你！对你的热情和演奏艺术、富于感染力的表演有好感，向学校要求你来教小提琴。

聂　耳 问题就出在这儿。但校长王悦之是投靠国民党的死硬分子，他怀疑我“有色彩”，坚决不接收。你想想，这对想在北平火热斗争中多体验、多工作的你的聂耳老弟，是一次多大的打击呀！

张天虚 别灰心！我鼓励你要坚强！古人云：自古雄才多磨难，从来纨绔少伟男。

聂　耳 说得好！你太有才了！相比之下，可能这第二个打击更让我伤心。

张天虚 又怎么啦？

聂　耳　你知道，我为了请托诺夫教授教我提琴，把大衣都当了。跟托诺夫学了四次，感觉这个老外教得不错，想继续学下去，可是无奈囊中羞涩。你瞧瞧，又是囊中羞涩。我何时不囊中羞涩？我何时能有钱啊？这个老外每次学费竟要二十元。我上哪儿去偷去抢啊？怎么办？我心想，古来就有爱才忘利的艺术家，以自己的天分和勤勉，兴许这个洋教头能免费让自己跟他学两把？谁知昨天我把这个意思隐约向他老人家一透，这个老洋人竟然拉长了声调说："啊！这是一个顶大的障碍……你是一个顶聪明的孩子，你将来的提琴会拉得不错的。"

张天虚　真是无情。这番话给满怀热情的你当头泼了一盆凉水。

聂　耳　原打算跟着托诺夫好好学一学，提高以后再去欧洲和日本考察游历一番，没想到没出国门就被庸俗的金钱关系束住了手脚，怎么艺术圈儿里的高人也这样认钱不认人呢？

张天虚　悲剧啊！悲剧！这肯定会让我的好兄弟伤心不已。可我也无钱帮你呀！

聂　耳　瞧你说的？我又没找你借钱呀？你最近可比在上海时消瘦多了。我真为你的健康担忧啊！

张天虚　没事的。只是有点轻度的肺结核。哎，听说这些天你还去明月社美女白虹家，该走桃花运了吧？有没有戏吗？

聂　耳　是啊，自从刚来北平时，我就去了白虹家，前后不下五次，全都扑了个空。这两天她母亲又来看我，可我又出门去清华、去天安门了。别说和白虹了，就和她母亲都没有缘分。

张天虚　哈哈！看来你和白家没有缘分。你就死了这份心吧！还是尽快和春晖结婚吧？

聂　耳　哈哈哈！说心里话，我还是喜欢春晖呀。你在笑话我？你那心上人去哪啦？

张天虚　我要去延安，她说也要跟我去。不过她现在回舟山探亲去了。

聂　耳　哎，我问你个问题：中国革命和共产国际是什么关系呀？

张天虚　怎么？你何以问起这个问题？

聂　耳　就是有一天，我饭也没吃，走了十几里路赶到朝阳大学，去听马哲民的“陈独秀与中国革命”的政治讲演。在讲演会上，一个持托洛茨基观点的人跑到台上和讲演者辩论。演讲很精彩。真长见识呀！这种激烈的面对面的斗争给年轻的我以鼓舞和教育。

张天虚　你来北平演过几次戏了？

296　云南会馆　夜　内

笃笃笃——

陆万美这时敲门，一瘸一拐地进门来。

297　云南会馆　夜　内

聂　耳　两次呀！第一次在清华。第二次公演是到位于东单外交部街平大俄文商学院的大院里演出。

陆万美　哎，告诉你们，我看过那场。记得也是个夜场，大冷天的，观众就坐在露天的长条凳上，可情绪都特别高涨。聂耳在独幕话剧《血衣》中扮演一个老工人。你给天虚说说。

聂　耳　对对对。我在台上含泪向观众说了这样的台词：“大宝、二宝，这是你爸爸的血衣！老孙、老李，这是你兄弟的血衣，我们要把我的血，你的血，大家的血都加染上去，变成一面血染的红旗，照遍世界！”

张天虚　（鼓掌）好呀！聂子演戏还真有两下子。

聂　耳　哼！本来有三下子唻。到了北平这鬼地方，一拉肚子、一失恋，再加上两次打击，快给丢光了！

陆万美　哎呀，我也觉得，北平真是个鬼地方！本来聂耳他们还准备了一个象征剧《起来》，排得挺不错，可能因为露天里天太冷，没演，后来由聂耳上台用小提琴拉了一支他新创作的曲子，受到了观众的热烈欢迎。为了防止特务捣乱，学生们挑出一些大个儿壮汉扛着木棍在院子外面布防。

张天虚　哎，我问你聂子，你考北平大学艺术学院考上了么？是不是该发榜了？

聂　耳　呀！忘记告诉你了。我落榜了！我成了一个落榜生！昨天我去看榜了，榜上有名不是我，名落孙山却是我。很伤心，很受伤！这也是一次打击！

陆万美　真实吗？很为你难过。不过，咱们的聂子是好样的！落榜不落志嘛！

聂　耳　看来漂在北平，北平不欢迎我呀！三次打击，想把我击垮？你们说说，会不会？

张天虚　我想不会的！咱们云南大山里出来的孩子，害怕什么三次打击？

陆万美　每一次打击都为你增加了人生财富的积累。不过，我建议你还是回上海的好！

张天虚　（幽默地）祝贺你，在北平收获了三大财富！

聂　耳　在北平，三个月的时间，我都快成文化富翁了？！你瞧瞧，来到北平，对这里的名胜古迹非常感兴趣，在同乡友人的陪伴下畅游了故宫、太庙、中山公园、北海、中南海、颐和园、万牲园、香山、团城等地，并多次到天桥去观看民间艺人的表演，体察、倾听劳苦人民发自内心的呼声。我觉得：这儿是一个低级社会的缩影，什么卖艺的、唱戏的、变把戏的，无奇不有。我还到杨梅竹斜街“青云阁”听大鼓，看杂耍。又去清华大学、北平师范大学、法政大学、燕京大学会友、打乒乓球。还到中天、真光、平安、中央、华乐园、哈尔飞、开明等剧场和北京饭店多次观看中外音乐、戏剧演出。加上跟托诺夫学习小提琴。又在云南会馆里练琴，和同乡们开联欢会，表演节目。文化上长进真是不小啊！可经济上全是透支！（唉声叹气）哎呀，一言难尽呀！呜呜——呜呜——

陆万美　我们眼看着你大有进步。不要灰心。

聂　耳　这三个月，我有太多的人生感慨。你要是有一个伟大的目标，全世界都不会帮你！给你设置这样那样的障碍，阻挠你、怀疑你、诅咒你，你怎么去达成目标？

张天虚　一个后生，要经历几次打击磨难才能成为男子汉？在哲学上讲，人啊，都是被自由、被责任的。唯有本我，才是主自由、主责任的。

陆万美　这就叫做：大将降大任于斯人也，必先苦其心志，劳其筋骨，饿其体肤，空乏其身，行拂乱其所为。

张天虚　别这么文绉绉的！不就是说，上天要下达重大使命给这个人，一定要先使他的内心痛苦，使他的筋骨劳累，使他的体肤饿瘦，使他身受贫困之罪，所行不顺，使他所做的事情颠倒错乱。

聂　耳　我明白。人啊，都是先被自由、被责任的。随后才主自由、主责任的。

陆万美　不！你不明白！他人就是朋友！是我们这些革命同志！幸好还有上海左翼戏剧家联盟介绍，让你参加北平"左联"的戏剧与音乐的排演和组建活动。

聂　耳　谢谢你。这些固然很好，可这只是北漂的日子。生活太艰难了！我以为你能帮我解决生存问题呢？

张天虚　呵呵，你对他期望值太高啦！陆万美也是个北漂呀！我们都是北漂！

聂　耳　北漂怕什么？《国际歌》不是唱出了我们的心声吗？——不要说我们一无所有，我们要做天下的主人！

298　云南会馆　夜　外

"聂子——聂子——"

陈钟沪手拿一本杂志在门外喊着推门而入。

299　云南会馆　夜　内

陈钟沪　哎呀，你们这些家伙在干啥呢？瞧！人家寄来了《戏剧新闻》杂志给聂子。还附带着稿约。

张天虚　稿约怎么说？不知道！你念念吧？

陈钟沪　我念念——欢迎来稿，长短不限。

众　人　哈哈——哈哈——

陈钟沪　（不知其然）你们看，还刊登了什么？

聂　耳　给我看看，给我看看！

张天虚　还是给我看看呀！

陆万美　我知道呀！发表了聂子一篇好文章。

张天虚　哎哎，怎么回事呀？

陆万美　我安排北平剧联机关刊物《戏剧新闻》约稿。大概是发表了他写的《上海电影界》一文吧？

聂耳在翻阅着杂志。

聂　耳　嘿嘿，小文一篇。不好意思。

陈钟沪　喂喂喂，有稿费吗？聂子你可要请客呀！

聂　耳　好呀！（忽而一张汇票落地）看呀，稿费单随刊寄来了。我请大伙吃便宜坊烤鸭吧！

张天虚　我觉得还是不要了吧？省点钱，稿费自个儿留着花吧！

陆万美　不去吃了吧？因在北平找不到职业，聂子生活无法维持，更没有钱交学费，小提琴也学不下去了。还是另想办法吧？

聂　耳　（悲伤地）看来，北国刺骨的寒风与漫天的冰雪，逼我离开北平另谋出路。临行前，我还是要请客的！走吧！请大家吃完饭，我就回上海啦！

众　人　那就去吧，最后宰聂耳一顿饭吧。我们可舍不得你走呀！

聂　耳　北平，着实有它可以使人留恋的地方，但是为了生活，只能说一声“后会有期！”

陈钟沪　一会儿你给我们表演一个你自称“活神仙”或者“鬼故事”的作品吧？以后就看不到了。

聂　耳　别伤心。以后我将更勇敢地去实践人生，在这里面取得伟大材料，创造伟大的作品。[①]

众　人　说好啦！你可别吹牛，我们期待着。

（画外音）男女二重唱《伟大的理想》

漂泊时光，人生旅途，坎坷动荡。

① 《聂耳日记》（1932年10月21日），大象出版社2004年版。

被排挤、被磨难、被打击、被落榜。
漂泊时光，扼我咽喉，毁我希望，
主励志、主自由、主责任、主天降。
上路吧，你若不去实现理想，
就应该在去追寻信仰的路上。
上路吧，你若不去追寻信仰，
就应该在去实现理想的路上。

你要是有一个伟大的理想（伟大的空想），
全世界都会跑来为你帮忙（为你帮倒忙）。
青春并非任人宰割的羔羊，
是让黑夜燃烧光明的太阳！

第四部

沪II

300 老上海石库门郑易里宅 日 内

上海。石库门式的郑易里居所。

几个人围着小桌正在吃饭。聂耳进来。

胡 笳 哎，聂子，你回来了，我好高兴啊！（二人拥抱）

郑易里 嗨嗨，是不是闻到正好我们在吃宣威火腿？小四狗从天而降？你怎么从北平来啦？

聂 耳 那还用说？闻香下马，知味进屋。谁让我有口福呢？！

胡 笳 来，我还给你带来了苏州醉蟹。

郑易里 吃醉蟹可要喝花雕老黄酒呀！我去拿酒。（转身去厨房）

金 焰 嗨！聂子，你讲讲北平的日子怎么过的？听说你还在天津船上和我同学认识了？

胡 笳 我看聂子从脸庞到眼睛，都似乎是饱经风霜的感觉。大概生活很艰辛吧？

孙 瑜 鸟飞千里要归巢，人行万里不出圈。聂子，还是来联华公司和咱们一起干吧？

郑易里拿花雕酒来，胡笳斟酒。

郑易里 我看聂子的眼神比以往更坚毅了。身上有一种从少年到战士的那种坚强的光焰正在散发。

聂 耳 呵呵，还是我老乡易里大哥会说话，说得我好开心。（转向孙瑜）好呀，自从咱们在罗明佑生日晚会上相识，都好几年了。咱们可得好好合作一回。

金 焰 我觉得和聂子合作会很愉快。我是知根知底的。聂子这家伙音乐、表演和爬格子都很有天才。

卜万苍 就是你的性子太直率。我那部电影《人道》遭你批评后，你记得吗？我还大骂过你。

胡 笳 是啊，不就是批评你一番吗？你把人家聂子骂得狗血喷头。我都看不过去了！

卜万苍　可不是吗！可事后一想，聂子的批评属于正常的艺术批评，很有正义感和良心，绝非私人成见，我就想通啦！来来来，敬你一杯！

聂　耳　醉蟹瓮酒荒唐语，乐人墨客激扬文。喝喝喝。谁让我是水瓶座的男人呢？！心直口快，我觉得朋友间最可贵的是坦诚相见。

卜万苍　我从心眼里感觉，有你这个诤友而万分高兴。

孙　瑜　咱们是不是商量定下来，为了欢迎聂子的到来，大家分别给罗明佑老板推荐他？

众　人　（伸出右手，互相叠压）一言为定。

金　焰　（对聂耳）你就搬到我屋来住吧？

聂　耳　呵呵，非常乐意。那咱们可就能彻夜长谈了。

301　石库门里弄　夜　外

饭后散步。昏暗的路灯下，卜万苍拉聂耳交谈。

卜万苍　最近有几部电影和音乐的事，要和你详谈。

聂　耳　哎呀，我正要找你谈谈呢！音乐和电影的关系实在太密切了。你的认识很敏感。有声电影出现后，音乐在电影中的作用更加无可替代。你看看，场景的渲染、人物情感的表达、主题的升华都离不开音乐。试想一下，若是电影里只有人物对白，没有音乐，多么枯燥无味，简直是如同嚼蜡。

卜万苍　很精彩！很受启发！你赶紧加入电影圈子，依你我的才华，优势互补，好好合作，搞出几部像样的电影来，也算是对中国电影的贡献呀！

聂　耳　说得对。咱们共同努力吧！

302　石库门田汉宅　日　内

聂耳冒雨到田汉家——一座石库门式的小庭院，田汉与聂耳约见。

聂耳放下雨伞。安娥过来倒青岛啤酒。二人边喝边聊。

田　汉　你这个小鬼，离开上海到北平这几个月，革命文艺运动高涨。你来了正好，说说你在北平的情况？

聂　耳　我给您汇报汇报吧。（递交材料）这是北平左翼剧联的书面工作汇报，和介绍我入党的介绍信。陆万美也让我单独把北平的文艺活动给您通报一下。

聂耳对田汉耳语一番。喝青岛啤酒。

田　汉　明白了。由夏衍负责的上海电影小组很重视剧本创作。我和夏衍、阳翰笙已为“明星”、“艺华”、“联华”写了不少反封建的剧本。有《狂流》、《三个摩登女性》、《民族生存》、《中国海的怒潮》等。

聂　耳　太好啦！我听了很激动。上海的左翼文艺比北平还活跃。我想回上海是对的。我要投入！您快带我投入吧！

田　汉　小鬼，说实话，我喜欢你这种满腔热血激情澎湃的精气神。你要是懒懒散散、虚度光阴，我可不喜欢！

聂　耳　哎哟，瞧您说的，我准备甩开膀子，在您领导下大干一场呢！哪有工夫虚度光阴啊？

田　汉　莫急。大上海有的是工作要你干。最近各电影公司都来了一批很有才华的文艺人才，你要尽快和他们熟悉起来。不过，你要注意，现在上海处于白色恐怖之中，仍要注意保护好自己。注意和志同道合的人相互团结、相互照应，走出一条革命文艺大众化的道路来。

聂　耳　（不无幽默地）遵旨！干杯！

田　汉　（故意地）你严肃点。干杯！你当前的任务，第一是学习，第二是学习，第三还是学习。要在革命理论指导下，摸索出一套在电影界和音乐界全新的创作方法和艺术技巧来。

聂　耳　是！听您一席话，胜读十年书。真是像伍豪先生说的，五湖四海、三教九流，老大你都可以交朋友，可以为党工作。最近我在家阅读《马克思传》，兴趣很浓。别人在旁边大谈性爱问题，似乎一点也不能吸引我的注意。他们说今天的我，在谈性爱问题时不叹气，这倒是例外。其实读马克思的故事，我觉得心里更踏实了。

田　汉　你这小鬼呀，别恭维我。我问你，怎么做才踏实？

聂　耳　看马克思的生平很激励我，显然和以前读马克思的著作时，有着异样的感觉。我今年21岁了，对于一切的知识实在空虚至极。我心里有了一张时间表和路线图。为了实现我改造社会的理想抱负，每天的时间我都要安排得满满的。学理论、学外语、习音乐，都要填满时间的空隙。

田　汉　好呀！这才是一个伟大的少年战士的样子！

聂　耳　我觉得，一个人必须有一个足够大的理想，放开大步去追求。这样才不至于迷失在眼前利益之中。你尽可以去求得足够的物质利益，但不能没有足够大的理想。我的想法是，一定要做最出色的自己，同时要惠及大众。你一定要帮我啊！

田　汉　呵呵，少年心事当拿云啊！不光要有理想，还要把握住道！

聂　耳　什么道？

田　汉　天下大道。

聂　耳　何谓天下大道？

田　汉　道是规律，大道就是众望所归的规律。天下大道就是顺天时择地利求人和的社会历史发展规律，就是人的生涯发展获得成功、达成目标的轨迹。

聂　耳　真让我茅塞顿开呀！

田　汉　先行动，后知道，贵在行知观其妙。道可道，非常道，天下为公阳关道。

聂　耳　哈！我明白了。你不仅仅是一位知识分子，更是一位知道分子。我要跟你学，早早地知道，知大道，行大道。

田　汉　我相信你会成为最出色的人。我会帮助你。喝！喝酒！

聂　耳　呀！咱俩已经喝了五瓶青岛啤酒了，真是快乐极了，我快要醉了。

田　汉　我写过一篇很重要的文章，叫《银色的梦》。我在这篇文章里说：电影、酒、音乐是20世纪人生最重要的东西，而且特别强调电影在人的情感宣泄方面有特别重要的作用。改天拿给你看看。再喝！

聂　耳　还有一件事，我还想去看看黎锦晖老师。以前我口气太大，不小心伤着了他。

田　汉　好呀。这就对了。聂子，你越来越成熟了。嘿嘿，有人敲门。

303　石库门田汉宅　日　外

黎锦晖“笃笃笃”敲门。

304　石库门田汉宅　日　内

聂　耳　（赶紧去开门）呀！黎老师，您好！

黎锦晖　呵呵，聂耳回来啦？

聂　耳　刚刚提到您呢。

黎锦晖　提到我什么啦？又是香艳肉麻，又是麻痹意志吗？

聂　耳　哪里呀！提到以前在您的帮助下，我学会了很多技艺，很感谢您！

黎锦晖　哪里哪里。你这小鬼很有出息呀！怎么样？在北平还好吧？嗨——我快成了老朽了。跟不上时代，落伍喽！（以自嘲来反讽）识时务者为俊杰呀！

田　汉　算了吧！黎老哥，过去的事就让它过去吧。黎老哥宰相肚里能撑船。何况聂子的文章是良药苦口呢！

聂　耳　（脸红不自在）今后还请黎老师您多多指教学生。哪里有冒犯您的，请多包涵。

黎锦晖　（被打动）田老弟说得对。聂子镊子，拔除腐肉便获新生。还是你厉害呀，像个外科医生。我黎某怎么……嗨——我这次来，是让田老弟看看我的新歌，提提意见呢。说着，黎锦晖拿出几首歌曲新作，请田汉和聂耳看。

聂　耳　好歌！好歌呀！明快清新！

田　汉　是呀！毫无消沉轻浮之感。很有激情！尤其是你这首《进行曲》。

聂　耳　你看这首《奋起前进》:（哼唱着）中原将陆沉，胡骑纷纷！关山染血痕，惨目伤心！闻鸡起舞赖同群，食先尝胆寝则卧薪。楚虽三户足以亡秦。起！起！起！莫效秦廷泣，进！进！进！甘为易水魂！

田　汉　很好！聂子，你再看这一首《勇士凯歌》:（哼唱着）拼着血，拼着头，求得自由！为着人类的利益，齐来奋斗。为着世间正义，更要追求！同胞快快向前快快向前走！打倒敌手，往前猛进，除去仇雠，救我国；哪管肉搏，救我族，拼个死活；弹烟炮火，奋勇冲过！刀光剑气相连锁，短兵相接谁能躲。敌人力尽死伤多！

田　汉　锦晖兄，你有很大的变革嘛！儿女情长少了，英雄浩气多了！可喜可贺哟！

聂　耳　太精彩了！我感觉到了中华民族的浩气雄风！对我很有启发！我以为，浩气雄风对我们中华民族很重要！它是我们中华民族绵延五千年生生不息的无形遗产。

黎锦晖　过奖了。

田　汉　（对黎锦晖）你看，聂耳已经长成男子汉啦！真是长江后浪推前浪，一代新人在成长！哈哈哈哈！

聂　耳　（惭愧地）我在想呀，以前写文章批评您，可我心里却忐忑不安。自己本来很浅薄，却太大胆批评人。自己写不出更好的作品，连被骂的那样的作品都写不出来，这算什么艺术家？

黎锦晖　（自责地）我酿成了火灾，让自己所作的流行曲泛滥，是聂耳对我热情善意的劝勉，终于使我结束了坏歌曲的写作。

田　汉　聂耳这小鬼，是个好青年。咱们一起培养他吧！把他培养成国家的栋梁！

黎锦晖　好呀！我对聂耳的评价是：他待己甚严，从不讳过，待人很诚恳，爽直！

聂　耳　嘿嘿！嘿嘿！我觉得应该发起一个“中国新兴音乐研究会”，要创造出既能代替大众的呐喊，又保持高水准的新兴音乐来。

田　汉　这是个好主意。你可以多接触生活，锻炼自己的人格。

聂　耳　我记住了哲人说过的一句话：气有浩然双飞翼，学无止境一点通。我想，若不同生活接触，不能为生活的著作，不锻炼自己的人格，无由产生伟大的作品。以后……

黎锦晖　说得太好了。看来你这小鬼几天不见，大有进步呀！来，跟我出去走一趟！

305　石库门田汉宅　日　内

左翼剧联书记赵铭彝与瘸腿诗人陆万美进来，与田汉开会。

陆万美 （交给田汉一份材料）聂耳在北平参加了许多革命活动，党性有了进一步提高。因此，他提出申请，要求加入中国共产党。但因时间仓促，来不及办理手续。北平剧联党组织专门写了一份聂耳在北平的表现情况，让我带给上海剧联，希望左翼剧联尽快为他办理入党手续。

田　汉 好。聂耳真是个好青年！我觉得也该发展他入党了。他应该是老共青团员了吧？

聂耳送黎锦晖之后回来。

赵铭彝 （走上前）你好，聂子。向来自云南的老共青团员致敬！

聂　耳 呀！向左联赵书记致敬！向自强不息的诗人陆万美致敬！

聂耳与二人握手。

陆万美 榆关失守后，北平的同乡们纷纷南下。你走后北平演剧的情况渐渐冷落下来。喂，聂子，你是否有病？

聂　耳 没有呀！

陆万美 哎，为什么你没有在北平时那么胖了？瞧你这无血色的脸庞挂着一副失眠的眼睛。

聂　耳 这是无法的事，为了饭碗，哪里还顾得了什么失眠不失眠呀！

田　汉 今天有件大事要谈。聂耳同志，请你填写一份自己的简历，组织上准备发展你加入中国共产党。（递给聂耳一份表）

聂　耳 好啊，我早就盼望这天了。（迅速在那张表格上填写完毕）

306 联华电影公司一厂　日　内

田汉与聂耳进入联华电影公司一厂的一间摄影室。

世纪同龄人、清瘦精干的夏衍身穿蓝布长衫，在那里迎接聂耳。

夏　衍 （老远就伸出手）电影厂今日添光彩，北风吹得奇人来。都说电影厂来了一个长着四只耳朵的奇人，早就想一睹风采了。不过今天看上去，你很年轻嘛！

田　汉 他才21岁。以前他和明月社的那帮演员相处得可好了。

夏　衍 开始吧！

田汉示意聂耳面对刚刚挂好的共产党党旗。

田汉带着聂耳举起右手，宣誓入党。夏衍监誓。

夏　衍　（对聂耳）从今天起，你就是中共党员了。应该明白你肩上的责任重大。眼下是白色恐怖最严重的时期，我们每个人都面临着巨大的危险。你在这时入党，组织上认为你是临危不惧的勇敢战士。既然是战士，就要以饱满的热情投身革命，创造出鼓舞劳苦大众的音乐作品来。

田　汉　让我们团结在一起，为推翻旧制度，迎接新时代而勇敢战斗吧！

聂　耳　我记住你们的话。我的心在激烈地跳，从此不再犹豫不再彷徨。耳边仿佛听到了战场号角。

夏　衍　好了。你回去吧。老田，你和他一起走吧。

聂　耳　今天是个好日子。老大，咱俩去照相馆照个相吧。纪念这个难忘的日子。

田　汉　好呀，咱们走吧！

307 老上海某照相馆　日　内

田汉与聂耳坐在照相机的镁光灯之前，一副踌躇满志的神态。

（画外音，唱）《少年中国歌》：

少年磨难莫彷徨，少年正道坦荡荡。少年中国成涅槃，少年中国火凤凰。

少年浩气日日新，少年雄风月月强。少年中国恃雷电，少年中国谁敢当？

摄影师用手示意往前看，随后“咔嚓”一声，二人的神态便摄入相机中。

308 老上海明月社旁聂耳新家　日　内

聂　耳　昨天搬了新家，一头的高兴，住在明月歌剧社的隔壁。今天，我被任命为联华电影公司音乐股主任。太高兴啦！（兴奋地跳起来）Our new life will begin!（我们的新生活即将开始了！）

“咚”的一声，聂耳的脑袋碰到矮房顶上。

聂　耳　哎呀呀，我的头！（右手摸脑袋，疼痛难忍。）音乐股主任是个什么官？兵头将尾？光杆司令？一个人的音乐股！

丁铃铃——丁铃铃——老式电话响了。聂耳抓起电话。

聂 耳 喂——任光哪，是我。要我来吃饭？好好好。

聂耳放下电话，出门。

309 老上海贝当路811号花园工厂百代小红楼 日 内

任光办公室——有光滑的打蜡地板、大沙发、大的办公桌。

（画外音）位于衡山路上的老百代，即使超脱音乐，也已经成为老上海的一个象征了。

百代拥有着远东最大的录音棚，王人美、周璇、李香兰、李丽华等等都曾在这里录音。当时的中国动荡不安，可是小红楼的工作始终有条不紊，成为上海流行音乐的圣地。

任 光 来来来，聂子，过会儿来吃饭，你先来听听我的新作。（弹钢琴，演奏新创作的《母性之光》，边弹边唱）

聂 耳 呀！你的曲子很好听啊！很有情感在里面。这旋律、节拍、和声，都表现着特殊的味儿，听去不曾感觉到是从外国东西抄袭来的，但也不是完全的中国味。

任 光 谢谢！最近看苏联的《生路》了吗？

聂 耳 《生路》给我们的启迪是：苏联五年计划的建设者不是社会的上层人物，而是大众。它的成功不是偶然的，而是群众的力量。

任 光 是啊！说得很对。我还约了安娥她来，到隔壁那家天津小馆吃饭，走吧。

聂 耳 好啊，安娥？词作家，是河北人吧，爱吃天津菜吧。我正好还想约她写首歌词呢！

任 光 那就好好谈谈吧。

聂 耳 （扯着架子要出去）你们先去，我去旁边明月社看看小朋友就来。

310 明月歌剧社阁楼 日 外

聂耳小跑来到旁边的明月社楼下。

311 明月歌剧社阁楼 日 内

王人美 （一身旗袍，满身珠光宝气，正在飘飘然地练歌）弯弯月像钩，钩动忧愁，愁难熬受，泪珠流。流湿了衫袖。……可怜小小的牛，好朋友！牛！又无勇，又无谋。

白丽珠 （正在弹钢琴，一抬头）聂子，聂子——

王人美停止歌唱。

王人美 干弟弟，你运气真不好，你好久没来找我们玩了，不巧，我们马上又要去拍照。

聂 耳 干姐姐，你不要停止歌喉，接着唱啊！

王人美 不唱了，我们正要出门呢！

周 璇 聂子，聂子——

聂 耳 哎——

于知乐 你不理我了吗？

于斯咏 啊，聂子——

王人美 干弟弟，你等我们回来再走吧？

于知乐 聂子，我陪你玩，我不去，我是在家的。

胡 笳 （很伤感，拉着聂耳的手）这几天我就希望有谁来看我，哪晓得谁都没有来，你怎么知道我有病啊？

聂 耳 啊，郑君里说你有病，我今天特地来看你的。谁知你们又要去拍照，不能陪我玩。

众女孩 那好吧。该走了，摄影师在外边等我们呢！

众女孩出门。

聂 耳 只要一跨进明月社的门，好像到了另一世界似的。他们不知天有多高，地有多厚，整天只知道寻快乐，只知唱歌、弹琴，别的是再管不着的。不错，这儿是另一世界！是月宫！

聂 耳 所谓为歌舞——黎锦晖的歌舞奋斗到底，这是他们的标语口号，那班黎锦晖的忠实信徒，没有一天不反复地背诵着。然而，事实摆在我们面前，这班信徒，……只觉得可怜！肉麻！[①]

---

① 《聂耳日记》（1933年3月1日），大象出版社2004年版。

王人美又回来，悄悄对聂耳耳语一番。只见她很伤感，抹泪。

聂　耳　（同样伤感）“明月”便是这样瓦解了！人美大概是没问题的和“联华”订了约。我们谈起过去最快乐的时期不禁感伤，几至落泪。

王人美　（临别前）我说“明月”的尾声是 **2 2 7̣ -‖**，这是一个没有静止的尾声啊！

312　百代小红楼附近津味小馆　日　内

津味小馆。任光、安娥喝茶。

安　娥　（哼唱）甜蜜的梦。哎，聂子这人很不错，男大当婚，该给他找一个啦！

任　光　是啊，看这孩子蛮聪明，可是谁有资格配上他呢？

聂耳戴着眼镜，身穿一身南洋服装，左手抱一束鲜花，右手拿一根文明棍上。

聂　耳　（笑嘻嘻）又在说我坏话啦？我不着急，你们也别急嘛。

安　娥　（故作不识）请问你找谁呀？

任　光　哟，这是哪位华侨从南洋来啦？

聂　耳　嗨！刚才路过国泰电影院，正好听说有美国兵的军乐演奏，没赶上。只听了几首耶稣赞美诗。嗨！全会场充满了基督教的空气。美丽的美国少女给我带上鲜花，艳福不浅！嘿嘿。

任　光　（对安娥）看看看，咱们还替聂耳着急，人家自个儿说出来：艳福不浅呀！

安　娥　Hello！四只耳朵！今儿请你吃面。（说着便捏着聂耳的耳朵作为见面礼）

聂　耳　哎哟！Good night！红色才女，我的大姐。

任　光　（故意嗔怒）什么大姐？娥子是你大嫂！

聂　耳　哦——对对对，是大嫂。大嫂你好有才哟！红色才女呀！

任　光　耶耶耶——见过夸大嫂的，还没见过这么夸大嫂的！呵呵呵。

众　人　哈哈哈。

聂　耳　看着你们成双成对的，说实话，我心里真想，在来的半路上真该碰上女朋友啊！

313 百代小红楼 夜 内

任 光 我和安娥今晚请聂子来喝龙井茶，是要讨论一些问题。

聂 耳 你可要给我喝好茶哟。

任 光 这可是正宗的梅家坞龙井茶。有假包换。咱们讨论一下，发起成立中国新兴音乐研究会的倾向问题，还要商量为《母性之光》作曲的事。这是田老大和卜万苍写的剧本。

聂 耳 （端起一杯茶细细品尝）好！好茶！梅家坞好茶呀！

任 光 以“色绿、香郁、味醇、形美”四绝著称于世。

聂 耳 这茶汤正浓，饮后舌根回甘，余味无穷。和我家乡的普洱茶相比，别有风味呀！

安 娥 聂子还真会品茶，品好茶。

聂 耳 真是齿颊留芳，沁人肺腑啊。我觉得，什么是中国的新兴音乐？这是目前从事音乐运动者，首先要提出解决的问题。我们知道，在帝国主义占据东北，大量屠杀大众的现在，音乐和其他艺术、诗、小说、戏剧一样，它是代替着大众在呐喊。大众必然会要求音乐的新的内容和演奏，并展示作曲家新的态度。他们感觉到有闲阶级所表现的罗曼蒂克的、美感的、内心的情调是不适切的，是麻醉群众意识的。

任 光 所以嘛，咱们要多创作革命群众歌曲和抒情歌曲，开拓占领左翼电影音乐阵地。

聂 耳 接受革命的作曲家们试图这种要求，但是编出革命的、同时保持高度艺术水准的音乐，不是容易的事情。抛弃经过几个时代发展下来的作曲的习惯，此外，还有配称为大众音乐的，究竟能够有么？所以，革命产生的新时代音乐家们，要根据对于生活和艺术的不同态度，把这种大众倾向贯注到自己生命里。

任 光 聂子，你的见解很精辟。看来，讨论音乐研究会成立的事，已经有头绪了。

安 娥 田老大常说：女性本弱，为母则强。《母性之光》很快就要开拍了。你得做些准备。

聂　耳　感谢大哥大嫂的信任，我一定拿出最好的状态来准备。这是说的什么故事呢？

安　娥　故事是一出围绕着慧英和革命者的前夫家瑚以及他们的女儿小梅的家庭悲剧。

聂　耳　（把喝过的茶杯往桌上一放）明白。大嫂。

任　光　今年，咱俩同时进入了上海电影界，从此咱俩要成为亲密的战友，要联手共同开创中国新兴音乐和电影音乐的新局面吧！

聂　耳　（用地道的北平话）您是留洋法兰西的海归派老大哥呀！她是留洋苏联的海归派大嫂！你们都是我的铁哥们儿，比我强，我听您的。

安　娥　地道——哟，聂子才在北平几个月，就把北平话说得这么地道！

任　光　我要求你我同为进步电影《母性之光》配乐作曲。我创作电影的主题歌《南洋歌》，聂子，你来创作电影的插曲《开矿歌》，好不好？

聂　耳　当然好啦。咱们的音乐研究会从今天开始了。这也算研究会的项目吧。谢谢任大哥改正了我很多在“乐句”和“味儿”上的错误。电影什么时候开始呢？

任　光　《母性之光》已经在前天田老大的生日那天开机了。

聂　耳　哈哈，多么有意义的一天啊！

安　娥　所以今晚请你来喝茶，这个茶叶怎么样？

聂　耳　当然很好啦！可能好得让我今晚睡不着觉啦！既然任大哥信任我让我写曲子，从今夜起，我就要当拼命三郎了。要注意现实生活的充实，不要过分地理想将来的生活。

任　光　不光是我的信任，还有田老大的信任，他若不信任你我也没办法。

聂　耳　明白了。我想，我得加强音乐上的修养：一要经常地写谱。二要尽可能地参加乐队演奏。三要注意云南的音乐。

314　老上海里弄　夜　外

任光、安娥与聂耳在路灯下，边走边聊。

安　娥　（拿出田汉歌词手稿）给你这首《开矿歌》歌词，它揭露了当时在南洋的荷兰资本家对当地华工的残酷剥削，表现了在沉重阶级压迫下劳动群众的呻吟和呐喊。你先看看。

聂　耳　（接过手稿）好。我来看看。

任　光　聂子，你抓紧创作吧！

聂　耳　（如战士接受战斗任务般）是！保证完成任务！

任　光　听说你最近生活很拮据？你要去争！加薪，要酬劳，不要太傻！

聂　耳　我想也是啊。你看看，我有个半年计划。A. 经济的：1. 生产：在联华工作，每月二十八元，写文字每月十元，作曲不定。2. 消耗：饭十元，住四元，车费十元，零用四元。B. 学业的：音乐，电影，戏剧。

安　娥　你每月所得二十八元，但给他们做的事太多了，不要受人利用！

聂　耳　可蔡楚生说，一个人若是还没成熟的时候，最好少说话。你虽觉得音乐在电影上的重要，但资本家看你并不在眼里，而是可要可无的，他们总是尽其剥削之能事。我希望你在此刻拼命地学习、研究，预备在将来去用。若是没有用的机会，在这一生里不断地学习、研究，倒也是极快乐的事。

任　光　我听卜万苍说：老聂是个导演人才，做戏或者还少有希望，但有自由主义的色彩。

安　娥　算了，别多劝聂子了。想想在这失业恐慌的社会里，有碗饭已经算是不错的了。

聂　耳　所以，我要不断地努力！努力！努力！我的信条是：不说漂亮话，不出风头，多读书，多写作，多拉琴！

315　老上海大戏院舞台　夜　外

《母性之光》老电影由聂耳拉出的小提琴音乐起，屏幕展现这部半有声电影的片段：金焰、陈燕燕主演的几段蒙太奇。一个黑人矿工在奋力开矿。

电影中聂耳扮演的黑矿工渐化成舞台上的聂耳……

舞台演员再现：只见聂耳头上裹着一块白布，赤裸着上半身，腰间围一条黑白格子布，光着脚，全身涂黑色，活脱脱一位黑人矿工形象，领着众矿工唱这首《开矿歌》。

聂　耳　嗨嗬！嗨嗬！嗨嗬！开矿！嗨嗬！嗨嗬！开出来黄金黄。

我们在流血汗，人家在兜风凉；我们在饿肚皮，人家在餍膏粱。

我们终年看不见太阳，人家还嫌水银灯不够亮。

嗨嗬！嗨嗬！嗨嗬！开矿！嗨嗬！嗨嗬！开出来黄金黄。

我们大家的心要像一道板墙，我们大家的手要像百炼的钢。

我们造出来的幸福，我们大家来享！

316　舞台下观众席　夜　外

导演卜万苍和编剧田汉也在观看。

317　舞台后化妆间　夜　内

任光、安娥、田汉、卜万苍等前来祝贺。

任　光　不错！真不错呀！聂子在音乐中运用了劳动号子的节奏和一领众合的形式，表现了工人阶级的劳动形象，很合适呀！

安　娥　我觉得聂子力图表现工人阶级那种沉着坚毅的性格特点，很有创新精神。

田　汉　呵呵，聂子的处女作终于出台了。虽有稚嫩不足，但这毕竟是中国第一首正面塑造工人形象的歌曲。下次我们再来合作。

卜万苍　怎么样？聂子，还是要感谢我吧？又能演戏，又能作曲，你整个儿是个天才啦！

聂　耳　谢谢你们的鼓励。我听了太高兴了！

318　影片拍摄外景地　日　外

陈燕燕一身戏装，站在了摄影机前，准备着。

卜万苍　很好！下一场，是陈燕燕的戏。就是小梅痛失爱子的那一场。这是一悲剧。聂子你拉琴，帮助燕燕进入表情。快！提琴！

聂　耳　好咪！（顾不得换装，拿起小提琴，站在摄影机后面，拉起悲伤离合的曲调）

陈燕燕　（抱起死去的爱子，脸上现出悲痛欲绝的表情，泪如雨下）哇哇——哇哇——

卜万苍　好！OK! 一次通过。

陈燕燕　（转哭为笑）该死的聂子呀，你是怎么拉的这曲子呀？你为什么拉得这么悲？让我大哭不已！

聂　耳　这说明你的演技好呀！

陈燕燕　不！是你的演奏好！

319　影片拍摄外景地　夜　外

聂耳、安娥与任光从拍摄地走出来。

任　光　时间不早了，你回家吧！我到小红楼里还要继续工作。

聂　耳　呵呵，你百代牛气冲天，比我们联华有钱啊！

安　娥　如果百代要录歌，即使是周璇这样的红星也是随叫随到。每每唱片刚上柜就遭到疯抢，黑木胶唱片一张最多录一首歌，一张唱片的价格差不多在一个银元上下，换算成21世纪的货币也许就是两百多元。所以，聂子你就抓紧写歌吧？

聂　耳　21世纪还会有人记得我们吗？写歌得要你来给我写歌词呀！

安　娥　这没问题。只要你写出经典来，就会流芳百世。有什么要求你就尽管说。（对聂耳悄悄地）任光在百代担任音乐部主任，生活也很优裕，他还在徐家汇有幢花园式洋房呢，另外还开着一辆奥斯汀牌的小轿车。

聂　耳　呵呵，真是羡慕这种出有车、食有鱼的生活呀！我可是布衣、无产者呀！

任　光　娥子，你在给聂子说我坏话了，是不是啊？

安　娥　哪敢呀！我是说，你们法资经营的百代公司提倡“自由风”，各种流行歌曲，只要能赚钱，则来者不拒。在当今民族危亡的时刻，革命歌曲自然成为歌曲中非常“流行”的一种。让聂子多作些曲子，既为革命，也为生活嘛！

任　光　对对对！咱们得提携着聂子，谁让他是咱小弟弟呢？娥子，咱们开车走吧？时间不早了。聂子，搭我的车，送你？

聂　耳　不啦！今天我太开心啦！我去霞飞路散散步，顺便买几份报纸，听说咱们的《母性之光》创作花絮上报纸了。

安　娥　那好吧！不拉你了，我们先回家了。

任光、安娥走到一部红色小轿车边进入。

小轿车发动机的声音轰响。

聂　耳　（大声喊）喂！还有一件事，我想请安娥大姐跟我走一趟。

320　老上海霞飞路　夜　外

傍晚，二人走在上海的霞飞路上，聂耳哼唱着昆明民间洞经音乐《宏仁卦》的旋律，眼前浮现出翠湖风景。亭台楼阁、水榭曲桥，历历在目。

聂　耳　大姐，最近联华让我休息，可能是要解雇我吧？你看能不能给任光说说，我到百代公司给他当助手呀？

安　娥　这是个好主意。我也正想找你说说这事呢！你看他忙得整天顾不上家，你去了，也好帮帮他嘛！

聂　耳　娥子大姐，你给我讲讲你留学莫斯科的故事吧？我可向往那里了！

安　娥　呵呵，你这个水瓶座男孩还蛮有意思啊！

聂　耳　你这个天秤座大姐是我学习的榜样啊！

安　娥　你真的想知道？那我就告诉你。1926年，我被党组织派往大连从事宣传和女工运动，后赴莫斯科中山大学学习。1929年，我回到国内，在上海中共中央特科工作。至于留学故事吗？你找找田汉主编的《南国》月刊编发了我创作、署名苏尼亚的小说《莫斯科》，小说描写了一位留俄女学生的真实生活。

聂　耳　哎，你和老大怎么认识的？

安　娥　你干吗问这个？你要写爱情小说吗？

聂　耳　不是啊，你忘了？老大是我的入党介绍人啊！

安　娥　知道啊。当时的南国社发起新戏剧运动，田汉在上海文艺界已经很知名，是一个各派都有关系、各派都要争取他的人物。组织上为了争取田汉，派我与他联系。而我与田汉的交往便是从文艺活动开始的。我仰慕田汉的才情，协助田汉的南国社开展戏剧运动，还常常将自己创作的作品拿给田汉看。

聂　耳　哦，明白了。怪不得有个诗人王礼锡说：田汉是个性格很强的人，而他的个性竟为一个女性所降服，可见这位红色女郎的魄力和魅力有多么惊人。

安　娥　喂！红色女郎可别乱叫啊！你想让大姐送死啊？这里还是白色恐怖呢！

聂　耳　（一吐舌头）我哪能呢！我明白！咳——真羡慕你们，又有革命工作，又有爱情生活呀！你瞧我，全是机械式的生活，没有一点爱的滋润，苦矣！尽管这样，还有人谣传我和明星谈瑛如何如何？遇到这种冤枉事，真倒霉！你说有这么多工作，实际上我也无半点寻求恋爱的暇时，奈何是好呀？

安　娥　别理他们，清者自清，浊者自浊。

聂　耳　嗨呀，我渴望真爱。我坚决要求组织上也给我派一个红色女郎！

安　娥　你瞧瞧，想美死你呀？好好干工作吧！面包会有的，一切都会有的！

321　霞飞路口　夜　外

傍晚，霞飞路拐弯处，一位小姑娘匆忙地卖着报纸——卖报啦！卖报啦！《申报》、《晨报》、《大晚报》、《文汇》、《新闻》、《东方报》。七个铜板两份报，今天的新闻实在好！她声音清脆、响亮，听着颇像一首动人的歌。有顺序地叫卖着报名和价钱。

聂　耳　（走过去买了几份报，同时跟她聊）小毛头，买报，你的报纸一样一份，全买。

小毛头　好呀！叔叔，你真大方。

安　娥　今天卖了多少份报呀？

小毛头　不多，阿姨，才卖了七十多份。

聂　耳　喂，小毛头。问你个问题，为什么不去上学读书呢？

小毛头　我也想啊，可是爸爸有病，妈妈在日本人开的纱厂打工，家庭生活困难。不得不这样呀！

聂 耳 （对安娥）我很想把卖报儿童的悲惨生活写出来，请你写首词吧？

安 娥 那好啊！一言为定。就为这孩子写首《卖报歌》吧！你看这样写好不好——（安娥激情吟诵起）啦啦啦！啦啦啦！我是卖报的小行家……

聂 耳 （同样激情地）5 5 5 | 5 5 5 | 3 5 6 53 | 2 3 5 |……

322 霞飞路口 夜 外

小毛头 （聪明地跟随聂耳、安娥唱）啦啦啦！啦啦啦！我是卖报的小行家，／不等天明去等派报，一面走，一面叫，／今天的新闻真正好，七个铜板就买两份报。／啦啦啦！啦啦啦！我是卖报的小行家，／大风大雨里满街跑，走不好，滑一跤，／满身的泥水惹人笑，饥饿寒冷只有我知道。／啦啦啦！啦啦啦！我是卖报的小行家，／耐饥耐寒地满街跑，吃不饱，睡不好，／痛苦的生活向谁告，总有一天光明会来到。

聂耳、安娥挥手向小毛头告别。小毛头歌声中，街上人头攒动，围拢过来买报。那位小姑娘真的一边唱歌一边卖报，报纸卖得又多又快。

323 老上海某私立女中演奏会夜场 夜 内

某私立女中演奏会上。

报幕员 现在由百代唱片的聂耳先生指挥森森国乐队，演奏他新创作的《翠湖春晓》和《金蛇狂舞》。

聂耳身穿黑西服，系黑领结，精神抖擞，指挥乐队演奏……

演奏完毕，众女生和老师们感到既惊讶又新奇，报以热烈的掌声。尤其《金蛇狂舞》那强烈的节奏和明快的旋律把在场的观众情绪推向了高潮。

324 老上海田汉宅 日 内

简陋的书房里，田汉正在伏案疾书。然后在转椅上一转身，面对前来的聂耳交谈。

田　汉　聂子，你的名声越来越响了。最近当局的文化围剿越来越猖獗了。不光电影审查严，连小说也被审查。鲁迅、茅盾和巴金都被他们当成反动作家，作品不准发表。实在令人气愤！我们必须反击。我正在写《扬子江暴风雨》的歌剧，要你来帮忙。

聂　耳　好呀！没问题，你说说剧情吧？

田　汉　剧情给你一份。这次不光请你作曲，也邀请你来主演。

聂　耳　好！交给我吧，我一定完成任务。

325　八仙桥青年会馆礼堂　夜　内

舞台背景：上海码头。远处停靠着外国货船，船上装载着大米、小麦、炮弹和炸药。一边唱着号子，一边从外轮上搬运货物的一群码头工人在唱百灵作词、聂耳作曲的《码头工人歌》——从朝搬到夜，从夜搬到朝，／眼睛都迷糊了，骨头架子都要散了。／搬哪，搬哪，嗨依哟嗬，嗨依哟嗬，／嗨依哟嗬，嗨依哟嗬，／笨重的麻袋、钢条、铁板、木头箱，／都往我们身上压吧，为着两碗吃不饱的饭，／搬哪，搬哪，嗨依哟嗬，嗨依哟嗬，／嗨依哟嗬，嗨依哟嗬，／每天流汗，每天流血，／在血和汗的上头，他们盖起洋楼来。／搬哪，搬哪，嗨依哟嗬，／嗨依哟嗬，嗨依哟嗬！／（白）一辈子这样下去吗？／不！兄弟们，团结起来！／向着活的路上走！／搬哪，搬哪，嗨依哟嗬，／嗨依哟嗬，嗨依哟嗬！

聂耳按照田汉的要求，在剧中扮演了苦力老王，扮演小孙子的是田汉的儿子田海南。剧情进入了高潮，演到码头工人不愿为帝国主义搬运军火，起来反抗，把一箱箱弹药扔进黄浦江。日本水兵开枪打死两个工人。

聂　耳　（扮演老王，怒视敌人，向工人们）兄弟们，我们都死了吗？

众工人　（齐怒吼）我们没有死！

聂　耳　对啊。我们并没有死！我们中国人并没死尽，就是我这可怜的孙子，也没有死。你们瞧，他不是还睁着那么大的眼睛吗？他死得不甘心，他恨不得吃帝国主义的一块肉！

众观众　（在台下一片沸腾，高喊）打倒日本帝国主义！不做亡国奴！

当码头工人老王的孙子被帝国主义者开枪打死时，老王抱起他的孙子唱：《苦力歌》（后改为《前进歌》，田汉作词、聂耳作曲）：同胞们大家一条心，挣扎我们的天明。/我们并不怕死！（白）不用拿死来吓我们！

全体演员齐声高唱：我们不做亡国奴，我们要做中国的主人！/让我们结成一座铁的长城，把强盗们都赶尽！/让我们结成一座铁的长城，向着自由的路，前进！

聂耳扮演的老王唱得慷慨悲壮，使观剧的人无不热泪盈眶，从而激起了极大的抗日热情。

326　剧场后台化妆间　夜　内

剧场后台，聂耳在卸妆。由苦力老王变回青春聂耳。

一个塔斯社苏联记者尤里看完演出，手中挥舞着戏票大步走进后台。

尤　里　（拉着聂耳的手）太好啦！你们演得太好啦！我多年没看到这样激动人心的场面了！

袁牧之也进来。

袁牧之　聂子，祝贺你演出成功！新成立的电通影片公司要拍摄处女作《桃李劫》，剧本是我写的。我想请你来作曲。

聂　耳　谢谢你的信任。你说说剧本故事吧？

袁牧之　给你剧本看看。影片以主人公在狱中回忆学校时代的校长开始，夏衍、田汉和应云卫都认为这是一种崭新的表现手法。很赞成。在主人公被押赴刑场时，最后一个镜头，校长再次出场，我构思，这时候要响起当年主人公毕业时，和同学们一起唱过的毕业歌。聂子，你要为这首歌谱曲，要表达出青年人的爱国热情，和为理想奋斗的精神。

夏衍又进来了。

聂　耳　太好啦！我能！歌词还是田老大写的吗？

袁牧之　没错。给你这歌词。

聂　耳　（快速浏览一遍）呵呵，这是一首充满活力、旋律明快的歌呀！我有信心！

夏　衍　这一部《桃李劫》电影很难得！应该是在田汉和聂子《扬子江暴风雨》一片叫好声里筹备的。我相信，凭着大家的共同努力，一定会大获成功的！

聂　耳　感谢诸位如此器重我！我一定把主题曲谱好！让这首歌飞出电通，飞向全国。

327　电影《桃李劫》拍摄外景地　日　外

画面一分为二。一半是拍摄现场，建筑工艺学校的刘校长在报纸上看到一则新闻，自己学校的高才生陶建平将被判处死刑，刘校长来到监狱看望陶建平，陶建平讲述了自己的遭遇：他与表妹黎丽琳结婚后怀抱着理想走向社会，陶建平在鸿济轮船公司找到了职位，他因反对超重运载货物与经理发生冲突，继而辞职。陶建平重新想找个工作却处处碰壁。其新婚之妻黎丽琳只得出去工作，她到一家公司做秘书，却受到经理的骚扰只能辞职。

（画外音）《桃李劫》讲的是一对接受过良好教育的知识青年，由于坚持自己的本性与原则，在社会上失意、反抗、挣扎最终被彻底吞噬的悲剧。既是对个人苦难的描述，又是对当时整个社会的不解与控诉，情绪之强烈、态度之锐利都足以让如今概念中的21世纪“愤青”电影心悦诚服。

328　电影《桃李劫》创作室　日　内

另一半是聂耳在创作室为本片作曲。继而是聂耳站立，飞扬起双臂，指挥大家演唱《毕业歌》——同学们，大家起来，担负起天下的兴亡！

众同学激情澎湃，放声高歌——听吧，满耳是大众的嗟伤！／看吧，一年年国土的沦丧！／我们是要选择“战”还是“降”？／我们要做主人去拼死在疆场，／我们不愿做奴隶而青云直上！／我们今天是桃李芬芳，／明天是社会的栋梁；／我们今天是弦歌在一堂，／明天要掀起民族自救的巨浪！／巨浪，巨浪，不断地增涨！／同学们！同学们！快拿出力量，／担负起天下的兴亡！

329　太湖之滨　日　外

摄影机镜头对准：美丽的太湖风光。

这里正在修一条环湖公路。联华二厂的电影《大路》在此拍摄。

拍摄间隙，湖边散步。导演孙瑜和词作者孙师毅正在给聂耳介绍故事情节。

聂　耳　孙导，我看了你的《大路》剧本。写得不要太棒啊！这部以青年人在抗战前团结筑路，表现群众齐心抗日力量的题材蛮好的嘛！

孙师毅　这个剧本通过对筑路工人的描写，生动地反映了全民抗日的愿望。影片中的人物性格各异，但为同一目标他们团结友爱，体现了中国工人阶段大公无私、坚强勇敢、豪迈乐观的优秀品质及他们的爱国热情和大无畏的牺牲精神。

孙　瑜　我说聂子，咱们探讨一下电影艺术问题。我认为，30年代中国电影所面临的挑战和机遇都是前所未有的，电影技术在这一时期有了重大突破，电影媒介完成了从纯视觉向视听媒介的转变随着社会环境的变化。

孙师毅　聂子呀，咱们这批接受五四新文化运动洗礼的年轻一代，将取代鸳鸯蝴蝶派文人，会成为中国电影的主要力量。我们有与上一代完全不同的生活理想和美学标准。

聂　耳　你俩是大哥，你们说得对。《大路》的抗日主题鲜明，并把抗日斗争与中国工人阶级联系起来。突出表现工人阶级是抗日的主力军。

孙　瑜　因为这部《大路》是配音歌唱的默片，所以我希望你把这两首歌能像《伏尔加船夫曲》那样深沉有力。旋律要有筑路工地特有的节奏，比如铁磙压路时的节奏。这样就可拍摄不同的筑路场景时，反复播放主题歌。

聂　耳　我会的。我觉得在表现筑路工人艰苦沉重的步伐时，更应该强调他们的团结精神，承担重任争取解放的信心，和青春勃发的乐观态度。

孙师毅　好啊，你理解得很到位。青春勃发这一点对我很有启发。哎，不妨你再设计上两场健康清纯的性感情节：几个年轻筑路工人在傍晚，脱光衣服跳到河里，回到河边嬉戏。不料却被两个卖菜姑娘看见，羞得他们赶快一头扎进水里。

孙　瑜　说得对呀。除了抗日爱国主题鲜明以外，我想在本片对性场面处理得大胆，纵使明天看了，亦令后人为之咋舌。其中一场是六名青年裸体在海中游泳，丁香与茉莉在山坡上走过，故意停下来调笑他们，而他们则干脆站起来撩水回击，此时男子的下体清晰可见。另一场是茉莉将丁香抱坐在膝上，亲热地互相谈论她们所喜爱的青年，茉莉还用手按住丁香的胸部……

聂　耳　嗨呀！到底是从纽约回来的海归派导演，就是与众不同。只是不要太性感！我先去筑路工地实地体验生活，再拿出歌谱来给你看。哎，你看这第一句和最后一句，为什么是"轰！轰！轰！哈哈哈……"

孙　瑜　师毅的原意是，轰倒帝国主义、封建主义、官僚资本主义压在中国人民头上的三座大山呀！

孙师毅　我觉得，开头和结尾的三个"轰"，要给人以势不可挡的气魄！而后面的开怀大笑，则显示出必胜的革命信念！

330　影片《大路》片段

（画外音）聂耳从江湾筑路工地回来不久，影片也拍摄完成。《大路》的故事内容是：金哥（金焰饰演）在筑路工地上做工，他与老张、郑君、小罗和章大成了形影不离的患难兄弟。为了谋生，也为了做更有意义的事，他们决定去乡下参加修筑军用公路，新认识的流浪汉韩小六子也加入了他们的行列。在乡下，他们顶着烈日，唱着《开路先锋》奋力筑路，而饭铺中两位活泼的姑娘丁香（陈燕燕饰演）和茉莉（黎莉莉饰演）也与他们相处得很愉快。

此刻，影帝金焰扮演的金哥带领一群工人正在筑路，响起《开路先锋》（孙师毅词，聂耳曲）的雄浑歌声——

轰！轰！轰！（哈哈哈）轰！我们是开路的先锋！／不怕你关山千万重，几千年的化石，积成了地面的山峰！／前途没有路，人类不相通。／是谁，障碍了我们的进路，障碍重重？／大家莫叹行路难，叹息，无用！／我们要引发地下埋藏的炸药，对准了它轰！／轰轰轰！看岭塌山崩，天翻地动！／炸倒了山峰，大路好开工，挺起了心胸，团结不要松！／我们是开路先锋，我们是开路先锋！／轰轰轰！哈哈哈哈！轰！

331　老上海霞飞路、吕班路口　日　外

《大路》电影院公映，大幅海报。观众走出影院，好评如潮。

小毛头又出现在霞飞路、吕班路口卖报。

小毛头　啦啦啦，啦啦啦，我是卖报的小行家。《开路先锋》和《大路歌》，一面唱，一面叫，今天的电影真正好，聂耳作曲好听我知道！……

行人纷纷来买报，只见上海各媒体赞颂有加——《申报》："《大路歌》是一个弘扬和启发民族意识的作品，歌曲倾吐了作者满腔的热望。"《东方报》："《开路先锋》歌声里那一种排山倒海的气势，显示了中国工人阶级的自豪必胜的信心。"

332　聂耳琴房　日　内

聂耳在弹奏钢琴，沉浸在回忆创作的沉思之中。

聂　耳　为了与《开路先锋》中的"轰轰轰！哈哈哈哈！"相对称，我在《大路歌》里加入了劳动号子。

333　影片《大路》片段

银幕再现《大路歌》的镜头：不久，传来了敌国侵略军向内地逼进的消息。为了破坏金哥们的筑路速度，汉奸处长把他们关入了土牢。丁香和茉莉闻讯后前来营救，在搏斗中，老张被看守的匕首夺去生命。金哥们又回到了筑路工地，这时，敌机袭来，金哥、郑君、小罗、章大、韩小六子和茉莉中弹牺牲。丁香幸存下来，她幻见金哥们从血泊中站起来，继续高唱着《大路歌》并肩行进在筑路工地上。

金　焰　哼呀咳嗬，咳嗬咳！哼呀咳嗬吭，嗬咳吭！/大家一齐流血汗，嗬嗬咳！为了活命，/哪管日晒筋骨酸，嗬咳吭！合力拉绳莫偷懒，嗬嗬咳！/团结一心，不怕铁磙重如山，嗬咳吭！/大家努力，一齐向前，大家努力，一齐向前！/压平路上的崎岖，碾碎前面的艰难！/我们好比上火线，没有退后只向前！/大家努力，一齐作战！大家努力，一齐作战！/背起重担朝前走，自由大路快筑完。/哼呀咳嗬咳，咳嗬咳！哼呀嗬咳吭，嗬咳吭！/哼呀咳嗬咳，咳嗬咳！哼呀嗬咳吭！

334 老上海金城大戏院 日 内

上海金城大戏院观众席。观众看完电影《大路》，一片掌声、叫好声！

散场后，王人美、黎莉莉、陈燕燕、蔡楚生、孙师毅和聂耳等众人久久不肯离去，还沉浸在讨论中……

王人美 嗨呀，这真是一部很男人的歌呀！聂子是真汉子！写得这么雄浑有力！

聂 耳 嘿嘿，干姐姐过奖了！我还记得你前天的鼓励呢！（学王人美的声音，抚摸着肚子）聂子，为了我肚子里的小宝宝，你也要写出好歌来呀！

众 人 哈哈，哈哈！

王人美 （对黎莉莉）最初聂子来到我家，用钢琴给我们弹奏他的曲子，征求大家的意见。歌词中有一句“背起重担朝前走，自由大路快筑完”的词，金焰建议说“重担”那里用高音好，于是聂子就把那里改成了高音。让老公金焰一唱，肯定流传全国的！

黎莉莉 导演让我演茉莉。“大路”上张扬起的风沙，那帮筑路工人的汗水，投影在那个时代，就是最原始的力量，一群年轻的筑路工人生活在一起，劳动在一起，他们在各地修筑公路，在烈日下流着汗、拉着绳高唱着自己编的《大路歌》和《开路先锋》。

陈燕燕 回忆起来，苦不堪言哪！只有到小饭铺去吃饭的时候，丁香和茉莉两位姑娘的笑容和歌声才给他们带来了欢乐。最后，筑路工人死在了突然而至的敌机扫射之下，抗敌的军用卡车通过刚刚修成的公路一辆辆驶向前方……

聂 耳 这样一个故事，有死亡，有爱情，有仇恨，再加上孙瑜导演灵动的执导风格，当然打动很多热血青年立志保家卫国。

王人美 喂，聂子，你啥时候给我们女人也写几首好听的歌呀？

蔡楚生 哎，你别小瞧这部影片。它可是中国工人形象走上银幕的开端，成为“中国革命之号角”。下一部就看我的了！走，到我工作室旁边的酒吧再讨论吧。

335 老上海外滩 日 外

去酒吧的路上，聂耳、黎莉莉和黎明晖碰到一个手执地图的老外。

他走到黎明晖面前，非常温柔地说：“小姐，我能吻（问）你一下吗？”

黎明晖一愣，不禁一笑：呵呵，只能问，不能吻。

老　外：对不起，请吻（问）去中国银行大厦怎么走？

黎莉莉微笑着说：Follow me!

聂耳和黎莉莉陪黎明晖去买中国银行股票，走进中国银行大厦，迎面走来一个绝对是超重量级的老外。

黎明晖欺负他不懂中文，跟聂耳、黎莉莉嘀咕了一声（声音不小）：

“这个老外好胖啊！”

谁知他回过头对俩美女字正腔圆地说：“爸妈给的，有啥办法？”

黎莉莉和黎明晖昏倒！聂耳哈哈大笑。

336 老上海中国银行大厦旁某酒吧 夜 内

蔡楚生、聂耳、孙师毅、黎莉莉、陈燕燕、王人美六人在酒吧内商量新作。

女招待持酒单问：请问诸位，喝什么酒呢？

聂　耳　喝点红酒吧？！最近我特想喝红酒。

众　人　好呀！

聂　耳　来一瓶张裕葡萄酒！

王人美　一瓶哪够啊？来两瓶张裕。

蔡楚生　我在筹备拍摄一部《新女性》。

黎莉莉　那可要聂子来写音乐吧？

陈燕燕　对对对，我们要聂子写音乐。

蔡楚生　好！让聂子写，我求之不得呢！

女招待打开红酒塞子，给诸人倒酒。

聂　耳　（举起红酒杯）来来来，张裕可是品重醴泉啊！咱们大家为《新女性》干杯！

蔡楚生　也为莉莉、燕燕、人美她们干杯！

一杯酒下肚，众人谈兴越来越浓。

聂　耳　最近太忙了！可面对挑战，我唯一能做的就是——奋斗！

王人美　聂子，这回你可实现了你的梦想了吧？

聂　耳　是啊！我童年的梦想就是当作曲家。现在我要当大作曲家！为中国的新兴音乐吹响号角！要爱国要奋斗要争雄要拯救！因为我是一个战士！为普罗大众而战！我要掀起中国风暴！

陈燕燕　嘿！嘿！有个小伙不知羞，见了骆驼不吹牛！

王人美　去去去！你这“南国乳燕”乳臭未干，懂什么？

陈燕燕　你不就才大我一岁吗？干吗教训人啊？我是给聂子哥哥开玩笑的。

王人美　关键时刻要加油！要给力！这才是好朋友！

黎莉莉　是啊！咱们给力！聂子！努力吧！我们为你加油！过去我错怪你了，你可不要记仇呀！

聂　耳　哪能呢！天上下雨地下流，好朋友误会不记仇！

黎莉莉　以后我得向人美学。她自小秉承的家风，让她在纷繁复杂的上海滩中，得以洁身自好，与所有人都交好。

孙师毅　不吵了！别吵了！再碰一杯！你们这些小喜鹊，就知道喳喳乱叫。说点正事儿，最近电影明星艾霞之死引起了社会广泛关注。我写了一部以艾霞为原型的剧本《新女性》。

蔡楚生　师毅交给我来导。《新女性》是根据自杀而死的作家兼电影明星艾霞的经历改编的。我给阮玲玉说好了，请她来主演艾霞。也许是一个真实生命的悲剧感染了阮玲玉；也许是艾霞的无奈相似于阮玲玉；也许是冥冥之中有一种魔咒牵引着阮玲玉，她非常愿意来演。

聂　耳　听了你们说的剧情，我觉得主题歌必须表现出新女性自立而坚强的个性，不能像《桃花江》那样软绵绵、柔蜜蜜的。或者改编，应该是激越、向上的！

王人美　看来我早晚也得检讨自己，唱了不好的靡靡之音，演了不好的戏。

聂　耳　干姐姐，我可没说你呀！

337　老上海中国银行大厦　日　内

中行大厦大厅内，悬挂着中国银行大幅字体的业务方针“中国银行当以服务大众，改进国民生活为前提——中国银行总经理张嘉璈”在中国银行大厦六层里，一群老外大约是第一次来，转昏头了，在找楼梯。忽然，其中的一位指着一个电梯对其他人大喊：“裸体，裸体（楼梯），快，下流，下流（下楼）！”

聂耳和黎莉莉走到步行楼梯口，听得此话，赶紧跑下步行梯。

黎明晖独自一人在柜台办理股票买卖，听了此话咯咯大笑，再次昏倒！

338 中国银行大厦旁某酒吧 夜 内

孙师毅 剧中初涉社会的文艺青年艾霞，因为年轻和单纯，竟然误把玩弄女性的人当做了爱人，等到她发现爱人对她始乱终弃之后，有着人格尊严和强烈自尊心的艾霞选择了自杀。

蔡楚生 阮玲玉是个大明星，有她就有票房。可是她的私生活却非常不幸。

陈燕燕 就是嘛，她和茶叶公司汤老板同居后，已经分手的前夫还来纠缠不休。

黎莉莉 玲玉姐姐曾痛苦地对我说：前夫把我当摇钱树，汤老板只是玩弄我。咳——女人真是太不幸了！她说：我就希望多演戏，才能消弭我的痛苦。唯有演戏能救赎我。

王人美 喂，聂子，你姐夫金焰问你何时结婚呀？

聂　耳 咳——你问我，我问谁呀？这就叫做，爱我的人我不爱，我爱的人不爱我呀！你干弟弟嘛，女性朋友不少，可惜只有姐妹缘，没有桃花运呀！

陈燕燕 这就是水瓶座男孩子的特点喽！用一个字来形容你，就是：正；两个字来说，就是：太正；三个字来说，就是甭太正！

黎莉莉 是呀，人家不是说嘛：男人不坏，女人不爱。就因为你太正派！

聂　耳 嘿嘿，别说我啦！说说正经的吧！就说《新女性》。

蔡楚生 也是文艺青年的我，既是为了救赎阮玲玉，也是为了纪念艾霞，才要导演《新女性》，我相信，阮玲玉肯定能在《新女性》中成功塑造女作家韦明的形象。这部片子，主题是要救赎女性，从旧女性变成新女性……

聂　耳 救赎固然重要，但解放也许更好！上海毕竟是冒险家的乐园。上海的性别是女人。为了女人，冒险家才来到这个地方。所以，我愿为女性写歌。

孙师毅　最近我查到了两段名言。不妨给大家说说：第一，“女子者，国民之母也。欲新中国，必先新女子；欲强中国，必先强女子；欲文明中国，必先文明女子；欲普救中国，必先普救我女子。”

众男女　讲得不要太精彩啦！

聂　耳　是啊！新中国，新女子。苟日新，日日新。

孙师毅　第二，还有一段说“改铸女魂”的三个目标是：“易白骨河边之梦为桃花马背之歌，易陌头杨柳之情为易水寒风之咏，易咏絮观梅之什为爱国独立之吟。”

聂　耳　（拉着众姐妹的手）好啊！慷慨悲歌，移风易俗，以改造中国妇女为己任，跃然纸上。

孙师毅　你们大家猜一猜，这两段名言是谁的？在哪个报刊上发表的？猜对了有奖啊！呵呵，呵呵。

王人美　观众猜对了，到后台领奖好吗？

陈燕燕　什么奖品呀？

孙师毅　奖品很神秘，就是不告诉你！

聂　耳　我来说，张裕葡萄酒，中国银行股票。任选一种。

339 百代红楼创作室　夜　内

聂耳在创作《新女性》。

夜以继日。在钢琴前不断弹奏。

时而兴起。站起来跳花灯舞，唱花灯调，自娱自乐。

想起母亲、花腰傣女、袁春晖等，想起王人美、黎莉莉、陈燕燕、艾霞等。

接着自己跳起了爵士舞，颇有范儿，独乐乐。

340 金城大戏院　夜　外

1935年2月2日，除夕前夜，《电影海报》：上海金城大戏院首映《新女性》！东方大明星阮玲玉领衔主演！

金城大戏院门前，“卖报！卖报！阮玲玉私生活八卦报道！”“卖报！卖报！张达民披露和阮玲玉同居隐私！”

341　金城大戏院　夜　内

《新女性》电影开演之前，联华女子合唱团团员们身穿藏青色纺织女工服，准备为《新女性》首映献歌。蔡楚生和阮玲玉出现在众人面前。

众女子　大明星来啦！请你和我们合个影吧？

聂　耳　是啊，玲玉姐，蔡导，大家的要求，请满足吧？

阮玲玉　好呀！一起照相吧！

阮玲玉拉着蔡楚生走到大家中间。

摄影师上来照相：来来来，大家向中间靠拢啊！不要太松懈！来！准备！

一、二、三——茄子！咔嚓！

照相完毕，阮玲玉拟退。

阮玲玉　（对聂耳）训练合唱队一定很累吧？

聂　耳　不累！不累！

阮玲玉　那就好！聂子！加油！好好干！

聂　耳　你放心吧！玲玉姐，你去忙吧。导演，开始吧？

蔡楚生　好！准备，开始——

在同样身穿男工服的聂耳指挥下，联华女子合唱团激情合唱起组歌《新女性》（孙师毅词，聂耳曲）——

新的女性是生产的女性大众／新的女性是社会的劳工／新的女性是建设新社会的前锋／新的女性要和男子们一同翻卷起时代的暴风／暴风，我们要将它唤醒民族的迷梦／暴风，我们要将它造成女性的光荣／不做奴隶，天下为公／无分男女，世界大同／新的女性勇敢向前冲／新的女性勇敢向前冲。

342　石库门庭院　日　外

（画外音）原在南洋教书的高维汉，在“九一八事变”后告别热恋的华侨学生梅娘，回国投入抗日战争。他在上海“一·二八”战役中英勇作战身负重伤。梅娘挣脱封建家庭的束缚，回国参加了救护工作。这是田汉又一部作品的故事梗概。

老上海石库门，垂柳荫下，灌木丛旁。作为中国最早注意吉他并从事演奏的音乐家，聂耳怀抱吉他，颈戴花环，自弹自唱新创作的《告别南洋》（田汉词，聂耳曲）。

聂　耳　再会吧南洋！／你海波绿海云长，／你是我们第二的故乡，／我们民族的血汗洒遍了这几百个荒凉的岛上。

金焰和王人美静悄悄走进来。作为《回春之曲》男主角高维汉、女主角梅娘的扮演者，来找聂耳切磋音乐插曲的演唱。

金　焰　再会吧南洋！／你椰子肥豆蔻香，／你受着自然的丰富的供养，／但在帝国主义的剥削下，／千百万被压迫者都闹着饥荒！

二　人　再会吧南洋！／你不见尸横的长白山，／血流的黑龙江？这是中华民族的存亡。／再会吧南洋！／再会吧南洋！／我们要去争取一线光明的希望。

聂　耳　金焰大哥，创作《新女性》和《回春之曲》的音乐，让人大开眼界，如啜苦酒，发现新女性的奥秘——在追求自身救赎和民族解放的目标中，原来竟有这般痛苦与悲伤的过程！

金　焰　《回春之曲》写南洋华侨高维汉，在国内抗日热情的感召下，离开热恋的梅娘，回国参战，在“一·二八”事变中，身负重伤。

王人美　（过来用手打着聂耳的头）来，聂子，你弹琴我来唱唱给我写的《梅娘曲》！

聂　耳　哼！当了嫂子还那么调皮？你总是打我的头！我也打你几下！（很重地报复几下子“砰砰——”）

王人美　哎哟！好疼哟——老金，你也不管管你这弟弟？！

金　焰　哈哈，谁让你先欺负聂子来着？

聂　耳　好啦！好啦！开始吧！你可要好好唱，这可是我写的第一首情歌啊。

王人美整了整头发，聂耳怀抱吉他，轻轻弹拨一支《梅娘曲》（田汉词，聂耳曲）。

王人美　哥哥，你别忘了我呀，／我是你亲爱的梅娘，／你曾坐在我们家的窗上，／嚼着那鲜红的槟榔，／我曾轻弹着吉他，／伴你慢声儿歌唱，／当我们在遥远的南洋。

343 上海大戏院 夜 内

上海大戏院。《回春之曲》演出时，田汉忍不住想去看看，但他此时被敌人通缉已不能公开露面了。

田汉穿起长袍、马褂、毛线衫、皮帽子，扮成一个有身份的阔人，而另一位女青年则扮作他的女儿，搀扶着他走进戏院观剧。

被守候着的密探前来盘问。幸而这身行头救了他，敌人并未识破他的真实身份。

344 上海大戏院 夜 内

舞台上，扮演梅娘的王人美如诉如泣地面对扮演高维汉的金焰。

王人美 （饰演梅娘）哥哥，你别忘了我呀，／我是你亲爱的梅娘，／你曾坐在红河的岸旁，／我们祖宗流血的地方，／送我们的勇士还乡，／我不能和你同来，／我是那样的惆怅。

金 焰 （饰演的高维汉躺在病床上，失去了记忆，尽管已经不能认识前来照料他的恋人，但仍整日高喊）冲啊！杀啊！前进啊！

王人美 哥哥，你别忘了我呀，／我是你亲爱的梅娘，／我为你违背了爹娘，／离开那遥远的南洋，／我预备用我的眼泪，／搽好你的创伤，／但是，但是，你已经不认得我了，／你的可怜的梅娘。

在病床三年后，在梅娘深沉而真切的歌声中，金焰饰演的高维汉终于恢复了记忆。

345 上海大戏院 夜 内

观众席。悲情中的王人美载歌载舞，尤其是她那如哭如泣的歌声，竟让分坐两边的聂耳和田汉泪流满面。

演出结束，戏院里掌声雷动，金焰和王人美等演员出来谢幕。人们久久不愿散去。

田汉、聂耳、唐纳、袁美云均坐在观众席上观看。

田　汉　（对视聂耳，因处境危险，近在咫尺不能畅谈，只得自言自语）忽听梅娘歌一曲，黄沙碧血汉家儿。看来这小鬼在创作时，对梅娘倾注了最深沉的挚爱和最精细的艺术心血。一唱三叹，柔情似水，在音乐处理上匠心独运，真是一首饱含深情的咏叹调。

聂　耳　（在观众席里）干姐姐真是演绎得太好了。田老大将抗日戏剧写得如此诗情洋溢啊！

唐　纳　这出戏充分表现了男女主人公对国家的热爱与对爱人的忠贞。真是好感人啊！

袁美云　（操着杭州腔）哎呀，唐先生，你何时也写出那感人的歌词来呀？

唐　纳　快啦！我为阳翰笙的《逃亡》剧本写了两首词，交给聂子谱曲了。

袁美云　（甜甜地）聂子哥哥，你可一定要给我写歌呀！你的歌我要唱。

聂　耳　好呀！为豆蔻年华的“小女伶”写歌，我乐意！

346　老上海田汉家　日　内

1935年春节将临，田汉家。

老式的留声机里播放着聂耳所作的民乐《金蛇狂舞》。

周扬、夏衍、阳翰笙、孙师毅等身穿长袍马褂进屋，放下礼物，双手作拱，前来拜年。

夏　衍　猪年春节，我们给寿昌兄和老人家拜年！

阳翰笙　恭祝寿昌兄猪年吉祥！

田　汉　今天是1935年2月3日，除夕之夜，我请各位来我家吃年夜饭。我母亲为大家做了几样湖南菜，有红烧肉、腊肉、剁椒鱼头，请大家尽情吃喝吧！我这里还有一瓶珍藏多年的茅台酒呢！

众人落座，围着八仙桌。田汉拿出那瓶黄色陶质釉瓶茅台酒，那酒瓶圆柱形、体小嘴长。

诸人互相恭祝春节，站起举杯，坐下喝酒。

周　扬　过年归过年，形势还是不太妙呀。最近国民党加紧文化“围剿”，左翼文艺阵线困难重重。大批作家，包括田汉你本人被宣布为“反动文人”，查禁了你们的著作。

夏 衍 你们知道，艺华公司经过被教训，首先向反动当局屈服。田汉、阳翰笙和我只好退出。

大家吃着田汉母亲做的湖南菜，喝着茅台酒，分析当前的形势。这实际上是“文委”的一次碰头会。

田 汉 （酒酣耳热，滔滔不绝）今儿个我要大谈左翼文学和戏剧的成绩，我觉得目前形势不像你们说的那么严重。虽有危险，我不怕。我仍然很乐观。我对地下斗争的隐蔽性很不习惯。我喜欢任着性子做事。“适意行，安心坐，渴时饮，饥时餐，醉时歌，困来时就向莎茵卧”，关汉卿描绘过的这种放浪性情，在我身上还留着残迹。我承认自己性格极不规则。我性格中过多的戏剧基因使我喜欢热闹场面，喜欢群体聚会和交流。

孙师毅 （喝一口酒）哎，喝茅台，说遵义。听我说，我提醒大家注意，形势已十分严峻。苏区第五次反“围剿”已失败，红军被迫开始长征。就在前几天，今年1月15日至17日，在贵州遵义，中共中央政治局召开了一次极其重要的会议，纠正“左”倾，挽救革命。

田 汉 （中间插话，调侃打岔）咱们喝茅台酒过年，说不定红军也在喝茅台酒庆祝呢？！

孙师毅 国民党反动派必然穷凶极恶，可能双管齐下，在军事围剿的同时，进一步加紧进行文化围剿。

周 扬 （对田汉）师毅虽不是“文委”成员，但鉴于他的特殊身份，他与我党的上层有联系，他的话是有分量的。

阳翰笙 古人云：民生生不易，祸至至无日，戒惧惧不可怠。我听了师毅的形势分析，打消了自己的乐观。（心情颇为沉重地）师毅兄所言，值得我们注意。我那部《逃亡》艺华快要拍摄了，咱们可得小心点！

田 汉 是啊！“戒惧惧不可怠”这句古训竟被我忘了。上次艺华公司被特务们捣毁，就怪我搞的那次欢迎英国爵士马莱、法国共产党人古久列的活动太张扬、太暴露了。我过去虽然是个个性很强，一意孤行，不管别人毁誉的人，但现在我想不这样。按照党的要求，我首先是一个党员，然后才是艺术家。我意识到要约束自己……

347 琴房 日 内

春节后2月19日下午，聂耳正在房间里钢琴旁弹奏，为阳翰笙编剧的新电影《逃亡》谱曲。

聂　耳　（自弹自唱《自卫歌》）拿起一切拿得到的枪，上前！/我们没有了豆米。/拿起一切拿得到的子弹，上前！/我们没有了土地。/誓为民族牺牲，/齐向强权奋斗，/我们要决心救自己！/不要害怕，拿定坚决的主意，对准敌人，举起所有的武器！/（白）我们要自卫！

聂　耳　OK！太精彩啦！我去找唐纳。让他也来听听。

出门到隔壁。笃笃笃——敲开唐纳的家门。

唐纳闪出身来，让聂耳进门，然后又警觉地回头看看路边，马上关门。

聂　耳　（警惕地）怎么？出事了？

唐　纳　（难过地）田老大被抓了。

聂　耳　啊？什么时候？

唐　纳　就在今天。田汉和梅兰芳两人研究出访苏联演出的剧目后，刚回到家，这时，一个自称记者的人走近田汉，邀他外面谈谈，田汉看来人面生，迟疑了一下。门外停着一辆汽车，几个人突然冲过来，猛地把他推进车里，车迅速开动了……田汉是由中统上海区行动组长陈叔平带特务诱捕的。罪名是“宣传赤化”。

聂　耳　肯定早就被特务盯上了。

唐　纳　有消息说，被叛徒出卖的。据说今年初中统上海区根据南京特工总部提供的线索，对田汉、阳翰笙等人侦查了一个多月。今天还有阳翰笙、杜国庠等十余人同时被捕。你可要小心哪！

聂　耳　是啊，以后的日子会更紧张，得加紧谱曲了。

唐　纳　你要加倍提防那些特务。脑后要长眼睛。要是再下工厂码头去体验生活，一定要约一两个人陪你去。免得我不放心。

聂　耳　你就放心吧！眼下最要紧的是，把田汉的《风云儿女》作曲的事要过来。

唐　纳　对！你去要吧！你虽不是基督徒，但我要告诉你，《圣经》上说：只要想要，你就能得到！

聂　耳　我去找夏衍谈谈，听说他在改剧本。一定要让他交给我来完成作曲。

唐　纳　聂子真是个好战士！比我勇敢。敢于激流勇进，勇于挑战恶势力！

聂　耳　真的，我不恐惧，不怕白色恐怖！早在昆明我就经历过这类事，营救过我的段老师。

唐　纳　那你就去电通公司吧。估计夏衍在那里呢。

聂　耳　啊哦，忘记了。给你，我已经把你写的两首歌词谱好曲子了。

聂耳匆匆出门，赶往电通公司。

348　琴房　日　内

袁美云笃笃敲门。

唐　纳　（正在读谱）来，正好聂耳谱好《塞外村女》曲子，你就来了。

袁美云　哎，你说，田老大为什么把《回春之曲》写得这么感人呀？

唐　纳　嗨呀，这——你小女孩就不懂了。田老大写《回春之曲》时，安娥已经离去，田汉与林维中生活在一起。但此时他的爱情是一个不圆的月。从南洋回来的林女士对他忠贞不二，患难与共；但安娥那诗人的热情与红色女郎的政治魅力又使他难以割舍。生活中不圆的月，他要叫它在艺术中“圆”起来，遂有高维汉与梅娘的“回春”之恋。因此梅娘身上就多少带有一些林、安两位女性的影子。

袁美云　哎哟，我都18岁了。我可明白了。这大抵也是《回春之曲》写得较有艺术个性的原因吧。哎，田汉夹在两个女人之间可够惨的。他大概后悔结婚，宁愿做情人吧？

唐　纳　你这小丫头还善解人意的嘛！可不是吗？田汉周旋于两个女人之间，十分痛苦，他曾向好友谈到他对个人情感和婚姻的困惑：婚姻是一条绳索套上脖子，好不自由，最好不结婚，用情人制。

唐纳坐在钢琴旁，并不急于弹琴。

唐　纳　（对袁美云说戏）电影《逃亡》描写了塞北农民在民族危亡之际所遭受的苦难以及他们的抵抗精神。这首歌是影片中纯朴的农村少女小云，被迫在风雪交加的寒冬腊月，给地主家推磨碾面时所唱。富裕的地主家“有钱人家里团团坐，羊羔美酒笑颜开”；贫苦的农民家“鹅毛雪片片朝身落，破棉袄渍透穷人泪”。我想用精练的语言，将旧社会贫富悬殊的境况，鲜明地勾画了出来。少女独一的但愿是：“指望着本年收成好，够交还租米免祸灾。”这正是30年代中国农村少女的典型写照。

袁美云　（起初用眼睛扫了一下歌谱：唐纳词，聂耳曲。慢慢进入角色，进而读着歌谱，便悲情地）我说给你听听，我理解，这首《塞外村女》的音乐显然是吸取了民间山歌、小调的音乐特长，风格这么清新，旋律这么委婉优美，但又流露出伤痛的情感，真犹如农村少女在向人们诉说着人间的不平。

唐　纳　剧本最后，觉醒了的少英号召大家参加义勇军，打回老家去。少英、小云和难民们唱着影片主题歌《自卫歌》，走上了抗日斗争的大道……

唐纳激动地站起来，做出一个勇敢向前的动作。随后，坐在钢琴旁，弹奏。

袁美云　（伴着唐纳弹奏的悲怆音乐，悲伤地唱《塞外村女》）

采了蘑菇把磨推，头昏眼花身又累，／有钱人家里团团坐，羊羔美酒笑颜开。／

暮鸦飞过天色灰，老爹上城卖粉归，／鹅毛雪片片朝身落，破棉袄渍透穷人泪。／

扑面冬风阵阵吹，几行寒雁几行泪，／指望着本年收成好，够缴还租米免祸灾。

349　电通公司办公室　日　内

简陋的办公室，破旧的椅子上，夏衍和许幸之正在谈话。聂耳进来。

许幸之　你瞧，正说到聂子，聂子就到。

聂　耳　呵呵，你们不是说我有四只耳朵吗？你一提我名字，我就听到啦！

夏 衍 你知道，出事了吗？

聂 耳 知道了。夏兄，怎么营救他们呢？快说说？急死我了。

夏 衍 怎么营救，要交保释金，要找中国银行的股东们筹集一笔钱，我想会有人安排考虑的。

夏 衍 我要说的是眼下。眼下夏衍我把田汉写义勇军的文学剧本《风云儿女》改成电影剧本。田汉和阳翰笙已被捕了，这部片子对当前的政治斗争有推动鼓舞作用，我们要尽快把它拍出来，和反动派作斗争，这是我们在外边的同志应尽的责任。我和司徒慧敏、孙师毅商定，请幸之担负起导演的任务。

聂 耳 嗨，说到义勇军，我陪黎明晖去过中行买股票。发现中行哈尔滨分行曾为各地联行转解给东北义勇军马占山的捐款。田汉为写抗日义勇军事迹的剧本而被捕，我觉得中行会为营救出力的。

许幸之 请放心，我一定完成。

夏 衍 我发现中行诞生于1912年，聂耳也诞生于1912年。

聂 耳 嘿嘿，真的？请把作曲的任务交给我吧？我保证好好完成。

未等夏衍回答，聂耳就上前抓住夏衍的手请求。

聂 耳 （再次恳切地）我来作曲吧，田汉先生知道了，也会同意的。

夏 衍 好啊！你这是在抢工作啊！我就喜欢这样的倔强劲儿！（故意逗）不过……

聂 耳 不要！不要不过啊——

夏 衍 有人说，按照田汉和我的名气，完全可以找一个比你更有经验、更有名气的作曲家合作。他们说，你的音乐修养、技巧还不圆熟，旋律曲调还简单粗糙。但是……

聂耳使劲摇晃夏衍的手。

聂 耳 不要但是，夏兄，论属相咱俩相同，你整比我大一轮，我要作曲。我不图名，不图利，只要为抗战多尽力！

夏 衍 听我说完啊！但是，那种青春勃发的创造力、那种丰沛饱满的生命力，那种宏大凌厉的号召力，他们有吗？

许幸之 是啊！还是夏兄说得对，总结得好！论作曲，还是聂耳最给力呀！

夏　衍　是啊，神马都是浮云，唯有少年心事当拿云！说实话，我和田汉都喜欢你这些理想抱负。听了你的《毕业歌》、《大路歌》、《新的女性》多给力呀！！有这些作品成功开路，我想，你就是《风云儿女》电影作曲的最佳人选。

聂　耳　我从小的梦就是要把理想的目标定得足够远大。现在好咯，有你和田汉先生这么好的人生导师培养提携，我真是三生有幸啊！我妈信佛，来信说，这是我们家族前生修来的福报啊！真是太感谢你了！

夏　衍　别说感谢。提携青年，培养后进，是我们革命者的职责！后进要前进，革命担大任！呵呵，呵呵！你要借鉴一下《马赛曲》和《国际歌》，写出鼓舞革命斗志的进行曲来！

聂　耳　我保证！那我想学习学习你们的剧本好吗？

夏　衍　我给你讲讲吧，故事是这样的：从东北来沪的两个青年辛白华是个诗人，梁质夫是大学生。“九一八”爆发以后，他们一直过着漂泊生活。其楼下住着生活贫苦的少女阿凤和母亲。两人非常同情她们母女，时常帮助她们。后来梁质夫因与革命有关，被捕入狱。而辛白华却和富孀史夫人坠入了情网。阿凤的母亲去世，白华很同情她就把阿凤送到学校读书。无依无靠的阿凤到了歌舞班，经常去各地演出。梁质夫被释放后参加革命，英勇抗敌。辛白华无家可归流落到史夫人家，第二天被带到青岛游玩。

许幸之　接下来，就是要你作曲的两首歌词。阿凤的歌舞团到青岛演出，遇见了辛白华。看了阿凤演的《铁蹄下的歌女》后，辛白华受到刺激，激起了爱国热情。后惊悉梁质夫在战场上牺牲了，辛白华便抛弃那种享乐生活，与返回东北老家的阿凤等老乡们一起参加义勇军，高唱着辛白华写的长诗《万里长城》最后一段《义勇军进行曲》，走上了抗敌的最前线。

聂　耳　嗨！你说的马上就引起我的创作冲动！眼下就想拜读一下大作《风云儿女》。

夏　衍　（拿出剧本来）这是改编的剧本。我和幸之刚刚把男女一二号人物敲定。你说说吧！

许幸之 是这样，剧里的男女主角辛白华和阿凤，分别由袁牧之和王人美扮演。男女二号梁质夫和史夫人，则由顾梦鹤与谈瑛扮演。

聂 耳 好啊！牧之和人美都是我好朋友。说说你们的要求吧？

许幸之 这次先给你《铁蹄下的歌女》歌词，过几天再给你另一首吧！

夏 衍 总的要求就是要锦上添花！不！确切地说，要为火热的抗敌斗争火上浇油！

聂 耳 哈！我明白啦。（抑制不住创作冲动）走！到琴房去！先听听我灵感带来的旋律吧！

不由分说，聂耳拉着夏衍和许幸之就出门，向琴房奔去。

350 聂耳寝室 日 内

聂耳家中墙上，挂着联华合唱团全体与阮玲玉的合影照片。

墙上的阮玲玉满面春风，粲然微笑。

聂 耳 阮玲玉自杀了！《静夜》应该成为纪念她的曲子了。

聂耳打开提琴盒子，拿出小提琴来。深情而悲愤地为阮玲玉演奏一曲《静夜》。

在聂耳的乐曲声中，字幕一：1935年3月8日，著名女星阮玲玉留下遗书，服安眠药自尽，时年25岁。死讯传出，影坛内外无不震惊，时至今日，这位演技与美貌并重的女星的自杀还是一个谜团。让人隐约看到当时女性公众人物在社会中的尴尬位置。新女性运动难道到达了恐怖边缘？

字幕二：田汉被捕、阮玲玉之死给文艺界投下巨大的阴影。似乎预示着黑云压城城欲摧。

351 电通公司 日 内

电通公司内，聂耳与夏衍、孙师毅、许幸之商谈剧本。

夏 衍 聂子，电影《风云儿女》有一个主题歌，是以长城为背景的。关于“长城”这个概念，田汉早就有自己的认识，这不是一个凭空而来的概念，而是历史的积淀。田汉曾经写过一篇文章来表达自己对长城的看法，他认为虽然从飞机上看，长城不过是一个矮墙，但我们现在要反对侵略者，中国人民要团结起来，形成一个真正的铁的铜墙。

聂　耳　我明白，我记得，他在《扬子江暴风雨》里写了一首歌，里面也有“长城”的概念。

夏　衍　歌里面还写到了“把我们的血肉，筑成我们新的长城”。这句歌词跟田汉在日本留学时看过的一个电影有关，电影讲的是日本一个钟匠在铸一口钟的时候，怎么也铸不好，后来他把自己投到了熔炉中，这口钟竟然奇迹般地铸成了。

孙师毅　田汉写完电影故事后，在电通公司的稿纸背后写了两段歌词草稿就被捕了。可稿纸不慎被弄湿，我们俩帮他誊清了歌词，将其发表在电通公司的画报上。这不，又一首写在香烟纸盒上从监狱中传出来的，是表明田汉心境的诗。

夏　衍　由于当局新闻封锁非常严格，所以歌词里不能有抗日的字眼，但这首《义勇军进行曲》歌词里，恰恰没有抗日的字眼，但又激起了大家的激情，这为它的传播提供了有利条件。

孙师毅　这个剧本描写以诗人辛白华为代表的中国知识分子，投笔从戎，参加义勇军英勇杀敌的故事。田汉为剧中男主角、诗人辛白华创作了一首激昂奔放的自由体诗《万里长城》，其中一段要成为《风云儿女》的主题歌，即《义勇军进行曲》。

聂　耳　（朗读）起来！不愿做奴隶的人们！

352　琴房　夜　内

聂耳把自己关进小阁楼，日夜构思创作。避免外人打扰。

在钢琴旁，不断地弹奏，寻找最佳的主旋律。谱架上放着田汉的歌词。

聂耳眼前浮现出黑白影片之一：日寇铁蹄践踏，战场硝烟弥漫。华北大片国土沦陷，中华民族危机加重。日寇在侵占东北之后，继续向内地扩张。

黑白影片之二：烽火连天，血肉横飞，在东北的白山黑水之间，义勇军抗战越发激烈。崇山峻岭中，密林山路旁，男女老少拿起刀枪棍棒，与日寇拼死搏斗。

聂耳耳边忽然响起了《马赛曲》战斗的旋律——

醒来吧祖国的子民／光荣的日子已来临！／专制暴政压迫着我们／祖国大地在痛苦呻吟。／武装起来吧，公民们！／组成属于你们的军队！／前进！前进！／万众一心，把敌人消灭净！

窗外一阵阵警车笛声响起，大上海笼罩着白色恐怖的气息，更让聂耳胸中充满愤怒。

耳边又响起前几天听到的辽宁清原《血盟救国军军歌》："起来，不愿当亡国奴的人们，／用我们的血肉唤起全国民众；／我们不能坐以待毙，必须奋起杀敌。／中华民族到了最危险的时候，／起来！起来！全国人民团结一致，／战斗！战斗！战斗！战斗！"

聂耳文思如泉喷涌而发——

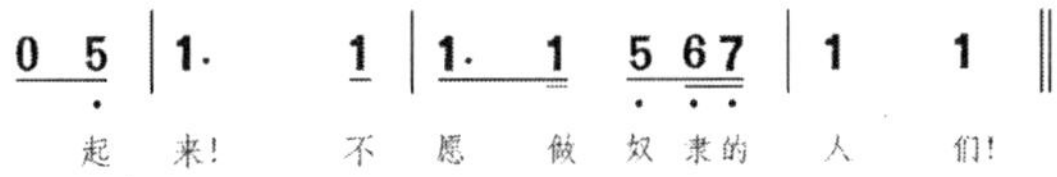

聂耳一气呵成，很快把曲子谱写完毕。一看那闹钟时针，已指向凌晨两点了。他拿起曲谱，拿着一块面包，边吃边跑出门来。

353 许幸之家 夜 内

拍摄了一天，许幸之刚刚回家，躺下入梦。

笃笃笃——笃笃笃——，一阵紧急敲门声。

许幸之　谁呀？深更半夜的！

聂　耳　我呀！我是聂耳！

许幸之身穿睡衣开门，满脸不高兴。

聂　耳　（一下子闯入）乌拉——幸之兄，完成啦！

许幸之　这么高兴？是《义勇军进行曲》谱好了？

聂　耳　那是呀！没谱好，我怎敢半夜来打扰你呀？

许幸之　快！坐下吧。你唱给我听听！

聂　耳　好！（说着便打开歌谱，一只手打着拍子）起来！不愿做奴隶的人们！……

许幸之　（情绪被感染，跟随着聂耳）把我们的血肉铸成我们新的长城。

聂　耳　（激情唱完）我们万众一心，冒着敌人的飞机大炮前进！

许幸之　接着唱啊！

聂　耳　唱完了。老兄，你提提意见吧？

许幸之　我可对音乐是门外汉啊！说不出什么，只晓得很好呀！

聂　耳　你仔细想想，说点意见嘛！

许幸之　我想，听完这歌，有一种激昂有力、浩气贯长虹的感觉，有进行曲的节奏。这歌很棒很给力！就是第一句：起来！不愿做奴隶的人们，还应该加大力度。最后一句：冒着敌人的飞机大炮前进，有点不过瘾！建议你去掉那些装饰音，让结尾显得更坚强有力！

聂　耳　我觉得你说得对！（拿起笔，对这乐谱沉思片刻，又动手修改了三处）这样，把"起来"和"不愿……"之间完全分开；再把"飞机大炮"改为"炮火"。最后，再把原句中的"前进前进前进！"改为"前进前进前进！进！"

许幸之　那你再唱一遍。

聂耳重新又把《义勇军进行曲》重新激情饱满地唱了一遍。

许幸之　好极了！太成功了！老弟呀，你为中国谱写了一支《马赛曲》！会青史留名！

聂　耳　（抱住许幸之，转圈）听到你这话，我太开心啦！世界以痛吻我，我要回报以歌。

许幸之　这下，我就尽快把它配到电影中。我想好啦，在影片的开头和结尾都放上。

聂　耳　别急。我看还是请夏衍和田汉先生确定吧？

许幸之　行啊！这事就这样吧！

聂　耳　那好，打扰你休息了，我先回家，好好睡一觉去。

许幸之　不行不行！你还有任务呢！给！（拿出一张写着诗歌的纸）这是一首插曲《铁蹄下的歌女》歌词，很重要，你赶快给它谱曲。

聂　耳　你疯啦？真是诗人和疯子是二体合一的！现在已经是凌晨四点了！

许幸之　你这个作曲家也是个疯子！影片拍摄进度很快，时间不等人，你给我赶快作曲。这是导演的命令！

聂　耳　好好好！让我来看看歌词吧？很好呀！你给我朗诵一遍吧？

许幸之　朗诵？好！我来用家乡的山歌调来唱诗吧？

聂　耳　对，就这样。你来唱诗我记谱。

许幸之　我们到处卖唱，／我们到处献舞。／谁不知道国家将亡，／为什么被人当做商女。

聂　耳　好！很好！再来一遍。

许幸之　为了饥寒交迫，／我们到处哀歌。／尝尽了人生的滋味，／舞女是永远的漂流。

聂　耳　好！我记下谱子了。你睡觉吧！拜拜——

354　聂耳寝室　夜　内

聂耳回到家，顾不得休息，激动的心还沉浸在《风云儿女》的音乐创作情绪当中。不断地哼着曲子，为《铁蹄下的歌女》寻找旋律。

355　拍摄现场某剧院　日　内

电通影片《风云儿女》拍摄现场，袁牧之、王人美、谈瑛均在场。

摄影机对准舞台上。

许幸之　今天拍摄阿凤到青岛剧院演出这场戏。人美、牧之、谈瑛，还有摄影师，准备好了吗？

众　人　准备好了。

许幸之　好的。大家准备——开始！

大幕拉开，王人美扮演的阿凤登台演唱《铁蹄下的歌女》。

王人美　（身穿东北姑娘土布装，一脸痛苦悲伤的表情，深沉唱起）我们到处卖唱，／我们到处献舞。／谁不知道国家将亡，／为什么被人当做商女。

剧中，穿西装的辛白华和穿裙装的谈瑛在席上观看。

王人美　为了饥寒交迫，／我们到处哀歌。／尝尽了人生的滋味，／舞女是永远的漂流。／谁甘心做人的奴隶，／谁愿意让乡土沦丧。／可怜是铁蹄下的歌女，／被鞭挞得遍体鳞伤。

许幸之　好！就这样演。再来一遍。

356　**聂耳寝室　夜　内**

聂耳太疲劳了，倒在家中的床头和衣而睡。

357　**聂耳寝室楼下　夜　外**

傍晚，风雨交加。于伶走来，四下观察之后，急切叩门——笃笃笃，笃笃笃——

聂　耳　（朦朦胧胧中开门）谁呀？

358　**聂耳寝室　夜　内**

于　伶　我。（进门后，抓住聂耳的手）有一个坏消息。据可靠情报，你的名字已经上了反动当局的黑名单了。他们准备逮捕你。你得抓紧时间，躲避一下。

聂　耳　什么？这简直是晴天霹雳！

于　伶　你赶紧准备一下，最好出国去！

聂　耳　出国？到哪国？还有这么一大堆工作还没干完呢？

于　伶　虎口脱险，只有潜伏。你要潜伏起来。你应该尽快和大家商量一下，看看去哪儿好！

于伶刚走。郑易里又急切而来。

郑易里　聂子，情况你都知道了。我和艾思奇商量了，你马上搬家。搬到他邻居那里躲一躲。

聂　耳　那好吧。天要下雨，地要塌陷。由不得你哟。请你找几个人帮我把东西搬到那里。

郑易里　好。我建议你先去日本躲一躲。可以借口说，到日本帮你三哥做牛皮生意。

聂　耳　可是、可是他三年前就从日本返回昆明了呀！

郑易里　别人不晓得。你就这样说。

聂　耳　我去吕骥那里，有顶重要的一件事要委托他来完成。

359　老上海里弄　夜　外

聂耳急切走出家门。

风雨中，有两个黑衣人在其后尾随，鬼鬼祟祟地跟踪而去。

机警的聂耳在老上海的里弄间穿梭来，穿梭去。

360　老上海里弄住宅　日　内

经过数次躲闪，天已大亮，聂耳方才转移到吕骥的寝室。

聂　耳　吕骥兄，因为我要出远门，所以《风云儿女》的两首电影歌曲的音乐合成和灌唱片的事，就交给你了。咱俩在左联并肩战斗，有着深厚的友谊啊！

吕　骥　你就放心好了。聂耳老弟，我不会辜负你的委托。

聂　耳　《铁蹄下的歌女》已经完成了。喏！这是词曲歌谱。《义勇军进行曲》也基本完成。只是要做修改。等我出去修改后寄回来。

吕　骥　老弟，你不要不好意思。我会尽快安排合成音乐、录制唱片的。

聂　耳　你老兄是上海音专的高才生，我是上海音专的落榜生。所以我拜托你了。哦，还有，我离开后，左翼剧联音乐小组的工作就由吕骥老兄负责。

吕　骥　别这么客气。都是革命工作。别看你是老弟，要论作曲为工人大众服务，我还要向你学习呢。去年秋天到今年春天，我担任三个女工夜校教唱歌的工作。在教她们唱《新女性》时，我得到许多新的感受。比方，开始向她们讲，这首歌曲不仅反映了她们受剥削受压迫的生活，而且指出她们奋斗的方向。要求她们齐声轻读一遍歌词的时候，她们欢畅而肃穆的精神，使我看到她们被真理掌握了的时候，她们身上顿时产生了一股强大的精神力量，使她们异口同声地发出的每一个字音具有千钧的力量。当时，使我觉得完全不是几十个人低声轻读，而是亿万人气势磅礴的呐喊，是阶级的怒吼，使我受到极大的震动，这是事前我完全没有预料到的。

聂　耳　听你这硕果累累的大音乐家这么说，还真叫我这小弟弟不好意思了。（情不自禁唱起）"高粱叶子青又青，／九月十八来了日本兵，

/先占火药库，后占北大营；/杀人放火真是凶！/中国的军队有好几十万，/恭恭敬敬让出了沈阳城！/九月十八又来临，/东北各地起了义勇军；/铲除卖国贼，打倒日本兵；/攻城夺路杀敌人，/游击抵抗真英勇！/日本的军队有好几十万，/消灭不了铁的义勇军！”

吕　骥　聂子，你怎么也会唱我的歌呀？

聂　耳　怎么不会唱呢？！这歌曲有浓郁的民歌风，曲调动听、亲切上口，在中国大地广为流传，是抗战歌曲中一首独具特色的代表作嘛！

吕　骥　谁不知道呀，你聂耳的歌曲开辟了和产业工人群众相结合的广阔道路。我还是从你那儿学了之后。在思想上明确了人民大众是音乐的主人，音乐是为人民大众服务的。

聂　耳　你吕老兄的歌声在雄壮豪迈中透出一种神圣的使命感，一种崇高，一种责任！“天下者，我们的天下。国家者，我们的国家。”

吕　骥　是啊！我们不干，谁干？我们不管，谁管？

聂　耳　咱们是并肩战斗的战友，咱们都从实践中认识到并提出要建立和发展新音乐，开展新音乐运动，都要做新音乐运动的开拓者和倡导者。

吕　骥　好啊！时间不早了，你快去许幸之电通那里一趟吧。他在找你呢！

聂　耳　正好，在离开祖国的前夜，我要到电通公司荆州路的摄影棚来和大家一同练唱，要仔细倾听朋友们的意见，决心去修改。可是出国的船期只有两天了。

吕　骥　我可等着你的大作早日改好啊！

聂耳走出后传来聂耳大大的声音——

聂　耳　那好！等我把未完成稿带去修改。修改好了，寄给你们再合成音乐！拜托啦！

吕　骥　加油啊！聂子！

361　汇山码头　日　外

1935年4月15日，上海市公平路的汇山码头，聂耳带着行李，背着小提琴盒，随着旅客，孤身一人登上日本邮船“长崎丸”。

他注意到，码头附近有一座灰色楼房，那就是当年初来上海打工时的云丰申庄旧址。人去楼空，物是人非。无限感慨涌上心头。

“呜呜——呜呜——”，“长崎丸”号汽笛拉响了，邮船就要起航了。

艾思奇、郑君里、袁牧之、赵丹等好友来码头送行。

轮船缓缓离岸，连接船与岸的五色彩带被扯断了。

聂耳抑制不住内心的离情别绪，伤心地抹着眼泪……

聂　耳　世界以痛吻我，我要回报以歌。再见吧我的祖国！再见吧我的朋友们！

赵　丹　我从望远镜中，看到我最好的朋友聂耳在擦眼泪。……这是我第一次，也是最后一次看到他落泪……他的热情、活泼，他的刚直、敦厚。他的纯洁、朴实，他的沉着和真挚……

几个特务气急败坏地追来了，“抓住聂耳——”“抓住他，别让他跑了——”

轮船，加速向吴淞口驶去。聂耳再一次虎口脱险……

362　电通公司　日　外

电通公司办公室，一个邮差进来：许幸之先生，你的来信，给！

许幸之　（接过信函，对众演职员）聂子真是聂守信啊！（打开信件）好呀！收到了聂耳寄自日本的《义勇军进行曲》定稿。咱们马上组成合唱队，开始练唱吧！

电通公司演职人员袁牧之、顾梦鹤、司徒慧敏等六七人，组成小小的合唱队，在吕骥的指挥下，开始排练。

（画外音）5月9日第一次将《义勇军进行曲》在上海东方百代唱片公司录音棚内灌成唱片发行，这张唱片的编号为34848b。后由司徒慧敏将录音转录到电影《风云儿女》胶片上。

363　日本藤泽市海滨　日　外

在遥远的日本海滨，浪涛汹涌。聂耳激情拉起小提琴，演奏《义勇军进行曲》——

起来！不愿做奴隶的人们！／把我们的血肉，／筑成我们新的长城！

364 老上海街头 日 外

街头游行，群众人山人海般涌来。

吕 骥 （指挥众演员）中华民族到了最危险的时候，／每个人被迫着发出最后的吼声。／起来！起来！起来！／我们万众一心，／冒着敌人的炮火，前进！／冒着敌人的炮火，前进！／前进！前进！进！

365 拍摄现场 日 外

镜头幻化到取景框里。

黑白电影画面：辛白华回到东北老家，找到躲避日寇追捕的阿凤，带领乡亲们义愤填膺、同仇敌忾，拿起刀枪，高唱《义勇军进行曲》，奋勇冲上抗敌最前线。

起来！不愿做奴隶的人们！／把我们的血肉，／筑成我们新的长城！／

中华民族到了最危险的时候，／每个人被迫着发出最后的吼声。／

起来！起来！起来！／我们万众一心，／冒着敌人的炮火，前进！

冒着敌人的炮火，前进！／前进！前进！进！

366 老上海某广场 日 外

1936年6月7日，在上海某广场，著名爱国者刘良模登上台梯，指挥上千的男女众人，齐声高歌——起来！起来！起来！／我们万众一心，／冒着敌人的炮火，前进！冒着敌人的炮火，前进！／前进！前进！进！

（画外音）聂耳：若干年后，要是青年人能唱着我写的救国歌，去建国、去卫国、去强国，那我就会凤凰浴火，乘愿再来的！世界以痛吻我，我要回报以歌！世界以痛吻我，我要回报以歌！世界以痛吻我，我要回报以歌！

（剧终）

2011年国庆之夜完稿于北京五勤斋

电影文学剧本《聂耳》（上下集）后记

一个水瓶座男孩激情拉提琴站在时代的船头上

青春是神马东西你可以想象，附着在一部电影或歌舞剧做偶像。

有几个不管微笑还是发怒都会露出小酒窝的姑娘？

有一个水瓶座男孩激情拉提琴站在时代的船头上？

比起非死不可的《社交网络》，那年代一切都真实浪漫和渴望。

如果你读出四千八百岁的记忆，在宛若15岁四方神吉祥娃娃的脸庞。

神马都是浮云，唯有青春不一样？

主角真是给力，唯有励志是榜样。

不要太从历史沉淀汲取力量，你能否把独木桥演化成大道康庄？

不要瞎说时代逼仄得无志向，你能否成为孤注一掷背水一战自强不息的偏执狂？

一个人和一个国家有不同的命运交响曲，为什么会选择同频共振的相同乐章？

为纪念伟大的人民音乐家聂耳（1912.2.14—2012.2.14）诞辰百年，我们创作了《聂耳》电影文学剧本（上下集）。本剧设计采取全新的创作运营模式，结合中华人民共和国国歌的作曲家聂耳一生中重大历史事件，组合串起聂耳创作的经典歌曲，并创作少量新歌，反映聂耳如何自学成才，为我国人民解放事业和现代音乐所做出的卓越贡献，具有很深刻的现实意义。

本剧以时间先后顺序反映聂耳的人生成长轨迹，再现那段挨饿、挨打、挨骂的屈辱与抗争的中国历史。塑造了从小立志成才奋斗、刻苦学习、专攻音乐的聂耳形象，展示他淳朴善良、朝气蓬勃、充满爱国激情的人格魅力，弘扬他身上那种浩气雄风、正义凛然、自强不息、担当大任、拯救危难、不辱使命、大道为公的主流价值观，再现聂耳真挚的故乡情怀和初恋故事，以及音乐天赋与艺术创作的历程。成为少儿版+青春版的爱国主义经典剧。

作品主题是表现20世纪20年代末至30年代初，在中国人挨饿（饥寒交迫）、挨打（敌寇侵华）、挨骂（东亚病夫）大背景下，聂耳投身革命音乐事业，创造一种替大众呐喊的新兴音乐，再现聂耳如暴风雨中的海燕般的青春燃烧岁月的运行轨迹。

中心内容表现了从聂耳少年立志，在云南勤学苦练，青年立业，在上海北平激情创作，到东渡日本创作《义勇军进行曲》，为中华民族新生呐喊呼唤新中国，为后人创作出被定为中华人民共和国国歌的感人故事。

作品特点是充分运用聂耳从少年到青年人生传记中的闪光情节，巧妙地将聂耳生前创作的二十多首音乐作品贯穿剧中，形成一部既传统又现代，既主流又时尚，既具有鲜明的时代特色，又有浓厚的怀旧情结的音乐剧电影。

创作过程：自1996年初到云南昆明玉溪聂耳故乡数十次拜谒采风，到数次赴上海、北京、日本等聂耳战斗过的地方采风调查，直至2011年10月初完稿，历经15个年头。

创作意图：为21世纪写出中国原创音乐剧电影文学剧本。力求成为青少年喜闻乐见的励志剧，海内外华人爱国主义的经典剧。

我们曾9次到昆明、玉溪、峨山等聂耳的故乡故居采访，4次到上海聂耳战斗过的地方体验生活，一次到聂耳终焉地日本鹄沼海滨祭拜。收集阅读观看了近十种聂耳书籍光碟，并和聂耳家族后人共同策划讨论，经过日夜鏖战，笔耕不辍，终于完成此稿。

值得欣慰的是，在聂耳百年纪念日来临的时候，经过老中青几代人的奋斗，我伟大的中华民族已经解决了“挨饿”的问题、“挨打”的问题。而最后一个“挨骂”的问题，有待于青少年励志奋斗，将浩然正气、大任自强、中庸和谐、厚德载物、普度众生的中华主流价值观传播到全球，让世界各国各民族共享中华文明成果。

音乐剧电影《聂耳》配备“青春偶像、奋斗自强、引爆流行、中国原创”的娱乐特色和市场元素，极具票房价值。本剧得到国内外演艺界明星和一流演出团体的合作允诺。

本书在创作过程中，得到了中宣部、文化部、教育部、解放军总政治部、国务院参事室、国家广电总局、团中央、中国文联、全国妇联、北京市委市政府、上海市委市政府、云南省委省政府、昆明市、玉溪市以及云南聂耳音乐基金会、山东海润电子有限公司、八一电影制片厂、北京奥润明珠影视文化有限公司、东方金派（北京）科技有限公司、北京东方金质广告公司的大力支持。《聂耳》剧本即将付梓之际，本人十分荣幸地被聘请为云南聂耳音乐基金会名誉理事。在此，谨致以由衷的谢意。

《聂耳》将由国家顶级某电影厂选出明星阵容演出。

在此向各位读者预告的是，本人的另一本书《聂耳和他的师友们》（30万字）即将完成。此书描写了“聂耳与柏希文”、“聂耳与黎锦晖”、“聂耳与田汉”、“聂耳与袁春晖”、“聂耳与王人美”、“聂耳与阮玲玉”、“聂耳与白虹”、“聂耳与普杜什卡”等二十几篇故事与评析。

古人云——

满眼生机转化钧，天工人巧日争新。

预支五百年新意，到了千年又觉陈。

作为今人，看了《聂耳》，你想说什么？

呼唤的，和被呼唤的，能相互呼应吗？

期待着你对《聂耳》的宝贵意见。

编剧：刘大伟、刘岸

2011.10.1于北京五勤斋

《聂耳》微博评语

《聂耳》故事传奇，文笔优美，成为独具人文底蕴和浪漫情怀交相呼应的杰出剧本。编剧设计很巧妙！既能排演一出给中小学生观看的少儿版，又能演绎成一出给大学生和社会青年欣赏的青春版。把它早搬上舞台，肯定独具票房卖点。

——王祖皆　中国音乐剧研究会会长　总政歌剧团前团长

《聂耳》的主题充满信仰和理想。从头到尾都洋溢着激情四射的青春味道，聂耳写出时代最强音，具有勇于担当的血性。读了让人激情燃烧、热血沸腾。

——朱达　中国国际战略学会副会长　中国驻俄罗斯大使馆前武官、少将

身为老大使，我读《聂耳》文学剧本，为其精彩内容所吸引，耳边似乎又在响起雄壮的国歌乐曲。综观世界，所有和中国建交的国家都曾经奏响并继续奏响国歌，所有有华人的地方都已经奏响并继续奏响国歌。我为《聂耳》能早日搬上舞台与银幕而祝福！

——华黎明　中国驻伊朗、阿联酋、荷兰前大使

百年聂耳，百年清华。有凤来仪，水清木华。当年作为北漂的聂耳，在北平的清华演出之行，是清华之大幸。这叫清华学子怎不怀念聂耳？

——史宗恺　清华大学党委副书记

文学剧本《聂耳》大作收到。聂耳在滇家喻户晓，但正如《香格里拉》文学剧本一样，编剧用了耳目一新的创作方式。难得你多年对云南这片土地的钟爱之情。祝贺你

又一新作问世。

——李菊芳　云南省新闻出版局副局长　云南省迪庆藏族自治州委宣传部前部长

这本《聂耳》适合舞台演出，也适合拍成电影。适合个人购买，但最适合团购。因为说的是青春奋斗、职场励志的道理。还说了团结合作、忠诚事业的故事。

——黄启光　广东珠江娱乐有限公司总裁　《印象刘三姐》总策划

态度定成败，团队成绩效。阅读《聂耳》这剧本的价值就在于：聂耳的成功你可复制，聂耳的道路你可效仿。这是一部爱国主义的红色经典戏，又是青春偶像流行励志剧，搬上舞台或拍成电影，定能成为社会效益和经济效益俱佳的中国式大作品。

——杨虎　八一电影制片厂导演

聂耳这么好的传奇故事以前竟不普及。假如人生路上有惊慌，定要聂耳故事来帮忙。读《聂耳》，爱不释卷，很有启示。这本书如荒漠甘泉，真应该让全国大学生人手一册。

——孙国康　旅美旅日著名脸谱视觉艺术家

《聂耳》这本书告诉你：在少年之后奋斗，在变老之前升华。建议让国家级院团早日搬上舞台，在全国两千多所大学巡演。让大学生学习有榜样，前进有方向。

——孙丽薇　伦敦电视集团中国首席代表

这本《聂耳》剧本独占文化市场空挡，搬上舞台很好看，搬上银幕更精彩。很有卖点，很有票房。既是红色榜样，又是青春偶像。我奇怪，为什么没有国家宣传文化领导部门，像当年左联领导抓文艺作品那样，早点把它推出来呢？

——杨玉龙　中国歌剧研究会秘书长　北大歌剧研究院前副院长

这本《聂耳》，从崭新的角度解读聂耳和那段历史，肯定引领红色题材的阅读和演艺新风尚。对于走向职场的青年男女来说，我在想，假如人生有彷徨，《聂耳》奋斗是偶像。

——彭丹　联想集团销售经理

中小学生们最好阅读《聂耳》，因为现在的孩子都在蜜罐里长大，让他们补课，看看聂耳小时候经历的挨饿、挨打、挨骂的苦难，好生活着奋斗成才。真是一本让人“少年立大志，青春有榜样”的书。

——鲍医姝　西藏军区干部

主旋律怎么做成畅销书？萤火虫如何变成大明星？莫愁天下不识君，一册《聂耳》是知音。想不到，聂耳当年也是“北漂”。读这本书，会给“北漂”和“草根”好多好多帮助。

——关珊　凤凰卫视制片主任

聂耳的成长本身就是一个鲜为人知的励志传奇。《聂耳》一书靠细节取胜，竟然将他在少儿时期的昆明、玉溪故事发掘的如此创意，真是让人啧啧惊叹！

——杨姣　中国音乐学院声歌系

一个高考落榜生如何练就艺术天才？一个音乐爱好者如何成长为人民音乐家？上海真是聂耳的福地，真让文艺青年“青云有路终须上，无名誓不休”，《聂耳》一书找答案。

——胡洁　上海旗翔旅行社总裁

偶读《聂耳》，觉得好精彩耶！这是一本关于勤奋、励志、忠诚、敬业的好故事。聂耳！他是有史以来最受欢迎的青春偶像之一。

——梁彦杰　太极计算机公司销售经理

《聂耳》一书可不是板起面孔的说教，而是“心灵鸡汤”式的娱乐；可不是仅限于少数人的高端读物，而是具有广泛社会基础和普世价值的人生感悟。因为作者是借聂耳励志，说人生励志、青年励志、大众励志。

——曲歌　四川师范大学音乐学院

《聂耳》文学剧本真给力呀！很难得见到有《聂耳》这样既让人开心幽默、又让人励志奋斗的出色剧作了。真值得早日把它搬上银幕和舞台。

——王威　影视制片人

这是一本远比《把信送给加西亚》更让人信服的书。每个政军企事业机构，都应该团购这本《聂耳》。作为培养士兵和员工敬业守则的必读书，它会教你的部下人人都负有责任心。

——范勇　外交部青年干部

聂耳身上那种对上级的托付立即行动，想尽千方百计，克服千难万险，拼命去完成任务的精神，成为青年人的优秀素质。团购这本具有“超级社会元素”的书，会让你的团队最出色最给力。

——虞小颖　中国政法大学

在文学戏剧越来越浅薄和娱乐化的今天，可喜可贺的是，我们能从文学剧本《聂耳》中读出那种悲怆宏大和庄严。戏剧文学天生就是死去活来的命。作品的真正价值是放在历史中进行考量。《聂耳》文学剧本会让时间证明这一切。

——李 威　戏剧导演

一本书 = 以书会友大课堂，一出戏 = 以戏励志小疆场。《聂耳》很好看，讲述从平凡到卓越的传奇，塑造从萤火虫到大明星的形象。

——王玉冰　山东师范大学音乐学院

图书在版编目（CIP）数据
聂耳/刘大伟，刘岸著.—北京：文化艺术出版社，2012.1
ISBN 978-7-5039-5306-4
Ⅰ.①聂… Ⅱ.①刘…②刘… Ⅲ.①音乐剧—电影剧本—中国—当代
Ⅳ.①I235.1
中国版本图书馆CIP数据核字（2011）第268062号

聂 耳

著　　者　刘大伟 刘岸
责任编辑　王　红
装帧设计　李　鹏
出版发行　文化艺术出版社
地　　址　北京市东城区东四八条52号　100700
网　　址　www.whyscbs.com
电子邮箱　whysbooks@263.net
电　　话　（010）84057666（总编室）84057667（办公室）
　　　　　84057691—84057699（发行部）
传　　真　（010）84057660（总编室）84057670（办公室）
　　　　　84057690（发行部）
经　　销　新华书店
印　　刷　国英印务有限公司
版　　次　2012年2月第1版
印　　次　2012年2月第1次印刷
开　　本　720×980 mm　1/16
印　　张　30.5
书　　号　ISBN 978-7-5039-5306-4
定　　价　59.00元（全二卷）